CONSTRUIRE L'ESPACE POLITIQUE EUROPEEN
Historiographies, politiques et territoires

BUILDING EUROPEAN POLITICAL SPACE
Historiography, Policies and Territories

Collection « Inter-National »
dirigée par Denis Rolland avec
Joëlle Chassin, Françoise Dekowski et Marc Le Dorh

Cette collection a pour vocation de présenter les études les plus récentes sur les institutions, les politiques publiques et les forces politiques et culturelles à l'œuvre aujourd'hui. Au croisement des disciplines juridiques, des sciences politiques, des relations internationales, de l'histoire et de l'anthropologie, elle se propose, dans une perspective pluridisciplinaire, d'éclairer les enjeux de la scène mondiale et européenne.

Série générale (dernières parutions) :

Fanny PARENT, *Le feng-shui en France. Aménagement de l'espace, aménagement de soi*, 2012
Louis-Marie BUREAU, *La pensée de Fethullah Gülen. Aux sources de l'islamisme modéré*, 2012.
Damien LARROUQUÉ, *Le plan Ceibal en Uruguay. Un exemple de bonne gouvernance ?*, 2012
Benjamin BORD, *Du bouclier antimissile aux nouvelles relations américano-russes (2000-2011)*, 2012.
Jean-Luc GRANDRIE, avec Nathalie COSTA et Denis ROLLAND, *Les Tréteaux de France, 2001-2011. Récit d'une reconquête théâtrale*, 2012.
Dominique VILLEMOT, *Marc-Aurèle et le gouvernement de soi-même*, 2012.
Danièle HENKY et Michel FABRÉGUET (sous la dir.), *Grandes figures du passé et héros référents dans les représentations de l'Europe contemporaine*, 2012.
Charles SITZENSTUHL, *La diplomatie turque au Moyen-Orient. Héritages et ambitions du gouvernement de l'AKP 2002-2010*, 2011.
Georges CONTOGEORGIS, *De l'Europe politique. Identités et citoyenneté dans le système européen*, 2011.
Germán A. DE LA REZA, *L'invention de la paix. De la République chrétienne du duc de Sully à la Société des nations de Simón Bolívar*, 2011.
Claudine HERODY-PIERRE, *Robert Schnerb, un historien dans le siècle (1900-1962). Une vie autour d'une thèse*, 2011.
Hugues TERTRAIS (dir.), *La Chine et la mer. Sécurité et coopération régionale en Asie orientale et du Sud-Est*, 2011.
Denis ROLLAND, *La crise du modèle français*, 2011.
Georges CONTOGEORGIS, *L'Europe et le monde. Civilisation et pluralisme culturel*, 2011.

ARIANE LANDUYT & DENIS ROLLAND (org.)
Frontières, acteurs et représentations de l'Europe (FARE)
Université de Strasbourg
Centro interdipartimentale di ricerca sull'integrazione europea (CRIE)
Universita degli studi di Siena, Master in European Studies

CONSTRUIRE L'ESPACE POLITIQUE EUROPEEN
Historiographies, politiques et territoires

BUILDING EUROPEAN POLITICAL SPACE
Historiography, Policies and Territories

Ce livre est issu d'un colloque organisé à
la faculté de sciences politiques – Universita degli Studi, Siena
les 22-23 octobre 2009
dans le cadre de la collaboration entre

les groupes de recherches
Frontières Acteurs et Représentations de l'Europe (FARE)
de l'Université de Strasbourg
dirigé par Denis Rolland
et
le Centro di Ricerca sull'Intergrazione Europea
et le **Master of European Studies**
de l'Universita degli Studi de Sienne
dirigé par Ariane Landuyt
dans le cadre
- de la coopération entre les deux groupes de recherche
- de la coopération entre l'université de Sienne et l'université de Strasbourg
- du Master of European Studies de l'université de Sienne

© L'Harmattan, 2013
5-7, rue de l'École-Polytechnique ; 75005 Paris

http://www.librairieharmattan.com
diffusion.harmattan@wanadoo.fr
harmattan1@wanadoo.fr

ISBN : 978-2-296-99742-4
EAN : 9782296997424

SOMMAIRE / CONTENTS

Introduction 9

PREMIERE PARTIE
L'ESPACE DES ÉTUDES EUROPÉENNES
SPACE OF EUROPEAN STUDIES **15**

Les études d'histoire de la construction européenne :
  une historiographie en cours de définition 17

Greek political science on Europe: a scholarly outline 27

L'histoire de l'intégration européenne et ses modalités d'adaptation
  en Italie : du Traité de Rome aux sciences politiques à Bologne 41

Le Conseil de l'Europe : un territoire et une histoire en construction 1949-2011 65

DEUXIEME PARTIE
L'ESPACE EUROPÉEN : POLITIQUE ET TERRITOIRE
EUROPEAN SPACE : POLICY AND TERRITORY **77**

L'Europe politique et ses États : de la nature de l'espace politique européen 79

L'ouverture de l'espace de l'Europe pour les intellectuels portugais au début du
XXe siècle : l'Europe en crise et l'idéalisation du futur 91

La construction d'un espace européen. Association, adhésion et politique de voisinage :
  des relations extérieures à la politique intérieure 99

L'Union européenne a-t-elle un territoire ? 125

Espace géographique, espace de démocratie : le parcours des villes dans l'histoire
de la construction européenne et le changement imprimé par la Commission Delors 133

TROISIEME PARTIE
LES ÉVOLUTION DE L'ESPACE EUROPÉEN
EUROPEAN SPACE EVOLUTIONS **149**

Towards a New Political Space in Europe : the Environmental Protection in the Seventies 151

L'espace social européen : la politique d'égalité des chances : la Charte des droits sociaux
  fondamentaux des travailleurs, un nouveau départ ? 173

Rendre compte d'une Europe aux confins encore incertains :
  la correspondance entre Emanuele Gazzo et Renato Giordano (1956-1959) 183

Frontiers, Periphery, Ultraperiphery and Neighbours of the Europe 201

Imaginaire de l'espace culturel et ambiguïtés de la politique extérieure :
  l'Union européenne et l'Amérique latine, de la filiation au malentendu 215

Media, Identity and Territory: the Meaning of the European Frontiers 229

European Geography and Urban Competitiveness: Strategic Management of European
  Cities 255

Table des matières détaillée 283

INTRODUCTION

Ariane LANDUYT
avec Denis ROLLAND

La construction de l'espace politique européen est un sujet difficile à cerner. Ses contours se dessinent encore de façon incertaine, au gré des transformations institutionnelles et territoriales. Et sa conception, même du point de vue heuristique, est toujours en phase de définition. Nous pourrions l'assimiler à un phénix, à un « lieu » de l'action politique, souvent évoqué et pourtant mal connu, à une notion à la fois intrigante et passionnante, au cœur des réflexions menées actuellement par les milieux politiques et intellectuels européens. C'est le sujet de réflexion qui réunit les auteurs de ce livre,

La crise économique et financière qui, au cours des dernières années, a marqué et marque encore lourdement l'Union européenne, en mettant en danger la survie de la zone euro et, par ce biais, la construction communautaire elle-même, a donné un nouvel essor et une nouvelle visibilité au problème de l'unification politique de l'Europe : elle a ramené au centre du débat la nature de son architecture institutionnelle et donc de son niveau de légitimation démocratique.

La demande pressante, manifestée sur le plan communautaire, d'une mise au point par les États membres de lignes budgétaires contrôlées, d'une fiscalité et de politiques d'austérité communes, est destinée à empêcher l'effondrement de l'Union, ainsi qu'à éviter que les pays membres puissent dorénavant faire cavalier seul, à la merci des jeux de pouvoir des grands acteurs internationaux, dans un monde toujours plus globalisé.

Pour obtenir le soutien, nécessaire, de l'opinion publique, la mise en œuvre de cette politique requiert toutefois la réalisation concrète d'un espace de démocratie, avec la participation décisionnelle des citoyens européens sur lesquels pèseront les conséquences parfois douloureuses de ces choix.

Le thème du *déficit démocratique* a très souvent focalisé les critiques adressées à la construction communautaire : de la part des Européens convaincus de la nécessité de doter l'Union de racines plus solides par l'approfondissement des aspects fédéraux de son architecture institutionnelle, comme de la part des Eurosceptiques qui valorisent la dimension de l'État national et son concept de citoyenneté.

L'Union européenne, telle qu'elle se présente actuellement, est donc une construction hybride où s'entrelacent un cadre juridique et économique largement commun et un cadre politique qu'on peut considérer comme encore dominé par la dimension intergouvernementale, même si la notion de *multilevel governance* essaie de fournir une interprétation globale du système de pouvoir, incluant tous les niveaux décisionnels.

Une lecture diachronique de la construction européenne déploie cependant sous nos yeux un parcours où l'espace politique – comme espace du pouvoir légitime et donc décisionnel – a enregistré dans le temps une amplification. Une amplification lente et qui, pour maintes raisons, ne s'est pas réalisée sous la forme d'une croissance harmonieuse de ses différents aspects ou composantes. Les transformations successives que les institutions européennes ont subi comme conséquence de chaque Traité ont modifié et en particulier ouvert leur champ d'action, introduit le principe de codécision, élargi les pouvoirs du Parlement européen (seule institution à disposer d'une légitimation démocratique *via* l'élection directe) et promu de nouveaux parcours de dialogues avec les entités subnationales (municipalités et régions) ainsi qu'avec les Parlements nationaux. Le processus mondial de globalisation n'a, en outre, fait qu'accroître l'interdépendance mutuelle, y compris dans le cadre de l'Union européenne, mettant au premier plan la nécessité de formuler de plus en plus de politiques communes, dans l'intérêt de tous les citoyens du continent.

Trouver une réponse au *déficit démocratique* devient donc avec le temps une problématique toujours plus centrale. Elle oriente le débat sur l'exigence de préciser un espace public européen qui mette les citoyens en état de faire entendre leur voix aux acteurs et décideurs politiques. C'est d'ailleurs le vœu exprimé, au début de ce XXIe siècle, par la Commission de l'Union européenne dans son *Livre blanc sur la gouvernance européenne* : « Il s'agit de créer un 'espace' transnational dans lequel les citoyens de divers pays peuvent débattre de ce qu'ils considèrent comme les défis majeurs de l'Union. Les décideurs politiques devraient ainsi pouvoir rester en contact avec l'opinion publique européenne et ce dialogue pourrait leur indiquer quels projets européens suscitent l'adhésion de la population »[1]. Dans le sillon des analyses lumineuses de Jürgen Habermas, de nombreux intellectuels se sont penchés et se penchent encore sur ce thème de recherche du *demos* européen, c'est-à-dire de la légitimation démocratique des décisions politiques communautaires, fournie par l'implication des citoyens dans le cadre de l'espace public européen. Cet espace, en tant que lieu de communication, confrontation et parfois de conflit, représente le fondement démocratique d'une communauté politique plurielle : son absence au niveau

---

1. Commission européenne, *Livre blanc sur la gouvernance européenne*, 2001. Ce document est « la synthèse de différents groupes de travail dont l'un s'intitulait 'Espace public européen'. Or, la notion d'espace public européen pose question. D'une part, parce qu'il n'est pas certain que l'on puisse étendre à l'Union européenne un concept défini dans le cadre des États-nations et, d'autre part, parce que la notion même d'espace public est confuse et ambiguë » (*Le visage actuel de l'espace public européen*, Laboratoire Communication et Politique – UPR 3255, http://www.lcp.cnrs.fr/pdf/dach-04a.pdf, 28-12-2010).

européen retentit donc également sur l'« espace politique » de l'Union, sa dimension, ses problèmes et sa visibilité par rapport aux citoyens. Le Comité économique et social européen soulignait à ce propos en 2000 : « Ce qui manque le plus, c'est un dialogue européen ascendant et interactif ». À partir de là, l'engagement des institutions communautaires en faveur de l'activation d'un « dialogue civil européen » par rapport à la société civile, ainsi que la création d'espaces de médiation institutionnelle et sociale, ont été constants ; mais elles n'ont pas, pour autant, résolu le problème du *demos*, car elles n'ont pas vraiment touché en profondeur ou avec une amplitude suffisante la citoyenneté européenne[1].

En outre, un autre aspect de l'histoire de la construction communautaire a pesé d'une façon considérable sur un espace politique européen déjà difficile à cerner. Les élargissements de la Communauté/Union, réalisés en plusieurs étapes, en ont rendu encore plus complexe la définition, car ils ont entrelacé son dessein avec un autre thème délicat et très débattu, celui de l'identité européenne[2]. Il n'y a aucun doute sur le fait qu'il existe un lien étroit entre cette dernière et l'espace de l'intégration européenne. En effet, les lieux et les espaces qui marquent et définissent les horizons physiques et mentaux influencent inévitablement la conception identitaire. En ce qui concerne l'identité politique, il importe de souligner qu'il s'agit d'« un ensemble cohérent de valeurs civiques et politiques, de principes moraux et juridiques et de finalités générales qu'en qualité de citoyens européens, nous sommes portés à considérer comme nôtres, c'est-à-dire comme quelque chose qui nous constitue en communauté politique »[3].

La Construction de l'Espace politique européen a été envisagée sous trois angles d'approche – historiographique, politique, territoriale – au cours d'un colloque organisé en 2009 à la Faculté de Sciences Politiques de l'Université de Sienne, dans le cadre de la collaboration entre les groupes de recherches « Frontières, Acteurs et Représentations de l'Europe » (FARE) de l'Université de Strasbourg, alors dirigé par Denis Rolland et le *Centro di Ricerca sull'Integrazione Europea* (CRIE) de l'Université de Sienne dirigé par Ariane Landuyt. Le colloque, qui a eu un caractère très interdisciplinaire et a vu la participation d'experts et de chercheurs issus de toute l'Europe, a été le fruit d'une coopération de longue durée entre les deux Universités qui, depuis plus d'une dizaine d'années, animent un Master en Études Européennes « Le processus de la Construction européenne », coordonné par l'Université de Sienne, et qui réunit en réseau quatorze universités de l'Union Européenne. L'Université de Strasbourg y a joué, dès le début, un rôle fondateur. Ce master européen fonctionne entre douze pays européens, de la

---

1. *Cf.* "Le visage actuel de l'espace public européen", art. cité.
2. Sur cet aspect voir Ariane Landuyt, Daniele Pasquinucci, "Lo spazio politico nella storia dell'integrazione europea. Gli allargamenti della CEE/UE", in A. Landuyt, D. Pasquinucci (dir.) *Gli allargamenti della CEE/UE(1961-2004),* Bologna, il Mulino, 2005, t. I, pp. 9-28.
3. Furio Cerutti, "L'identità europea:un problema politico" in Sonia Lucarelli (dir.) *La polis europea. L'Unione europea oltre l'Euro,* Trieste, Asterios, 2003, p.131.

Pologne et la Roumanie à la Grèce, à l'Italie ou au Portugal ; et il fonctionne depuis dix ans, soit une longévité exceptionnelle pour ce type de formation exigeante en moyens humains. Avec un siège historique à l'Université de Sienne et un fort ancrage dans celle de Strasbourg, le master permet à des étudiants de travailler durant leur parcours dans quatre, voire cinq universités d'Europe différentes : ce parcours d'excellence pour les étudiants est doublé d'une forte volonté de recherche commune des enseignants participant à la coordination du master ; cet ouvrage en est un nouveau signe collectif. Les coordinateurs sont deux enseignants-chercheurs convaincus de l'absolue validité de cette double fonction alliant recherche et enseignement : Ariane Landuyt, titulaire d'une Chaire Jean Monnet, est une spécialiste internationalement reconnue de l'histoire de l'intégration européenne ; Denis Rolland, dont la recherche a longtemps été centrée sur l'aire géographique américaine, est un chercheur plus récemment venu aux questions spécifiquement européennes mais il y arrive à travers une ligne de continuité, celle des relations internationales, en particulier culturelles.

L'expérience pilote du Master, basée sur la coopération et la confrontation dans le cadre pédagogique, a clairement fait ressortir dans le groupe la nécessité de mettre au point de nouvelles approches, y compris dans le cadre de la recherche. Dans cette perspective, *l'Espace politique européen* a été choisi comme sujet d'une rencontre scientifique commune, avec comme objectif d'apporter de nouveaux éléments à la définition d'un contexte très difficile à cerner, riche en nuances et dont l'analyse exige le débat, non seulement entre les différentes disciplines, mais aussi entre les multiples approches culturelles issues des divers parcours nationaux de formation.

Les contributions de ce livre dessinent donc une fresque très variée, mais avec une caractéristique commune à toutes les pièces qui la composent : l'ouverture vers l'extérieur, le dynamisme en cours de recherches qui suggèrent des modifications ultérieures. À partir d'une historiographie encore à la recherche de sa propre définition et de sa propre surface ou extension – les études sur l'histoire du Conseil de l'Europe côtoient ici celles sur la construction européenne – en passant par une réflexion sur la nature de l'espace politique européen, les contributions de ce livre sont axées en particulier sur le thème du territoire : un territoire idéalisé par les intellectuels, dessiné d'une façon variée par les instruments de la politique extérieure de l'Union, lié à l'espace de démocratie et aux réseaux collaboratifs des villes, mais aussi projeté vers les ultra périphéries de l'Europe.

Les analyses proposées dans les pages qui suivent ne se limitent néanmoins pas à l'aspect géographique. L'espace européen se définit également par l'extension de certaines politiques communautaires qui, de par leur caractère, s'étendent au-delà des frontières : c'est le cas pour la politique de l'environnement ou pour la politique de l'égalité des chances ; pour le rôle des médias qui influencent la perception de l'opinion publique ; et, bien sûr, pour celui de l'imaginaire collectif qui, surtout de loin, comme le cas analysé de l'Amérique latine le manifeste, se rattache à un espace culturel rêvé, mais pas toujours réel.

**Une représentation inattendue de l'« espace européen » :
google.fr ou une représentation très liée à l'enseignement et à la recherche[1]**

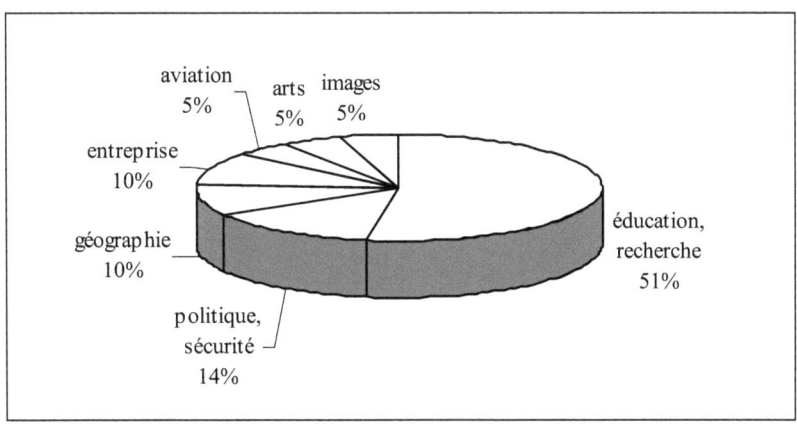

Source : google.fr, traitement thématique des deux premières pages de réponses, 28-12-2010.

---

1. L'Espace européen de la recherche réunit les activités, politiques et les programmes européens de recherche et de développement menés dans une perspective transnationale. Ils permettent à des chercheurs, à des institutions de recherche et à des entreprises de renforcer leur présence, leur compétitivité et leur coopération au-delà des frontières, mais aussi d'accéder à un espace européen ouvert dédié à la connaissance et aux technologies, qui exploite pleinement les synergies et les complémentarités transnationales. L'EER combine activités, programmes et politiques conçus et exploités à tous les échelons : régional, national et européen.
http://ec.europa.eu/research/era/understanding/what/what_is_era_fr.htm 28-12-2010

PREMIÈRE PARTIE

L'ESPACE DES ÉTUDES EUROPÉENNES

SPACE OF EUROPEAN STUDIES

LES ÉTUDES D'HISTOIRE DE LA CONSTRUCTION EUROPÉENNE : UNE HISTORIOGRAPHIE EN COURS DE DÉFINITION

Ariane LANDUYT
Université de Sienne

Parmi les spécialistes des Études européennes, il n'y a aucun doute que la communauté des historiens se pose encore aujourd'hui comme le miroir d'une discipline aux multiples et différentes approches, dont l'identité est en cours de définition.

La réflexion qui doit tenir compte des débuts et du développement de la discipline au cours du temps met en effet en évidence, à différents niveaux, une complexité qui ne fait que refléter les aspects et les caractères, souvent inédits, du processus même de la construction européenne.

À la lumière des études et des événements récents, nous pouvons affirmer que les modalités de développement de ce parcours ne sont ni linéaires, ni progressives et, surtout, qu'elles ne reproduisent aucunement sur une grande échelle les modalités propres aux processus historiques d'unification nationale. Il s'agit d'un parcours encore fluide, pouvant aborder des directions imprévues et assumer des configurations inédites, sous l'impulsion de différents facteurs politiques, économiques et culturels qui, s'entrecroisant, en font une histoire en voie de construction, « à final ouvert »[1].

C'est la raison pour laquelle, en ce qui concerne l'aspect historique, ce processus doit encore être confronté à des méthodologies et à des approches

---

1. Brunello Vigezzi, « Introduzione » in Maria Matilde Benzoni, Brunello Vigezzi (dir.), *Storia e storici d'Europa nel XX secolo*, Milano, Unicopli, 2001, p. 30 qui développe le thème déjà abordé par l'auteur *in idem.* ; *Histoire et historiens de l'Europe au XXe siècle*, Paris, Institut Pierre Renouvin (IPR), 1999, dans le cadre du projet *Les identités européennes au XXe siècle* promu par l'IPR à la Sorbonne, sous la direction de René Girault et ensuite de Robert Frank. L'approche de l'histoire de l'Europe comme « histoire à final ouvert » a été reprise et utilisée aussi par la politiste Sonia Lucarelli dans son livre, *La polis europea. L'Unione Europea oltre l'Euro,* Trieste, Asterios, 2003.

analytiques susceptibles d'en donner une interprétation d'ensemble et, sous certains aspects, unitaire.

L'intérêt des historiens vis-à-vis du processus de la construction européenne n'a pas toujours eu la même intensité : leurs recherches sont passées par différentes phases, parfois entrecroisées ou bien, au contraire, très divergentes, voire opposées. La phase initiale de ces études a été centrée sur la dimension diplomatique et des relations internationales suivie, au fur et à mesure que la construction européenne s'enracinait et prenait forme, par l'examen du processus économique et institutionnel. Plus récemment, l'historiographie s'est penchée sur le rôle des acteurs politiques, économiques et sociaux, comme les partis, les mouvements, les syndicats, les organisations économiques, les *lobbies*, les groupes de pression, en un mot sur la société civile[1]. Cela dit, il est important aussi de souligner un autre aspect de la production historiographique des études européennes, resté en partie dans l'ombre : les histoires "nationales", marquées de façon différente par les événements et les caractères culturels de chaque pays, ne se sont orientées ni simultanément vers l'étude de la construction européenne[2] ni, surtout, avec la même approche méthodologique. De plus, leurs intérêts ne se sont pas souvent dirigés vers des aspects similaires et donc comparables. Au début, en particulier, le choix des objets d'étude, le secteur disciplinaire historique et les outils méthodologiques à employer, a été très différent selon le contexte national dans lequel les historiens travaillaient[3]. Même en ce qui concerne une – sinon la première – expérience pilote de travail historiographique commun sur le terrain des études européennes, celle du Groupe de Liaison des Historiens auprès des Communautés Européennes, établi par la Commission au début des années 1980, on peut remarquer que, malgré

---

1. Mario Telò fut un vrai pionnier de ce type d'études, *L'Europa potenza civile*, Bari, Laterza, 2004 ; Idem, *Europe, a civilian power? European Union, global governance, world order*, Houndmills, Palgrave-Macmillans, London, 2006. Toujours sur ce thème, de nombreuses et intéressantes contributions ont été recueillies par Giuliana Laschi et Mario Telò (dir.), *Europa potenza civile o entità in declino? Contributi ad una nuova stagione multidisciplinare degli studi europei*, Bologna, il Mulino, 2007 et, sous la direction des mêmes auteurs, in *L'Europa nel sistema internazionale. Sfide, ostacoli e dilemmi nello sviluppo di una potenza civile*, Bologna, il Mulino, 2009.
2. Un premier travail pionnier qui a donné un tableau sur le plan national de la production historiographique française est celui de Gérard Bossuat, *Histoire des constructions européennes au XXe siècle. Bibliographie thématique commentée des travaux français*, Bern, Peter Lang, 1994.
3. Les différences très marquées qui caractérisent les approches scientifiques des spécialistes des "Études Européennes", surtout en ce qui concerne la première période de l'histoire communautaire, ont été analysées de façon comparative, au début des années 1990, par un Réseau d'historiens de différentes Universités européennes, coordonnés par le Centro Interdipartimentale di Ricerca sull'Integrazione Europea de l'Université de Sienne. Le résultat de ce travail pionnier, au cours duquel les différentes productions scientifiques nationales ont été analysées et comparées par les spécialistes du Réseau, afin de mettre au point une bibliographie partagée et une réflexion historiographique commune, a débouché sur la publication, Ariane Landuyt (dir.), *Europa unita e didattica integrata. Storiografie e bibliografie a confronto/A United Europe and Integrate Didactics. Historiographies and Bibliographies Compared/ Europe Unie et Didactique Intégrée. Historiographies et Bibliographies Comparées*, Siena, Protagon Editori Toscani, 1995.

l'indiscutable mérite d'avoir stimulé dans le temps des recherches de haute qualité et d'avoir donné une visibilité sur le plan scientifique à la nouvelle discipline, elle n'a pas vraiment réussi à mettre au point une histoire à caractère transnational, une histoire qui soit une synthèse et non seulement un ensemble de contributions, en un mot, une histoire unitaire.

Avec le temps, certaines disciplines historiques ont revendiqué, au nom de leur spécificité scientifique et souvent de façon exclusive, la compétence sur les études concernant la construction européenne : on peut signaler à ce propos l'histoire des relations internationales, l'histoire des idées, l'histoire économique, l'histoire des institutions et, plus récemment, l'histoire contemporaine dans ses différents parcours de recherche… Il s'agit évidemment de choix méthodologiques tout à fait légitimes, car ils mettent en valeur et exploitent les compétences spécifiques des chercheurs. Toutefois la limite de ces travaux scientifiques, le plus souvent de qualité, mais basés sur une approche sectorielle, a été de proposer, comme interprétation générale et exclusive, une analyse souvent intéressante mais venant d'un seul angle de vue et donc inappropriée pour fournir une perspective globale.

Les spécialistes qui ne veulent pas se limiter à une reconstruction événementielle, mais essaient de trouver de nouvelles clés d'interprétation, doivent donc faire face à de nombreux problèmes qui ne sont pas seulement ceux des sources, surtout des archives, ou du choix de la méthodologie. Au cœur de la question se situe en effet le fait que la construction européenne est un processus en cours et non une période historique achevée. Conséquence de la multiplicité et de la variété des facteurs qui contribuent (et ont contribué) à tracer les contours de sa physionomie, la difficulté de cerner et de définir d'une manière ponctuelle l'objet de la discipline a d'abord poussé les spécialistes à se concentrer sur des études et sur des recherches sectorielles. De plus les nombreux changements et la fluidité, qui n'ont cessé de marquer, de nos jours encore, le parcours communautaire, rendent difficile pour les historiens l'utilisation des paramètres interprétatifs traditionnels, voire ceux qui ont été employés pour l'étude des États-nations et de leur contexte institutionnel, politique, économique et social.

L'Europe unie avec son parcours constitutif accidenté, ressemble à un phénix : son mythe est présent dans l'imaginaire de ses citoyens, mais sa dimension réelle et son vrai caractère sont encore difficiles à cerner. Sur son identité, le débat est encore ouvert et se dénoue entre la peur de l'homologation et le rappel des diversités historiques et culturelles ; sur son étendue géographique et donc sur la définition de ses frontières, pèse le nombre des élargissements qui se sont succédé dans le temps, ainsi que les processus d'adhésion en cours et les hypothèses des possibles élargissements futurs ; sur ses institutions, sur leurs fonctionnements et sur leur pouvoir se répercute le conflit politique, qui voit souvent s'affronter États membres et institutions communautaires. L'ensemble de tous ces éléments – des problèmes encore largement ouverts – rend donc difficile l'établissement d'un bilan complet comme d'une vision globale tenant compte des différentes approches du processus de construction de l'Europe unie.

Ce n'est donc pas étonnant que l'historiographie se soit longtemps limitée à l'analyse de la phase initiale, déjà conclue, de cette construction (dont la définition conceptuelle est possible et les sources repérables) en accordant une attention particulière aux protagonistes, aux institutions communautaires, au rôle des États membres et, en général, aux dynamiques économiques.

Les recherches historiques se sont toutefois penchées aussi sur le débat des idées concernant "les États-Unis d'Europe", un débat qui s'est développé à la fin du XVIIIe et pendant tout le XIXe siècle, mais qui a connu un essor particulièrement vif au XXe siècle, durant l'entre deux guerres et au cours de la Seconde Guerre mondiale, devançant ainsi la mise en œuvre de la construction européenne telle qu'elle se réalisera après la guerre. Une construction historiographique importante dont les résultats ont largement été utilisés ensuite pour donner une base théorique à l'analyse des étapes du parcours communautaire[1]. Historiographie et politique se sont donc entrecroisées au bénéfice d'une représentation « orientée » de la construction européenne « adaptée » à ce qu'on souhaitait qu'elle devienne dans le futur. Cette perspective, propre en particulier aux historiens « fédéralistes » a progressivement subi des critiques de plus en plus sévères de la part des historiens « réalistes » – centrés sur les relations internationales et sur l'économie –, lesquels ne partageaient pas la base théorique de départ[2]. À mon avis toutefois, ce débat très vif qui a longuement marqué le panorama des études européennes, est actuellement dépassé par l'évolution même de ces études. Cela confirme le propos selon lequel *"even those historians who are outspokenly opposed to theory in their works, are themselves influenced by theory"*[3].

En outre, la centralité croissante acquise sur le plan de la recherche par le thème de l'identité européenne et, en même temps, la difficulté de sa mise en œuvre obligent les historiens à se confronter de plus en plus à d'autres disciplines comme l'anthropologie, la philosophie, la sociologie, la littérature, l'art, et, bien sûr, la science politique, ouvrant ainsi la perspective

---

1. Nous voulons rappeler ici, parmi la riche production historiographique sur les idées de la construction européenne, un seul nom : celui de Walter Lipgens, pionnier dans ce secteur, historien fédéraliste et qui a coordonné, à l'Institut Universitaire Européen, une œuvre de documentation fondamentale en collaboration avec une large équipe d'historiens. *Cf.* Walter Lipgens (dir.) *Documents on the History of European Integration 1939-1950*, 4 vol., Berlin, New York, Walter de Gruyter, 1985-1991. Le dernier volume a été complété sous la direction de Wilfried Loth à la suite de la disparition prématurée de Walter Lipgens.
2. Sur les différentes écoles historiographiques qui se sont confrontées dans le domaine des études européennes, *cf.* Antonio Varsori, *La storiografia sull'integrazione europea*, in Antonio Varsori (dir.) *Nuove prospettive di ricerca nella storia dell'integrazione europea,* monografia de « Europa Europe », anno X, nuova serie n° 1, 2001 ; Giuliana Laschi, "La storia dell'integrazione europea: dai Trattati di Roma alla Facoltà 'Roberto Ruffilli' " *in* Marco Borraccetti, Giuliana Laschi e Renata Lizzi (a cura di), *Gli Studi Europei nelle Facoltà di Scienze Politiche,* Bologna, CLUEB, 2008, pp. 19-48.
3. Wilfried Loth, "Explaining European Integration: The Contribution from Historians", *in Journal of European Integration History*, vol. 14, n° 1, 2008, p. 9.

d'une méthodologie interdisciplinaire[1]. Cette approche « interactive » s'est montrée d'ailleurs de plus en plus utile, au fur et à mesure que le profil disciplinaire de l'histoire de la construction européenne acquérait son autonomie scientifique.

À ce propos, nous pouvons considérer le Traité de Maastricht et la naissance de l'Union Européenne comme un moment-clé, comme une « borne » historique qui marque la fin d'une époque, mais aussi bien le début d'une nouvelle "saison". Un témoignage de ce partage historiographique a été, sans doute, la publication en 1992, sous la direction du Groupe de Liaison, du numéro monographique de la "Lettre d'Information des Historiens de l'Europe Contemporaine", consacrée à un premier bilan des études d'histoire sur le processus de construction européenne, par le biais d'une analyse détaillée de la production scientifique sur ce sujet issue des différents pays[2].

Dans ce processus de définition disciplinaire il est important de souligner le rôle essentiel joué par l'année 1989, année "pivot" au cours de laquelle une époque historique s'était achevée et une autre complètement différente commençait, donnant la possibilité aux historiens de situer leurs recherches dans le cadre d'une période chronologiquement accomplie. Les effets de l'écroulement du Mur de Berlin s'étaient répercutés non seulement sur l'ordre géopolitique mondial, mais avaient mis en place les conditions pour la transformation de la Communauté en Union européenne et ouvert la voie à la signature du Traité de Maastricht. Une longue période de l'histoire communautaire s'offrait ainsi avec un caractère exhaustif aux études des spécialistes, leur permettant d'échapper aux risques et aux limites de la "*Instant History*" et les portant à réfléchir sur les caractères, les sources et la méthodologie de la discipline telle qu'elle était en train de s'affirmer.

Toutefois le dernier mot sur les paramètres identitaires de celle-ci n'a pas encore été prononcé, car les études historiques n'ont pas échappé parfois à la suggestion de prolonger chronologiquement leurs recherches jusqu'à nos jours – situant l'Union européenne sur une ligne de continuité par rapport à la Communauté –, ce qui a posé et pose encore des problèmes pour l'analyse de la période plus récente, concernant la méthodologie, les sources disponibles et l'interaction avec les autres disciplines qui s'occupent d'Études européennes.

---

1. À ce propos une contribution pionnière a été celle proposée et publiée sous la direction de René Girault, *Identités et conscience européenne au XXe siècle,* Paris, Hachette, 1994, en collaboration avec les historiens du "Groupe de Liaison" qui ont beaucoup travaillé sur ce thème. Par la suite, cette recherche a débouché sur un autre volume, très intéressant, sous la direction de Robert Frank, *Les identités européennes au XXe siècle*, Paris, Éditions de la Sorbonne, 2004. Les volumes publiés sous la direction de Maria Manuela Tavares Ribeiro sont aussi le fruit d'une dynamique collective, *Europa-Utopia/ Europa realidade*, numéro monographique de *Estudos do Século XX*, n° 2, 2002 et idem (dir.) *Identitade Europeia e Multiculturalismo*, Coimbra, Quarteto, 2002.
2. Michel Dumoulin et Gilbert Trausch (réunis par), *Historiographie des constructions européennes,* numéro monographique de la *Lettre d'Information des Historiens de l'Europe Contemporaine*, vol. 7, n° 1-2, juin 1992.

Donc même si avec la naissance de l'Union européenne une nouvelle phase historique s'est ouverte, elle est encore bien loin de son accomplissement et, d'autre part, malgré les transformations remarquables qui ont déjà laissé leur signe, l'analyse de son parcours ne peut se passer d'une lecture diachronique qui permette de retrouver ses racines dans la longue durée et qui soit ainsi capable de fournir, dans le contexte d'un cadre unitaire, ces critères théoriques qui, selon l'opinion de certains spécialistes de relations internationales, manqueraient aux historiens. L'accusation polémique de *"theoretical vacuum"*[1] n'a épargné aucune des écoles historiographiques qui s'occupent de construction européenne et a suggéré aux historiens, afin de trouver une base théorique, d'utiliser les outils propres des sciences sociales, ce qui pourrait les aider à résoudre la faiblesse d'une *"under-conceptualised integration history"*[2].

On peut néanmoins répondre à ces critiques que l'histoire de la construction européenne garde comme méthodologie de base, même lorsqu'elle manifeste son intérêt pour des objets d'études touchant l'actualité, l'approche de la moyenne ou longue durée : cela la différencie de beaucoup des méthodologies pratiquées par les sciences sociales. Son analyse des événements récents et surtout leur interprétation tiennent compte en effet des différents niveaux contextuels du parcours historique qui les anticipe et qui est le résultat du jeu croisé d'une multiplicité d'acteurs dont les intérêts se sont mutuellement influencés. Néanmoins les nombreuses sollicitations venant de la société civile, conséquence de la complexité du tableau de ses acteurs politiques et sociaux, ainsi que la variété des mentalités et des sensibilités culturelles et l'influence croissante de la globalisation politique, économique et financière, sont autant d'aiguillons pour les historiens à se servir non seulement du concept de « longue durée », mais aussi de nouvelles approches et de nouvelles méthodologies souvent interdisciplinaires.

L'enchevêtrement et l'interaction réciproque de l'action politique, mise en application par les institutions communautaires et par les États membres, peut offrir un « fil rouge » à travers la reconstruction et la confrontation des différents parcours nationaux qui se sont rencontrés alternativement dans le temps, heurtés, entrecroisés et qui, au cours de plus d'un demi-siècle, ont composé cette mosaïque de similitudes et de différences qui est à la base de l'identité communautaire, une identité en continuelle évolution et enrichissement grâce aux nouvelles adhésions et aux nouveaux échanges.

---

1. Voir l'essai de John R. Gillingham, "A Theoretical Vacuum: European Integration and Historical Research Today", *in Journal of European Integration History*, n° 1, vol. 14, 2008.
2. Wolfram Kaiser et Brigitte Leucht, "Informal Politics of Integration:Christian Democratic and Transatlantic Networks in the Creation of ECSC core Europe", *in Journal of European Integration History*, n° 1, vol. 14, 2008, p. 36 et Wolfram Kaiser, "From State to Society? The Historiography of European Integration", *in* Michelle Cini et Angela K. Bourne (dir.), *Palgrave Advances in European Union Studies*, Basingstoke, Palgrave, 2006, pp. 190-208. *Cf.* aussi Wolfram Kaiser, Brigitte Leucht et Morten Rasmussen, *The History of the European Union. Origins of a Trans and Supranational Policy, 1950-1972,* London, Routledge, 2008.

L'approche comparée des « voies nationales » à la construction européenne rendrait en effet visible à quel point ce parcours a été (et est encore) influencé par le poids de l'histoire nationale et internationale de chaque État membre, par leur position géographique et leurs différentes traditions politiques, culturelles, juridiques et sociales (et seulement en partie par leurs intérêts économiques[1]) et pourrait enfin mener à une histoire unitaire et transnationale[2] ainsi qu'à la mise à feu de l'identité continentale[3].

Les historiens doivent, certes, encore faire face aux nombreuses difficultés théoriques et méthodologiques que pose l'étude de la phase actuelle de la construction européenne, une phase démarrée avec le renouvellement institutionnel abordé par le Traité de Maastricht et poursuivie au cours des différentes étapes jusqu'au Traité de Lisbonne récemment entré en vigueur, une phase marquée par les grandes transformations géopolitiques suivies aux élargissements qui ont inclus dans l'Union européenne les pays de l'Europe Centrale et Orientale, au nom du "retour" à la maison commune[4]. Pendant cette période la tentative sans succès d'enraciner les valeurs identitaires communes au cœur d'une soi-disant Constitution européenne, les débats et les polémiques qui en ont jaillies, le coup d'arrêt du processus "constitutionnel" dû aux résultats négatifs des referenda français, néerlandais et irlandais, ont bien mis en évidence comme l'Union européenne, même si elle se pose sous certains aspect en ligne de continuité juridique avec la Communauté européenne qui l'avait précédé, sous d'autres angles apparaît comme un laboratoire des transformations en cours au cœur de la politique contemporaine.

L'accroissement de l'euroscepticisme parmi les citoyens communautaires, rendu récemment plus aigu par les effets pervers et difficilement contrôlables du processus de globalisation envers lesquels l'Union européenne montre beaucoup de peine à fournir des solutions pratiques et des réponses rassurantes, a posé aux spécialistes de nombreuses questions qui touchent le

---

1. L'utilisation de la part des États du processus de construction européenne pour leur relance économique est à la base de l'approche de Alan S. Milward, *The European Rescue of the Nation State,* London, Routledge, 1992 ; cette approche a été en partie modifiée par l'auteur *in idem, The Rise and Fall of National Strategy 1945-1963*, London, Frank Cass, 2002.
2. L'importance de rendre visibles les liens et les interactions existant entre l'histoire nationale et l'histoire européenne et internationale a été à la base du travail pionnier d'une équipe internationale d'experts, ouvrant sur le volume sous la direction de Ariane Landuyt, *Idee d'Europa e Integrazione Europea*, Bologna, il Mulino, 2004.
3. Une approche interdisciplinaire et une lecture de longue durée qui rapprochent les études d'histoire moderne et celles d'histoire contemporaine sur le thème de l'identité européenne est celle du groupe qui a publié sous la direction de Gilles Pécout, *Penser les frontières de l'Europe du XIXe au XXe siècle. Élargissement et union : approche historique*, Paris, PUF, 2004.
4. Pour une approche historique qui évalue les élargissement communautaires en tenant compte de leur dimension diachronique, des différentes approches nationales et des effets au fur et à mesure suscités sur la Communauté/Union européenne, ses institutions et ses politiques voir Ariane Landuyt, Daniele Pasquinucci (dir.), *Gli Allargamenti della CEE/UE 1961-2004*, 2 vol., Bologna, il Mulino 2005.

caractère, les finalités et les réalisations pratiques de la construction communautaire[1].

C'est à partir de cette prise de conscience que les historiens se sont penchés plus particulièrement actuellement sur la construction européenne en tenant compte aussi de l'approche politiste de "*multilevel governance*", sans abandonner évidemment l'attention envers le contexte politique national des États membres et envers le contexte international, dans une perspective globale[2].

L'historiographie est donc en train de déplacer en partie sa cible, en essayant de répondre aux questions concernant les changements apportés, sur différents niveaux, par le processus de construction européenne et qui touchent et modifient, en bien et en mal, la vie des citoyens européens.

Dans cette perspective la société civile et ses acteurs deviennent un objet central d'études, ainsi que la formation de l'opinion publique[3], et les réalisations concrètes mise en application dans le cadre communautaire, c'est-à-dire les transformations apportées par les politiques communes[4].

Même si les politiques « de nouvelle génération » (sociale, environnement, égalité des chances, coopération au développement etc.) se sont affirmées surtout à partir des années 1970 avec le premier élargissement communautaire et l'approfondissement institutionnel[5], il est important de rappeler que la « première génération » des politiques avait été déjà prévue dans les Traités de Rome, comme la politique agricole, la politique de concurrence et la politique des transports, qui avaient pour but d'aider la

---

1. À la suite de ces changements le débat s'est ouvert sur la possibilité de considérer l'action extérieure de l'Union européenne comme une politique extérieure. Voir une des premières contributions à ce sujet, Gérard Bossuat, *L'Europe et la mondialisation*, Paris, Soleb, 2006.
2. Antonio Varsori, "L'unificazione europea negli studi storici", in *La polis europea*, cit., p. 182.
3. Ariane Landuyt, Renaud de La Brosse, Ioan Horga (dir.), *The Contribution of Mass Media to Enlargment of the European Union,* Bruxelles, IIAS, 2003 ; Fabienne Maron, Ioan Horga, Renaud de La Brosse (dir.), *Media and the Good Governance Facing the Challenge of EU Enlargement*, Bruxelles. IIAS, 2005 ; Guido Ravasi (dir.), *L'Unione europea. Politiche comunitarie, opinione pubblica e società civile*, Milano, Edizioni Nagard, 2007.
4. Ariane Landuyt, *Il "valore aggiunto" di un approccio storico allo studio delle politiche comunitarie*, in Ariane Landuyt (dir.), *Le politiche della Comunità/Unione Europea. Origini e sviluppo storico*, numéro monographique de "Memoria e Ricerca", a. XVI, Nuova Serie, n° 30, gennaio-aprile 2009. Sur l'attention que, ces dernières années, l'historiographie, surtout parmi les jeunes chercheurs, consacre à l'étude des politiques communautaires voir le bilan de Laura Grazi, *L'integrazione europea nelle ricerche storiche. Temi e approcci egli studi dei giovani ricercatori*, in Lara Piccardo (sous la direction de), *Un 'Università che cambia in un mondo che cambia. Nuove prospettive di ricerca negli studi europei*, Associazione Universitaria di Studi Europei, Milano, Ediplan, 2008, pp. 68-70.
5. Les études sur l'histoire de la construction européenne se sont récemment concentrées sur les années 1970, période au cours de laquelle les élargissements avaient commencé ainsi que sur l'approfondissement institutionnel et les nouvelles politiques communautaires. Voir Antonio Varsori (dir.), *Alle origini del presente. L'Europa occidentale nella crisi degli anni Settanta*, Milano, Franco Angeli, 2007.

réalisation du marché commun, une fois tombées définitivement les tarifs douaniers[1].

Certains historiens considèrent que les États nationaux sont à l'origine de la mise en application des politiques communes, afin de réaliser des objectifs qu'ils ne sont pas à même de poursuivre seuls[2]. Toutefois on peut considérer cette approche comme partielle, car elle ne tient pas assez compte de l'importance de la société civile dans la mise en marche de ces réalisations, même si l'affaiblissement des États nationaux a sûrement joué aussi un rôle dans ce sens.

La transformation de la politique et de la société, dans le contexte d'un monde toujours plus globalisé, a en effet changé les paramètres de référence et introduit sur la scène de nouveaux acteurs qui donnent la voix à des intérêts communs par le biais d'un parcours bien différent de celui qui se faisait à l'intérieur des États nationaux.

Les politiques communes qui ont été longtemps le champ d'études presque exclusif des juristes, des économistes et des politistes, sauf le cas de quelque politique de « première génération » comme la P.A.C[3], s'affirment actuellement de plus en plus parmi les études d'histoire de la construction européenne, dont elles contribuent à dessiner le parcours à partir des réalisations concrètes liées à la capacité d'interagir avec les logiques nationales et en même temps de recueillir les sollicitations des acteurs transnationaux présents dans la société civile.

Les jeunes chercheurs se penchent particulièrement sur ces thèmes[4], et au nom d'un « métissage » interdisciplinaire, croisent les réflexions issues de l'analyse des transformations « dans le temps » et les études ponctuelles des disciplines axées sur l'utilisation de modèles théoriques. L'approche interdisciplinaire semble donc être une des bases les plus intéressantes pour tirer de nouveaux critères interprétatifs de la construction européenne.

---

1. Pour une série de contributions très intéressantes sur les politiques de première génération, voir Antonio Varsori, *Inside the European Community. Actors and Policies in the European Integration 1957-1972*, Baden Baden-Bruxelles, Nomos Verlag-Bruylant, 2006.
2. Voir les travaux d'Alan S. Milward, ouvr. cit.
3. Je cite seulement le texte pionnier de Gilbert Noël, *Du Pool vert à la Politique agricole commune. Les tentatives de Communauté agricole européenne entre 1945 et 1955*, Paris, Economica, 1988. En Italie ce sujet a été étudié par Giuliana Laschi, *L'agricoltura italiana e l'integrazione europea*, Berna, Peter Lang, 1999
4. Je me limite à citer parmi les nombreux travaux de jeunes chercheurs en histoire de la construction européenne parus récemment, ceux du groupe qui travaille depuis plusieurs années sur le thème des politiques communautaires auprès du Centre d'Excellence Jean Monnet/CRIE de l'Université de Sienne. Voir Laura Grazi, *L'Europa e le città. La questione urbana nel processo di integrazione europea(1957-1999)*, Bologna, il Mulino, 2006 : Laura Scichilone, *L'Europa e la sfida ecologica. Storia della politica ambientale europea (1969-1998)*, Bologna, il Mulino, 2008 ; Federica Di Sarcina, *L'Europa delle Donne. La politica di pari opportunità nella storia dell'integrazione europea (1957-2007)*, Bologna, il Mulino, 2010.

GREEK POLITICAL SCIENCE ON EUROPE:
A SCHOLARLY OUTLINE

George CONTOGEORGIS
& Dimitris N. CHRYSSOCHOOU
Université Panthéon d'Athènes

This essay is only a partial reflection of the current state of European integration studies in Greece. It is thus neither extensive, nor perhaps representative of the many different scholarly efforts by Greek political scientists to capture the reality of the 'polity' that is currently emerging in Europe. Accordingly, what follows sketches a general outline of Greek academic interest in the nature of the evolutionary 'EU order', which has managed to combine high levels of segmental autonomy which are non-threatening to national identities, traditions and ways of life, with a sense of unity for the whole.

The idea of the essay is to focus less on the microcosm of policy specific analyses and more on some theoretical projections that aim to capture the totality of what has been achieved so far – i.e., the general picture of integration at the turn of the first decade of the 21st century. Eclectic and, by extension, limited as it may be in its scope, the essay also makes the point that Greek scholarship on Europe is a fast-growing intellectual industry which, judging by the amount of work produced over the last decade, has little to be jealous of other, more established academic communities – no need to invent here, as some easily do, yet another instance of Greek 'exceptionalism'. But what is still in question is the extent to which future Greek-based research on the EU will be investing more on the theory front, especially through collective intellectual synergies, rather than on the – no less exciting or for that matter less crucial – common working arrangements, including both the institutional dynamics and the various policy aspects of the collectivity. Having said that, a final note is in order: the essay does not proceed in any – more or less arbitrary – value-based judgments on the merits and weaknesses of Greek scholarly writings on Europe, but aims at sketching a broader picture – a panoramic but by no means exhaustive portrait – of the themes to which Greek scholars direct their analytical foci and, more broadly, their research interests.

Some theory projections

Greek EU scholarship has been steadily focusing for the last thirty years on the field of policy analysis and sector-based empirical studies, rather than on theory-producing accounts of the integration process – i.e., on what the EU 'actually' is and how best to study it; namely, with reference to the ontological and epistemological foundations of Europe's integrative journey. Put differently, Greek political scientists have been mainly preoccupied with the micro-level – the various parts of the elephant, to recall Puchala's (1972) colourful metathor –, rather than with the systemic or structural conditions of European polity-building, constitution-making or demos formation.

Admittedly, there is nothing wrong with such research preferences, nor theory can be taken as a panacea for good social science. It is equally true, however, that greater emphasis on the theory of European integration – more accurately perhaps, on various combinations of social and political theory, whether normative, reflexive or analytical in kind, would have opened up new and promising horizons for the study of an essentially contested (polycemous), uniquely observed (*sui generis*) and, by its composite nature, interdisciplinary (myltiperspectival) object of social science enquiry. More than that, a theoretical projection of the EU as a general system – i.e., a polity, a political system or a (quasi)constitutional system – offers the possibility to think about the social and political constitution of a novel form of collectivity or even of a postnational polity *in statu nascendi* which is called upon to reconcile the ever present quest for the autonomy of the parts with a shared sense of identity for the whole (Athanassopoulou 2008). Such endeavours chime well with the idea of extending the organization of political authority in new areas of collective symbiosis, although such an idea should not be taken as a means for regional state-building. This view accords with Tsatsos's (2007) account of the EU as 'a sympoly of states and peoples' and is indicative of the kind of conceptual synergies normative theory allows in postnational or post-statist directions. Likewise, the concept of 'synarchy' advocates a collective system of shared rule based on the idea that the component parts, as co-sovereign units, are capable of co-constituting the general system and co-determining its constitutional nature and dynamics (Chryssochoou, 2009).

Such an approach is also linked to the ability of the EU *qua* general system to organize, project and perform political functions that can sustain and promote the extensive sharing of state sovereignty, without either invalidating the constituent sovereignties or threatening their legitimizing role within the national subsystems. The concept of synarchy refers to a novel form of 'co-governance' that does not presuppose the end of the (European) nation-state or for that matter any substantive, lat alone irreversible, loss of its capacity to steer the political community to which its demos – the civic body as a politically self-conscious collectivity – refer. It also brings to the fore a shared perception of states as constituent units with the capacity (and the political will, expressed through national channels of legitimation) to co-exercise sovereign authority, to invest in a commonly formulated law, and to determine the conditions of their collective symbiosis in a convergent and mutually beneficial manner. The whole idea of synarchy thus refers to an organized multiplicity of autonomous units, directing us to a form of governance which accords with a post-statecentric reality of the 'EU order', linking together the praxis of co-determination with the idea of 'organized co-sovereignty'. Resting on the ascent of a co-operative culture among the subunits based on mutually reinforcing perceptions about the organization of collective life, it allows them to acknowledge the idea of synarchy as the basic principle around which a new form of unity is being built: an expression of an advanced sense of political co-ownership.

The notion of a post-statist analogy has attracted the interest of Greek scholars, albeit to a lesser extent as compared with their European counterparts. EU studies in Greece, at least as reflected in – mostly edited – academic textbooks and articles in refereed journals have also experienced the effects of the 'normative turn' in EU studies; a turn which has been evident in integration scholarship since the mid-1990s, and which has reached its peak with the insertion of normative social and political theory (and philosophy), as represented in the likes of cosmopolitanism, constructivism, constitutionalism, and (neo)republicanism (Eleftheriadis, 2003; Antoniadis, 2001; Tsinisizelis, 2001; Galariotis, 2009; Gofas and Hey, 2008; Lavdas and Chryssochoou, 2004). This has sparked a lively debate on the transmutations of sovereign statehood, and the development of new understandings on the nature of political authority exercised within a multilevel and multilogical system (Kazakos, 2009).

This kind of discourse, however, represents a rather small portion of Greek scholarly writings on Europe and focuses on the changing views of state sovereignty, which can now be interpreted as the right of the member polities to be involved in the joint exercise of common competences, while retaining ultimate responsibility in critical decision-making. Hence a new quality in sovereignty relations, evident in Europe's composite polity (Manitakis, 2007; Taylor, 2008): even though sovereignty is still being made by the subsystems, the latter are constituted by the general system to which they also belong: their sovereignty becomes an expression of their participation in a larger unit (Taylor, 2003). As a synarchy of entangled sovereignties, the EU directs the dialectics of sovereignty towards a philosophy of governing that reconciles Europe's political tradition as the cradle of Westphalian sovereignty with the transcendence of sovereign statehood itself. This new dialectic rests on a common learning process, making the EU the most advanced application of the principle of political co-determination.

Rethinking political Europe

A distinctive approach to the study of the EU, which introduced from early on the concept of the *'sympolity'* (Contogeorgis, 1998, 2000, 2004, 2010) to define political Europe, distinguishes its relevance to the structure and evolution of ancient Greek *sympolities*, referring to the environment of the city-state. This correlation allows for a more profound conceptual understanding of the EU and, furthermore, distinguishes it from federal forms of polity, whose origins can be traced to an earlier evolutionary stage, when anthropocentric statocentrism was not yet solidified. Central to this line of thinking is the assumption that the present-day EU represents a *'political system without a state'* or, put another way, a *'stateless sympolity'*.

It is obviously not the EU's essential structure as a sympolity which inhibits the deepening of its political system and, with it, its internal or systemic cohesion, but the still incomplete anthropocentric condition of our era in general (Contogeorgis, 2007). At this stage, the political system is confined to and is identified by the concept of the state, which dissociates itself from the society of citizens and downgrades its role to a private one. The question here is not that a unified European demos is lacking, but that the very idea of the "demos" does not exist today. This view is harsh criticism of contemporary political science, which calls political systems as a whole 'democracies' simply on the grounds that their political personnel has popular legitimacy, although in every other sense it completely possesses the qualities of both mandator and mandate (Contogeorgis, 2005).

This concept of the political system, transplanted into political Europe, also falls short in terms of popular legitimization of its political personnel. This is reasonable, since today's European sympolity depends largely upon the nature of the political systems of its member states, i.e. upon their leaders who possess political authority and naturally have no intention of relinquishing it to the society of citizens.

From this perspective, the weak structure of the EU polity is due to the emerging statocentrism which demands that the leadership of the member states define the European political landscape and determine their political personnel. Moreover, political Europe's persistence in giving priority to one purpose of politics by focusing almost exclusively on the economic "market" results in the imbalance in the relationship between society of citizens, the state and the "market," in favour of the latter. This imbalance must be attributed to the total exclusion of the society of citizens from the political system. Put a different way, rendering the purpose of the "market" the primary political purpose of the state – and particularly of the EU – conceals not the existence of a weak European identity, but the non-democratic or even representative structure of their political systems, referring back to the early anthropocentric stage of the modern cosmosystem.

From another point of view, this rendering of the interests of the "market" as the ultimate goal of political Europe is consistent with the EU member states' choice of approaching politics through the prism of *power or rather of force*, and not as a *sphere for the realization of freedom*. It is precisely because the construction of the member states is based on the strict dichotomy between society and politics that the *sympoliteian* character of the EU becomes an instrument in the hands of their leaders to manage the European public space, putting their individual – state – interests before the common European interest. This becomes all the more evident in the way in which European *citizenship* is perceived. In the EU political system, the citizen is just an incomplete political subject, as in the case of the state, indeed whose status depends on his quality of citizen of the member state. It is incomplete not because the concept of the European demos is lacking. The modern citizen is in any case considered to be a private individual, a subject of the state, who is merely called upon to legitimize the power of the political personnel. For modernity in general it is inconceivable that the citizen should participate in the political system. Nevertheless, the European citizen possesses limited legitimizing capability, since in this case the state retains the relative authority.

On the question of the fundamental features that form the concept of European identity, this line of thinking ascribes them to the concept of "*politeian*" patriotism (Contogeorgis, 2003, 2004)."*Politeian*" patriotism defines the set of parameters which comprise the nature of anthropocentric life, i.e. of societies living in freedom. These parameters refer back to the weighty Hellenic-Roman tradition and, therefore, to the consciousness of a common cultural heritage which developed essentially in Europe, and, in fact, was the backdrop of the modern European socio-economic and political condition. The distinguishing feature of European "*politeian*" patriotism is founded in the *cultural pluriformity*. In this sense, it is not contrary to nor does it negate the fundamental properties of collective national identity. Therefore, it is not meant to reproduce the fundamentals mark of the nation and to lead to the creation of a new *super-nation* this time, nor will it be *post-national*. The separate identities, such as those that refer to the nation or those that are the result of various cultural differentiations (ethnicity, religion, geography, etc.) will be part and parcel of the overall European collective identity. In these differentiations, it will reserve a considerable degree of political autonomy, fulfilling its homologous freedom. Therefore, according to this line of reasoning, it is not the lack of a European identity or its *sympoliteian* stucture that inhibits the deepening of political Europe, but its classification in the stage of emerging statocentrism that characterizes the modern anthropocentric cosmosystem and, in this context, its strictly pre-democratic and, as a matter of fact, pre-representative character. It stands to reason, then, that the concept of "*politeian*" patriotism is clearly broader than Habermas's so-called "*constitutional*" patriotism and, in any case, capable of conveying a more holistic understanding of identity, instead of the restrictive reference to the simple political system (Contogeorgis, 2003, 2004, 2007).

Therefore, political Europe is neither post-statocentric nor post-national, but a component of the statocentric period that refers back to the particular conditions being experienced by societies of a significant historical space, Europe. The *post-statocentric* stage is ascribed to the next, *ecumenical* stage in the development process of the anthropocentric cosmosystem, which the modern world is a far cry from. The state of the ecumenical period, the *cosmopolis*, a *cosmo-state*, is meant to host the heritage (state, nation, etc.) of the statocentric period, including the sympolity, not negating it. Nevertheless, the *sympoliteian* phenomenon is different in the statocentric stage from that in the ecumenical period, as seen in the Greek paradigm (Contogeorgis, 2006).

All of the above lead to the conclusion that the deepening of political Europe and the reorientation of its political purpose – from the interests of the "market" to the common interest of its constituents peoples – can be achieved through a new equilibrium in the relationship between society, politics and the "market," which will be reflected in a shared European identity. This requires the reconstitution of the society of citizens as a demos, i.e. as an institutional and particularly component factor of the polity. This is the evolution of the political system, from the present *pre-representative* period to the *representative* phase. Even if this occurs only within the context of the nation-state, the issues and purpose of the politics of the European Union will have changed radically.

The evolution of political Europe away from being the subject of the world system toward a political system in its own right will transfer it from the scope of International Relations to that of political science. This will heat up and especially reorient interest in studying its new example. However, the main core of the scientific community will continue to focus on research into the institutional environment, functions and policies of the EU, although the study of its character as a political system will begin gradually. The Greek scientific community is also focusing on the study of Greece's position in the common European destiny and also as a policy-building exercise. Nevertheless, the study of this question has inevitably noticeably shifted due to the changes in Europe and developments in the broader cosmosystemic environment. This is supported further by a widespread recognition on the part of Greek public opinion that political Europe is an integral, if not an organic, component of Greece.

Lisbon's scholarly effect

The rejection of the Constitutional Treaty by the French and Dutch publics in May and June 2005, respectively, represented a major blow to the cause of EU constitutionalism. More than that, it heralded a profound and prolonged, yet not entirely unexpected, political crisis of the integration process, which was conveniently termed, if not camouflaged, by EU officials as a 'reflection period'. The Constitutional Treaty was eventually replaced by a Reform Treaty, widely known as the Treaty of Lisbon, as it was signed in the Portuguese capital by EU leaders on 13 December 2007. No doubt, it was viewed by many as a relatively modest step toward the full constitutionalization of the formal treaty framework. It was also asserted, however, that the new Treaty, which came into force on 1 December 2009 after a rather controversial process due to the Polish and Check presidents' initial reservations, and mainly thanks to a second Irish referendum on 12 June 2008, is expected to contribute to a more balanced form of decision-making in the enlarged EU of 27, coupled by a strengthening of the EU's institutional capacity to act in a more coherent manner in its external relations (although the initial provision for an EU Foreign Affairs Minister was not included with the final text).

In general, there were a series of primarily nationally-driven causes for rejecting the Constitutional Treaty which produced an ideologically incoherent but discernible voting block against the constitutional project, whose core institutional reforms were eventually to survive in the Lisbon Accords. This is not to imply that greater democracy in the general system can only be an outcome of substantive constitutional revisions, but rather that the road to a more democentric union rests largely upon the extent to which the political preferences and expectations of the national governing elites are convergent or divergent. At the same time, it needs to be stressed that the French and Dutch voters exercised their equally democratic right to oppose the coming into force of a major treaty reform, to which they – much like their fellow EU citizens – had little democratic input; for the Constitutional Treaty was ultimately determined by Europe's political leaders, rather than by a genuine European constituent power. Be that as it may, were the Treaty to have been ratified, the fact would remain that the EU would have still rested (more) on a dynamic set of international treaty-based rules, albeit of an integrative nature and orientation, rather than on an elaborate system of constitutional checks and balances designed to organize political authority within a non-state polity. With the coming into force of the Lisbon Treaty, a quasi-constitutional ordering had emerged, albeit of a (much) less federalist kind as compared with a conventional (or state-like) constitutional settlement. In a word, the new Treaty was not in the end meant to take the EU political system toward a genuinely postnational state of play (Habermas, 2001).

In many respects, the Lisbon Treaty represented the long-awaited response of the EU to a protracted political crisis. Most prominently perhaps, it classified the areas of actual or potential EU involvement into exclusive competences, shared competences and supporting actions. Other pro-integrationist measures, including those relating to the EU's democratic life and the abolition of the three-pillar structure, include: an extension of QMV in some 40 new instances (including the area of police and judicial co-operation in criminal matters, with Britain and Ireland having secured the right to pick and choose whether to participate therein, and with the ECJ gaining broad oversight for the first time); a single legal personality for the

EU; a full-time standing President of the European Council (elected for a 2,5 year term, renewable once); a smaller Commission with fewer Commissioners than there are states, from 2014 (a rotation system would apply every five years; each country having a Commissioner for 10 years out of the first 15, although this decision has been suspended following a decision by EU leaders in December 2008 with the view to facilitating Ireland in the conduct of a second referendum); a strengthening of the EP's co-legislative rights; an enhanced role for national parliaments in their dealings with Brussels – in particular, with the Commission – with reference to the application of subsidiary. But there was no mention of an EU Foreign Affairs Minister (instead, the Treaty merged the post of the CFSP High Representative with the Commissioner for External Relations), neither was an integrated treaty text replacing all earlier Treaties. Moreover, all reference to EU symbols, including the term 'constitution' were dropped (flag, anthem, motto) while it made a legal binding reference to the Charter of Fundamental Rights but without including it in the formal treaty framework, as had the aborted Constitutional Treaty – to mention but a few instances of constitutional regression.

The prospect of a Reform Treaty to replace the stillborn 'Constitution', combined with the effects of the EU's massive enlargement in the mid-2000s, was meant to renew the interest of Greek academia in the EU project (Tsatsos, 2007; Maravegias and Tsinisizelis, 2007; Ioakimidis, 2005, 2008; Stephanou, 2006; Tsinisizelis, Fatouros and Christodoulidis, 2006, Xenakis and Tsinisizelis, 2006; Chryssochoou, Tsinisizelis, Ifantis, Stavridis and Xenakis, 2009; Pelagidis and Xenakis, 2009). The general assessment to be drawn from such scholarly writings (also with regard to the political nature of the Reform Treaty) is that recent treaty reforms represented a compromised structure among divergent and, more often than not, conflicting national interests, accommodating the demands of the more sceptical actors. Too many reservations, opt-outs, references to states' prerogatives in relation to competences and reform practices, along with a postponement of the double majority system of the Constitutional Treaty, deprived the EU from consolidating its political identity and failed to signal a shift in the basis of legitimation. The dominant view of the Lisbon Accords offered by Greek scholars has been that such reforms were driven by a rather moderate, pragmatic and, at the level of political symbolism, less enthusiastic revisionary strategy, largely at the expense of a democratic visionary project to re-ignite the public's interest in EU affairs.

At a time when the EU retains its character as a *via media* between different forms of polity, governance and representation – an assumption that is commonly shared among many Greek political scientists and constitutional lawyers –, the initial prospects for endowing Europe's politically fragmented demos with a common civic identity that would nurture a sense of European 'civicness' or 'demos-hood' – along the lines of Viroli's (2001) 'republican patriotism' writ large – did not in the end prove realistic enough or, from a different angle, desirable enough. Instead, the rather unceremonious outcome of the Lisbon reforms was greeted by many Greek analysts as an indication, if not a conviction, that the exclusion of citizens from the drafting stages – i.e., the absence of a participatory and deliberative method of large-scale constitution-making or, at least, of constitutional engineering – has been largely at the expense of elevating their status to a system-steering agency: to become, in other words, the decisive agents of civic change by means of enhancing their horizontal integration within a larger pluralist order composed of entangled arenas for social and political action.

The revival of scholarly interest in EU studies by Greek academics, at least as far as the larger picture of integration is concerned – i.e., either in terms of exploring the normative qualities of the enlarged EU polity or in terms of attempting an assessment of the defining or constitutive features of the general system as an organized multiplicity of states and demoi – was linked with an attempt to explore the new dialectic between sovereignty and integration; a dialectic which carried the implication of an explicit right to political co-determination, but failed to produce a credible normative commitment on the part of the national governing elites to democratizing the general system. Much like previous treaty reforms, as the majority of scholars have asserted, the Lisbon outcome, for all its provisions regarding the legally binding status of the Charter of Fundamental Rights, its references to representative democracy, the inclusion of a citizens' (agenda) initiative right – to request the Commission to submit a legislative proposal upon the collection of at least one million signatures – and the envisaged role for the member state legislatures in the implementation of the subsidiarity principle, did not represent a *cause célèbre* for a more civic-minded process of union. Rather, it was yet another cautiously negotiated deal of 'partial offsets' to key democratic problems facing the EU, for what it failed to produce was not only a common democratic vision *per se*, but also a belief that such a vision remains without reach, at least in the foreseeable future.

Capturing the trend

For the last three decades, since the country's acquisition of full membership status, Greek academics have been largely concerned with the question of Europe and the country's role in it. This is a rather easy conclusion to draw, as this has been the case with the vast majority of countries which became members of this uniquely observed, dynamic and multilogical union. There are, however, at least two developments – perhaps striking for the older generation, but almost self-evident to younger people – that have taken place since the mid-1990s which merit our attention: first, the EU is no longer seen as an extension of Greece's external relations, but rather as an integral part of the Greek polity's structural and functional properties. EU politics no longer represent an autonomous sphere of activity or intellectual concern (something which does not contradict the continuing interest of Greek analysts in the country's standing in EU external affairs), as was mainly the case during the first decade of its membership, when the country has often been accused of an introverted perception of EU affairs due to a concealed intergovernmentalism in the conduct of its European policy – a perception which led to an understanding of Greek-EU relations throughout the 1980s and up to the mid-1990s as a case of 'uneasy interdependence' (Tsinisizelis and Chryssochoou, 1996).

This development has had a direct impact on the evolution of the Greek polity: being a relatively 'small' state, Greece has often in the past found itself in a rather delicate (and for some observers awkward) position between conceding – less critically put, delegating or entrusting – sovereign authority to the common system and retaining its freedom of action (or political independence) from external (mainly policy and norm-orienting) interference, especially in sensitive national issues concerning the transfer of competences that were traditionally located to the 'hard core' of the Greek state. But the dynamics of integration, especially after the country's entry into the eurozone in the early 2000s, have acted as a call for institutional adjustment – for what has been conveniently described, mostly in lack of a better term, as the 'Europeanization' of domestic policy and public sector structures (Lavdas, 1998; Tsoukalis, 1999; Ioakimidis, 2000; Paraskevopoulos, 2001, Featherstone and Radaelli, 2003; Featherstone and Papadimitriou, 2008). In the Greek case, major attitudinal changes in favour of further integration, along with the emerging constellation of power between new and old political parties (and between the two leading parties which still account for a comfortable, albeit declining, majority of the national vote) portray the image of a liberal democracy which strives to break away from long-standing structural deficiencies.

Turning to the second development, EU studies, as taught at university level, have grown – and are still growing – strong in Greece despite the lack either of a strong international relations or, more generally, a political science scholarly tradition. Arguably, for a country in which the domain of legal studies (and in particular the study of public or constitutional law) has been the norm almost since the inception of the modern Greek state, both in terms of scholarly as well as professional prestige, the dynamism of EU studies at undergraduate and, increasingly, at graduate level, constitutes a rather remarkable achievement, at least from the perspective of higher education institutional pluralism (the emergence of new regional universities focusing on the social sciences) and 'disciplinary' progress (research conducted by Greek political scientists). Moreover, studying Europe in Greece is increasingly becoming part of an interdisciplinary academic laboratory, which is indicative not only of the current intra- and inter-departmental synergies taking place in Greek universities, but also of the prospects of learning about Europe through the insights of several socio-scientific lenses.

This second development is linked to the first concerning the gradual transformation of the country's European profile over the last fifteen years:

the promotion of European integration studies at university level, especially in a country with a remarkably high percentage of undergraduate students, combined with the efforts made by such institutes and organizations as the Hellenic University Association for European Studies, the Hellenic Centre for European Studies, the Hellenic Foundation for European and Foreign Policy, the Centre for European Constitutional Law, the Institute of European Integration and Policy, the Greek Centre for European Studies and Research, the various Jean Monnet Chairs, Centres and European Documentation Centres, as well as the Commissions' and Parliament's offices in Greece, to mention but a few, are also important means of further enhancing Greece's *communautaire* image, whether or not of a conventional or postmodern federalist direction.

For a polity that still rests on an international treaty and lacks a self-conscious demos, the transition 'from democracies to democracy' is neither easy nor linear. Although recent trends in EU theorizing perceive the general system as being closer to a statecentric as opposed to a state-like formation, this is far from an ideal state, as it hinders the emergence of a European demos. Like any other polity that aspires to becoming a democracy, the EU has to invent its own framework of participatory politics, while ensuring that its political outcomes informed by a principled public discourse. Until then, it will continue to be confronted with the reality of multiple polities and demoi. As for the hopes and agonies of the Greek demos, in a manner not entirely dissimilar to its celebrated ancient counterpart, it will also have to cope with the reality of an enlarged, more competitive, less cohesive, and certainly less egalitarian union.

References
Antoniadis, A. (2001), Constructing the World Polity: The Role of Epistemic Communities', *Greek Political Science Review*, 18, 2001.
Athanassopoulou, E. (ed.) (2008), *United in Diversity? European Integration and Political Cultures,* London, I. B. Tauris.
Chryssochoou, D. N. (2009), *Theorizing European Integration*, 2nd edition, London and New York, Routledge.
Chryssochoou, D. N., Tsinsisizelis M. J., Ifantis, K., Stavridis, S. and Xenakis, D. K. (2009), *The European Polity: The Art of Co-Determination* (in Greek), Athens, Savvalas.
Contogeorgis G. (1998), "Political participation or manipulation? Political behavior at the turn of the 21 century," *in* D. Koutras (ed.), *Youth and politics*, Athens.
Contogeorgis, G. (2000), « Le citoyen dans la cité », *in* B. Badie, P. Perrineau (éd.), *Le citoyen*, Paris, Presses de sciences po.
Contogeorgis, G. (2003), « Identité nationale, identité politéienne et citoyenneté à l'époque de la mondialisation », *in* Maria ManuelaTavares Rideiro (dir), *Europa em Mutacao*, Coimbra, 155-174.
Contogeorgis, G. (2004), "L'Europe culturelle et la géopolitique", *in* Maria Manuela

Tavares Ribeiro (ed.), *Ideias de Europa: que fronteiras*, , Coimbra, Quarteto, pp. 71-87.

Contogeorgis, G. (2005), "Democracy and Representation. The question of freedom and the typology of politics" in E. Venizelos, A. Pantelis (eds.), *Civilization and Public Law*, London,, pp. 79-92.

Contogeorgis, G. (2005), « Introduction", to Jean-Louis Quermonne, *The European political system*, Athens, Papazissis.

Contogeorgis, G. (2006), *The Hellenic Cosmosystem, t. A'. The period of Statocentrism*, Athens, Sideris.

Contogeorgis, G. (2007), *Democracy as Freedom. Democracy and Representation*, Athens, Patakis.

Contogeorgis, G. (2010),"L' Europe politique: quel avenir?", *in* Maria Manuela Tavares Ribeiro (ed.), *Imaginar a Europa*, , Coimbra, Almedina, pp. 13-24.

Eleftheriadis, P. (2003), 'Cosmopolitan Law', *European Law Journal*, 9(5).

Featherstone, K. and Radaelli, C. (eds) (2003), *The Politics of Europeanization*, Oxford, Oxford University Press.

Featherstone, K. and Papadimitriou, D. (eds) (2008), *The Limits of Europeanization: Reform Capacity and Policy Conflict in Greece*, London, Palgrave.

Galariotis, J. F (2009), 'Constructivism, International Relations and European Studies', *Greek Political Science Review*, 33.

Gofas, A. and Hay, C. (2008), *The Ideas Debate in International and European Studies: Towards a Cartography and a Critical Assessment*, IBEI Working Paper N° 11, Institut Barcelona d'Estudis Internacionals.

Habermas, J., (2001), *The Postnational Constellation: Political Essays*, Cambridge, Polity.

Ioakimidis, P. C. (2000), 'The Europeanization of Greece: An overall assessment', *South European Society and Politics*, 5(2).

Ioakimidis, P. C. (2005), *European Constitution and European Integration: A Contribution to the Understanding and Explanation of the Constitutional Treaty* (in Greek), Athens, Themelio.

Ioakimidis, P. C., *The Lisbon Treaty: Presentation, Analysis, Evaluation* (in Greek), Athens, Themelio, 2008.

Kazakos, P. (ed) (2009), Special Issue on 'Grand Questions, Many Answers: Theory and Method in European Integration Research', *Greek Political Science Review*, 33.

Lavdas, K. (1998), *The Europeanization of Greece: Interest Politics and the Crises of Integration*, London, Macmillan.

Lavdas, K. A. and Chryssochoou, D. N. (eds) (2004), *European Integration and Political Theory: The Challenge of Republicanism* (in Greek), Athens, I. Sideris.

Manitakis, A. (2007), 'The impasses of EU constitutionalisation and the prospects for the transition from the condominium of states to the joint rule of the peoples of Europe' (in Greek), *International and European Politics*, 8.

Maravegias, N. and Tsinisizelis, M. J. (eds) (2007), *New European Union: Organization and Policies* (in Greek), Athens, Themelio.

Paraskevopoulos, C. (2001), *Interpreting Convergence in the European Union: Patterns of Collective Action, Social Learning and Europeanization*, London, Palgrave.

Puchala, D. J. (1972), 'Of Blind Men, Elephants and International Integration', *Journal of Common Market Studies*, 10 (3).

Stephanou, C. A. (ed.) (2006), *Adjusting to Enlargement: Recurring Issues in a New Setting*, London, Edward Eldgar.

Stephanou, C. A., Tsinisizelis, M. J., Fatouros, A., and Christodoulidis, Th. (eds) (2006), *Introduction to European Studies: Integrative Dynamic, Legal Order, Governance* (in Greek), Athens, I. Sideris.

Taylor, P. (2003), International Organization in the Age of Globalization, London, Continuum.

Taylor, P. (2008), *The End of European Integration: Anti-europeanism Examined*, London and New York, Routledge.

Tsatsos, D. Th., *European Sympolity: For a European Union of States, Peoples, Citizens and European Constitutional Culture* (in Greek), Athens, Livanis, 2007.

Tsinisizelis, M. J. (2001), *Quo Vadis Europa?* (in Greek), Athens, Smyrniotakis.

Tsinisizelis, M. J. and Chryssochoou, D. N. (1996), 'Greece and European Integration: A Case of Uneasy Interdependence?', *Synthesis: Review of Modern Greek Studies*, 1(2).

Tsoukalis, L. (1999), Greece: Like Any Other European country?', *The National Interest*, 55.

Viroli, M. (2000), 'Republican Patriotism', in C. McKinnon and I. Hampsher-Monk (eds), *The Demands of Citizenship*, London, Continuum.

Xenakis, D. K. and Tsinisizelis, M. J (eds) (2006), *Global Europe? The International Dimensions of the European Union* (in Greek), Athens, I. Sideris.

Xenakis, D. K. and Pelagidis, Th. (ed.) (2009), *Interventions on Europe* (in Greek), Athens, Papazisis.

L'HISTOIRE DE L'INTÉGRATION EUROPÉENNE ET SES MODALITÉS D'ADAPTATION EN ITALIE : DU TRAITÉ DE ROME AUX SCIENCES POLITIQUES À BOLOGNE

Giuliana LASCHI
Université de Bologne

L'émergence d'une discipline

Dans quelle mesure la naissance de la Communauté européenne a-t-elle influencé nos disciplines » ? La réponse n'est que trop évidente : l'histoire de l'intégration européenne est justement née au moment du lancement de ce processus politique qui, amorcé durant la Seconde Guerre mondiale, prit forme à Rome en 1957 : il prit forme dans le sens où la Communauté économique européenne fut créée. La date est unanimement reconnue par les historiens mais ceux-ci discutent toutefois encore sur la division en périodes : car celle-ci dépend des raisons que l'on pense fondamentales quant à la naissance du processus d'intégration. J'estime que le processus est né durant la Seconde Guerre mondiale et c'est pourquoi je préfère parler d'« histoire de la construction européenne », ce que je considère comme plus adéquat pour écrire l'histoire qui nous intéresse ici, car cela inclut non seulement les réussites, les Communautés effectivement créées, mais aussi les échecs et les tentatives, tout aussi importants pour comprendre le processus dans son ensemble.

Dans quelle mesure et comment l'histoire a-t-elle changé en tant que discipline et s'est-elle adaptée pour intégrer et interpréter cette nouvelle réalité ? Différentes branches de l'histoire contemporaine sont entrées en interaction et ont tenté d'expliquer le processus d'intégration européenne ; peu à peu, a vu le jour une discipline avec ses caractéristiques propres, mais qui est encore aujourd'hui également enseignée par des historiens d'autres branches. En effet, quand, dans les années quatre-vingt-dix, l'histoire de l'intégration est arrivée dans les facultés de Sciences Politiques italiennes, y compris à l'université Roberto Ruffilli, il y avait peu d'historiens de l'intégration dans notre pays ; la majorité d'entre eux étaient des historiens des relations internationales, des partis et mouvements politiques, économiques, et certains étaient de « simples » historiens contemporanéistes.

Je me propose d'analyser ici pourquoi et comment les historiens sont entrés en interaction afin d'expliquer et d'enseigner l'histoire de l'intégration européenne, souhaitant comprendre si une telle branche peut exister à part entière, aussi bien quant à l'enseignement qu'à la recherche qui l'alimente[1]. À ce propos, il faut avoir à l'esprit que cette matière est enseignée par des universitaires qui, non seulement proviennent d'autres disciplines, mais qui continuent également à faire de la recherche dans d'autres domaines et qui, pour cette raison, choisissent souvent pour les étudiants des manuels et du matériel de lecture provenant d'autres secteurs historiographiques. Tel est le cas notamment des historiens des relations internationales. Du reste, la situation n'est pas non plus très clairement définie par le ministère de l'Éducation, de l'Université et de la Recherche, qui incorpore l'histoire de l'intégration européenne dans l'histoire des relations internationales. En effet, dans l'évocation des contenus des secteurs disciplinaires, pour l'histoire des relations internationales, apparaissent « parmi les articulations internes les plus importantes, l'histoire des traités, l'histoire de l'intégration européenne et l'histoire des relations politiques entre l'Amérique du Nord et l'Europe »[2].

Mais quand a-t-on commencé à étudier l'histoire de la construction européenne ? Et quels ont été les premiers historiens à le faire ? En réalité, les premières analyses d'histoire de l'intégration européenne ressemblent plus à du travail de mémoire ou de presse écrite qu'à des travaux de nature historiographique, dans la mesure où elles décrivaient et commentaient l'actualité ; il s'agissait donc de chroniques politiques, raisonnées, de ce qui était en train de se passer en Europe, faites par les principaux intéressés, militants fédéralistes, hommes politiques, diplomates, fonctionnaires[3], soit

---

1. Pour quelques idées sur l'enseignement des études européennes, *cf.* la brochure *Insegnare l'integrazione europea*, éditée par le Point Europe de Forlì, Matériel de travail n°3, juin 2004. La publication, éditée par Filippo Pigliacelli, regroupe quelques éléments de réflexion sur l'enseignement de matières relatives à l'intégration européenne, provenant des séminaires d'étude sur l'enseignement de l'intégration européenne de Bertinoro, qui se sont tenus en mars 2002 et en mai 2003, organisés par le Point Europe de Forlì et l'Institut des Etudes pour l'Union européenne (IREU), en collaboration avec la Faculté de Sciences Politiques de Bologne, campus de Forlì et la région Emilie Romagne.
2. *Cf.* http://cercauniversita.cineca.it/php5/settori/elenco.php?gruppo=SPS#SPS/06
3. Dans la littérature historique sur l'Union européenne, existe une production considérable des hauts fonctionnaires des institutions européennes comblant en partie le vide historiographique dû à la quasi contemporanéité des événements. Nombre de hauts fonctionnaires des premières décennies des Communautés, ceux qui jouèrent un rôle important dans la construction du processus quotidien d'intégration, n'étaient pas les bureaucrates à grise mine souvent dépeints dans les chroniques journalistiques ou politiques mais, au contraire, des personnes donnant au travail un souffle pour ce qu'ils considéraient comme une mission politique et historique. Ils connaissaient très bien le processus d'intégration, comme on peut le déduire en particulier du travail d'avant-garde de Marcello Dell'Omodarme, à l'époque fonctionnaire du Parlement européen, *Europa. Mito e realtà del processo di integrazione*, Milano, Marzorati, 1981 et du volume de Bino Olivi, fonctionnaire de la Commission, *L'Europa difficile: storia politica della Comunità europea*, Bologna, Il Mulino, 1993 (1ère édition), (*L'Europe difficile : histoire politique de la Communauté européenne*, Folio histoire, 1998). L'auteur a plusieurs fois mis à jour le volume, jusqu'à la dernière édition de 2005, revue avec un autre fonctionnaire de la Commission, Roberto Santaniello, parue sous le titre *Storia*

des protagonistes du processus d'intégration[1]. Ce phénomène, qui a intéressé l'Italie pendant longtemps, surtout parce que le mouvement fédéraliste était très fort dans ce pays, fut cependant un vrai phénomène européen au sens le plus strict[2].

Il est clair que ces premiers commentateurs avaient une attitude « militante », d'engagement total dans l'histoire proche, qu'ils se proposaient de raconter et de mettre en forme. Quand on parle d'histoire, cependant, il faut rappeler qu'il s'agit d'une discipline sensible du point de vue politique. Bien souvent, les historiens de l'intégration sont (délibérément) confondus avec les commentateurs, et vus et décrits comme des personnes qui chantent leurs propres louanges, qui veulent expliquer et convaincre du fait que l'Union est le centre du monde, qui manquent de sens critique, bref, des historiens prescriptifs. La confusion, qu'elle soit avérée ou non, est, selon moi, alimentée par l'utilisation faite de l'histoire de l'Union européenne par les organes d'information de l'UE et par le matériel informatif institutionnel.

Il est en effet évident que, souvent, l'histoire de l'intégration européenne est encore aujourd'hui utilisée pour des raisons d'autocélébration et de propagande, nourries par un fort eurocentrisme. Dans le débat public, journalistique et politique (mais également souvent dans le débat institutionnel et informatif) émerge un récit acritique de l'histoire des Communautés, parfois déterministe ; il vise quelquefois à atteindre des objectifs politiques ; dans certains cas, il est utilisé à des fins cathartiques, pour « purifier » l'histoire européenne. Comme si, avec la création de la Communauté, l'Europe et, en particulier, ces quelques sages pays fondateurs avaient suivi un destin déjà tout tracé et, ce faisant, avaient effacé les pires expressions de la brutalité européenne qui s'étaient exprimées dans le colonialisme, les camps d'extermination, les bombardements de Dresde, et dans les autres brutalités de la Seconde Guerre mondiale. Cependant, ceci n'est pas l'histoire de l'intégration, mais plutôt de l'utilisation hagiographique qui en est parfois faite par les institutions communautaires ; quoi qu'il en soit, ce n'est nullement l'objet discuté dans le présent essai.

---

dell'integrazione europea, toujours aux éditions Mulino, Bologne, (*Histoire politique de l'intégration européenne*, Gallimard, rééd., 2001)

1. Il convient de rappeler d'abord la production de Altiero Spinelli et, pour la reconstruction historique d'alors, Achille Albonetti, *Preistoria degli Stati Uniti d'Europa*, Milano, Giuffrè, 1960 (*Préhistoire des Etats-Unis de l'Europe,* Paris, Sirey, 1963). L'auteur a été un personnage de premier plan pour le processus d'intégration européenne du côté italien, comme le note Sergio Romano, dans la préface au volume de Albonetti *L'Italia, la politica estera e l'unità dell'Europa*, Rome, Lavoro, 2005, « Achille Albonetti fut conseiller au sein des Représentants italiens à l'OECE, membre des délégations qui ont négocié les Traités européens dans les années cinquante, chef de cabinet du vice-président de la Commission et Gouverneur italien dans l'organe de direction de l'AIEA des Nations Unies. Il fut également Président de Total Italie et président de l'Union pétrolière. Depuis vingt-cinq ans, il dirige la revue trimestrielle *Affari Esteri*. Il est conscient du fait qu'il appartient à la génération qui "a fait l'Europe" et en est légitimement fier ».
2. Il suffit de penser au cas de Jean Monnet, avec son *pamphlet "Les États-Unis d'Europe ont commencé"*, publié à Paris en 1955.

Face à un tel déterminisme et à une telle superficialité, s'est créé comme un mur, une fermeture extrême quant à l'histoire de l'intégration et une telle fermeture porte souvent à un réalisme nu, un cynisme excessif qui en vient, lui aussi de façon déterministe, à presque nier l'existence d'une histoire de l'intégration. Un réalisme tel qu'on pourrait dire qu'il nie l'évidence, à savoir l'existence de l'Union européenne qui, bien qu'elle soit travaillée, surtout au cours des dernières années, n'en reste pas moins une réalité indiscutable[1].

Dans le domaine académique, l'introduction de l'histoire de l'intégration est relativement récente ; dans quelques cas isolés, on a commencé à l'enseigner entre la fin des années soixante et le début des années soixante-dix[2] ; mais, dans la plupart des universités, l'enseignement a été formalisé vers la fin des années quatre-vingt et la première moitié des années quatre-vingt-dix.

En Italie, un véritable élan pour l'étude de l'histoire de l'Europe a été donné par la Commission européenne : à la fin des années 1970, elle a créé le Groupe de liaison des historiens européens ; ce groupe restreint d'historiens (des traités et des relations internationales, contemporanéistes, historiens économiques) était encouragé à produire ce que l'on pourrait définir comme l'*histoire officielle* des Communautés. Toutefois, le rôle de la Commission est devenu plus décisif au cours des années 1980 et c'est pourquoi j'ai décidé de consacrer un paragraphe au rôle de la Commission dans l'encouragement d'une réelle histoire de l'intégration européenne dans notre pays.

La naissance d'une nouvelle discipline historique ?

Je me concentrerai plus ici sur l'enseignement de l'histoire de l'intégration européenne en Italie et, tout particulièrement, dans les facultés de sciences politiques, que sur la situation de la recherche dans ce domaine ; il est cependant évident que les deux thèmes se recoupent et qu'il est souvent difficile de les séparer de façon nette. Ainsi, même si je ne me livrerai pas à une analyse exhaustive de l'historiographie italienne[3], certaines références ne

---

1. Une des lectures les plus réalistes publiées au cours de l'année du cinquantième anniversaire des Traités de Rome a été celle écrite par Quagliariello et Zaslavsky qui, bien qu'ils invitent à ne pas forcer sur la clef de lecture réaliste, estiment qu'elle est nécessaire pour contrer le risque de dérives dangereuses, poussant à mon avis à l'extrême la tension qui existe déjà entre idéologie, choix politiques et histoire. *Cf.* G. Quagliariello et V. Zaslavsky, *Editoriale*, dans "Ventunesimo Secolo", a. VI, octobre 2007.
2. Maria Grazia Melchionni rappelle le cas de Mario Toscano, qui consacra une partie de son cours universitaire de 1967 aux négociations pour l'entrée de l'Italie dans le pacte atlantique ; mais surtout, de Giuseppe Vedovato et de ses cours de 1974, consacrés à l'*Europa difficile. Cf.* M. G. Melchionni, *L'invitato in ritardo: la storia e l'integrazione europea*, Department of Political Studies - University of Catania, Jean Monnet Working Papers in Comparative and International Politics n. 23, Février 1999. Consultable en line, http://www.fscpo.unict.it/EuroMed/jmwp23.htm
3. Sur la sitographie, il est possible de consulter les nombreux essais de Antonio Varsori et, en particulier, *L'unificazione europea negli studi storici*, dans Sonia Lucarelli (éd.), pp. 165-187 ; dans le volume édité par l'auteur, *L'Italia e il processo di integrazione europea: prospettive di ricerca e revisione storica*, numéro spécial de la revue *Storia delle relazioni internazionali*, n° 1, 1999 ; *La storiografia sull'integrazione europea: un bilancio e nuove prospettive di ricerca*, dans

pourront faire défaut, afin d'abord de comprendre le contenu de l'enseignement et le nombre d'« écoles » actives dans notre pays[1].

Un autre élément d'importance concerne les outils de travail à proprement parler, c'est-à-dire, pour les historiens, les archives. Chaque branche de l'histoire a ses principales sources d'archives de référence : les historiens des relations internationales utilisent surtout les fonds des archives historiques des ministères des Affaires étrangères ; les historiens économiques, les fonds nationaux et des organismes nationaux et internationaux ayant trait à l'économie ; les contemporanéistes utilisent les archives centrales de l'État, les fonds des différentes personnalités, partis politiques, syndicats, etc. Ainsi, comprendre à partir de quelles archives s'alimente l'histoire de l'intégration européenne peut rendre également plus explicite l'affinité de la discipline avec les différents domaines de l'historiographie. En effet, celle-ci aussi compte une multitude d'archives auxquelles le chercheur peut avoir recours, certaines partagées avec les historiens des autres aires historiques, d'autres propres à la seule histoire de l'intégration européenne.

Naturellement, puisqu'il s'agit des principaux outils qui servent à l'analyse historique, les archives historiques mériteraient une place que je ne peux leur accorder ici. Il convient cependant de rappeler l'importance qu'elles revêtent pour stimuler et parfois conditionner le choix des historiens d'approfondir ou non un filon historiographique particulier. Ceci est particulièrement vrai en Italie car, outre la règle presque universellement reconnue des trente ans nécessaires pour protéger la confidentialité des documents avant qu'ils ne puissent être rendus publics, il existe une situation difficile pour les archives elles-mêmes, à propos desquelles la déclassification des documents et leur accessibilité au public dans certains cas comme pour les Archives historiques du ministère des Affaires étrangères, s'arrêtent à la fin des années cinquante. De toute évidence, l'impossibilité d'accéder à ces sources d'archives retarde et rend impossible l'enquête historique dans des secteurs très importants pour le processus d'intégration européenne. En ce qui concerne les archives des principales institutions communautaires, la situation est complètement différente et l'accès des chercheurs est réel, et même souvent facilité. Tout d'abord, on a tenté de centraliser, en un unique siège, tout le matériel d'archives des Archives historiques des Communautés européennes, au sein de l'Institut universitaire européen, à Florence. De plus, les archives particulières de la

---

"Europa/Europe", n° 1, 2001. Voir aussi de M.G. Melchionni, *L'invitato in ritardo: la storia e l'integrazione europea, op. cit.*

1. J'ai abordé une discussion sur l'historiographie du processus d'intégration européenne dans l'introduction de mon livre *L'Italia e il processo di integrazione agricola europea, 1947-1962*", Berna, Lang, coll. Euroclio, 1999. Les principales écoles historiographiques demeurent celles qui sont décrites et discutées à cette occasion. Au fil des ans, la majeure partie des interprétations excessivement réalistes sont devenues caduques ; pour le reste, la clef d'interprétation est plutôt identique. *Cf.* mon livre *L'Unione Europea. Storia, istituzioni e politiche*, 2e éd., Roma, Carocci Collection "Studi Superiori", 2005.

Commission, à Bruxelles, et du Parlement européen[1], à Luxembourg et, dans une moindre mesure, les archives du Conseil des ministres à Bruxelles, soutiennent les chercheurs et facilitent leur travail.

L'histoire de l'intégration européenne est, à mon avis, une discipline historique à part entière, qu'il faut enseigner et approfondir séparément des autres filons historiques. L'Union européenne a une histoire qui lui est propre et qui est, justement, une histoire particulière, pas seulement de relations entre États, parce qu'à présent c'est une histoire intérieure à proprement parler, non plus de relations entre diplomaties étrangères ; c'est une histoire initiée pour des raisons différentes, sur lesquelles les historiens ont des théories divergentes aujourd'hui et qui comptent encore à l'heure actuelle parmi les thèmes historiographiques les plus discutés. Elle a ses propres institutions, une multitude de politiques, d'acteurs politiques et institutionnels.

Bien que je sois entièrement convaincue du fait que l'histoire de l'intégration puisse se rapporter, dans une vue plus large et non sectorielle, à l'histoire contemporaine, j'estime qu'il serait plus utile, comme il est advenu dans les faits, que l'histoire de l'intégration soit reconnue et vive en tant que discipline à part entière, quoique, bien sûr, en dialogue perpétuel avec les autres filons de l'histoire contemporaine et également avec les autres disciplines relatives à l'Étude de l'Europe. Je ne pense pas, somme toute, qu'elle puisse faire partie de filons historiographiques ou d'enseignements pré-existants, qu'il s'agisse de l'histoire des relations internationales, de l'histoire économique, mais également de l'histoire de l'Europe contemporaine. Et je voudrais brièvement justifier ma position. Si l'histoire de l'intégration européenne utilise les outils, les acteurs, les archives des autres filons de l'histoire contemporaine, le mélange est tel que cela devient quelque chose de différent par rapport aux autres secteurs de l'analyse historique.

Ma position, quant à la nécessité de garder à part l'étude de l'histoire de l'intégration, loin d'être universellement partagée par les historiens, est au contraire source de fortes oppositions, dues moins à des questions purement académiques[2] ou didactiques qu'au parcours différent que chaque historien a effectué avant d'arriver à l'histoire de l'intégration. En effet, et c'est évident,

---

[1]. Les archives historiques du parlement européen-CARDOC est le paradis des chercheurs, étant donné que les documents ont été déclassifiés et rendus accessibles au public et mis, de plus, sur support numérique, ce qui facilite grandement le travail des chercheurs. À cela s'ajoute la grande compétence des archivistes, tels que Sabbioni, permettant de faire du travail de recherche un moment extrêmement intéressant pour les historiens du processus d'intégration.

[2]. La place discutée dans les différents secteurs disciplinaires n'est pas un problème uniquement pour l'histoire de l'intégration, mais il est commun à toutes les nouvelles disciplines et sans nul doute, aux autres disciplines relatives aux études européennes. Dans une leçon magistrale très vive, tenue à Forlì en 2006, M. Giuliano Amato a raconté les aléas laborieux du droit communautaire, qui était considéré comme pertinent pour certains secteurs disciplinaires aux dépens d'autres, principalement pour des questions académiques, en plus, naturellement, de différentes positions relatives au processus d'intégration européenne. *Cf.* G. Amato, "*Una democrazia senza Costituzione? L'Europa e gli europei dopo i referendum*", (éd. G. Laschi), Bologna, CLUEB, 2007.

les historiens de la pensée politique soutiennent que leur discipline est la plus encline à interpréter les éléments qui ont porté à la naissance et au développement des Communautés, alors que les historiens des relations internationales estiment que c'est uniquement à travers les outils qui sont propres à leur discipline qu'il est possible de résoudre les problèmes d'interprétation de l'histoire de l'intégration. Les différents secteurs disciplinaires s'opposent, dans la conviction qu'il existe une seule vraie, profonde motivation qui a donné vie au processus d'intégration européenne (et le maintient en vie), les aspects théoriques s'opposant aux aspects économiques, l'objectif idéal à l'intérêt national. Personnellement, j'estime que cette approche ne mène nulle part, tant pour la recherche que pour la didactique de l'histoire de l'intégration européenne ; c'est une approche monocausale, univoque, insuffisante pour saisir la complexité du processus d'intégration, comme les historiens contemporanéistes le répètent d'ailleurs depuis longtemps. En outre, derrière une classification aussi rigide d'un processus complexe, réside, à mon avis, l'objectif déterministe de telles écoles historiographiques : si, d'une part, l'on veut démontrer l'impératif historique de l'Union européenne et de l'autre, nier l'existence d'un rôle national pertinent de l'UE et, surtout, son rôle international, considérant les USA comme l'unique puissance mondiale, cela revient à nier la réalité, comme nous l'enseignent les africanistes, qui connaissent bien le poids international de l'Union européenne. Le fait que les États-Unis soient la principale puissance du système international n'implique pas nécessairement qu'il n'y ait pas d'autres puissances et que certaines ne puissent manifester leur pouvoir de façon différente des USA[1].

Un outil d'analyse fondamental que l'histoire apporte à la compréhension générale de l'UE est, à mon avis, le fait de la considérer dans une perspective à long terme, dans sa mutation continuelle, qui a été la caractéristique principale de 1950 à aujourd'hui. C'est justement dans ces changements, dans les profondes différences qu'elle a connus au cours de son processus, que la construction européenne est originale, complexe. La Communauté a opté pour la valorisation du concept même de diversité, opposé à la conception plate et homogène de formes politiques entre États, proposant un modèle de médiation continuelle et de mélange entre États, peuples et différences. Non pas un modèle figé, à appliquer comme étant unique et irremplaçable, mais une modalité en transformation perpétuelle[2].

En outre, il faut reconnaître que les trois principales écoles historiographiques naissent et s'opposent pour répondre à une question qui, bien qu'importante, n'est pas la seule à laquelle les historiens sont appelés à apporter des réponses. Le débat est en effet encore centré sur les raisons du

---

1. *Cf.* Giuliana Laschi et Mario Telò (éd.) *Europa potenza civile o entità in declino? Contributi ad una nuova stagione multidisciplinare degli studi europei*, Bologna, Il Mulino, 2007.
2. *Cf.* mon travail *Il pensiero e la forma europea della politica: un'introduzione*, dans Id. (éd.), *Il pensiero e la forma europea della politica*, Bologna, CLUEB, 2007.

lancement du processus d'intégration, alors que la complexité croissante de l'histoire de la construction européenne a imposé de revoir les approches d'analyses nécessaires pour sa compréhension, comme le démontre l'historiographie riche et complexe qui se fait jour en Italie, grâce aux jeunes chercheurs de la discipline. Il existe en effet une différence évidente entre les historiens de l'intégration européenne des trois principales écoles historiographiques et les jeunes chercheurs qui en sont partis, parce qu'ils ont ensuite développé une analyse historiographique qui dépasse les divisions méthodologiques initiales et profite de la complexité des outils à disposition[1].

Somme toute, à la base de mon analyse se trouve la thèse de la complexité historiographique du processus d'intégration, de la nécessité de comprendre les différents liens d'interprétation pour ensuite les réélaborer dans un panorama général composé de nombreuses variables et motivations, car je n'estime pas qu'elles sont sans lien aucun, et encore moins, en opposition et contradiction entre elles. Pour toutes ces raisons, je pense qu'il est nécessaire de présenter les différentes positions sur le sujet, qui m'aideront également à mieux expliquer ma position[2].

Comparaison des écoles historiographiques

Ceux qui étudient l'histoire de la pensée politique ont été les premiers à approfondir la recherche sur les grands mouvements qu'ils ont, avec toujours plus de force dès la fin de la Première Guerre mondiale, théorisé et développé en de vrais programmes politiques quant à l'unification européenne[3]. Ces

---

1. J'ai perçu le changement évident advenu dans l'historiographie italienne en abordant ces thèmes avec Gabriele D'Ottavio, jeune historien de la construction européenne et un de mes anciens étudiants, et durant la conférence des jeunes historiens, organisée en mai 2008 avec D'Ottavio et Alessandra Bitumi, dont les travaux "La Comunità europea e le relazioni esterne, 1957-1992" sont en cours de publication aux éditions Clueb.
2. La difficulté de placer l'intégration européenne dans l'histoire est tout particulièrement évidente dans l'essai que je cite ci-après, dans lequel l'auteur, professeur universitaire d'histoire des doctrines politiques, a ouvert le premier cours d'histoire de l'intégration dans sa Faculté, et, bien qu'il estime que la meilleure place pour la discipline soit l'histoire des relations, il soutient qu'elle naît naturellement de l'histoire des doctrines politiques. *Cf.* Eugenio Gruccione, *Storia e Politica dell'Integrazione Europea: un'Esperienza di Insegnamento*, essai préparé pour le séminaire pluriannuel du Centre Européenn Jean Monnet sur *L'invitato in ritardo: la storia e l'integrazione europea, Catania, 31 octobre 1998,* Department of Political Studies - University of Catania, Jean Monnet Working Papers in Comparative and International Politics n° 21, décembre 1998. Consultable en ligne, http://www.fscpo.unict.it/EuroMed/jmwp21.htm
3. S. Pistone (éd.), *I movimenti per l'unità europea 1945-1954*, Milano, Jaca Book, 1992 et toujours édité par Pistone, *I movimenti per l'unità europea 1954-1969*, Pavia, Publications de l'Université de Pavie, 1996 ; U. Morelli, *Contro il mito dello stato sovrano. Luigi Einaudi e l'Unità europea*, Milano, Franco Angeli, 1990. Le travail d'analyse des biographies et des mouvements pour l'unité européenne, se poursuit avec les innombrables travaux de Piero Graglia sur Spinelli, dont *Unità europea e federalismo. Da "giustizia e libertà" ad Altiero Spinelli*, Bologna, Il Mulino, 1996 ; D. Preda et C. Rognoni Vercelli (éd.), *Dalla Resistenza all'Europa. Il mondo di Luciano Bolis*, Pavia, TCP, 2001 ; C. Rognoni Vercelli, *Mario Alberto Rollier un valdese federalista*, Milan, Jaca Book, 1991 et de la même auteure, *Luciano Bolis dall'Italia all'Europa*, Bologna, Il Mulino, 2007.

précurseurs de l'histoire de l'intégration européenne en Italie[1], souvent mus par une profonde conviction dans des idéaux fédéralistes, ont l'extraordinaire mérite d'avoir commencé à réfléchir sur l'histoire de l'idée d'Europe, à travers ses principaux artisans, au premier rang desquels Spinelli qui, outre le fait d'être objet d'étude, était aussi, et surtout, un guide politique. Le plus souvent, quand les travaux de tels auteurs sont analysés, la principale critique qui émerge concerne le déterminisme et le caractère prescriptif, des éléments à mon avis présents dans les reconstructions des processus historiques, plus que dans les biographies et dans l'analyse de la pensée politique des fédéralistes.

Parmi les éléments tout aussi présents et importants dans ces travaux, bien qu'ils aient été négligés par la critique, on compte la capacité de lire en profondeur et d'élaborer des théories sur l'apport fondamental de la pensée politique dans l'action de construction du processus d'intégration, facteur trop souvent sous-estimé par l'historiographie non fédéraliste, voire même expédié comme sans influence par les réalistes. Personnellement, j'estime que l'idée et l'idéal politiques ont également joué un rôle considérable dans un tel processus, dans la tentative de trouver des voies différentes, des objectifs autres mais possibles, pour la survie du continent ; et ces objectifs sont présents dans de nombreux choix communautaires, à partir des traités de Rome, comme par exemple la clause de solidarité économique que les réalistes, en effet, ne parviennent pas à expliquer. En même temps, à la différence des historiens fédéralistes, j'estime que les raisons qui ont conduit à Rome sont multiples, complexes, qu'elles se situent à l'échelle nationale ou internationale, économique ou politique. Un autre élément qui fut de grande importance dans mon expérience didactique et de recherche, découle du fait que les historiens fédéralistes ont vécu en première ligne la plupart des batailles, des défaites et de l'histoire qu'ils racontent, bien que leurs travaux ne puissent être réduits à un travail de mémoire, car il y a une analyse et une utilisation des outils des historiens. S'il est vrai qu'il faut être prudent quand on se trouve confronté à l'histoire orale ou à l'histoire racontée par qui en a vécu des parties ou moments, il est tout aussi vrai que les historiens fédéralistes donnent un visage, une voix, une personnalité et des objectifs politiques aux personnages et à l'histoire qu'ils racontent[2]. Et ceci semblera tout particulièrement important pour ceux qui lisent et écrivent l'histoire de l'intégration : souvent si froide, grise, peuplée de bureaucrates qu'elle rebute le chercheur ou l'étudiant, même les plus intéressés[3].

---

1. S. Pistone, *L'Italia e l'unità europea, dalle premesse storiche alle elezioni del Parlamento europeo*, Torino, Loescher, 1982 ; L. V. Majocchi, *La difficile costruzione dell'Unità europea*, Milano, Jaca Book, 1996.
2. Parmi les récits et les commentaires les plus passionnés sur l'histoire de l'intégration européenne, je ne peux oublier les leçons et les interventions passionnées de grands connaisseurs comme Sergio Pistone et Luigi Vittorio Majocchi, avec lesquels la possibilité d'un débat ouvert et riche n'a jamais fait défaut.
3. J'ai noté à quel point les leçons sur Altiero Spinelli et les discussions à Ventotene avec Eugenio Rossi, Colorni et Ursula Hirschmann, intéressent les étudiants universitaires. Ils sont nombreux à

Un autre filon historique particulièrement intéressant pour la naissance d'une historiographie en Italie a été celui de l'histoire des relations internationales et reste assurément l'un des domaines réussissant le mieux à interpréter le processus d'intégration, en particulier parce qu'elle identifie le contexte international, l'entrelacement des relations, des objectifs, des tensions entre les États. Les Communautés ont été créées avec les outils propres à la diplomatie européenne, expression des appareils des ministères des affaires étrangères respectifs. Par conséquent, les archives historiques des différents ministères des affaires étrangères sont fondamentales pour tisser l'histoire des premières années, qui, à partir de la Seconde Guerre mondiale, portèrent aux Traités de Rome. Pour de nombreux leaders politiques de l'Europe de ces années-là, la participation ou non au processus d'intégration releva, dans une large mesure, d'une décision de politique extérieure, même si pas uniquement, comme j'essayerai de l'expliquer plus loin. En particulier, émergeait la nécessité de résoudre le problème franco-allemand, de replacer au niveau national les petites, moyennes et grandes puissances européennes durant les années de la Guerre froide, de la constitution du bloc occidental, de la décolonisation et de la perte successive des empires, après la Seconde Guerre mondiale et en un système international inédit. Pour de nombreux leaders européens de l'après-guerre, l'intégration européenne était la réponse la plus adaptée.

L'histoire des relations internationales (car elle ne possède pas les instruments nécessaires pour le faire) n'est toutefois pas à même d'expliquer et d'interpréter la complexité, la nature et les politiques de la Communauté européenne, au-delà de la première phase du processus, et aussi de celui-ci, elle n'explique que certains éléments, ceux qui justement revêtent le caractère de relations internationales, entre États. Les années qui vont de l'immédiat après-guerre jusque, indicativement, au Traité de fusion des trois Communautés, traité de 1967, peuvent être considérées comme les années de formation du processus d'intégration ; processus qui, à son tour, peut être divisé en trois sous-périodes, non effectives, naturellement, mais utiles au niveau analytique, historiographique. La toute première phase, de 1945 à 1950, est mue par une multitude de raisons. A propos des raisons fondamentales, l'on ne peut ne pas prendre en compte le domaine dans lequel s'est amorcé le processus d'intégration européenne : la fin de la Seconde Guerre mondiale, qui donna un formidable élan à la collaboration du continent. La guerre totale et ses horreurs, ses millions de morts, ses destructions dramatiques, sa férocité, les camps de concentration, furent un motif de refus de confiance envers les États nationaux et d'espoir, presque cathartique, à l'égard des projets d'unification et de pacification, surtout partant d'un nouveau cours

---

choisir Spinelli, pour en analyser le personnage, l'action ou le rôle de Commissaire et de Parlementaire européen, comme sujet pour leurs essais, mémoires ou travaux finaux, bien qu'ils ne soient pas fédéralistes. La personnalité extraordinaire de Spinelli est sans nul doute attirante, mais aussi la conviction que pour comprendre l'histoire de l'intégration européenne, il faut également analyser la pensée et les mouvements politiques.

des relations franco-allemandes. En effet, ce fut durant ces années-là, que de vrais projets politiques pour l'unité européenne prirent forme. En outre, le continent avait besoin de se replacer dans le système international, se trouvant comprimé entre les deux pôles du nouveau système ; et à l'intérieur du continent, outre la centralité du problème allemand, les grandes puissances en profonde crise économique, politique et internationale tentaient de trouver une réponse à la perte de l'empire et de leur prestige international. Dans la sauvegarde des intérêts nationaux particuliers, l'on cherchait toutefois une réponse à la nécessité de reprise économique du continent qui, sous le parapluie américain, cherchait de nouvelles formes de collaboration afin d'éviter une dispersion de l'intervention états-unienne[1].

L'on peut avancer deux interprétations pour comprendre la naissance de l'intégration européenne comme outil possible pour résoudre la complexité des problèmes. En premier lieu, l'histoire de la pensée, parce que c'est justement à ce moment historique qu'en effet, selon Spinelli, la révolution fédéraliste devait voir le jour ; c'est effectivement la période durant laquelle les négociations étaient en cours pour refonder les États après la guerre et tout ce que cela comportait et donc, le moment où l'influence des objectifs politiques devait être (et à mon avis, a été) très forte. L'autre discipline historiographique particulièrement utile pour analyser cette période est l'histoire des relations internationales parce que, dans ces premières années, le processus d'intégration fut en grande partie l'un des éléments de la politique extérieure de certains États européens, la relation entre eux, la tentative de la part des diplomaties européennes de retisser et d'approfondir les relations réduites en cendres par le conflit. Mais c'était aussi le moment du repositionnement international de l'Europe et des différents États européens dans le système international bipolaire qui, justement ces années-là, était en train de se développer et de se définir, et de la constitution du bloc occidental, avec les pressions états-uniennes afin que l'Europe s'intègre économiquement, mais également politiquement. Dans une telle situation, l'analyse et les outils des historiens des relations internationales sont sans nul doute utiles, même s'ils ne sont pas indispensables.

La deuxième phase de la naissance du processus d'intégration, de 1950 à 1957, qui voit la vraie naissance de certaines communautés et donc, du processus d'intégration, est utile pour comprendre également la mesure et les objectifs d'une telle intégration. Dans le sens où c'est justement durant ces années, où l'on voit le succès des communautés économiques et l'échec de la communauté de défense, que se définissent les objectifs communautaires que les États de la petite Europe se fixent et qui sont considérés, au contraire, comme trop hardis, ou peu intéressants. Dans ce contexte, cependant, deux clefs d'interprétation gagnent de l'importance, en sus de la pensée politique et à l'histoire des relations internationales : l'histoire nationale, donc

---

1. Pour les raisons, voir mon livre *L'Unione Europea. Storia, istituzioni e politiche*, deuxième édition, Roma, Carocci, Collection "Studi Superiori", 2005.

contemporaine, des États européens et l'histoire intérieure de la Communauté. C'est-à-dire que c'est justement avec la naissance des premières communautés qu'émerge un organisme nouveau, qui exprime une politique et des règlements qui lui sont propres, des choix intérieurs, au point de rendre nécessaires des outils différents de ceux des relations entre États, pour les comprendre et les interpréter. Ceci est particulièrement vrai et pertinent avec ce que l'on peut appeler la troisième phase, qui débute avec la signature des Traités de Rome et que l'on peut considérer comme achevée avec la signature du Traité de fusion, phase durant laquelle un processus d'intégration intérieur prend une connotation qui lui est propre et œuvre à son tour indépendamment, par le biais d'outils qui lui sont propres. D'ailleurs, il s'agit d'années cruciales pour les Communautés, durant lesquelles se forment les institutions européennes, qui cherchent leur autonomie et durant lesquelles, avant tout, la Commission européenne, présidée par Hallstein et d'autres européistes convaincus, tente de forcer la main et de construire une forte autonomie politique, à laquelle s'oppose avec vigueur et succès de Gaulle. La complexité de l'interprétation historiographique de cette période est évidente ; il faut avoir des clefs de lecture et d'interprétation concernant les trois niveaux sur lesquels croît la Communauté : international, national et communautaire. Si les politologues ont depuis longtemps choisi des outils d'analyse complexe des différents niveaux, la plupart des historiens de l'intégration considèrent, eux, seulement l'un de ceux-ci comme encore pertinent.

Parmi ceux qui estiment qu'un niveau d'analyse est particulièrement satisfaisant, l'on trouve les historiens économiques. Certains d'entre eux consacrent ouvertement leur analyse aux aspects économiques du processus d'intégration, parce que ce sont les objectifs principaux de leur discipline et de leurs intérêts de recherche et didactiques[1]. D'autres, au contraire, soutiennent que l'histoire économique est l'unique outil efficace pour comprendre le processus d'intégration européenne qui aurait un rôle uniquement instrumental. En réalité, une grande influence sur les historiens économiques, ou qui se sont prêtés momentanément à cette discipline (qui n'étaient pas à l'origine historiens économiques ou ne le sont pas restés), a été exercée par un historien économique anglais, Alan Milward[2], qui, avec sa recherche pionnière et son enseignement à la London School of Economics et à l'Institut universitaire européen, a créé sa propre école dans différents pays

---

1. Voir les travaux de Francesca Fauri, chaire Jean Monnet en Histoire économique de l'Union européenne, au sein de la Faculté Roberto Ruffilli. En particulier : *L'Italia e l'integrazione economica europea*, Bologna, Il Mulino, 2006 et *L'integrazione prematura: le relazioni commerciali europee dalla metà dell'Ottocento alla Grande Guerra*, Bologna, CLUEB, 2005.
2. *The reconstruction of Western Europe, 1945-51*, London, Methuen, 1984; (with the assistance of George Brennan and Federico Romero), *The European rescue of the nation-state*, London-New York, Routledge, 1992 (première éd.); *Politics and economics in the history of the European Union*, London, Routledge, 2005.

de l'Union européenne, dont l'Italie[1]. La thèse de Milward est que le processus d'intégration européenne, bien loin d'exprimer l'échec de l'État national après la Seconde Guerre mondiale, en est en réalité l'expression la plus grande. C'est la tentative de développer de nouvelles modalités pour garantir la survie et le développement de l'État dans un monde et dans une économie où la division traditionnelle était en train de disparaître. Le choix européen était fonctionnel pour les différents États nationaux et leur économie et avait des objectifs limités aux seuls intérêts nationaux, loin des idéaux de fédération, d'union ou de dépassement des drames vécus durant le conflit. Si ceci est la théorie, sa tentative de la démontrer a péché d'un choix sélectif et prédéterminé par la fin.

On pourrait alors suggérer, comme le font les historiens contemporanéistes[2] depuis longtemps et comme certains historiens non contemporanéistes commencent à le faire[3], de placer l'histoire de l'intégration européenne à l'intérieur de l'histoire contemporaine, directement ou comme partie prenante de l'histoire de l'Europe contemporaine. J'estime que l'histoire contemporaine est à même de répondre au mieux aux besoins herméneutiques et didactiques de l'intégration européenne car elle possède les outils, l'historiographie et la complexité d'interprétation pour analyser en profondeur les trois niveaux (international, national et communautaire) de l'histoire de l'intégration européenne, en en saisissant les aspects économiques, sociaux, internationaux, politiques et idéaux. Au contraire, situer l'histoire de l'intégration européenne à l'intérieur de l'histoire de l'Europe contemporaine pourrait être réducteur, dans la mesure où cela limiterait le domaine de l'analyse au continent, perdant certaines des caractéristiques fondamentales qui concernent le domaine systématique international et le rôle de l'Union européenne dans le système international. Il y a une part pertinente de superposition, mais il existe des domaines d'analyse différents.

---

1. Parmi les historiens italiens, ont été élèves de Milward Ruggero Ranieri, dont je me rappelle en particulier *The Italian iron and steel industry and European integration*, EUI working paper n. 109, Florence, European University Institute, 1984; *Italy and the Schumann Plan negotiations*, EUI working paper n° 215, Florence, European University Institute, 1986 et Federico Romero, qui a travaillé pendant un temps limité sur l'histoire de l'intégration, alors qu'il enseigne et fait de la recherche dans le domaine de l'histoire des États-Unis. Tous deux ont contribué à une oeuvre collective éditée par Milward, *The Frontier of National Sovereignty: history and theory, 1945-1992*, London-New York, Routledge, 1994.
2. Auparavant, parmi les historiens contemporanéistes, à estimer que l'histoire de l'intégration européenne avait besoin de la complexité d'une telle discipline pour être saisie dans son ensemble on compte Ariane Landuyt. Sur de telles positions s'alignent depuis longtemps également Daniele Pasquinucci et moi-même, bien que chacun ait des domaines de recherche et de didactique différents.
3. Il semble, par exemple, que Varsori suggère cela, en conclusion de son essai *L'unificazione europea negli studi storici*, dans Sonia Lucarelli (éd.), cit., p. 182. Varsori propose, comme lui-même le suggère de façon « un peu provocante », l'abandon de la formule histoire de l'intégration européenne pour « redécouvrir » le terme histoire de l'Europe contemporaine.

Ce n'est pas un hasard si ce sont les historiens contemporanéistes qui ont introduit l'étude des politiques européennes dans l'historiographie de l'intégration, objets d'étude qui semblaient être l'apanage des économistes ou, tout du moins, des historiens économistes, qui n'avaient rien à voir avec l'histoire, étant donné que cela exigeait des compétences et une utilisation d'éléments techniques qui paraissaient bien éloignées de l'analyse historiographique[1]. Au contraire, l'histoire des politiques est le domaine qui explique peut-être le mieux les trois niveaux de l'action communautaire et comment ceux-ci se connectent entre eux.

L'analyse historique des politiques impose presque une méthodologie d'analyse avec de multiples variables. Tout d'abord, il convient de connaître et d'analyser en profondeur la situation d'une telle politique dans les différents pays membres de la Communauté, les choix, les politiques mises en place, les intérêts économiques et les pressions politiques. En outre, cela permet d'aller au-delà de la première interprétation possible, parce que souvent il arrive que l'on se rende compte que certains choix économiques effectués par les différents États au niveau européen n'étaient pas les plus utiles pour les intérêts économiques nationaux particuliers. Ceci permet, naturellement, de comprendre le cadre politique général d'un pays par rapport au processus d'intégration, ses priorités, sa capacité à négocier, et le rôle, l'importance, qu'il a à l'intérieur du processus ou pour les différentes politiques. Qu'à la suite de la poussée politique s'est de toute façon produite une politique européenne, qui a ensuite eu une retombée indéniable sur ces mêmes politiques nationales. L'histoire des politiques met à jour les raisons qui ont porté les pays membres à choisir l'adhésion à un projet, la capacité qu'ils ont eue de négocier les intérêts nationaux, l'espace consacré à la construction européenne.

Les archives utilisées par les historiens contemporanéistes des politiques et également de l'intégration européenne confirment le caractère adéquat d'une telle discipline pour interpréter le processus d'intégration, parce que la gamme des fonds d'archives analysés est vraiment très vaste, et qu'il y a un mélange très fort entre les différents filons historiographiques. En effet, les fonds des archives des ministères des Affaires étrangères sont nécessaires, ainsi que d'importantes personnalités européennes et nationales, des archives centrales des États, des archives des trois principales institutions européennes, des organismes économiques nationaux et internationaux, des partis et syndicats. Des archives, ainsi, qui témoignent des actions et des choix des principaux acteurs au niveau international, national et européen.

---

1. Aujourd'hui, il y a beaucoup d'historiens de l'intégration qui étudient les politiques de l'Union européenne ou qui, à tout le moins, estiment qu'elles sont pertinentes pour l'analyse du processus d'intégration européenne. Mais, pendant de longues années, justement, nous étions vraiment peu en tant qu'historiens des politiques, et nous avions toutes les peines du monde à nous différencier des historiens économistes, à démontrer la dignité d'un tel choix. L'élément qui semblait être absolument distant de l'historiographie reconnue au niveau national était le grand mélange avec les autres disciplines des études européennes.

Naturellement, c'est justement ce dernier élément qui différencie l'histoire de l'intégration des autres : l'existence d'un acteur européen qui se déplace à travers les institutions et politiques, analysables à travers les documents présents dans les archives historiques des communautés.

Bref, j'estime que si l'histoire contemporaine (en lien étroit avec l'histoire des relations internationales) est peut-être la discipline la plus adaptée pour inclure l'histoire de l'intégration européenne, celle-ci vit mieux en totale autonomie par rapport aux autres secteurs de l'histoire contemporaine et elle grandit mieux dans le domaine interdisciplinaire des études européennes, à l'intérieur desquelles, grâce à un mélange continu, elle trouve son expression la plus exhaustive.

La Commission européenne et l'Action Jean Monnet pour la diffusion de l'enseignement des études européennes

Un rôle particulièrement important pour l'affirmation de l'enseignement de l'histoire de l'intégration européenne en Italie a été, sans nul doute possible, joué par la Commission européenne, surtout à travers l'Action Jean Monnet[1]. Ce rôle a été tellement important que, dans certaines universités et dans certaines facultés, l'enseignement a été introduit justement grâce à cette action, comme c'est le cas pour la Faculté de sciences politiques Roberto Ruffilli.

L'Action Jean Monnet est née de l'idée, présente dès l'aube de la Communauté, de promouvoir l'enseignement et la recherche sur les Communautés, pour faire en sorte qu'elles puissent se diffuser et s'enraciner dans les universités au niveau européen. En ce qui concerne la recherche universitaire et la création des premiers réseaux intellectuels et académiques, le 19 avril 1972, à Florence, a été signée la Convention des six pays fondateurs de la Communauté européenne, avec laquelle fut créé l'Institut universitaire européen, qui a son siège à San Domenico di Fiesole, sur la plus belle et plus connue colline florentine qui domine la ville[2]. La première année académique s'est ouverte en 1976-77. Selon l'article 2 de la convention, la mission de l'Institut est « de contribuer, par son action dans le domaine de l'enseignement supérieur et de la recherche, au développement du patrimoine culturel et scientifique de l'Europe, considérée dans son unité et dans sa diversité »[3].

---

1. Pour une reconstruction des objectifs et du lancement de l'Action Jean Monnet, voir l'essai de M. Neri Gualdesi, *La dimensione europea degli studi universitari: l'azione di Jean Monnet*, *cf.* le site de la Société italienne pour l'étude de l'histoire contemporaine, à l'adresse : http://www.sissco.it//index.php?id=188
2. J.-M. Palayret, *Une université pour l'Europe : les origines de l'Institut universitaire européen de Florence (1948-1976)*, Présidence du Conseil des Ministres, Département pour l'information et l'édition, Rome, Institut Polygraphique de l'État, 1996.
3. L'Institut œuvre à travers quatre départements (Histoire et Civilisation, Sciences économiques, Sciences Juridiques et Sciences politico-sociales, auxquels s'ajoute un Centre de Recherches

L'Institut universitaire européen, qui présente aujourd'hui de nombreux approfondissements et est bien enraciné dans la recherche européenne et états-unienne, avait été conçu comme la création d'un réseau européen de recherche et de formation internationale de professeurs universitaires et de chercheurs, pleinement européenne. Mais l'IUE, outre le risque de rester très isolé, avec peu de rapports avec l'université florentine même, était, et est limité, à l'excellence académique et à la recherche post-licence ; il ne pouvait donc pas répondre aux besoins de créer une culture européenne, à travers l'étude universitaire et l'échange culturel. La principale innovation de l'action Jean Monnet réside dans la tentative d'atteindre de tels objectifs, portant une attention particulière à l'enseignement et à la diffusion des connaissances sur les Communautés et pas uniquement à la recherche. Pour cette raison, on peut dire que l'Action fait partie d'un projet plus général qui concerne la formation des étudiants universitaires, dont fait sans nul doute également partie le projet Erasmus et en effet, elle est étroitement liée à ce projet dans le sens méthodologique et didactique.

Le "Lifelong learning" est en effet le principal programme de l'Union européenne dans le domaine de l'éducation, en particulier pour l'apprentissage des langues et l'amélioration de la mobilité et de l'innovation. Il s'adresse à tous les centres d'apprentissage, en essayant d'impliquer les écoles de chaque ordre et niveau, sans oublier l'éducation des adultes. Parmi les actions et les sections qu'il prévoit, la plus importante pour le domaine universitaire est naturellement Erasmus.

Le programme Erasmus ("European Region Action Scheme for the Mobility of University Students"), créé en juin 1987, s'adresse aux étudiants de l'éducation supérieure et permet leur mobilité et la coopération entre les universités de l'Union européenne. Au cours de la première année, ont participé 3 244 étudiants. En 2005, le nombre est passé à 144 032 étudiants, à savoir presque 1 % de la population étudiante européenne. La proportion est plus élevée parmi les professeurs universitaires, en effet la mobilité des enseignants Erasmus correspond à 1,9 % de la population des professeurs universitaires en Europe et implique donc 20 877 personnes[1]. Au cours des vingt premières années, bien plus d'un million et demi d'étudiants, dont 60 % de filles, ont bénéficié de bourses Erasmus. Le projet a été créé pour éduquer les futures générations de citoyens à l'idée d'appartenance à l'Union européenne.

Le lien étroit entre les projets et la présence d'un cadre commun s'explique également de par leur date de naissance, qui les situe tous dans la deuxième moitié des années quatre-vingt, années durant lesquelles, comme on le sait, le processus d'intégration connut une importante accélération qui

---

d'Études Européennes appelé Centre Robert Schuman), fréquentés par environ 600 chercheurs, provenant en majorité de pays de l'Union européenne, mais également d'autres zones géographiques, qui réalisent des doctorats de recherche. Au sein des Départements cités, enseignent 48 professeurs universitaires (provenant de 16 pays différents) dont dix Italiens. Données du ministère des Affaires étrangères, cf. www.esteri.it

1. Les données sont de la Commission européenne ; cf. http://ec.europa.eu/education/index_en.html

conduisit la Communauté, en l'espace de quelques années, au Traité de Maastricht et à la naissance de l'Union européenne. À échelle communautaire, les années quatre-vingt furent très importantes également pour la tentative de créer un réseau d'historiens pour l'approfondissement de la recherche ; naquit ainsi, grâce à l'impulsion de l'historien français René Girault[1], le *Groupe de Liaison* des historiens de l'Europe contemporaine. Le groupe, depuis 1995, a également commencé à publier l'unique revue entièrement consacrée aux thèmes de l'intégration européenne, *Journal of European Integration History*.

En outre, il n'est pas sans intérêt de noter que la proposition d'une plus large diffusion de la connaissance et de l'enseignement des études européennes fut faite par deux personnages d'importance extraordinaire pour le processus d'intégration européenne : le Président de la Commission européenne Jacques Delors et le Secrétaire Général de la Commission européenne, ensuite Président de l'Institut Universitaire Européen, Emile Noël[2]. Ce sont eux qui eurent l'idée de l'Action Jean Monnet, qui fut présentée en 1989 pour devenir effective en 1990. L'objectif, simple et ambitieux à la fois, était de diffuser et d'enraciner l'enseignement du processus d'intégration européenne et de ses réalisations, dans les quatre domaines des Études Européennes : le domaine juridique, économique, politologique et historique. Avec l'action Jean Monnet, l'histoire de l'intégration est arrivée dans les universités italiennes dans un sens plus

---

1. René Girault, professeur universitaire à la Sorbonne, était l'un des principaux historiens de l'intégration européenne, à laquelle il était arrivé en tant qu'historien des relations internationales et profond connaisseur de l'histoire européenne contemporaine. Je ne peux citer ici qu'un nombre très restreint de son imposante production. *Diplomatie européenne. Nations et impérialismes, 1871-1914. Histoire des relations internationales contemporaines*, tome 1, Payot, 2004 (la première édition date de 1979) ; *Turbulente Europe et nouveaux mondes, 1914-1941. Histoire des relations internationales contemporaines*, Tome 2, Payot, 2004 (1ère édition de 1988) ; avec M. Ferro, *De la Russie à l'URSS. L'histoire de la Russie de 1850 à nos jours*, Nathan, 1989 ; éd., *Pierre Mendès France et le rôle de la France dans le monde*, Grenoble, PUG, 1991 ; éd., *Les Europe des Européens*, Paris, Publications de la Sorbonne, 1993 ; édité avec G. Bossuat, *Europe brisée, Europe retrouvée. Nouvelles réflexions sur l'unité européenne au XXe siècle*, Paris, Publications de la Sorbonne, 1994 ; éd., *Identité et conscience européennes au XXe siècle*, Hachette, 1994 ; *Peuples et nations d'Europe au XIXe siècle*, Hachette, 1996.
2. Emile Noël, moins universellement connu que Delors, fut l'un des principaux acteurs des Communautés, pour lesquelles il a travaillé toute sa vie. Il a souvent été décrit comme l'éminence grise de la Commission, surtout par la critique anglaise réalisée par *The Economist*, cité comme l'exemple classique du bureaucrate de la CEE qui, bien qu'il n'ait pas été élu, était à même de développer un extraordinaire pouvoir. Beaucoup s'en souviennent au contraire comme d'un fonctionnaire attentif, intelligent, réservé et silencieux, bien sûr profondément européiste, proche collaborateur de Monnet et de Delors. Dès 1950, il a travaillé au sein d'institutions européennes, d'abord au Conseil de l'Europe, puis comme secrétaire de la commission *ad hoc* pour les traités de Rome ; dès 1958, secrétaire exécutif de la Commission et de 1967 à 1987, secrétaire général. De 1987 à 1993, Président de l'IUE, autant de preuves de la profonde attention de Noël pour les études européennes. Personnellement, je me souviens de lui avec une profonde estime et affection, comme président de l'IUE ; à la réponse donnée à ma requête je dois la possibilité d'avoir pu conjuguer maternité et recherche, grâce à la bourse de maternité qu'il a introduite dans l'IUE et dont aujourd'hui peuvent jouir toutes les chercheuses.

général[1], dépassant le caractère de niche qu'elle revêtait auparavant, et assumant donc toutes les caractéristiques d'une nouvelle discipline à l'intérieur des études européennes.

Dans l'ensemble, les résultats ont été très intéressants par rapport au nombre des États, universités et étudiants intéressés qui ont suivi les cours, réussi les examens, et, pour beaucoup, également écrit leur mémoire de licence ou leur travail final. Au bout de dix ans déjà, en 2000, 491 Chaires Jean Monnet avaient été activées, dont 206 en droit de l'Union européenne, 125 en économie, 116 en science politique et seulement 44 en histoire[2]. De ces chaires, 53 avaient été confiées aux universités italiennes, dont 28 en droit, 9 en économie, 9 en histoire et 7 en science politique[3]. En 2006, les chaires avaient augmenté et étaient passées à 720, en plus des modules et des cours permanents ; 800 universités des cinq continents avaient été concernées.

Les chaires d'histoire ont toujours été moins nombreuses que les autres. Cela dépend certainement de la nécessité, pour les autres disciplines, par leur nature même, d'enquêter sur le présent et sur tous les organismes qui le composent et les processus qui le meuvent. Les historiens, surtout les continentaux, ont besoin d'une période plus longue pour qu'un domaine d'analyse puisse se créer. Je crois cependant que le nombre inférieur de chaires d'histoire peut, quoi qu'il en soit, s'expliquer par les mêmes raisons qui font de l'histoire de l'intégration européenne un domaine encore restreint et peu approfondi d'études.

Si, en termes de diffusion de l'enseignement l'Action Jean Monnet a connu un succès indéniable, il faut noter cependant que les facultés où un tel enseignement avait été introduit grâce au projet communautaire ne l'ont pas toujours maintenu au terme du financement européen. Certains enseignements ont été maintenus pendant un nombre limité d'années puis supprimés, non pas par manque d'étudiants, mais parce que le co-financement communautaire arrivait à échéance. Il est tout aussi évident cependant que, dans de nombreux cas, l'apport de l'Action a été fondamental

---

1. En Italie, le premier titulaire d'une Chaire d'Histoire de l'intégration européenne fut Sergio Pistone, de l'Université de Turin. Cf. M. Neri Gualdesi, *La dimensione europea degli studi universitari: l'azione di Jean Monnet*, cit.
2. Commission européenne, Direction Générale de l'Éducation et de la Culture, Action Jean Monnet, *Répertoire de l'Action Jean Monnet 1990-1999*, Bruxelles, Communautés Européennes, 1999.
3. En 2000, les chaires d'histoire de l'intégration en Italie avaient été attribuées comme suit : M. M. Dell'Omodarme, Université de Urbino (Histoire et politique de l'intégration européenne) ; Mme A. Landuyt, Université de Sienne (Histoire de l'intégration européenne) ; M. L. V. Majocchi, Université di Pavie (Histoire de l'intégration européenne) ; Mme M.G. Melchionni, Université de Rome "La Sapienza" (Histoire et politique de l'intégration européenne) ; Mme M. Neri Gualdesi, Université de Pise (Histoire de l'intégration européenne) ; Mr. S. Pistone, Université de Turin (Histoire de l'intégration européenne) ; Mme D. Preda, Université de Gênes (Histoire et politique de l'intégration européenne) ; Mme L. Sebesta, Université de Bologne (Jm-Esa Professorship in European Integration and Cooperation) ; M. A. Varsori, Université de Florence (Histoire de l'intégration européenne).

pour ouvrir de tels cours et les enraciner dans les facultés italiennes ; et ceci est certainement vrai en ce qui concerne les enseignements de l'histoire de l'intégration européenne.

L'histoire de l'intégration à la faculté de Sciences Politiques Roberto Ruffilli

Bien que je souhaite éviter tout risque de localisme ou de provincialisme, je voudrais consacrer la dernière partie de ma brève réflexion sur l'enseignement de l'histoire de l'intégration européenne, à la reconstruction du parcours que ma discipline a suivi à la Faculté où j'enseigne et qui a décidé de fêter les cinquante ans des traités de Rome justement avec une réflexion sur la didactique et la recherche sur les études européennes. La reconstruction que je propose ne prétend naturellement pas être exhaustive, ni fournir une analyse quantitative, mais plutôt être utile pour comprendre quand et avec quels objectifs l'histoire de l'intégration est devenue une matière au programme dans les Facultés.

La faculté Roberto Ruffilli peut se vanter d'un passé important pour les Études Internationales, ayant été pendant longtemps, avant la réforme universitaire, une des deux seules facultés en Italie à prévoir un cours de licence dans ce secteur. Malgré cette vocation internationaliste, l'histoire de l'intégration européenne est entrée dans la faculté seulement au cours des années les plus récentes et sur la base de la politique de la commission européenne de renforcer et de diffuser les études européennes. En effet, en 1996 fut introduit à la faculté un cours d'histoire de l'intégration européenne, grâce à l'Action Jean Monnet, qui avait attribué une Chaire Jean Monnet en histoire de l'intégration européenne, ensuite renouvelée pour une autre professeure universitaire ; elle est donc encore active aujourd'hui à la faculté[1].

Au cours des dix ans de présence de l'histoire de l'intégration à la faculté, beaucoup de choses ont changé dans l'université italienne ; il serait donc trop complexe et non pertinent au vu des objectifs de cette étude, de détailler les différentes dénominations qu'a pris le cours[2], ou de faire la liste de tous les

---

1. En 1996, Lorenza Sebesta obtint la Chaire Jean Monnet-ESA et ouvrit le cours d'histoire de l'intégration européenne. Mme Sebesta a ensuite obtenu, au terme des sept ans de durée de la chaire, une autre chaire, encore plus prestigieuse, la Chaire Jean Monnet *ad personam*. En 2005, j'ai moi-même obtenu la Chaire Jean Monnet, qui est donc encore liée à l'enseignement de l'histoire de l'intégration européenne. Les deux chaires ont été mises à disposition de tout le pôle didactique de Forlì, à travers l'action, la catalysation des projets européens, la connexion avec l'entière Action Jean Monnet, au sein du Point Europe de Forlì. Sur cet organisme, les deux chaires ont réalisé l'autre objectif important de l'Action Jean Monnet, qui est celui d'œuvrer pour la formation d'une citoyenneté européenne, à travers la connaissance, le débat ouvert et vaste sur l'Union, dans une vision plus générale d'éducation permanente.

2. Naturellement la dénomination est importante pour la définition de l'objet du cours. Pour en rappeler les principales : histoire politique de l'intégration européenne ; histoire et institutions de l'intégration européenne ; histoire de l'intégration européenne. Certaines dénominations différentes sont aujourd'hui présentes car le cours, bien qu'unique, a des dénominations qui changent dans les

cours de licence dans lesquels il était présent. Au niveau général, cependant, il est intéressant de noter comment le cours avait trouvé en peu de temps une place centrale dans le parcours des études européennes dispensées par la faculté avant la réforme et qui étaient parmi les plus suivies par les étudiants. Le cours a toujours gardé un nombre élevé d'étudiants. Il n'y avait pas de cours d'histoire de l'intégration dans les masters, mais dans les licences des Instituts et politiques européennes, où la matière était obligatoire, et en Études Internationales et Diplomatiques. En 2008-09, le cours fut supprimé en licence, non par manque d'étudiants cependant, et ouvert en master d'Études internationales, où il deviendra matière obligatoire pour le parcours d'Études européennes.

Comme il advient pour toutes les autres disciplines des Études européennes, l'intérêt montré par les étudiants pour ce domaine d'études varie considérablement d'année en année, au gré de facteurs qui n'ont rien à voir avec les études, mais bien plus avec la politique et la bonne santé ou non de l'Union européenne. En outre, comme pour tous les cours universitaires, le nombre d'étudiants qui choisissent une matière donnée non obligatoire dépend de la préparation du professeur universitaire, de ses qualités scientifiques et didactiques, de la charge de travail imposée à cette matière... Notons cependant que les cours d'histoire de l'intégration européenne ont toujours été très suivis par les étudiants de la Faculté. Les données, quant à l'assiduité, sont, quoi qu'il en soit, très difficiles à analyser, la matière n'étant pas obligatoire. Il apparaît plus utile au contrai

re, afin de réaliser une analyse plus quantitative, de noter le nombre d'étudiants qui ont choisi de se diplômer en histoire de l'intégration européenne (dans les différentes formules que le cours a revêtu au fil des ans), entre 1997-98 et 2006-07. Le nombre est très intéressant, parce qu'il s'avère qu'environ 170 étudiants ont soutenu leur mémoire de licence de quatre ou trois ans dans cette discipline[1].

Les thématiques choisies semblent également correspondre de façon directe aux modalités d'interprétation de la discipline qui émergeaient dans les cours. En effet, malgré certains thèmes récurrents dans les moments où ils représentaient le plus l'actualité dans la discussion sur l'Europe (comme l'adhésion des pays PECO et de la Turquie), les thématiques analysées sont très variées et on passe de l'influence de la pensée, en particulier de Spinelli et du fédéralisme, aux pères fondateurs, aux politiques (agricole, énergétique, environnementale, de l'information, de l'égalité des chances, etc.), au rôle des États particuliers, à la place internationale, aux relations avec les États-Unis et bien d'autres choses encore. En fait les sujets choisis par les étudiants en disent long sur l'approche scientifique du professeur universitaire et ainsi, sur les

---

différents cours de licence où il est ouvert, que ce soit à la Faculté ou à la Faculté de Langues de Bologne, qui l'a changé.
1. Il y a environ 91 étudiants du "vecchio ordinamento" (ancienne organisation des cycles de licence et de master) et 80 étudiants du "nuovo ordinamento" (nouvelle organisation de ces mêmes cycles) diplômés en histoire de l'intégration européenne.

cours qui proposent une histoire de l'intégration européenne vue dans sa grande complexité, où l'apport des différents filons historiques est fondamental, mais où est tout aussi important le mélange présent dans les études européennes entre les différentes disciplines concernées.

En outre, les cours d'histoire de l'intégration européenne sont très suivis par les étudiants Erasmus[1] ; la seule présence d'étudiants venus de différents pays européens a sans nul doute stimulé l'intérêt des étudiants et la volonté d'approfondir les thématiques inhérentes aux différents pays européens.

Bibliographie

Albonetti A., *Préhistoire des États-Unis de l'Europe,* Paris, Editions Sirey, 1963.
Amato G., "*Una democrazia senza Costituzione? L'Europa e gli europei dopo i referendum*", (éd. G. Laschi), Bologna, CLUEB, 2007.
Bossuat G. et Girault R. (éds.), *Europe brisée, Europe retrouvée. Nouvelles réflexions sur l'unité européenne au XXe siècle*, Paris, Publications de la Sorbonne, 1994.
Commission européenne, Direction Générale de l'Éducation et de la Culture, Action Jean Monnet, *Répertoire de l'Action Jean Monnet 1990-1999*, Bruxelles, Communautés Européennes, 1999.
Dell'Omodarme M., *Europa. Mito e realtà del processo di integrazione*, Milano, Marzorati, 1981.
Gruccione E., "Storia e Politica dell'Integrazione Europea: un'Esperienza di Insegnamento", Department of Political Studies - University of Catania, Jean Monnet Working Papers *in Comparative and International Politics* n° 21, December 1998.
Fauri F., *L'integrazione prematura: le relazioni commerciali europee dalla metà dell'Ottocento alla Grande Guerra*, Bologna, CLUEB, 2005.
Fauri F., *L'Italia e l'integrazione economica europea*, Bologna, Il Mulino, 2006.
Girault R. (a cura di), *Identité et conscience européennes au XXe siècle*, Hachette, 1994.
Girault R. (a cura di), *Les Europes des Européens*, Paris, Publications de la Sorbonne, 1993.
Girault R. (a cura di), *Pierre Mendès France et le rôle de la France dans le monde*, Grenoble, PUG, 1991.

---

1. Le cours a toujours attiré beaucoup d'étudiants Erasmus. C'est pour cela qu'au cours de l'année académique 2000-01 fut même créé un Certificat d'études européennes, destiné aux étudiants Erasmus, « afin de valoriser et de coordonner entre eux les enseignements qui portent sur des thématiques européennes, offrant ainsi aux étudiants un programme cohérent destiné à l'approfondissement des aspects historiques, juridiques et économiques du processus d'intégration ». Le Certificat exigeait l'assiduité obligatoire aux modules indiqués (parties des cours du cursus politico-international), et en plus à d'autres conférences et leçons relatives à des thématiques européennes, qui étaient organisées à l'intérieur du Certificat. Les participants devaient rédiger un essai final dans l'une des principales langues de l'Union européenne. Suite à la réforme universitaire, la Faculté Ruffilli ne propose plus ce Certificat, qui a été adopté dans d'autres universités qui le promeuvent énormément, aussi bien comme renforcement des études européennes qu'en vue de l'internationalisation.

Girault R., *Diplomatie européenne. Nations et impérialismes, 1871-1914. Histoire des relations internationales contemporaines*, tome 1, Payot, 2004.
Girault R., *Peuples et nations d'Europe au XIXe siècle*, Hachette, 1996.
Girault R., *Turbulente Europe et nouveaux mondes, 1914-1941. Histoire des relations internationales contemporaines*, tome 2, Payot, 2004.
Girault R., Ferro M., *De la Russie à l'URSS. L'histoire de la Russie de 1850 à nos jours*, Nathan, 1989.
Graglia P., *Unità europea e federalismo. Da "giustizia e libertà" ad Altiero Spinelli*, Bologna, Il Mulino, 1996.
Laschi G. e Telò M. (a cura di), *Europa potenza civile o entità in declino? Contributi ad una nuova stagione multidisciplinare degli studi europei*, Bologna, Il Mulino, 2007.
Laschi G., *Il pensiero e la forma europea della politica: un'introduzione*, in Id. (a cura di), Il pensiero e la forma europea della politica, Bologna, CLUEB, 2007.
Laschi G., *L'Unione Europea. Storia, istituzioni e politiche*, seconda edizione, Roma, Carocci, Collana "Studi Superiori", 2005.
Laschi G., *L'Italia e il processo di integrazione agricola europea, 1947-1962*, Berna, Ed. Lang, collana Euroclio, 1999.
Majocchi L. V., *La difficile costruzione dell'Unità europea*, Milano, Jaca Book, 1996.
Melchionni M. G., "L'invitato in ritardo: la storia e l'integrazione europea", Department of Political Studies - University of Catania, Jean Monnet Working Papers *in Comparative and International Politics* n° 23, February 1999.
Milward A.S. (a cura di), *The Frontier of National Sovereignty: history and theory, 1945-1992*, London-New York, Routledge, 1994.
Milward A.S. (with the assistance of George Brennan and Federico Romero), *The European rescue of the nation-state*, London-New York, Routledge, 1992 .
Milward A.S., *Politics and economics in the history of the European Union*, London, Routledge, 2005.
Milward A.S., *The reconstruction of Western Europe, 1945-51*, London, Methuen, 1984.
Monnet J., *Les États-Unis d'Europe ont commencé*, Parigi, Laffont,1955.
Morelli U., *Contro il mito dello stato sovrano. Luigi Einaudi e l'Unità europea*, Milano, Franco Angeli, 1990.
Neri Gualdesi M., *La dimensione europea degli studi universitari: l'azione di Jean Monnet*, sito della Società italiana per lo studio della storia contemporanea, http://www.sissco.it//index.php?id=188
Olivi B., *L'Europe difficile : histoire politique de la Communauté européenne,* Folio histoire, 1998.
J. M. Palayret, *Une université pour l'Europe : les origines de l'Institut universitaire européen de Florence (1948-1976)*, Présidence du Conseil des Ministres, Département pour l'information et l'édition, Rome, Institut Polygraphique de l'État, 1996.
Pigliacelli F. (a cura di), *Insegnare l'integrazione europea*, Punto Europa di Forlì, Materiali di lavoro n. 3, giugno 2004.
Pistone S. (a cura di)*, I movimenti per l'unità europea 1954-1969*, Pavia, Pubblicazioni dell'Università di Pavia, 1996.
Pistone S. (a cura di), *I movimenti per l'unità europea 1945-1954*, Milano, Jaca Book, 1992

Pistone S. *L'Italia e l'unità europea, dalle premesse storiche alle elezioni del Parlamento europeo*, Torino, Loescher, 1982.

Preda D. e Rognoni Vercelli C. (a cura di), *Dalla Resistenza all'Europa. Il mondo di Luciano Bolis*, Pavia, TCP, 2001.

Quagliariello G. e Zaslavsky V., *Editoriale*, in "Ventunesimo Secolo", a. VI, ottobre 2007.

Ranieri R., **Italy and the Schumann Plan negotiations**, EUI working paper n° 215, Florence, European University Institute, 1986.

Ranieri R., *The Italian iron and steel industry and European integration*, EUI working paper n° 109, Florence, European University Institute, 1984.

Rognoni Vercelli C., *Luciano Bolis dall'Italia all'Europa*, Bologna, Il Mulino, 2007.Z- *Mario Alberto Rollier un valdese federalista*, Milano, Jaca Book, 1991.

Varsori A. (a cura di), *L'Italia e il processo di integrazione europea: prospettive di ricerca e revisione storica*, numero speciale della rivista *Storia delle relazioni internazionali*, n° 1, 1999.

- *L'unificazione europea negli studi storici*, in Sonia Lucarelli (a cura di), pp. 165-187.

- *La storiografia sull'integrazione europea: un bilancio e nuove prospettive di ricerca*, in "Europa/Europe", n° 1, 2001

LE CONSEIL DE L'EUROPE :
UN TERRITOIRE ET UNE HISTOIRE
EN CONSTRUCTION 1949-2011

Denis ROLLAND
Université de Strasbourg
Institut Universitaire de France

Le Conseil de l'Europe : l'histoire discrète d'une « *Black power* » politique ?

Né du traumatisme de la Seconde Guerre mondiale, porté sur les fonts baptismaux par dix États ouest-européens, le Conseil de l'Europe est, en 1949, la première « tentative d'Europe 'européenne' », c'est-à-dire, si l'on reprend les mots d'un de ses plus classiques biographes, « faite par les Européens et pour les Européens »[1]. Même si le contexte de Guerre froide suffit à établir un lien implicite, l'OCDE ou l'OTAN n'ont pas eu de rôle direct dans la création de ce nouveau « club des démocraties » occidentales[2].

Le Conseil de l'Europe, « fruit tardif de l'aspiration des Européens à l'identification mutuelle »[3] est, dans sa forme première, le résultat de deux compromis liés entre eux : pour schématiser à l'excès, entre partisans de l'Europe supranationale et simples avocats de la coopération ; entre Français et Britanniques aussi. De là, la signature, à Londres et par dix ministres des Affaires étrangères[4], du « Traité portant statut du Conseil de l'Europe » le 5 mai 1949. Le responsable travailliste du *Foreign Office* britannique, Lord Ernest Bevin déclare alors : « Nous assistons pour la première fois sur notre

---

[1]. Jean-Louis Burban, Le Conseil de l'Europe, Paris, PUF, 1985 (3ᵉ éd. 1996), p. 3.
[2]. Ce texte reprend en partie l'introduction du livre Denis Rolland (éd.), Pour une gouvernance démocratique européenne, Les Écoles politiques du Conseil de l'Europe, Paris, L'Harmattan, 2011.
[3]. Expression d'un des premiers analystes du Conseil, Pierre Duclos, Le Conseil de l'Europe, Paris, PUF, 1960, p. 5.
[4]. Belgique, Danemark, France, Irlande, Italie, Luxembourg, Norvège, Pays-Bas, Royaume-Uni et Suède.

vieux continent à la naissance d'une institution démocratique commune »[1]. Mais la géométrie du projet politique imaginé par ses promoteurs initiaux a singulièrement été restreinte.

Les statuts définissent les objectifs du Conseil : « Tout membre du Conseil de l'Europe reconnaît le principe de la prééminence du droit et le principe en vertu duquel toute personne placée sous la juridiction doit jouir des Droits de l'Homme et des Libertés fondamentales » (article 3). Konrad Adenauer, qui a accédé à la Chancellerie l'année de la création du Conseil (qui est aussi celle de la naissance de la RFA), précise peu après qu'« il est de la plus grande importance d'avoir [...] un centre où se réunisse presque toute l'Europe ». « Il est, ajoute-t-il, d'une grande importance pour le développement de l'Europe d'avoir créé, avec les institutions du Conseil de l'Europe, une plate-forme sur laquelle les représentants de notre continent se rencontrent régulièrement pour exposer leurs soucis essentiels, leurs désirs et leurs espoirs, et essayer de mettre au point des critères communs permettant d'évaluer leurs besoins et de coopérer dans un esprit de franchise et de bon voisinage. En d'autres termes, nous trouvons ici une expression de la conscience européenne. Il est de la plus grande importance, également, d'avoir ici un centre où se réunit presque toute l'Europe, quelles que puissent être les différentes nuances de conception dans nos efforts, pour réaliser une organisation plus étroite de notre communauté[2] ».

Le Conseil est ainsi la première institution communautaire. Il existe avant que ne s'esquisse la Communauté européenne du charbon et de l'acier (CECA, proposée en mai 1950, créée en 1951), puis la Communauté économique européenne (1957), laquelle a perdu l'adjectif « économique » en 1992, enfin, en l'Union européenne. Mais, si le Conseil a été créé avec des ambitions politiques, elles ont fait long feu.

Sur le site de l'Union européenne, on lit de même aujourd'hui que « les nations de l'Europe occidentale fondent le Conseil de l'Europe en 1949 » ; mais la phrase suivante en réduit la portée à une sorte d'incubateur : « Il s'agit du premier pas vers une coopération, que six pays souhaitent approfondir »[3]. Alors, *exit* le Conseil, peau de chagrin des premières expériences inachevées et des temps pionniers ?

C'est un peu plus complexe évidemment. Certes, Robert Schuman déclare déjà en 1951 que « le Conseil de l'Europe, en effet, est le laboratoire où se prépare et s'expérimente la coopération européenne ». Mais il ajoute que c'est « en attendant qu'il se transforme lui-même en une institution organique de l'unité européenne ». Il conclut toutefois : « Nous en sommes encore au stade des déboires initiaux et des échecs apparents, qui n'autorisent jamais le

---

[1]. 5-05-1949. http://www.coe.int/aboutCoe/index.asp?page=peresfondateurs&l=fr (04-2010).
[2]. 10-12-1951 ; archive sonore : http://www.coe.int/aboutcoe/index.asp?page=peresfondateurs&l=fr (08-2010).
[3]. « L'Europe en bref/L'histoire de l'Union » http://europa.eu/abc/history/1945-1959/index_fr.htm (04-2010).

découragement, mais justifient parfois une impatience salutaire »[1]. Dès que l'Europe des Six commence à fonctionner, le Conseil voit son rôle réduit, en cette période de Guerre froide qui gèle la géographie de l'Europe libérale.

Et le Conseil de l'Europe n'est pas devenu une « institution organique de l'unité européenne ». Le Conseil a-t-il échoué ? L'intégration politique de l'Europe n'a pas suivi. Le moteur de l'intégration s'est déplacé du côté des institutions créées dans le sillage du Traité de Rome, sans que le Conseil y soit, d'une manière ou d'une autre, inséré. La tentative de promouvoir une intégration politique en Europe a échoué. Cette image colle à la peau du Conseil jusqu'à aujourd'hui. On se souvient du jugement cinglant de De Gaulle en 1962 sur cette « belle qui sommeille sur les bords du Rhin », « cette assemblée parlementaire du Conseil de l'Europe, qui, me dit-on, se meurt aux bords où elle fut laissée »[2]…

Le résultat, au milieu des années 1980, pour reprendre la métaphore éclairante mais discutable d'un élu français, serait que la CEE formerait le « noyau dur » de l'intégration européenne, tandis que le Conseil (qui fut pourtant la première institution communautaire) en serait l'enveloppe, la chrysalide abandonnée, desséchée, « la coque ». Trop simple, la question alors posée a néanmoins le mérite de planter les représentations respectives communes des années 1980 : « Tout en durcissant encore, le noyau dur doit-il chercher à s'étendre dans les limites de l'enveloppe plus large et même, pourquoi pas, au-delà, ou, au contraire, s'en séparer comme la coque de noix se sépare du brou »[3]…

La chute du mur (1989) et la fin de l'URSS (1991) donnent cependant un nouveau et grand souffle au Conseil. L'aire géographique de son regard, de son activité ou de son intervention est désormais très largement ouverte, des Balkans au Caucase : l'Europe politique tend à rejoindre d'incertaines frontières culturelles et géographiques.

À la suite de cette mutation radicale, le Conseil devient le principal lieu d'attente et de préparation politique à l'entrée dans l'Union : car le Conseil a des structures adéquates disponibles ; surtout, il propose une forme de critères de convergence politique que l'Union a tardé à mettre en œuvre officiellement (et partiellement ?) : pour adhérer au Conseil, un État doit notamment être une démocratie pluraliste avec des élections libres ; il doit faire respecter les droits fondamentaux ; et ses institutions doivent respecter l'état de droit et la séparation des pouvoirs. Être membre du Conseil de l'Europe ne veut pas dire que l'État concerné est une démocratie établie définitivement ou complètement. Quand un État devient membre, des processus de *monitoring*, de respect des droits de l'homme, de respect de la séparation des pouvoirs sont mis en place. Le Conseil n'est toutefois pas là pour juger ou critiquer mais pour aider les États membres. L'Union

---

1. 10-12-1951. http://www.coe.int/aboutCoe/index.asp?page=peresfondateurs&l=fr (04-2010).
2. Cité par Jean-Louis Burban, *ouvrage cité*, p. 3.
3. *Pour une relance durable du Conseil de l'Europe*, ouvr. cité, p. 2.

européenne a pour but l'intégration (économique et sociale, régionalisation, transports...) des États membres : pour cette raison, les institutions nationales lui ont transféré quelques compétences. Le Conseil de l'Europe n'a pas de délégation de pouvoir des États : il est censé agir par le dialogue, par la discussion pour promouvoir des valeurs (démocratie, droits de l'homme) et c'est pour cela que, parmi d'autres exemples possibles, la Russie a pu devenir membre du Conseil de l'Europe et le demeurer depuis.

Bien sûr, l'entreprise de la construction économique européenne était aussi politique dans l'esprit de ses fondateurs : Paul-Henri Spaak admettait que le Traité de Rome n'était pour ses signataires « que l'accessoire ou du moins la première étape d'une révolution politique plus importante encore ». Mais cette dimension a tardé à poindre dans l'agenda de la Communauté. Certes, il exista, de fait, des critères politiques à l'entrée dans la Communauté : sinon la Grèce des colonels, le Portugal de Salazar ou l'Espagne de Franco auraient pu la rejoindre (ces deux derniers rentrèrent respectivement au Conseil en 1976 et 1977 et dans la Communauté en 1986). Néanmoins, en ce domaine, en pratique, la Communauté « s'en est remise au Conseil de l'Europe. À partir du moment où les pays candidats remplissaient les conditions d'adhésion au Conseil de l'Europe (qui définit le fonds commun social, politique, culturel de nos sociétés), plus aucune question n'était posée », constatait en 1999 le Belge Philippe de Schoutheete[1] ; et il répondait logiquement « non » à la question « existe-t-il des critères politiques d'entrée dans l'Union analogues à ceux de Maastricht pour le domaine monétaire ? ».

Depuis la « chute du mur », tandis que l'Union a défini par les « Critères de Copenhague » (1993)[2] des critères politiques minimalistes d'adhésion, le Conseil de l'Europe a paru chargé, *de facto*, de préparer le terrain à cette intégration dans l'Union. Se serait-il finalement converti en antichambre de l'Union ? La « chronologie comparée des élargissements » donnée en fin d'ouvrage répond partiellement à cette interrogation.

Les années 1990 ont donc été celles d'une grande vitalité fonctionnelle[3] d'un Conseil qui a, entre-temps, reprécisé ses objectifs : « Le but premier du Conseil de l'Europe, lit-on aujourd'hui sur le site du Conseil, est de créer sur

---

1. Philippe de Schoutheete, « Identité européenne et volonté politique », in Élie Barnavi, Paul Goossens (éds.), *Les Frontières de l'Europe*, Bruxelles, Musée de l'Europe, De Boeck, 2001, p. 185.
2. Tout pays présentant sa candidature à l'adhésion à l'Union européenne doit respecter les conditions posées par l'article 49 et les principes de l'article 6 § 1 du traité sur l'UE. Des critères ont été définis lors du Conseil européen de Copenhague en 1993, renforcés en 1995 à Madrid. Pour adhérer à l'UE, outre les critères économiques et celui dit de « l'acquis communautaire », un État doit remplir aussi un critère politique : la présence d'« institutions stables garantissant l'État de droit, la démocratie, les droits de l'homme, le respect des minorités et leur protection ». Le traité modificatif de Lisbonne de 2007 reprend ces « Critères d'éligibilité et procédure d'adhésion à l'Union » dans une phrase insérée dans l'article 49 : « Les critères d'éligibilité ayant fait l'objet d'un accord du Conseil européen sont pris en compte ».
3. Bien décrite par Denis Huber, *Une décennie pour l'Histoire. Le conseil de l'Europe, 1989-1999*, Strasbourg, Éditions du Conseil de l'Europe, 1999.

tout le continent européen un espace démocratique et juridique commun, en veillant au respect de valeurs fondamentales : les droits de l'homme, la démocratie et la prééminence du droit »[1].

Aujourd'hui, beaucoup de nouveaux membres du Conseil sont devenus ou ont encore vocation, pour certains, à devenir membres de l'Union européenne : parmi d'autres activités, le rôle du Conseil est d'accompagner ces pays dans le processus de rapprochement. Toutefois, l'équation ainsi posée est par trop simplifiée.

D'une part, la géographie politique de l'Europe a changé au-delà de la capacité ou volonté d'absorption de l'Union : la perspective d'intégration n'apparaît guère applicable à court ou moyen terme à plusieurs pays, dont l'Ukraine, la Russie, les pays du Caucase, sans même parler du Bélarus – encore faudrait-il qu'ils le souhaitent...

D'autre part, des pays démocratiques membres du Conseil de l'Europe, Suisse et Norvège par exemple ont aussi choisi de ne pas rejoindre l'Union européenne[2].

Le Conseil et l'Union sont bien deux systèmes différents, mais complémentaires à de nombreux points de vue. Les organisations à l'origine de l'Union avaient pour but l'intégration économique – et cela lui a été suffisamment reproché. En revanche, la vocation fondamentale du Conseil était d'emblée et demeure la coopération politique, même avec des objectifs reconsidérés. Le Conseil n'a pas la force contraignante de l'Union : il intervient dans d'autres domaines, dont la nature est différente. « Le Conseil ne peut pas *imposer* à un État la façon dont il doit se comporter en matière de droit des minorités, de droits de l'homme »... Les organisations sont différentes et complémentaires. Il n'y a, à ce jour, ni niveau d'appartenance, ni passerelles automatiques entre les deux institutions : un État peut être membre du Conseil mais pas de l'Union européenne. Par contre, un État qui veut faire partie de l'Union doit remplir des conditions politiques proposées pour l'adhésion au Conseil ; il doit disposer d'un système politique démocratique formel où les droits fondamentaux sont *a priori* respectés : en d'autres termes, pour faire partie de l'Union, un État doit « marier » les principes du Conseil de l'Europe[3].

On le comprend, le Conseil constitue une membrane sensible entre les réalités de la périphérie de l'Europe et l'Union européenne ; et c'est déjà un aspect important des fonctions du Conseil.

Mais, s'il y a de l'intelligence dans cette création de fluidité, ce n'est néanmoins qu'un volet de l'activité d'une organisation animée par une vision de croissance et dont beaucoup d'animateurs s'inscrivent contre des perspectives à court terme.

---

1. http://www.coe.int/aboutCoe/index.asp?page=nosObjectifs&l=fr (23-08-2010).
2. *Cf.* l'entretien avec François Friederich dans le livre *Pour une gouvernance démocratique européenne*, ouvrage cité.
3. *Idem.*

La croissance du Conseil de l'Europe 1949-2009

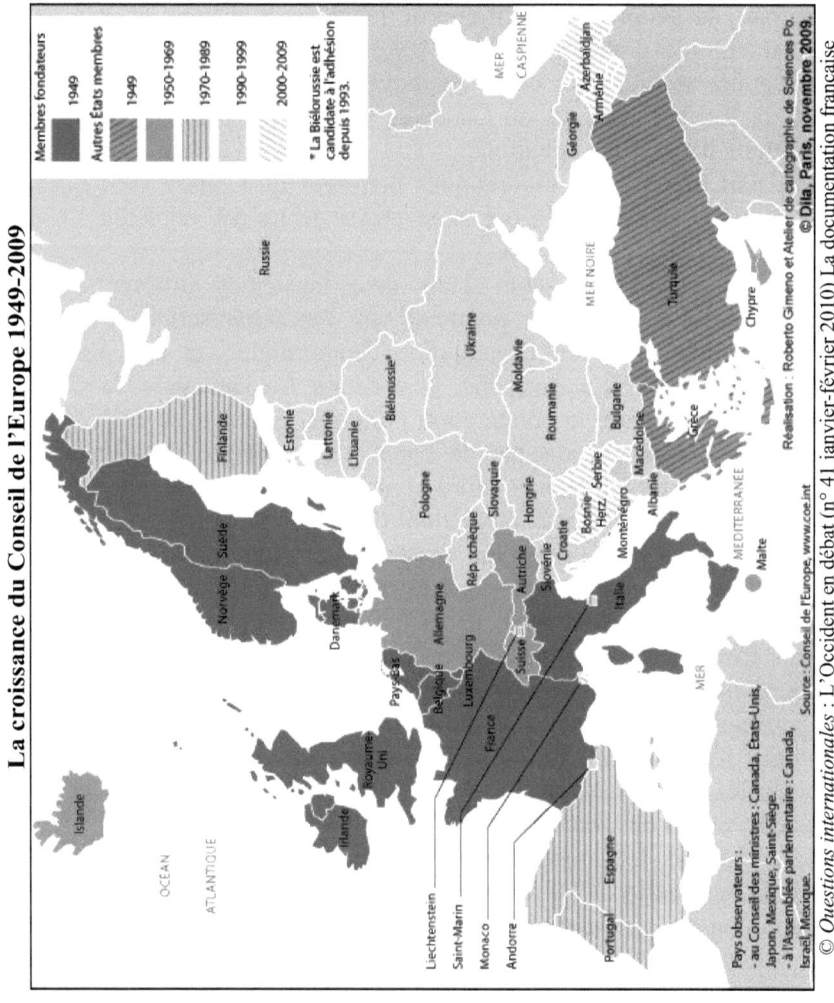

Le Conseil : confusion, questions, carence

En ce début de XXIe siècle, victime de ses difficultés initiales et du rapide compagnonnage de ce qui est devenu l'Union, le Conseil de l'Europe *paraît* habillé d'une ambiguïté politique, institutionnelle et même terminologique non surmontée.

Qu'on réalise la perplexité du visiteur : aujourd'hui, le Conseil se présente, au pied des marches de son grand escalier d'honneur, comme le « Palais de l'Europe »[1] ; puis, sur toute la largeur de ses portes d'entrée, est proclamée et répétée une autre appellation, « Maison de la démocratie ». Mais où est donc le « Conseil de l'Europe » ?

Quelles qu'en soient les bonnes raisons, historiques, architecturales ou de communication, l'identité présentée, ainsi déclinée en trois désignations, certes complémentaires, est incertaine, avant même que ne s'ajoutent de nombreuses confusions possibles – sur lesquelles nous reviendrons. C'est ennuyeux car l'institution n'est, de fait, pas très médiatique ou visible.

Quand on aborde ainsi avec un public non spécialisé une question liée à cette institution méconnue qu'est le Conseil de l'Europe, l'on se heurte souvent d'abord à une confusion ; vient ensuite une interrogation ; avant qu'un constat de carence ne soit fait (le cheminement inverse étant d'ailleurs possible).

La confusion d'abord.

Lorsqu'elle en connaît l'existence, l'opinion courante pense que le Conseil de l'Europe est un organisme de l'Union européenne. Or il n'en est rien[2].

Il y a confusion aussi parce que les emblèmes du Conseil, drapeau (1955) et hymne (1971) sont devenus aussi ceux de la Communauté : en deux étapes pour le drapeau étoilé, 1983 puis 1986 ; en 1985 pour le thème principal du quatrième mouvement de la Neuvième symphonie de Beethoven ou « Ode à la joie »[3]. Cette intelligente communauté délibérée de symboles entre Conseil de l'Europe et Union européenne encourage toutefois depuis le malentendu.

---

1. Lieu du siège du Conseil.
2. La confusion est ancienne, liée aux suites concrètes du Traité de Rome et au développement rapide de l'intégration économique. Dans l'introduction d'un rapport de 1984 intitulé *Pour une relance durable du Conseil de l'Europe*, l'auteur note, dès l'introduction, comme première condition : « Il est indispensable que les responsables, les journalistes, les citoyens puissent aisément distinguer l'une de l'autre les deux institutions principales dites « européennes », soit, d'une part, l'« Europe des Dix » – et bientôt des Douze – c'est-à-dire la « Communauté européenne » et, d'autre part, « l'Europe des vingt-et-un », c'est-à-dire le « Conseil de l'Europe ». *Pour une relance durable du Conseil de l'Europe, Rapport de mission de M. Michel Dreyfus-Schmidt à M. le Premier Ministre*, 5 mars 1985, multigraphié, p. 1. L'importance prise depuis par l'Union n'a fait qu'aggraver cette confusion.
3. Le poème de Schiller, mis en musique par Beethoven (avec quelques ajouts et arrangements de l'original), appelle à la fraternité, à l'égalité et à l'harmonie entre les hommes de toutes les nations. L'hymne européen n'est cependant qu'instrumental. *Cf.* Esteban Buch, *La Neuvième de Beethoven. Une histoire politique*, Paris, Gallimard, 1999.

Et cette ambiguïté visible et audible n'est pas que du ressort de l'image extérieure ; les inévitables incertitudes frontalières entre les deux institutions sont légion, compliquent assez souvent le travail du Conseil[1].

L'interrogation qui vient ensuite tient au rôle du Conseil : « Mais à quoi sert donc le Conseil de l'Europe ? ». Pour ceux qui connaissent un peu son existence propre, telle est l'une des questions les plus fréquentes.

Le rôle – essentiel – du Conseil lié à la promotion et à la diffusion de la démocratie et des droits de l'homme est une activité complexe qui tend volontiers à contourner officiellement toute tentative de définition des concepts. Car le Conseil de l'Europe est une fabrique de droit, de normes, et un lieu de contact, de discussion et de facilitation, un instillateur de la culture du dialogue politique. Sans entrer dans une énumération fastidieuse que l'on trouvera dans les quelques manuels existants, rappelons que l'organisation a élaboré plus de 200 conventions dans un nombre très important de domaines (ouvertes à la signature d'États non membres) ; que la Convention européenne des droits de l'homme qui vient de fêter ses 60 ans en présence du Secrétaire général de l'ONU est un texte obligatoire pour ses membres... On dénombre parmi ses nombreuses autres activités ou instances, souvent peu connues, le Congrès des pouvoirs locaux et régionaux, la Cour européenne des Droits de l'Homme, le Commissaire aux droits de l'homme, la Conférence des Organisations non gouvernementales (OING), le Fonds européen pour la jeunesse, la Pharmacopée européenne, l'Accord partiel sur la Banque de développement, ou le Groupe de coopération en matière de lutte contre l'abus et le trafic illicite des stupéfiants (Groupe Pompidou)... Et cet inventaire « à la Prévert » est loin d'être exhaustif.

Il n'empêche, le Conseil de l'Europe souffre toujours d'un grand déficit de visibilité. Et l'on peut s'interroger sur les conséquences d'une pause, voire d'un arrêt prévisible de l'élargissement sur la fonctionnalité politique du Conseil rapidement examinée plus haut et qui a conféré à l'institution une légitimité technique certaine en cette transition des XXe et XXIe siècles.

Cette question sur le « rôle » du Conseil est d'autant plus vive qu'aujourd'hui encore, même les États au cœur de l'Union, signataires des institutions du Conseil de l'Europe, dont la Convention européenne des droits de l'homme, ne respectent pas les textes signés : en 2010, pour ne donner que deux exemples, l'Italie, sur la gestion des réfugiés, ou la France, sur la politique à l'égard des Roms, ont été dûment rappelées à l'ordre par le Conseil, mais sans capacité de contrainte[2].

---

1. Le rapport déjà cité conseillait donc de dissocier les symboles. Pour le citoyen de l'Union européenne, un seul registre de référents symboliques (dont la diffusion doit être améliorée) semble pourtant être indispensable.
2. « Préoccupations suscitées par plusieurs expulsions italiennes. Le Secrétaire Général, Thorbjørn Jagland, a fait part de sa vive préoccupation au sujet de l'expulsion de M. Mannai vers la Tunisie, à laquelle les autorités italiennes ont procédé le 1er mai, en dépit d'une demande de la Cour européenne des droits de l'homme de ne pas procéder à cette expulsion. ''Il est indispensable que

A priori discret et méticuleux vigile international sur la scène européenne, le Conseil évite, en règle générale, de rompre des lances avec qui que ce soit (et c'est, selon certains, son manque d'efficacité) : contraint par ses statuts d'agir ainsi, il se veut plus facilitateur que censeur patenté. Ainsi, le Conseil peut apparaître comme insuffisamment soucieux ou en mesure de porter la voix distinctement, d'imprimer publiquement au débat politique européen sa singularité, d'instiller au discours sur le rapprochement en Europe une dose visible ou audible de modernité, voire d'engagement militant : cela ne l'empêche pas d'organiser avec 47 États membres des débats sur des sujets qui fâchent, et de distiller recommandations ou condamnations avec une voix plus ou moins sonore, en sachant que leurs répercussions médiatiques potentielles peuvent faire réfléchir les États ou organismes concernés.

Lorsqu'enfin on cherche à en savoir plus sur le Conseil de l'Europe, c'est un constat de *quasi carence* bibliographique qui doit être fait. Et c'est l'une des remarques déterminantes de ce court article : vivant, de fait, dans l'ombre de l'Union européenne, parfois regardé à Bruxelles ou Luxembourg avec équanimité, indifférence ou condescendance, cet organisme dont peu savent la fonction est doté d'une bibliographie à ce jour assez déficiente ou indigente[1].

Certes, ceci explique en partie cela : on conçoit bien comment cet organisme politique, le Conseil de l'Europe que l'on assujettit, dans le meilleur des cas, par erreur aux institutions d'abord économiques de l'axe Bruxelles-Luxembourg-Strasbourg voisine, *dans les représentations communes*, avec une double inexistence, fonctionnelle et bibliographique[2].

---

les mesures prises par la Cour, dont l'ensemble des parties à la Convention européenne des droits de l'homme reconnaissent le caractère juridiquement contraignant, soient respectées par tous les États membres. Toute atteinte à cet égard risque de compromettre le système des droits de l'homme qui est fondamental pour la protection de tous les citoyens européens'', a-t-il précisé dans sa déclaration du 19 mai ». Communiqué du Conseil de l'Europe, 19-05-2010.

« Le Président de l'Assemblée préoccupé par la situation des Roms en Europe : "Les événements qui se sont produits récemment dans plusieurs pays européens, et tout dernièrement les évacuations de camps roms en France et les expulsions de Roms de France et d'Allemagne, ne sont assurément pas de nature à améliorer la situation de cette minorité vulnérable. Bien au contraire, elles risquent fort d'attiser les sentiments racistes et xénophobes en Europe", a déclaré le 20 août Mevlüt Çavusoglu, Président de l'Assemblée parlementaire du Conseil de l'Europe (APCE). « Certains groupes et gouvernements profitent de la crise financière pour capitaliser sur les peurs engendrées par l'assimilation des Roms à des criminels, en choisissant un bouc émissaire qui représente une cible facile, les Roms étant l'un des groupes les plus vulnérables. "La Cour européenne des droits de l'homme condamne régulièrement des États où les Roms souffrent de maltraitance ou de discrimination", a fait observer le Président, rappelant également que le Protocole n° 4 à la Convention européenne des droits de l'homme interdit les expulsions collectives d'étrangers » (http://www.coe.int/defaultfr.asp, 20-08-2010).

1. À titre d'exemple, dans un petit ouvrage récent sur l'Union européenne, pas un mot du Conseil : cela peut sembler logique, sauf que l'index mentionne l'OTAN, l'OMC et bien d'autres organismes internationaux (J. Echkenazi, *Guide de l'Union européenne*, Paris, Nathan, 2007).
2. L'ouvrage de Jean Peteaux (*L'Europe de la démocratie et des droits de l'Homme*, Conseil de l'Europe, Strasbourg, 2009) commence à meubler cet espace presque vide que la synthèse de Birte Wassenberg sur l'histoire du Conseil viendra aussi compléter.

Il n'est pas question de procéder ici, dans un ouvrage sur le processus de construction de l'espace politique européen où l'Union prend inévitablement l'essentiel de la place, à une tentative de réhabilitation ou encore moins à une apologie du Conseil de l'Europe.

D'abord, l'institution ne nous paraît pas en avoir besoin : elle a su trouver ses marques et sa spécificité comme lieu de dialogue pour bâtir ou renforcer, avec un sentiment d'appartenance commun, le socle institutionnel et les cultures démocratiques. Ensuite, entrer dans un tel plaidoyer serait un manquement sérieux à l'éthique de notre métier d'historien. Ce serait de plus adopter une vision trop large qui n'est pas dans notre ambition. Ce serait également contourner nombre d'interrogations essentielles : comment l'organisation a-t-elle géré ses échecs avant les années 1990 ? Pourquoi l'institution a-t-elle décidé d'inclure la Russie, aux modalités de respect des droits de l'homme parfois éloignées des idéaux ou patrons occidentaux ou des États-principautés à la démocratie discutable comme le Liechtenstein[1] ? À l'inverse, comment le Conseil gère-t-il (ou a-t-il géré, avant le Secrétaire général actuel, mieux disposé au dialogue interinstitutionnel que son prédécesseur) sa relation à l'Union ? Et sa relation à la Russie, depuis qu'elle a intégré l'organisation ?

Bibliographie

Ouvrages et articles généraux
Burban J.-L., *Le Conseil de l'Europe*, Paris, PUF, 1996.
Duclos P., *Le Conseil de l'Europe*, Paris, PUF, 1960.
Conseil de l'Europe, *La culture au cœur. Contribution au débat sur la culture et le développement en Europe*, Strasbourg, Editions du Conseil de l'Europe, 1998.
Conseil de l'Europe, *Patrimoine européen des frontières-Points de rupture, espaces partagés*, Strasbourg, Editions du Conseil de l'Europe, 2004.
Conseil de l'Europe, *Rapport d'activité 2008*, Strasbourg, Conseil de l'Europe 2009.
Courcelle T., « Le Conseil de l'Europe et ses limites. L'organisation européenne en pleine crise identitaire », *Hérodote*, n° 118, 2005/3 (en ligne sur http://www.delegfrance-conseil-europe.org/strasbourg/IMG/pdf/Th-_Courcelle_le_Conseil_de_l_Europe_et_ses_limites_HER_118_0048.pdf).
Courcelle T., « Le Conseil de l'Europe, enjeux et représentations », thèse de doctorat de l'Université Paris 8, Paris, 2008.
Juncker J.-C., « Une même ambition pour le continent européen », Conseil de l'Europe-Union européenne, rapport du Premier ministre du Grand-Duché de Luxembourg à l'attention des chefs d'État et de gouvernement des États membres du Conseil de l'Europe, 11 avril 2006.
Lamoureux F., Molinié J., *Un exemple de coopération intergouvernementale : le Conseil de l'Europe*, Paris, PUF, 1972.

---

1. Cet État, monarchie réelle et néanmoins constitutionnelle ne donne, par exemple, aux femmes depuis 1994 qu'un droit de vote limité. Ce gouvernement soutient financièrement certaines écoles politiques dans les Balkans.

L'Europe du Conseil. À quoi sert le Conseil de l'Europe, Strasbourg, Conseil de l'Europe, 1964.

Millot L., « Le Conseil de l'Europe passe sous la coupe de Moscou », *Libération,* 18-05-2006.

Peteaux, J., *L'Europe de la démocratie et des droits de l'Homme,* Conseil de l'Europe, Strasbourg, 2009.

Petit manuel du conseil de l'Europe, Strasbourg, Conseil de l'Europe, 1954.

Royer A., *Le Conseil de l'Europe*, Toulouse, Milan, 2009.

Schneider C. (dir), *Le Conseil de l'Europe, acteur de la recomposition du territoire européen*, Espace Europe, Grecer, cahier n°10, mai 1997, pp. 27-48.

Histoire et matériaux pour l'histoire

Bitsch M.-T., « Le rôle de la France dans la naissance du Conseil de l'Europe », in R. Poidevin (sous la direction de), *Les débuts de la construction européenne*, Paris-Bruxelles, LGDJ-Bruylant, 1986.

Bitsch M.-T. (dir.), *Jalons pour une histoire du Conseil de l'Europe,* Bruxelles, 1997.

Bitsch M.-T., « L'élargissement du Conseil de l'Europe vers l'Est ; les débats sur l'appartenance à l'Europe », in Du Réau É., *Institutions et identités européennes*, Bruxelles, 1998.

Conseil de l'Europe, *Les voix de l'Europe. 1949-1996. Sélection de discours prononcés devant l'Assemblée parlementaire du Conseil de l'Europe*, Strasbourg, Editions du Conseil de l'Europe, 1997.

Conseil de l'Europe, *Un bilan de la coopération culturelle européenne, 1954-2004*, Strasbourg, 2004.

Dreyfus-Schmidt M., *Pour une relance durable du Conseil de l'Europe, Rapport de mission au Premier Ministre*, 5 mars 1985 (multigraphié).

Grosjean E., *40 ans de coopération culturelle – 1954-1994*, Strasbourg, Editions du Conseil de l'Europe, 1997.

Haller B., *Une Assemblée au service de l'Europe. L'Assemblée parlementaire du Conseil de l'Europe, 1949-1989*, Strasbourg, Editions du Conseil de l'Europe, 2006.

Huber D., *Une décennie pour l'Histoire. Le conseil de l'Europe, 1989-1999*, Strasbourg, Editions du Conseil de l'Europe, 1999.

Palayet J.-M., « De la CECA au Comité des régions. Le Conseil des Communes et des Régions d'Europe. Un demi-siècle de lobbying en faveur de l'Europe des régions », Strasbourg, communication au colloque « Le fait régional et la construction européenne », 22-24 mai 2004.

Robert P. (Team Leader), with research from Dr David Lempert, *EIDHR Evaluation on the Network of Schools of Political Studies*, UROPEAID/116548/C/SV, LOT N° 4 – Sectoral and project evaluations, COMMISSION FRAMEWORK CONTRACT, EUROPEAID/116548/C/SV, ECORYS Nederland BV, 2007.

Chronologie comparée des élargissements
enlargments comparative chronology

année	n°	Conseil de l'Europe pays	n°	CEE puis UE Pays	n°	AELE Pays
1949	10	Belgique, Danemark, France, Irlande, Italie, Luxembourg, Norvège, Pays-Bas, RU, Suède	-	-		
	12	Grèce, Turquie	-			
1950	14	Islande, RFA	-			
1956	15	Autriche	-			
1957			6	Belgique, France, Italie, Luxembourg, Pays-Bas, RFA		
1960					7	Danemark, Autriche, Norvège, Portugal, Suède, Suisse, RU
1961	16	Chypre				Finlande (ass)
1963	17	Suisse				
1965	18	Malte				
1970					8	+ Islande
1972			9	Danemark, Irlande, RU		
1973					6	Retrait (adhésion CEE) Danemark et RU
1976	19	Portugal				
1977	20	Espagne				
1978	21	Liechtenstein				
1981			10	Grèce		
1986			12	Espagne, Portugal	6	+ Finlande, retrait Portugal (adhésion CEE)
1988	22	Saint-Marin				
1989	23	Finlande				
1990	24	Hongrie				
1991	25	Pologne			7	+ Liechtenstein
1992	30	Bulgarie, Estonie, Lituanie, Slovaquie, Rép. tchèque				
1993	32	Roumanie, Slovénie				
1994	33	Andorre				
1995	38	Lettonie, Albanie, Moldova, Ex-Rép. Youg. de Macédoine, Ukraine	15	Autriche, Finlande, Suède	4	Reste Islande Liechtenstein Norvège, Suède Retrait Autriche (adhésion UE) Finlande, Suède
1996	40	Russie, Croatie				
1999	41	Géorgie				
2001	43	Arménie, Azerbaïdjan,				
2002	44	Bosnie-Herzégovine				
2004	45	Monaco	25	Pologne, Rép. tchèque, Hongrie, Slovaquie, Slovénie, Lituanie, Lettonie, Estonie, Chypre, Malte		
2007	46	Montenegro	27	Bulgarie, Roumanie		

Deuxième partie

L'ESPACE EUROPÉEN POLITIQUE ET TERRITOIRE

EUROPEAN SPACE POLICY AND TERRITORY

L'EUROPE POLITIQUE ET SES ÉTATS
DE LA NATURE DE L'ESPACE POLITIQUE EUROPÉEN

George CONTOGEORGIS
Université Pantheion d'Athènes

Questions de gnoséologie

Nous examinons ici l'espace politique de l'Union européenne sous l'angle de la nature de son système politique, de sa sémiologie identitaire, de sa finalité, de sa géographie et de sa relation avec les sociétés des citoyens.

Le système politique européen présente une particularité qui trahit largement la confusion conceptuelle qui prévaut dans la modernité au niveau des sciences de l'État. On lui attribue les caractéristiques d'une *fédération* ou du moins d'une *tendance à la fédération*. Mais le système politique européen ne ressemble pas à ce concept et, bien entendu, les projets relatifs à l'Europe politique ne visent pas au schéma fédéral.

Premièrement, l'Union européenne ne constitue pas un *État*. Il s'agit d'un *système politique sans État*. Bien qu'elle soit établie sur un territoire déterminé, son pouvoir n'assure pas les fonctions politiques de l'État.

Deuxièmement, le système politique européen est formé par les États membres ; il n'y a pas de *système central* formant une légalité et jouissant d'une légitimité *autonome* supérieure, voire *souveraine*, vis-à-vis des États *fédérés*.

Troisièmement, la *société des citoyens* est inexistante dans le système de l'Union européenne. Ce sont *les sociétés des citoyens des États membres* qui, de ce fait, sont indirectement reconnues dans le rôle de la *société des citoyens européenne*.

Il est évident qu'un phénomène du XIXe siècle et de la première moitié du XXe, celui de la fédération, est présenté comme modèle pour la constitution d'un autre phénomène, celui de l'Union européenne, de la seconde moitié du XXe siècle et du début du XXIe. En effet, la fédération présuppose que les

États fondateurs ne sont pas encore consolidés et laissent donc le champ libre à la constitution d'une institution étatique/politique superposée qui les soumet à son autorité. De nos jours, les États se sont dotés de fondements solides et d'intérêts distincts qu'ils ne sont pas prêts à abandonner. Ils sont déjà établis sur la base de la souveraineté politique. Pour comprendre cette évolution, il est nécessaire d'avoir à l'esprit que le *cosmosystème moderne,* auquel appartient le phénomène européen, traverse la phase *statocentrique* : l'État forme la société fondamentale et c'est en son sein que celle-ci est érigée en société des citoyens, afin de jouir des libertés sous-jacentes. La dynamique du *statocentrisme* étant en plein développement, le système politique superposé aux États constitue l'exception et, de toute façon, ne conteste pas l'État partenaire.

Quelle est alors la forme politique dont s'investit l'espace politique européen ? Certains prétendent qu'elle est inédite, qu'elle ne ressemble à aucun précédent historique. Cette affirmation, si elle n'est pas le résultat d'un vide gnoséologique, répond certainement à un besoin plus général de la modernité de se présenter comme un phénomène globalement nouveau et supérieur à tout précédent historique. Mais elle est fausse.

Si nous remontons dans l'histoire, nous pouvons saisir au moins trois paradigmes hyper-nationaux, hyper-étatiques : l'*empire*, la *cosmopolis*, la *sympolitie*.

L'*empire* est l'État qui représente *l'État despotique puissant* ou *ambitieux*. Du point de vue de son évolution typologique, l'empire se situe soit dans le cercle du *cosmosystème despotique* (la catégorie du despotisme dit asiatique), soit à la phase du passage de l'État despotique à l'État anthropocentrique (la monarchie absolue des XVIIe-XIXe siècles en Europe). De ce point de vue, l'Union européenne ne constitue pas un empire.

La *cosmopolis* est l'État qui a succédé à la phase *statocentrique* du *cosmosystème hellénique* ou *anthropocentrique à petite échelle* (de la cité), qui correspond à sa période *œcuménique*. C'est une synthèse des *États cités* et de l'*État métropole*, de la cité capitale, qui forme le système politique d'ensemble. La *cosmopolis*, un *cosmo-État*, apparaît avec Alexandre, au IVe siècle, passe par Rome et se termine avec la fin de Byzance, qui, à son point culminant, représente la forme la plus achevée du point de vue anthropocentrique. La confusion qui s'insinue dans les concepts peut être attribuée en partie à la falsification du terme latin *imperium – imperator* traduit le concept grec d'*autocrator –,* qui, désignant initialement la qualité du chef de l'armée (Philippe, Alexandre, Auguste), est ensuite amené à définir l'*État cosmopolitéien* romain. C'est ainsi qu'on a rapproché et nivelé aux temps modernes deux phénomènes de nature opposée : la *cosmopolis œcuménique* de type anthropocentrique et l'État *despotique*.

Une version de *cosmopolis/cosmo-État* adaptée à la grande échelle *cosmosystémique* a été élaborée par un intellectuel grec du XVIIIe siècle,

Rigas Feraios[1], en vue de la libération des Hellènes : elle inclut les cités qui sont d'ailleurs en place dans l'espace hellénique de l'époque, ainsi qu'un système politique central qui substitue à la cité métropolitaine l'ensemble de la société des citoyens. Dans cette *cosmopolis*, tant les cités que le système central sont constitués sur la base de la démocratie (dite directe)[2].

La *cosmopolis* diffère sensiblement du système de l'Union européenne, du fait qu'elle représente une période *cosmosystémique* différente : la *cosmopolis* représente la période *œcuménique*, l'Union européenne une phase typiquement proto-anthropocentrique et donc *statocentrique*. Pourtant, la *cosmopolis*, le *cosmo-État*, est susceptible d'inspirer le système de l'Union européenne. Non pas au sens suggéré par certains, suivant les hypothèses d'Emmanuel Kant sur *la paix universelle,* qui présentent l'Europe politique comme un État modèle, voire le noyau *politéien* qui pourrait devenir un jour un État monde, une *cosmopolis*[3]. L'Europe politique n'est en aucun cas une *cosmopolis* et elle ne peut pas le devenir.

La *sympolitie* est une association partenariale d'États indépendants[4]. Elle apparaît à la fin du *statocentrisme* hellénique, c'est-à-dire à partir du IIIe siècle avant J.-C., et se répand par la suite au sein de la *cosmopolis œcuménique*. On la trouve dans l'espace *cosmosystémique hellène* jusqu'au XIXe siècle[5].

Ce qui caractérise la *sympolitie*, c'est que le système central est formé par les États membres : par les États eux-mêmes et par des représentants des

---

1. G. Contogeorgis, *La « démocratie hellénique » de Rigas Feraios*, Athènes, Paroussia, 2008.
2. Sur ces concepts, voir nos travaux : *Le cosmosystème hellénique*, Athènes, Sideris, 2006 ; *La démocratie comme liberté. Démocratie et représentation,* Athènes, Patakis, 2007 ; « Le citoyen dans la cité », *in* Pasqual Perrineau, Bertrand Badie (éd.), *Le citoyen*, Paris, Presses de Sciences Po, 2000 ; « L'Europe politique. Quel avenir ? », *in* Maria Manuela Tavares Ribeiro (éd.), *Imaginar a Europa*, Coimbra, Almedina, 2010, pp. 13-24.
3. *Cf.* Karine Cabrol, *Paul Magnette (1999), La Citoyenneté européenne. Droits, Politiques, Institutions,* Bruxelles, Université de Bruxelles, coll. Études européennes, *Politique européenne* 2/2001 (n° 2), pp. 115-118 ; J.-M. Fery, *La question de l'État européen,* Paris, Gallimard, 2000 et *Europe. La voie kantienne. Essai sur l'identité postnationale,* Paris, Cerf, 2005 ; Justine Lacroix, *L'Europe en procès. Quel patriotisme au-delà des nationalismes ?*, Paris, Cerf, 2004.
4. Pour la *sympolitie* grecque de la période hellénistique, *cf.* Gerassimos Katopodis, *La sympolitie Étolienne,* Agrinion, 1990 ; Adalberto Giovannini, « Untersuchungen über die Natur und die Anfänge der bundesstaatlichen Sympolitie in Griechenland », *Hypomnemata*, n° 33, pp. 99, Göttingen, Vandenhoeck & Ruprecht, 1971 ; José Pascual, « La *sympoliteia* griega en las épocas clásica y helenística », Univ. Autónoma de Madrid ; Gary L. Reger, « Sympoliteiai in Hellenistic Asia Minor », *in* Stephen Colvin (éd.), *The Greco-roman East Politic, Culture, Society*, Cambridge, 2004 ; Jacek Rzepka, « Ethnos, Koinon, Sympoliteia and Greek Federal States », *Journal of Juristic Papyrology*, Suppl. 1, 2002.
5. L'opinion courante insiste pour placer la fin de la *sympolitie* à la conquête romaine, tout comme elle prétend que la démocratie s'est terminée avec le passage à l'*œcuméné* (IVe s.). Or cela n'est pas vrai. Tous ces phénomènes apparaissent pendant toute la durée du *cosmosystème hellénique*, à savoir jusqu'au XIXe siècle. Pour des paradigmes *sympolitéiens* dans la dernière période du *cosmosystème hellénique*, voir notamment nos travaux : *Le cosmosystème hellénique, op. cit., La démocratie comme liberté, op. cit.,* « Le citoyen dans la cité », *op. cit., Dynamique sociale et autonomie politique. Les cités grecques pendant l'occupation ottomane,* Athènes, 1982.

États membres. C'est pourquoi les institutions centrales sont *collégiales* et, puisque les cités membres sont pour la plupart démocratiques pendant cette période, elles dépendent directement des *sociétés des citoyens* des États ; elles ne se réfèrent pas à une société des citoyens mêmes.

Si l'on compare l'Union européenne à la *sympolitie*, on s'aperçoit que leurs systèmes politiques se ressemblent de façon homothétique, à savoir que l'Europe politique forme une *sympolitie*. De plus, le classement de l'Union européenne dans la typologie *sympolitéienne* correspond à la remarque que nous avons faite plus haut, c'est-à-dire que le *statocentrisme* est déjà consolidé et en plein essor à notre époque et, par conséquent, ne permet plus le retour à la *fédération*[1].

Les conditions identitaires de l'Europe politique

Faut-il alors admettre que la structure *sympolitéienne* de l'Union est à l'origine de sa difficulté à approfondir son système politique ? Certainement pas. Le paradigme hellénique montre déjà que le phénomène *sympolitéien* fut très résistant dans le temps et qu'il constitua une forme d'organisation politique de l'espace social au sein même de la *cosmopolis* jusqu'à la fin du *cosmosystème hellénique*, c'est-à-dire pendant près de vingt-trois siècles. En tant que phénomène de la période *statocentrique*, la *sympolitie* dut répondre à des préoccupations géopolitiques et, plus encore, aux conditions des rapports de force qui se formèrent dans le cadre du *cosmosystème hellénique*. Mais au fond, la réunion des États indépendants en *sympolitie* renvoie aux relations d'identité parentale qui amènent les États voisins à aborder leurs propres intérêts à travers les références culturelles communes.

Quels sont les présupposés de l'approfondissement politique d'un *système sympolitéien* tel que celui de l'Union européenne ? Nous rappelons notre hypothèse de base, que la solution ne passe pas par la transformation de l'Union européenne en système fédéral. Un tel projet serait utopique ou, du moins, non réaliste. Il se heurterait aux résistances des États membres, qui, à l'ère *statocentrique*, ne sont pas prêts à démissionner de leur indépendance et des privilèges que leur offre la structure *sympolitéienne* et à se contenter du statut d'État fédéré.

Nous voulons dire par là qu'il est erroné d'envisager l'Europe politique sous l'angle de la courte histoire de l'État-nation. L'*Europe politique* se situe

---

1. Nous avons soutenu cette idée à plusieurs reprises dans le passé. *Cf.* nos études : « L'Europe politique. Quel avenir », in Maria Manuela Tavares Ribeiro (éd.), *Imaginar Europa, op. cit.* ; « L'Europe culturelle et la géopolitique », in Maria Manuela Tavares Ribeiro (éd.), *Ideias de Europa: que fronteiras, Quarteto*, Coimbra, 2004, pp.71-87 ; « Political Culture in Greece », in Takashi Inoguchi, Jean Blondel (éd.), *Globalization and Political Culture of Democracy*, Tokyo, 2003 ; « La politique comme phénomène chez Aristote et la science politique moderne », in Dem. Koutras (éd.), *La philosophie politique d'Aristote et son influence*, Athènes, 1999, pp. 74-94 ; « Identité cosmosystémique ou identité 'nationale' ? Le paradigme hellénique », *Pôle Sud*, 10/1999, pp. 106-126.

assurément dans le cadre évolutif de l'État-nation au fur et à mesure que celui-ci incarne la société politique fondamentale du *cosmosystème anthropocentrique à grande échelle*[1]. Mais elle est destinée à servir les transformations à venir, comme ce fut le cas de la *sympolitie* vis-à-vis de la cité-État dans le cadre du *cosmosystème hellénique*.

Si nous admettons la perspective de l'hypothèse *sympolitéienne* de l'Europe politique, il faut aussi accepter que son arsenal institutionnel évolue dans son esprit : son système sera constitué par le transfert des compétences des États membres aux « conseils » supérieurs centraux formés par eux. Le système de l'Union est fondé sur la collégialité, parce que les membres considèrent que le transfert des compétences aux institutions centrales ne touche pas leur indépendance puisqu'ils constituent eux-mêmes ces institutions et participent à titre de partenaires à l'élaboration des politiques européennes. En outre, les États membres continuent à assumer la responsabilité de la réalisation des politiques de l'Union sur leur territoire. Le système central ne développe pas d'institutions propres à l'intérieur des États membres.

Au fur et à mesure de la démocratisation du système politique, les sociétés des citoyens des États seront instituées en facteurs constitutifs du système central. Autrement dit, le principe du *démos unitaire* que l'État moderne a introduit lors de son passage du despotisme (la monarchie absolue) à l'anthropocentrisme (l'État-nation primaire) afin d'assurer sa souveraineté politique sur son territoire, n'est pas opérationnel, à savoir conforme à la

---

1. On a soutenu que l'Europe politique, tout comme la perspective d'un « État mondial », serait de nature *post-nationale,* au sens qu'elle présupposerait le dépassement de la *nation*. Nous ne partageons pas cette approche, car le *cosmo-État* représente une phase *post-statocentrique*, c'est-à-dire une période de l'évolution du *cosmosystème anthropocentrique* qui va se réaliser au fur et à mesure que la phase précédente – *statocentrique* – se parachèvera, de sorte que les conditions de son impasse, voire de son dépassement, seront accomplies. L'*œcuméné* sera donc *post-statocentrique* et non pas post-nationale. Elle ne supprimera pas l'État et la nation : elle les intégrera tous deux dans le nouvel environnement politique et identitaire qui correspond à cette phase de développement anthropocentrique. D'un autre point de vue, bien qu'État et nation coïncident dans le *cosmosystème anthropocentrique* à grande échelle, ces deux concepts sont de nature différente. Ni l'un ni l'autre n'est menacé par l'évolution interne du *statocentrisme*, c'est-à-dire du système politique, comme le prétend la modernité. L'approfondissement démocratique du système politique qui s'accomplira du fait de son détachement de l'État et de son incarnation par la société des citoyens entraînera du même coup le transfert de la responsabilité de la gestion du national, c'est-à-dire des intérêts du social, au nouveau détenteur du système. De même, l'État et la nation – l'identité collective – ne sont pas menacés par la transition à *l'œcuméné*. Ils seront intégrés à l'État œcuménique, la *cosmopolis* (ou *cosmo-État*) et assumeront des rôles correspondant à cette nouvelle phase. C'est uniquement le *statocentrisme* qui sera dépassé, pas ses paramètres constitutifs (sur les faiblesses gnoséologiques de cette approche, *cf.* ma contribution, « La crise de la paix et les racines de la guerre. Le déficit interprétatif de la modernité », *in Estudos do seculo XX* (Les crises du XXe siècle), n° 10, Coimbra, Univ. de Coimbra, 2010. Il est évident que la pensée moderne croit que la synthèse actuelle entre État, système politique et identité/intérêt collectif est éternelle. C'est pourquoi elle ne met pas en discussion le fait que l'État incarne l'identité collective. Or cette incarnation est le produit de la phase primaire que traverse le cosmos moderne, quant la société n'imagine pas ou ne peut pas assumer la responsabilité de son autonomie. Ce qui entraînerait le passage à la démocratie.

liberté, au sein de la *sympolitie*. D'ailleurs, il ne l'est pas non plus dans le cadre de l'État fondateur car il nie la polysémie identitaire des sociétés. Il est donc indispensable que le *démos européen* – s'il se constitue un jour – soit pluriel, tienne compte des différences, c'est-à-dire du caractère pluriel du national incarné par l'État.

En d'autres termes, le *démos pluriel* non seulement ne s'oppose pas au principe démocratique mais, au contraire, correspond à une dimension de la liberté que les États-nations de la modernité n'ont pas encore atteinte : la liberté attachée à la polysémie de l'identité nationale qui cherche désormais à s'exprimer politiquement.

Ce principe est conforme à la définition de la *liberté* en termes *d'autonomie*. Il s'agit d'une approche de la liberté qui rejette, en effet, la distinction entre *majorité* et *minorité* sur le plan identitaire/culturel[1]. L'État-nation étant constitué en système politique souverain vis-à-vis de la société aussi, il a établi sa relation avec elle sur la base d'une nette dichotomie, qui exclut la société du système politique. Ainsi la *minorité sociale/culturelle* n'est-elle pas reconnue politiquement, du fait qu'on n'admet pas le concept d'identité plurielle ; de même que la *minorité politique* est littéralement exclue du système de gouvernement, de sorte qu'elle se transforme en fait en minorité sociale. C'est la raison pour laquelle la modernité fait valoir, à la place de la liberté/autonomie, le concept des droits/hétéronomies, qui projette ceux-ci comme étant un acquis supérieur.

L'idée du *démos pluriel* au niveau de l'Union – et aussi dans l'État – correspond donc à un concept de la liberté élargie sous l'angle de l'autonomie : dans ce cadre, le « différent » assume la responsabilité de la gestion politique de ses propres affaires et en même temps participe à la formation de l'espace politique d'ensemble. La *sympolitie* répond à cette demande, la *fédération* non.

Questions de cohésion de l'espace européen

La problématique concernant l'espace politique européen soulève la question de sa *cohésion*. Un espace politique constitué en termes de liberté du social, à savoir anthropocentrique, va nécessairement adopter une conception de la gestion du commun qui intégrera les sociétés partenaires. La collégialité partenariale réunit les conditions de la *légitimité*, car elle contribue à la synthèse d'une volonté collective, sans exclusions. En échange de cette approche partenariale du système politique, les sociétés des citoyens particulières seront prêtes à offrir leur *consensus*.

Pourtant, ce consensus présuppose l'existence d'une référence identitaire collective commune qui ne sera pas post-nationale, mais simplement supranationale : elle inclut l'acquis national dans son contenu, le considérant

---

1. *Cf.* notre article, « Civilisation et Politéia. Les fondements de la culture politique », *in* Chr. Constantopoulou (éd.), *« Nous » et les « Autres »,* Athènes, 1999, pp. 61-72.

comme l'un de ses éléments fondateurs. La condition de consensus n'est pas nécessaire dans la société despotique ; elle constitue un certain souci dans les systèmes totalitaires, voire simplement autoritaires. Elle est nécessaire en termes de condition *sine qua non* de la société anthropocentrique[1].

En somme, l'identité est le présupposé pour que plusieurs entités sociales cohabitent, c'est-à-dire logent sous le même toit politique. Or ce toit n'est ni donné, ni immuable : il s'adapte aux développements de la liberté et, au-delà, de la phase que traverse le *cosmosystème anthropocentrique*.

En ce qui concerne l'espace européen, on constate que la décision de placer les sociétés européennes sous un toit politique commun n'a pas été le résultat de la montée d'une conscience européenne commune, bien que cette conscience soit incontestable au niveau du culturel. Néanmoins, la conscience identitaire commune a été la condition prioritaire de leur rencontre politique. C'est en vertu de cette conscience qu'est délimitée la *géographie* de l'*Europe continentale*, mais non pas de l'*Europe politique*. Une société européenne peut ne pas vouloir ou ne pas remplir les critères d'intégration. Mais un pays non européen, même s'il réunit les conditions exigées de l'acquis européen, n'a pas la légitimité requise.

En d'autres termes, la *qualité européenne* est une condition de principe, mais pas unique, pour qu'un pays intègre l'Europe politique. À côté d'elle, jouent d'autres critères, essentiellement la conformité à l'acquis anthropocentrique issu de la civilisation européenne et le critère géopolitique. La Russie est un pays européen qui, pourtant, ne peut pas être admis dans l'Europe politique, non pas parce que, du point de vue géographique, elle dépasse les frontières du continent, mais du fait qu'elle est trop grande et qu'elle risque de rompre les équilibres politiques de l'Union. La Turquie réunit ces deux contre-indications et, de plus, soulève la question de la conformité de son identité, voire de son trajet historique, avec l'acquis européen. Elle est considérée comme un voisin indésiré : son histoire se résume, selon cette opinion, à une opposition incessante avec celle de l'Europe. Arrivée en Europe en conquérant représentant le despotisme asiatique, elle soulève des réserves quant à sa qualité européenne : par sa religion mais, d'une façon plus générale, par sa civilisation. C'est précisément son identité et sa géographie qui alimentent des réserves derrière lesquelles se cachent essentiellement des considérations géopolitiques.

Quelle est, en effet, l'*identité européenne* qui justifie et consolide l'unité de l'espace politique de l'Union ? Il est évident que l'identité européenne ne reproduit pas l'acquis de l'identité nationale. Celle-ci est une identité partielle, vue du côté de l'espace européen, destinée à servir les sociétés

---

1. La gnoséologie *cosmosystémique* distingue sociétés despotique et anthropocentrique. La première est fondée sur des sociétés de sujets ou dépendantes en termes de propriété ; les secondes mettent en avant la liberté comme condition du social. Cependant, la liberté est un concept qui évolue au fur et à mesure que le *cosmosystème anthropocentrique* se développe selon ses phases *statocentrique* et *œcuménique*. *Cf.* nos ouvrages : Le *cosmosystème hellénique, op. cit.*, et *La démocratie comme liberté, op. cit.*

fondamentales des États. L'identité européenne inclut les identités nationales, ainsi que d'autres identités, dans le cadre d'une approche qui projette comme essence la polysémie référentielle à l'Europe. Polysémie qui recommande la constitution plurielle du système politique, en sorte qu'il s'harmonise à la pluralité culturelle du social.

L'identité européenne rappelle plutôt la notion de *nation-cosmosystème* sur laquelle a été bâti le monde hellène. Une identité polysémique qui se développe et s'exprime politiquement sur plusieurs niveaux : celui de la cité, qui est aussi plurielle, celui de la synergie de plusieurs cités, ou à travers les manifestations communes (jeux olympiques, amphictyonies, etc.) et, plus tard, via les *sympolities*, ou au niveau du *cosmo-État,* de la *cosmopolis.* Il est sous-entendu que la montée d'un patriotisme identitaire plus large ne fait pas disparaître les patriotismes partiels comme celui de la cité[1]. L'Union européenne peut être vue sous l'angle d'un *cosmo-État* de type *sympolitéien,* limité à l'espace du continent européen.

Les éléments fondateurs de cette identité européenne s'inspirent largement de l'acquis anthropocentrique des sociétés qui y participent : les fondements anthropocentriques – et non féodaux – de l'histoire du continent ainsi que les réalités anthropocentriques de la période moderne et contemporaine. De ce point de vue, l'identité européenne sera attractive pour les autres et opérationnelle pour ses membres aussi longtemps qu'elle sera capable de vendre ses avantages : la liberté et la prospérité. Nous concluons donc que l'incapacité de l'Europe à approfondir son système politique n'est due ni à l'existence d'une identité européenne trop faible, ni aux résistances de l'identité nationale, mais à la phase primaire et, au-delà, *statocentrique* que traverse de nos jours le *cosmosystème anthropocentrique.* C'est d'ailleurs la raison qui permet au *marché économique* de rompre l'équilibre avec le *marché politique,* c'est-à-dire la société, et de dominer l'État.

De la gestion de l'espace politique européen

La question majeure est pourtant celle de la gestion de l'espace politique et, au-delà, des intérêts qui sont liés au devenir collectif. Puisque nous sommes en présence d'une *sympolitie,* la gestion de l'espace commun appartient aux États, qui agissent soit en synergie, soit directement, chacun pour son compte. Il est toutefois indispensable de préciser que la référence à la responsabilité des États n'inclut pas les sociétés, celles-ci étant considérées comme une entité privée, exclue essentiellement du système politique. Au

---

[1]. Le fait identitaire hellène a cherché à s'exprimer politiquement non pas par le moyen d'un État unitaire, mais à travers les synergies politiques des sociétés fondatrices, les cités, pendant la période *statocentrique,* et via la *cosmopolis* dans la période œcuménique. La nation hellénique a été constituée politiquement en termes *cosmosystémiques,* c'est-à-dire par l'incarnation du *cosmosystème anthropocentrique* qu'elle a elle-même fondé. *Cf.* nos travaux cités plus haut.

niveau de l'espace européen se reproduit bien entendu le principe politique de l'État-nation.

La modernité enseigne, en effet, que *système politique* et *État* constituent des concepts identiques par nature, qui ne peuvent pas être séparés ! Le monde contemporain, du fait de la phase anthropocentrique qu'il traverse, n'est pas en mesure d'intérioriser, voire de comprendre des concepts tels que la démocratie et la représentation, qu'il n'a pas encore réussi à distinguer. Il ne peut même pas se réconcilier avec l'idée que la démocratie recommande que le système, y compris le système politique, soit incarné directement par la société des citoyens. Parler donc du *démos* de nos jours, c'est entendre que les sociétés européennes participent par le vote (dans les États membres) ou indirectement (par leur consentement latent) au processus de *légitimation* du personnel politique européen au pouvoir et, le cas échéant, exercent une certaine pression dans l'intérêt du social. Or ni la démocratie, ni la représentation n'entrent dans la problématique de la constitution de l'espace politique européen, qu'il s'agisse de l'ensemble (des instances de l'Union) ou des États membres. Pour cela, il est nécessaire que le système politique – le processus de gouvernement – soit transféré en partie (représentation) ou en totalité (démocratie) à la société des citoyens, qui sera à cet effet constituée en *démos*[1]. Il est évident que cette phase se situe dans un avenir encore lointain.

L'approche de la *citoyenneté* par le système moderne est didactique. Elle est une, de même que le système politique, du point de vue typologique, est un. De plus, elle est conçue en termes d'appartenance, au titre de ressortissant de l'État, et non pas en fonction d'un rôle partenarial avec lui. À l'opposé, la *gnoséologie cosmosystémique* distingue autant de types de citoyennetés que de systèmes politiques. La citoyenneté de la démocratie assure à son détenteur la liberté globale qui, au niveau du politique, se traduit par l'occupation par celui-ci de la place de gouvernant, et non de gouverné. Au milieu, entre le système pré-représentatif actuel et la démocratie, se situe la représentation qui prône la *citoyenneté simple*. Enfin, à côté de la citoyenneté issue de l'État fondamental, on reconnaît le *cosmo-citoyen*, qui correspond à la *cosmopolis* /au *cosmo-État* œcuménique.

Au vu de ce qui précède, on présume que la modernité, en appelant son système *démocratie représentative*, prétend avoir réussi le miracle : réunir dans une seule société constituée en État deux systèmes opposés de par leur nature (la démocratie et la représentation) et, en outre, les avoir appliqués

---

1. Sur ces principes et la différence de nature qui oppose la représentation et la démocratie, ainsi que sur le caractère non représentatif du système moderne, voir notre étude, « Democracy as Freedom », in E. Venizelos, A. Pantelis (éd.), *Civilization and Public Law*, Londres, 2005, pp. 79-92. (Une version dans D. Damamme (éd.), *La démocratie en Europe*, L'Harmattan, Paris, 2004 « La démocratie comme liberté »). Il est à préciser que dans les circonstances actuelles de la grande échelle *cosmosystémique*, il n'est pas indispensable que le *démos* se réunisse physiquement : il suffit de chercher le moyen d'exprimer sa volonté propre comme s'il était un *démos*, par exemple par les sondages, ou par un *démos* en ligne.

chez elle, alors que son système n'est ni représentatif, ni démocratique. Dans ce cadre, il est entendu que l'espace politique européen inclut le territoire politique de ses membres, mais les sociétés des citoyens n'en font pas partie, le système politique étant partagé entre les États membres.

C'est précisément ce rôle déterminant de l'État à système non démocratique (et, bien entendu, non représentatif) au sein de l'Union *sympolitéienne* qui nourrit la confusion dans la gestion de l'*identité nationale* et de l'*identité européenne*. Car, si l'État est confronté à son propre intérêt – intérêt national – et à celui de l'Europe, il va trancher en faveur du « national ». Il est aussi évident que l'intérêt européen sera vu sous l'angle du « national ».

À cette difficulté s'ajoute une autre, sous-jacente, qui est liée à la *finalité* attachée à l'Europe politique. Le fait de ne pas constituer un État propre est tributaire d'une option qui recommande que l'Europe politique soit soumise en fait aux priorités du marché et ainsi réduite à un simple espace économique et monétaire, plutôt qu'érigée en une formation étatique structurée sur la base de son identité. En effet l'identité, comme fondement du politique, produit des finalités qui mettent l'accent sur l'intérêt de la société, sur son développement anthropocentrique en général et non pas sur le paramètre du *marché libre*.

L'Europe politique se distingue incontestablement de la *mondialisation*. On peut dire qu'elle réalise la mondialisation dans un cadre politique réglementaire et non sur la base de considérations issues de la puissance. La dissociation de l'Europe politique par rapport à sa dimension identitaire européenne explique l'absence de solidarité, essentiellement, en ce qui concerne les affaires étrangères : en matière de politique étrangère et de défense. Tant la Commission que les États arrivent très souvent à se déclarer pour les intérêts d'un État tiers, contre les intérêts d'un État membre. La défense des intérêts européens inclus dans son système politique ne constitue une obligation ni pour les États membres, ni pour les instances centrales.

C'est aussi ce déficit « démocratique » de l'Europe politique qui pousse les États puissants de l'Union à se présenter comme ayant le droit d'exiger que leur poids (économique, etc.) soit pris en considération pour la formation de son cadre réglementaire et de ses politiques. Ils ne revendiquent évidemment pas un droit « démocratique » pour leurs sociétés, mais la consécration de leur hégémonie politique. De toute façon, la question de l'équilibre dans la gestion des affaires européennes issues de son identité propre, par l'État ou par les instances de l'Union, ne se pose pas réellement, étant donné que la finalité de l'Europe politique dépend en dernière analyse des priorités du *marché*. Qui ne sont en aucun cas identiques aux priorités des sociétés des citoyens. De ce point de vue, l'enjeu de l'approfondissement politique de l'Union soulève des questions beaucoup plus vastes que celles de l'opérationnalité et de l'efficacité de son système politique.

En somme, nous avons remarqué que l'Union européenne forme un espace politique qui est érigé en système politique sans État. De ce fait, elle n'a pas de territoire propre géré par son propre système, lequel d'ailleurs est constitué par les États membres. Le système politique européen est essentiellement orienté vers une finalité qui, bien que présupposant l'acquis identitaire européen, se limite finalement à ce qui est l'intérêt du marché. Une vision de marché, en outre, conçue en termes de complément de l'espace économique dit occidental et, au-delà, de la soumission de l'Union européenne au leadership du monde anglo-saxon. En dernière analyse, le système européen est de type *sympolitéien,* mais, du point de vue anthropocentrique, il traverse, comme le reste de la planète, sa période primaire. C'est pourquoi le concept de *démos* – l'idée d'une *société de citoyens* politiquement constituée qui exercerait du moins la fonction de mandant (système représentatif) – est entièrement absent. Et à plus forte raison, le projet démocratique.

L'OUVERTURE DE L'ESPACE DE L'EUROPE POUR LES INTELLECTUELS PORTUGAIS AU DÉBUT DU XXe SIÈCLE :
l'Europe en crise et l'idéalisation du futur

Maria Manuela TAVARES RIBEIRO
Universidade de Coimbra[*]

Les grands conflits européens ont un rôle majeur et fondamental dans le surgissement de nouvelles attitudes au sein de *l'intelligentsia* européenne. La Première Guerre mondiale fait apparaître des réflexions nouvelles et des attitudes différentes au sein des élites intellectuelles. Elle fait ainsi surgir et stimule la discussion à propos des valeurs européennes et place au cœur du débat l'équilibre du continent : les moyens pour garantir la paix, le rôle et la place des nations dans un scénario d'échanges nécessaires et de collaboration indispensable[1]. Gaston Riou, dans son livre de 1929 *S'unir ou mourir*, évoque l'Union européenne comme une « impérieuse nécessité »[2]. Le conflit mène certains intellectuels, surtout les plus sensibles à la crise de la civilisation, à réfléchir de manière profonde à l'identité européenne.

L'Europe comme entité morale : le regard des intellectuels portugais sur l'espace européen

Les intellectuels portugais du XIXe siècle, notamment Faustino José da Madre de Deus, considèrent l'Europe comme une entité morale. Toutefois, selon Eça de Queirós, plus qu'une entité morale l'Europe est un corps et une

---

[*] Professeur de la Faculté de Lettres de L'Université de Coimbra et Vice-Coordinatrice du Centre d'Études Interdisciplinaires du XXe siècle de l'Université de Coimbra [*Centro de Estudos Interdisciplinares do século XX* (CEIS 20)].
1. Elizabeth du Réau, « Le modèle européen occidental. Genèse, transitions, mutations au XXe siècle », *in Dynamiques et Transitions en Europe. Approche pluridisciplinaire*, Claude Tapia, Berna (dir.), Peter Lang, 1997, pp. 15-23.
2. Gaston Riou, *S'unir ou mourir*, Paris, Valois, 1929.

âme. En fait, c'est un grand corps symbolique où chaque patrie est une forte qualité physique ou une ambition intelligente de l'âme. Selon lui, le rôle du Portugal c'est la vigoureuse action vitale, le mouvement spontané, la décision violente du sang. Selon Eça de Queirós (1855-1911), « la crise est presque une condition normale pour l'Europe. Les moments où l'homme regardant autour de lui ne trouve pas un mécanisme en train de se défaire et où tout périt, même ce qui semble impossible – la vertu et l'esprit – sont bien rares »[1].

Mais si les libéraux populaires, les socialistes et les républicains en ont défini l'idée et ont rêvé de la formation des États-Unis d'Europe (António Pedro Lopes de Mendonça (1826-1865), José Félix Henriques Nogueira (1823-1858), Antero de Quental (1842-1891), Eça de Queirós (1855-1911), Oliveira Martins (1845-1894), Sebastião de Magalhães Lima (1850-1928), entre autres) ce furent les modernistes qui surent le mieux la caractériser[2].

Selon Fernando Pessoa (1888-1935), le visage de l'Europe c'est le Portugal pointant vers l'Occident et regardant avec nostalgie la mer, « l'imaginaire complément de l'unité ontologique portugaise ». Il en trace le profil dans le poème *O dos Castelos* au début de son œuvre *Mensagem* (*Message*) :

Les Châteaux
L'Europe ici s'étend, sur ses coudes posée ;
D'Orient en Occident elle s'étend, regarde,
Et une chevelure romantique
Recouvre ses yeux grecs, emplis de souvenirs.

Son coude gauche est reculé ;
Le droit en angle disposé.
L'un marque l'Italie sur laquelle il se pose ;
L'autre dit l'Angleterre sur qui, plus éloigné,
Il supporte la main, où s'appuie le visage.

Il regarde, regard de sphinx, fatal
L'Occident, futur du passé.

Ce visage au regard, voilà le Portugal.

À propos de la question de l'Europe, Pessoa ne manque pas d'une idée vigoureuse, de mots forts ni d'un certain humour. Il trouve l'Europe un peu à l'image de ses souhaits : ambitieuse, assoiffée de création, capable de réinventer de nouveaux mythes étant donné que la légende peut rendre

---

1. Eça de Queirós, *Notas Contemporaneas*, Porto, Livraria Chardon, 1909, p. 213.
2. *Cf.* Martim de Albuquerque, "Primeiro ensaio sobre a história da 'Ideia de Europa' no pensamento português", *in Estudos de Cultura Portuguesa*, vol. I, Lisboa, Imprensa Nacional – Casa da Moeda, 1983, pp. 249-350 et "Portugal e a Consciência da Europa", *Oceanos*, n° 16, Lisboa, Comissão Nacional para as Comemorações dos Descobrimentos Portugueses, Dezembro, 1993, pp. 13-23. *Cf.* aussi Luís Reis Torgal e Maria Manuela Tavares Ribeiro, "Portugal e a Integração Europeia", *in Europa Unita e Didatica Integrata. Storiografie e Bibliographie a Confronto*, a cura di Ariane Landuyt, Siena, Protagon Editori Toscani, 1995, p. 132.

éternelle la réalité. Prenons comme exemple ce passage de l'*Ultimatum* (1917) :

> « L'Europe a soif de création, elle a soif de futur. L'Europe exige de grands poètes, de grands hommes d'État, elle veut de grands généraux. Elle demande à l'homme politique de construire consciemment le destin inconscient de son Peuple…
> – L'Europe veut des maîtres ! Le Monde demande l'Europe… L'Europe veut passer d'appellation géographique à entité civilisée… Moi, tout du moins, je peux indiquer le Chemin ! J'indiquerai le Chemin ».

Almada Negreiros (1893-1970), dans deux essais publiés dans les Cahiers *Sudoeste* (juin 1935), présente également l'Europe, à l'exemple de Prométhée, comme assoiffée de savoir. Il s'agit, sans aucun doute, d'une conception plus abstraite de l'Europe. De son point de vue, elle est synonyme « d'expression spirituelle ». Ses paroles sont très suggestives :

> « L'Énigme de l'Europe ! Oui, l'énigme de l'Europe. L'Europe possède surtout un sens unanime de la vie… L'Europe fonctionne en tant que véritable éternité surtout par rapport à la rénovation de son tout spirituel… C'est l'héroïsme de Prométhée en train de soulever successivement et simultanément dans les champs de l'Europe et du monde les génies infinis de l'humanité universelle… Cette caractéristique unanime de l'Europe est organique, elle fait partie intégrale du corps même de l'Europe, c'est le sang qui coule dans ses veines et dans ses artères… Nous, les Européens, nous sommes de la race de l'Europe, de la race de Prométhée, de la chair de Prométhée, d'une race semblable à chacun de nous, d'une race établie à notre image, pour souffrir, pleurer, vivre et sentir la joie »[1].

Quelques années plus tard, prévoyant une Europe bloquée, Adolfo Casais Monteiro (1908-1972) s'interroge :

> « L'Europe, rêve de futur !… la paix du "foyer commun", viendra-t-elle un jour ? »

L'auteur répond lui-même :
> « Europe, tu viendras seulement quand, parmi les nations,
> la haine n'aura plus le dernier mot
> la main avare ne guidera plus la haine
> la voix caverneuse des funérailles ne donnera plus haleine à la main
> des coffres-forts s'alimentant du sang du troupeau
> – et mort le troupeau, finalement en plein jour,
> l'homme rêvant, l'Europe prend vie »[2].

---

1. Almada Negreiros, *Sudoeste 1. Europa e Portugal*, Lisboa, Contexto Editora, 1935, p. 21 (éd. fac-similé).
2. Adolfo Casais Monteiro, *Europa*, s. l., Editorial Confluência, [1946], pp. 13-15. *Cf.* Martim de Albuquerque, "Primeiro ensaio...", *op. cit.*, pp. 249-350. *Cf.* aussi Jorge Borges de Macedo, *Portugal – Europa para além da circunstância*, Lisboa, Imprensa Nacional-Casa da Moeda, 1988 et José Augusto Seabra, *Portugal face à Europa. Um horizonte cultural*, Porto, Athenas, 1977, *passim*.

En Europe, dans les années 1920, on cherche la réconciliation et on essaie même de tracer les chemins pour consolider cette paix si souhaitée. En ce sens, les collaborateurs portugais de la *Seara Nova* répandent de manière persistante cet idéal, en appelant évidemment à l'union des intellectuels. Rappelons, entre autres, António Sérgio (1883-1969), Jaime Cortesão (1884-1960), Raúl Proença (1884-1941), Aurélio Câmara Reis (1885-1961), José Rodrigues Miguéis (1901-1980). Quand, au mois d'août 1926, on réfléchit à nouveau à propos des États-Unis d'Europe, le collaborateur de la *Seara Nova*, Rodrigues Miguéis, oppose à la panacée de la chute des frontières un internationalisme fondé sur la disparition des grands blocs et sur la solidarité des peuples[1]. Plusieurs auteurs, notamment Emílio Costa, évoquent les bénéfices de l'abolition des frontières douanières et, surtout, l'importance de l'esprit européen. Celui-ci représente une garantie pour l'aspiration à l'amélioration de la vie des Peuples de l'Europe et, surtout, une caution pour atteindre et réaliser un bien majeur – la Paix[2].

Le cas d'António Sérgio, si bien analysé par Campos Matos, est doublement symptomatique, étant donné sa formation de modèle européen et l'influence profonde qu'il exerça sur l'élite intellectuelle portugaise. S'intéressant à la pédagogie et à la politique, l'auteur des *Ensaios* est un homme de mentalité européenne mais il est aussi un « citoyen du monde ». Ainsi, on peut s'interroger sur son point de vue par rapport « à l'adhésion à une Europe si éloignée encore d'être un continent de citoyens du monde »[3].

Pour sa part, Jaime Cortesão, même s'il reconnaît l'importance du rôle de médiation de la Société des Nations se montre pessimiste quant à une notion idéaliste des États-Unis d'Europe. En fait, il partage l'esprit universaliste comme il dit « d'une envie de pure et de libre humanité », ajoutant « nous nous inclinons avec ferveur devant cet esprit d'amour, de justice et de sacrifices actifs »[4].

Critique tenace du fascisme, apôtre de la prépondérance de l'Esprit sur la Matière, Raúl Proença conduit une campagne démocratique intense au sein de la revue *Seara Nova*. Il dit clairement :

> « Il est urgent que des mouvements antifascistes formidables s'organisent partout en Europe. Il nous faut combattre de manière décisive cette influence. Si nous permettons le développement des fascismes nationaux, ce serait peut-être, pour longtemps, la ruine de toute la civilisation »[5].

---

1. R. M., "Estados Unidos da Europa", *Seara Nova*, nº 96, 22 de Julho de 1926, p. 467. *Cf.* "Seara Nova, Antologia", *in Testemunhos Contemporâneos*, Lisboa, Edições Alfa, 1990, p. 52.
2. Emílio Costa, "Estados Unidos da Europa e Patriotismo de Pé Atrás", *Seara Nova*, nº 200, p. 13.
3. Sérgio Campos Matos, "António Sérgio europeísta", *in A Construção da Europa*, coord. de Sérgio Campos Matos, Lisboa, Edições Colibri, 1999, p. 147.
4. Jaime Cortesão, "Sociedade das Nações – A Conferência de Locarno e as Colónias Portuguesas", *Seara Nova*, Lisboa, nº 63, 5 de Dezembro de 1925, p. 46, nº 66, 26 de Dezembro de 1925, p. 68.
5. Raúl Proença, "O Fascismo e as suas repercussões em Portugal", *Seara Nova*, Lisboa, nº 77, 6 de Março de 1926, p. 89. *Cf.* Júlia Cristina Leitão Florêncio, *A Ideia de Europa – Jaime Cortesão, Raúl Proença, António Sérgio*, Coimbra, Faculdade de Letras, 2001, et Sandra Isabel Pinto Silva, *A Europa no ideário seareiro (1921-1940)*, Coimbra, Faculdade de Letras, 2001 (trabalhos realizados

Tout comme Raúl Proença et Jaime Cortesão, les collaborateurs de la revue *Seara Nova* n'ont laissé aucune étude systématique sur l'idée d'Europe. Toutefois ils écrivent un certain nombre d'articles et expriment des idées éparses où ils se constituent en porte-drapeaux de notions, de principes et de thèses à ce propos, si important dans les années 1920. Toutefois, bien qu'ils aient un sens œcuménique et universaliste des peuples dans la construction de leur idéal nous n'y trouvons pas encore un dessin clair du processus de construction européenne. De toute façon, il est indubitable que Jaime Cortesão et António Sérgio font une interprétation européiste de l'histoire portugaise, considérant comme implicite un certain modèle européen d'évolution sociale et économique à travers lequel ils analysent la problématique nationale.

La voix des femmes

À la même époque, au Portugal, il y a aussi des femmes intéressées par cette problématique de leur temps. Lors du discours de la Semaine de l'Assemblée Patriotique du Nord [*Semana da Junta Patriótica do Norte*], le 25 juin 1931, Ana de Castro Osório (1872-1935) souligne l'œuvre de la Croisade des Femmes Portugaises [*Cruzada das Mulheres Portuguesas*] (assistance, soutien aux soldats et aux orphelins) et attire l'attention sur le fait que la guerre « constitue le coup de pouce nécessaire à la mise en marche des énergies latentes pour la renaissance de cette grande Patrie... et à l'affirmation de notre droit d'occuper, en tant que puissance coloniale, une des premières places du monde... Mais, pour atteindre ce but, nous comptons sur la contribution de la femme portugaise car si elle était éduquée et cultivée – et elle le sera un jour –, elle aurait un des rôles notables et majeurs dans la renaissance nationale »[1]. Cette républicaine était d'avis qu'après la Première Guerre mondiale, la femme allait se consacrer aux œuvres patriotiques. Et elle le réaffirme en notant que c'est de la « fédération que nous avons le droit licite d'espérer la renaissance de la Nation portugaise ». Selon elle, cette mission a pour but de « diriger moralement, discipliner avec sévérité, éduquer au travail le peuple futur d'une grande Patrie »[2]. Il est vrai que cette action politique féminine passe alors, en grande partie, par la Ligue Républicaine des Femmes Portugaises [*Liga Republicana das Mulheres Portuguesas*] (1909-1919)[3].

---

no âmbito do Seminário de História das Ideias do Mestrado de História Contemporânea, coordenado pela Prof. Doutora Maria Manuela Tavares Ribeiro). *Cf.* Eduardo Prado Coelho, "A Crise da Europa e a Democracia", *in Seara Nova. Razão. Democracia. Europa. Textos e Contextos*, Porto, Campo das Letras, 2001, pp. 308-323.
1. Ana de Castro Osório, *Realizações e possibilidades*, Porto, Edição da Junta Patriótica do Norte, 1932.
2. *Idem, ibidem*.
3. João Gomes Esteves, *A Liga Republicana das Mulheres Portuguesas. Uma organização política e feminista (1909-1919)*, Lisboa, Comissão para a Igualdade e Direitos das Mulheres, 1991.

Comme on le sait, au cours des années 1920, le mouvement féministe se désagrège. Ses revendications vont alors s'orienter vers des questions plus spécifiques, notamment l'éducation, l'assistance, le droit des enfants, l'abolitionnisme... L'intervention politique semble donc perdre du terrain dans un scénario d'instabilité sociale, économique et gouvernementale[1].

Ceci ne veut pas dire que certaines femmes, comme Adelaide Cabete (1867-1935), par exemple, ne s'engagent pas activement dans la vie politique. Représentante portugaise des rencontres féminines, cette dernière fonde, en 1914, le Conseil National de Femmes Portugaises [*Conselho Nacional das Mulheres Portuguesas*] qui publie le journal *Alma Feminina*[2]. Dans le magazine *Vida Feminina*, Aurora de Castro e Gouveia défend clairement en 1925 la participation des femmes dans la vie politique et dans la magistrature. Au cours des années 1930, les efforts de la propagande féministe et la participation active des femmes au niveau politique trouvent un point fort dans les articles d'une jeune avocate, Elina Guimarães, dans le journal *Portugal Feminino*, dirigé par Maria Amélia Teixeira.

Un autre aspect important est l'entrée dans la franc-maçonnerie. Ana de Castro Osório, Adelaide Cabete, Aurora de Castro Gambôa et Vitória Pais Madeira se sont affiliées aux loges *Carolina Ângelo, Humanidade,* et *Humanidade dos Direitos Humanos*[3].

Au sein de la Ligue des Femmes Républicaines [*Liga das Mulheres Republicanas*], du Conseil National des Femmes Portugaises [*Conselho Nacional das Mulheres Portuguesas,* 1914], de la Croisade des Femmes Portugaises [*Cruzada das Mulheres Portuguesas,* 1917], lors des Congrès féministes (le premier a lieu à Lisbonne en 1924), dans les magazines *Alma Feminina, A Semeadora* et *A Madrugada* les thèmes abordés sont très variés mais la question de la paix est le plus récurrent. Rappelons qu'en 1889 fut créée la Ligue Portugaise de la Paix, dont Alice Pestana (connue sous le pseudonyme de « Caïel », 1860-1929), une des premières divulgatrice des idéaux féministes et notable pacifiste, occupe la présidence[4].

Mais si, au cours des années 1920, existe une certaine activité de la part des féministes (notamment Maria Lamas (1893-1983), Teresa Leitão de Barros (1898-1983), Maria Amélia Teixeira, Regina Quintanilha (1893-1967), Aurora de Castro et d'autres dont nous avons fait mention plus haut), après les événements du 28 mai 1926, les journaux conservateurs jugent

---

1. Paulo Guinote, *Quotidianos Femininos (1900-1933)*, vol. II, Lisboa, s . ed., 1998, p. 79.
2. Adelaide Cabete, *O Congresso Internacional Feminista de Roma (Relatório da delegada oficial do Govêrno Português)*, Lisboa, Oficinas Gráficas do Instituto Profissional dos Pupilos do Exército, 1926, p. 6. *Cf.* Alda Pereira da Silva, *Adelaide Cabete, alma de mulher*, Lisboa, C. M. L., 1997.
3. Fernando Marques da Costa, *A maçonaria feminina*, Lisboa, Vega, s. d., pp. 80-82.
4. Maria Regina Tavares da Silva e Ana Vicente, *Mulheres Portuguesas. Vidas e obras celebradas. Vidas e obras ignoradas*, Lisboa, Comissão para a Igualdade e Direitos das Mulheres, s. d., pp. 59-68.

« terrible » l'innovation des femmes portugaises exprimant en public leurs propositions. En fait, la femme politique devient alors *persona non grata*[1].

Rappelons, toutefois, que le pacifisme, dans la lignée de Sebastião de Magalhães Lima (1850-1928), prend corps, par exemple, dans la pensée d'Alice Pestana alias « Caïel », avec l'idéal de Fédération des Peuples. À ce propos elle affirme, de manière claire :
> « C'est vers la fraternité des Etats autonomes que toute l'humanité se dirige »…

Puis elle demande :
> « Et, après tout, la fraternité universelle n'est-elle pas la meilleure des garanties pour un relatif bonheur individuel ? »[2].

Au début du XXe siècle, les femmes intellectuelles portugaises sont néanmoins surtout préoccupées par l'éducation, noyau fondamental de leur action civique et politique. Suivant l'exemple de l'idéal de Charles Lemmonier et de Sebastião de Magalhães Lima, elles défendent de toute leur âme une Europe de la Paix. Il n'est donc pas étonnant qu'Alice Pestana (« Caïel ») occupât la vice-présidence de la *Ligue des femmes pour le désarmement international*. Le but essentiel de la propagande des Amis de la Paix [*Amigos da Paz*], mais aussi celui de « Caïel », était la réalisation de l'idéal suprême – la Fédération Européenne. Nous trouvons l'expression de ce sentiment, justement, dans ses paroles :
> « Je souhaite que le Portugal, qui a déjà vécu des conflits sanguinaires, puisse être un apôtre chaleureux du droit international moderne. C'est – ajoute-t-elle – un de mes souhaits les plus ardents, celui que j'estime comme étant le plus patriotique… Mais nous ne devons pas nous limiter à des imitations serviles. Maintenons notre race glorieuse, nos honorables traditions, l'essence nationale »[3].

La force animique de ces femmes, intellectuelles portugaises, exprimée plus ou moins explicitement, est traduite dans leur discours verbal et écrit, comme beaucoup d'autres, notamment Louise Weiss, de manière captivante et consciente, dans la défense des idéaux suprêmes de Paix, d'Union et de Fédération des Peuples d'Europe. Dans leurs pensées, même si c'est parfois seulement de façon implicite, nous trouvons le même point commun : l'unité dans la diversité, le singulier dans le pluriel, la spécificité du national dans le tout à travers la Fédération. Ce tout constitue l'Europe.

---

1. Maria Cândida Parreira, *A mulher na política e a política da mulher*. Conférence tenue au Théâtre National le 9 décembre 1934, Lisboa, Editorial Império, 1935, 17 pp.
2. Caïel, *Comentário à Vida*, Lisboa, Parceria António Maria Pereira, 1900 et *La Femme et la Paix. Appel aux mères portugaises*, Lisboa, Imp. Nacional, 1898.
3. Alice Pestana (Caïel), *La Femme et la Paix. Appel aux mères portugaises*, cit., pp. 23, 48, 63. *Cf.* Manuela Delgado, "A A. F. P. P. e a Paz", *Boletim da Associação Feminina Portuguesa para o País*, nº 7, Julho, 1950, pp. 16-18.

Au terme de cette brève analyse, on conçoit que, selon de nombreux intellectuels portugais et étrangers, l'Europe en crise et cet Occident en déclin ne puissent se régénérer que *via* une idéalisation de l'Europe ; celle-ci conduit parfois, dans une perspective plus pragmatique, à l'idée de la construction d'une *Nouvelle Europe* : pour certains, cette *Nouvelle Europe* doit faire face à une *Anti-Europe* renaissant de l'Europe tragique, selon l'expression de Gonzague de Reynold (*L'Europe Tragique*, 1935) ; pour d'autres, ce doit être une Europe démocratique, reconstruite en tant que Communauté de Nations, comme l'envisageront les « pères fondateurs ».

Les signes du déclin de l'Europe du XIXe siècle étaient certes visibles bien avant le début du premier conflit mondial. La guerre fut, toutefois, le détonateur qui assigna le « coup mortel » à l'hégémonie de l'Europe. Beaucoup d'intellectuels européens, presque dans un réflexe biologique devinrent les porte-parole du pacifisme radical et, de ce fait, les pionniers, c'est-à-dire les promoteurs et les agents dynamiques des notions et modèles des États-Unis d'Europe.

LA CONSTRUCTION D'UN ESPACE EUROPÉEN
Association, adhésion et politique de voisinage : des relations extérieures à la politique intérieure

Giuliana LASCHI
Université de Bologne

Un espace pour l'Europe

En ces temps de crise économique et de dysfonctionnements institutionnels de l'Union européenne, les barrières nationales se sont en partie renforcées, malgré l'abolition des frontières, et les pays membres sont redevenus un peu plus étrangers les uns par rapport aux autres. L'Union européenne vit à nouveau une phase de stabilisation, malgré la simplification et l'approfondissement introduits par le Traité de Lisbonne ; il existe de nombreuses tentatives, qui d'ailleurs aboutissent souvent à renationaliser une partie des politiques européennes.

Ce n'est donc pas un moment facile pour la définition de l'espace intérieur et extérieur à l'Union européenne. Et pourtant, aujourd'hui peut-être plus que jamais, l'exigence de définir les espaces et les frontières de l'Union se fait sentir et ne peut plus être repoussée à long terme : de nombreux pays, aux portes de l'Europe, demandent à adhérer à l'Union européenne.

Pour comprendre en outre la difficulté qu'a l'Union pour gérer les rapports avec les pays voisins, il suffit de considérer les profondes différences entre voisins : « En voyageant de Tanger à Mourmansk *via* Istanbul et Saint-Pétersbourg, on découvre la grande diversité du voisinage immédiat de l'Union européenne »[1].

La carte géographique est le meilleur moyen de faire ressortir l'aspect le plus évident, mais aussi le plus complexe, de l'espace européen : la définition géographique de la construction de l'espace politique européen n'a jamais été établie de façon définitive. De la petite Europe des Six à l'Europe des 27, l'espace s'est défini au cours des décennies et demeure en mouvement. L'histoire montre que l'espace européen est en perpétuel changement et que, quand la géographie change, le rapport entre la Communauté et l'espace

---

1. Michel Foucher, "The Geopolitics of European Frontiers", *in* Malcolm Anderson and Eberhard Bort (dir.), *The frontiers of Europe*, London and Washington, Pinter, 1998, p. 242.

européen se modifie radicalement. La dimension extérieure européenne a été lentement absorbée, jusqu'à devenir un espace intérieur, communautaire. Et ceci, non pas à travers des guerres de conquête, ou au moyen d'une politique colonialiste et de puissance, mais par le choix autonome des pays concernés, aussi bien ceux qui accueillent les nouveaux membres que les pays qui décident d'adhérer.

Il est clair que les frontières entre lesquelles se construit la Communauté ont radicalement changé au cours des décennies, modifiant profondément l'entité géographique et la base culturelle qui la définissent, ainsi que sa propre nature et les politiques avec les pays voisins.

Le thème des frontières a toujours été présent dans le débat communautaire, que ce soit pour des motifs identitaires ou parce que les frontières intérieures sont tombées ou se sont transformées en frontières avec l'extérieur, comme le montre surtout le changement marqué par le grand élargissement de 2004 : "*Central and Eastern European countries are now framed by approximately 8000 miles of new political lines. In this respect, the so-called old continent is the newest of all, with more than 60 per cent of its present borders drawn during the twentieth century. Geopolitical instability and, in this regard, several political borders are still problematic*[1]". En effet, en seulement cinquante ans, la Communauté s'est profondément transformée, de la petite Europe des Six à l'ensemble de l'Europe de l'Ouest ; enfin, elle a élargi ses frontières jusqu'à inclure toute l'Europe centrale et orientale. Reste à savoir si l'Union européenne grandira encore et finira par coïncider avec l'Europe géographique.

En ce qui concerne une analyse historique sur le long terme, l'on ne peut que noter le changement profond et soudain qui advient sur la question des frontières à échelle communautaire. La suppression des barrières douanières et des frontières territoriales va dans le sens contraire de l'effort que l'État westphalien a réalisé pendant des siècles : les États européens ont tenté de renforcer les territoires nationaux, en particulier en modifiant leurs propres frontières et en cherchant à les stabiliser, très souvent à travers des guerres.

Lorsque la Petite Europe est née en 1957, elle était petite seulement par contingence, mais elle s'imaginait beaucoup plus grande. L'objectif était de créer une Europe occidentale, en remettant à plus tard, pour des raisons systémiques, une véritable Communauté à caractère continental, l'Europe de l'Atlantique à l'Oural. Si les objectifs généraux visaient une grande Europe continentale, l'espace européen se définissait et se redéfinissait continuellement, à cause de changements intérieurs considérables (le passage des dictatures aux démocraties) comme en raison de changements systémiques internationaux (d'abord la Guerre froide, puis sa fin).

Mais dans la création de l'espace européen, la ligne de démarcation entre ce qui est à l'intérieur et ce qui, au contraire, doit être considéré comme

---

1. Michel Foucher, "The Geopolitics of European Frontiers", *op. cit.*, p. 235.

extérieur est peu claire et peu définie. Pour reprendre les mots de Yves Meny : *"The paradox starts with the basic fact that the European Union considers the rest of the world to be foreign, while at the same time, each Member State continues to view the other members of the Union – and to some extent to relate to them – as foreign countries as well"*[1]. La croissance de l'espace commun a également entraîné des changements considérables quant à la dimension extérieure, aux trois échelles fondamentales de la Communauté : à l'échelle intérieure (les institutions, les politiques), à l'échelle européenne et à l'échelle internationale.

L'environnement géographique, comme l'environnement politique et international, ont entraîné des changements fondamentaux quant à l'identité européenne et à son rôle international.

Certains instruments ont été cruciaux pour la définition progressive de l'espace européen ; parmi eux, en particulier, l'élargissement, l'association et, au cours des dix dernières années, la politique européenne de voisinage (PEV). Ces instruments ont revêtu un rôle différent quant aux objectifs et à l'importance, mais ils ont néanmoins été essentiels dans la définition de l'espace européen tel qu'il est aujourd'hui. La principale caractéristique de ces instruments est qu'ils sont tous trois très innovants sur la scène internationale : la Communauté étant un organisme *sui generis,* que ce soit pour la mise au point des politiques intérieures ou extérieures, elle a créé des instruments qui sont en rapport avec ce caractère exceptionnel. Leur point commun est leur fonction quant à la création, la définition et le développement de l'espace européen.

Élargissement et association

L'élargissement fut le véritable instrument de la redéfinition de l'espace européen : en effet, en ce qui concerne l'espace géographique, les dimensions intérieure et extérieure changent, de prime abord, avec les élargissements successifs[2]. L'élargissement doit donc être conçu comme l'instrument principal des relations extérieures de la Communauté, qui conduit les pays européens de la relation extérieure avec la CEE/UE à l'adhésion et explique également la difficulté à laquelle est confrontée l'Union aujourd'hui : d'une part, la nécessité de mettre un frein à l'élargissement, d'autre part, le manque d'instruments attractifs et forts[3]. Jusqu'à aujourd'hui toutefois, le domaine dans lequel l'Union européenne en tant que puissance internationale a récolté

---

1. *Cf.* Yves Meny, *Preface, in* Jan Zielonka (dir.), *Paradoxes of European Foreign Policy*, The Hague, Kluwer Law International, 1998, p. IX.
2. J'ai abordé ces thèmes dans "Gli allargamenti e la PAC in prospettiva storica: il caso spagnolo", *in* D. Pasquinucci (dir.), *Dalla piccola alla grande Europa*, Bologna, CLUEB, 2006.
3. À la Conférence de Bonn, le 18 juillet 1961, les six chefs d'État ou de gouvernement publièrent une déclaration dans laquelle ils « confirment le caractère ouvert de la Communauté, en souhaitant l'adhésion d'autres États européens à celle-ci » (*N.d.A.* : *Traduction libre de* "confermano il carattere aperto della Comunità, auspicando l'adesione ad essa di altri Stati europei").

le plus de succès a été justement celui de l'élargissement[1]. L'élargissement, dans la quête progressive d'une place de l'Union européenne dans le système international, est devenu, en partie, la synthèse des objectifs politico-internationaux communautaires à l'échelle continentale. Et la Communauté a mis au point une politique (et les instruments opérationnels qui en découlent) tout à fait particulière et innovante.

La CEE n'était pas née en tant que petite communauté réservée à quelques États ; dès les premières années, elle manifesta un fort élan intérieur en faveur de l'adhésion de nouveaux pays. L'adhésion a représenté la forme la plus directe pour l'insertion des pays tiers dans la Communauté. Les Communautés européennes, qui avaient vu le jour dès les traités de Rome, étaient clairement ouvertes à l'adhésion d'autres États européens car les dispositions spécifiques contenues dans les traités n'avaient jamais été contestées. En revanche, la volonté de passer de la petite Europe des Six à la "grande Europe" avait toujours été réaffirmée. "Il est donc clair que l'Europe démocratique et fédérale, comme résultat final de nos efforts, ne peut ni ne doit rester fermée sur elle-même mais elle doit au contraire être ouverte à l'adhésion de pays tiers"[2].

De l'extérieur, l'élargissement fut tout de suite perçu comme un outil pour la création de l'environnement territorial des Communautés. Au cours des toutes premières années de vie de la CEE, les nombreuses demandes d'adhésion conduisirent le Parlement à discuter, déjà durant la session de janvier 1961, des aspects politiques et institutionnels de l'adhésion à la Communauté sur la base d'un rapport de Monsieur Birkelbach. Ce rapport soulignait la volonté de la Communauté de ne pas s'isoler du reste de l'Europe. D'autre part, l'adhésion à la Communauté était conditionnée par le caractère européen de cette dernière, lui-même basé sur une limite géographique. La Communauté se présentait donc comme une entente régionale qui – en ce qui concerne les conditions d'appartenance – était, et est, limitée à l'Europe[3].

---

1. Serena Giusti e Andrea Locatelli (dir.), *L'Europa sicura. Le politiche di sicurezza dell'Unione europea*, Milano, Egea, 2008.

2. *N.d.A. : Traduction libre de* « E' pertanto fuori dubbio che l'Europa democratica e federale, quale risultato finale dei nostri sforzi, non può e non deve rimanere chiusa in se stessa ma, al contrario, aperta all'adesione di paesi terzi » ; Archives Historiques du Parlement européen, Luxembourg (par la suite ASPE-L), Commission Affaires Politiques, Parlement européen, Documents de séance 1965-66, "Rapport présenté au nom de la Commission Politique sur les problèmes de l'union politique ainsi que sur la proposition de résolution présentée par Messieurs Pleven, Dehousse, Vanrullen, Poher et Vendroux et relatif à l'unité politique de l'Europe et à sa place dans l'Alliance atlantique", (*N.d.T. Traduction libre de* "Relazione presentata a nome della Commissione Politica sui problemi dell'unione politica nonché sulla proposta di risoluzione presentata dagli onn. Pleven, Dehousse, Vanrullen, Poher e Vendroux e relativa all'unità politica dell'Europa e al suo posto nell'Alleanza atlantica"), Rapporteur : Edoardo Martino, 22 mars 1965, pp. 9-10.

3. Parlement Européen, *I primi dieci anni 1958-1968*, Publication de la Direction générale de la documentation parlementaire et de l'information, p. 126.

La limitation à l'Europe, bien qu'elle puisse sembler évidente étant donné l'appellation même de la Communauté, n'a jamais été simple d'un point de vue conceptuel et elle s'est sans aucun doute complexifiée avec la fin de la Guerre froide. Établir quels pays pouvaient être considérés comme européens a soulevé des problèmes quant à la délimitation géographique du concept d'Europe, comme le démontrent parfaitement le cas de la Russie et de la Turquie, mais aussi de l'identité plus profonde, question posée, par exemple, par Israël. Les questions de fond sont au nombre de deux : est-ce que ce sont les citoyens d'un État, ou leur majorité, qui donnent corps à la définition d'État européen ou est-ce uniquement la position géographique de l'État en question? Si ce sont les citoyens, leur provenance, alors Israël est également un État européen et, en tant que tel, il pourrait faire partie de la CEE/UE. Mais si tel était le cas, alors par conséquent l'Argentine, le Brésil, l'Australie ou même les États-Unis pourraient également être considérés comme européens et entrer dans la Communauté. Il est donc évident qu'une même racine historique et culturelle ne suffit pas, la géographie joue un rôle fondamental. D'autre part, et ici nous prenons en considération la deuxième question de fond, la géographie ne suffit pas pour établir l'identité européenne, comme le démontrent les pays frontaliers entre l'Europe et l'Asie, tels que la Russie, que les frontières européennes coupent en deux, et a fortiori la Turquie, européenne d'un point de vue géographique uniquement pour une très petite partie. Il est évident que le choix politique de la CEE/UE doit se faire sur des critères géographiques et identitaires : c'est au fond sur la base de ce choix que peuvent se prendre les décisions les plus complexes en matière d'élargissement.

Au cours des dix dernières années, la politique d'élargissement a subi d'importants changements, les adhésions de 2004 et 2007 ont marqué le recours à l'élargissement comme véritable instrument pour les relations extérieures de l'Union européenne, en changeant la fonction et les modalités des adhésions. Auparavant, l'élargissement était un instrument conçu pour l'intérieur : un agrandissement vu comme un regroupement, une adhésion à des objectifs communs, étant donné que la position géographique, tout comme le choix international occidental, ne faisaient pas de doute. C'est uniquement à partir des années 1990 que s'est affinée l'utilisation de l'élargissement comme instrument pour les relations extérieures de l'UE, et qu'il est donc également devenu plus complexe, discuté sur le plan politique et contraignant dans la phase de préadhésion. En effet, non seulement les instruments de l'adhésion se sont affinés au fil des ans, mais l'UE a aussi été plus rigide et a imposé de nombreuses contraintes dans la période de préadhésion, notamment à travers les partenariats, avec un mécanisme de suivi et de contrôle inédit. L'Union est ainsi intervenue de façon beaucoup plus extensive.

Les derniers élargissements ont comporté, dans la préadhésion et dans les partenariats, une relation beaucoup plus pressante que les élargissements précédents et, dans l'ensemble, les 15 pays membres occidentaux se sont montrés moins coopératifs avec les nouveaux candidats, à travers l'allocation d'un soutien économique très réduit.

Les derniers élargissements, si vastes qu'ils ont changé radicalement la connotation communautaire ainsi que le désaccord sur les nouveaux pays pour lesquels a été lancée une procédure de préadhésion, ont ultérieurement compliqué la situation actuelle quant au thème de l'élargissement communautaire, compliquant toujours plus les questions de fond : jusqu'où doit s'étendre l'Union ? Où sont ses frontières ? Combien de pays y adhéreront et lesquels?

Malgré le fait que l'élargissement soit dans l'ADN de l'Union européenne, élargissement théoriquement valable pour tous les pays du continent européen, le processus d'adhésion est aujourd'hui en difficulté. Bien que les procédures de préadhésion aient été lancées pour la Turquie, la Croatie et l'ancienne République yougoslave de Macédoine et que de nombreux autres pays des Balkans occidentaux, parmi lesquels la République du Monténégro (outre la Bosnie-et-Herzégovine, la Serbie et l'Albanie), aient manifesté de l'intérêt pour une possible adhésion, de nombreux facteurs indiquent clairement que personne à Bruxelles n'a envie de hâter de nouvelles adhésions (après l'adhésion, déjà décidée, de la Croatie en 2012), souhaitant au contraire une phase d'absorption des derniers élargissements, qui ont déjà fait entrer dans la Communauté pas moins de 12 nouveaux pays. Cette période de ralentissement a également réouvert un débat étroitement lié à l'identité européenne en Europe, débat déjà vif durant la phase que nous pourrions définir comme phase constitutionnelle de l'UE. En particulier, le débat sur les frontières de l'Union est très controversé car les réponses pouvant être apportées à la question de savoir quels sont les pays qui peuvent être considérés comme européens, et donc admissibles à un processus d'adhésion, sont bien diverses.

Les dix premières années, la Communauté a également beaucoup utilisé un autre instrument qui venait s'ajouter à l'élargissement : l'Association des pays européens. L'Association des pays européen était différente du point de vue conceptuel et structurel de celle avec les pays ACP, parce qu'elle était utilisée comme instrument préalable à l'adhésion. Elle était donc utilisée uniquement pour les pays européens pouvant présenter leur candidature pour devenir membres et après leur demande d'adhésion. En janvier 1962, le Parlement européen interpréta les articles du Traité de Rome relatifs à l'association et en établit quelques éléments fondamentaux, après en avoir examiné les aspects politiques et institutionnels. Il rédigea un rapport dans lequel il limitait la possibilité de s'associer aux Pays européens uniquement, ou à ceux liés à l'Europe au niveau territorial, restreignant ainsi le caractère géographiquement illimité présent dans le Traité et présentant l'association aux pays africains comme une exception à la règle, dérivant d'un engagement particulier de la Communauté.

L'association devait, en premier lieu, être « réservée aux pays dont le développement économique ne permet pas d'assumer directement les devoirs qui découlent de l'adhésion, pays qui ont cependant la volonté politique d'adhérer pleinement » et être considérée comme « une solution transitoire en vue du véritable objectif constitué par l'adhésion »[1]. Les premiers accords d'association avec les pays européens furent signés avec la Grèce et la Turquie, les deux seuls pays pour lesquels les traités prévoyaient un élargissement futur[2]. Leur position centrale a aussi rendu possible l'inclusion de plus de politiques et d'objectifs dans l'accord et une dépense plus élevée en leur faveur.

Si la Grèce, à la chute du régime des colonels, réussit à adhérer plus rapidement que le Portugal et l'Espagne, ce fut justement parce que sa précédente association à la Communauté fut rappelée ; ce même procédé ne fut pas suivi pour la Turquie. En réalité, après les années 1960, l'Association des pays européens a été longtemps mise de côté par la CEE/UE. C'est uniquement au cours des dernières années que certains leaders politiques européens ont reproposé l'association comme soutien à l'adhésion ; c'est le cas de Nicolas Sarkozy à l'égard de la Turquie : « La France ne s'opposera pas à ce que de nouveaux chapitres de la négociation entre l'Union et la Turquie soient ouverts […] à condition que ces chapitres soient compatibles avec les deux visions possibles de l'avenir de leurs relations : soit l'adhésion, soit une association aussi étroite que possible sans aller jusqu'à l'adhésion. Je ne vais pas être hypocrite. Chacun sait que je ne suis favorable qu'à l'association »[3]. Cette interprétation de l'instrument qu'est l'association, partagée par d'autres pays européens, en change en grande partie les raisons de base et de développement.

Cependant, au cours des vingt dernières années, l'association a été beaucoup moins utilisée, non seulement parce que l'Union a développé l'adhésion pour définir l'espace interne de l'Europe, mais aussi parce qu'elle a créé la politique de voisinage, pour établir et institutionnaliser les relations avec les pays voisins, européens et non européens.

La Politique européenne de voisinage (PEV)

Apparemment, la PEV peut servir uniquement indirectement pour définir la dimension européenne, car elle a été créée comme politique de relation

---

1. Traduction libre de "*riservata ai paesi il cui sviluppo economico non consente loro di assumere direttamente gli obblighi derivanti dall'adesione, i quali però hanno la volontà politica di aderire a pieno titolo*", "*una soluzione transitoria in vista dell'obiettivo vero e proprio costituito dall'adesione*"), Parlement Européen, *I primi dieci anni 1958-1968, op. cit.*
2. Les Traités d'Association avec la Grèce et la Turquie avaient été établis comme des accords sur les objectifs et les actions qui devaient préparer les deux États à l'adhésion à la Communauté. Cette période de préparation prévoyait une durée de vingt ans.
3. *Cf.* Allocution de Nicolas Sarkozy à l'occasion de la conférence des Ambassadeurs, Paris, 27-08-2007, *in* http://www.elysee.fr/elysee/elysee.fr/francais/interventions/
2007/aout/allocution_a_l_occasion_de_la_conference_des_ambassadeurs.79272.html.

étroite avec l'extérieur, comme élément de la politique extérieure de l'Union européenne. Elle redessine cependant la carte de l'Europe, à travers une nouvelle définition des frontières extérieures, en déterminant les éléments intérieurs et extérieurs de la dimension européenne.

Développée dès 2003 pour partager les bénéfices de l'élargissement avec les pays voisins et éviter que de nouvelles divisions ne se forment, la PEV entre dans le cadre de la stratégie européenne de sécurité. La PEV vise à éviter que n'émergent de nouvelles lignes de division entre l'UE élargie et ses voisins et à offrir à ces derniers la possibilité de participer à diverses initiatives de l'UE, à travers une plus grande coopération politique, de sécurité, économique et culturelle. « La politique européenne de voisinage (PEV) vise à établir des relations privilégiées avec les pays voisins de l'Europe de l'Est, du Sud de la Méditerranée et du Caucase méridional qui n'ont pas de perspective d'adhésion »[1]. La relation privilégiée avec les voisins doit se baser sur un engagement réciproque à l'égard de certaines valeurs communes. En effet, la PEV veut instaurer des relations bien au-delà des relations déjà en place avec chacun des pays voisins. Cependant le développement de ces relations privilégiées est conditionné par le respect de certaines valeurs communes que l'UE, à travers la PEV, veut promouvoir et continuer à approfondir. Il s'agit des valeurs de la démocratie, de l'État de droit, des droits de l'homme, de la bonne gouvernance, des principes d'une économie de marché et de développement durable.

En réalité, le partage est plus un objectif qu'une réalité, perçu par les États partenaires comme une sorte de condition de participation, très exigeante et lourde, en échange de laquelle également les requêtes formulées par l'UE sont tout aussi significatives. En outre, pour certains États voisins, malgré le fait que la PEV concerne justement les pays qui n'ont pas l'intention d'adhérer à l'UE, l'objectif fondamental reste un véritable parcours d'adhésion.

La Politique de voisinage pose deux problèmes structurels : le premier est que, justement, certains pays voisins ont subi la PEV, mais n'ont en réalité pas l'intention de devenir futurs membres de l'UE. Le deuxième problème concerne l'extrême difformité des zones géographiques inclues dans la PEV : au fond, il s'agit de deux régions divisées et séparées, qui ne forment pas un corps unique, mais qui restent plutôt deux corps étrangers regroupés sous une même politique.

En effet, la Politique de voisinage avait été pensée pour les nouveaux voisins situés à l'est de l'UE. C'est seulement à la suite d'une très forte pression de la France, de l'Espagne et de l'Italie sous la Commission Prodi qu'il fut décidé d'intégrer également la Méditerranée au sein de la Politique européenne de voisinage naissante[2]. Il s'agissait de ne pas perdre une

---

1. *Cf.* http://europa.eu.
2. F. Cameron, *An Introduction to European Foreign Policy*, London and New York, Routledge, 2007.

occasion importante d'éviter une marginalisation excessive de la Méditerranée par rapport à l'est, également parce que les partenaires du sud se trouvent structurellement dans une situation plus difficile, étant donné qu'ils ne peuvent même pas aspirer à une future adhésion. Avec l'inclusion des pays de la côte sud, la PEV couvre une zone très vaste, qui voit des lignes directrices diversifiées, des régions profondément différentes les unes des autres et qui, pour cela, ont du mal à être englobées dans une seule politique efficace[1]. Plus que les intérêts communs qui visent à créer un partenariat et des politiques de forte réciprocité, ces lignes directrices ont une affinité dans la réponse possible à l'objectif typiquement européen de stabilité économique, politique et énergétique, en mesure de maintenir et de renforcer la sécurité du continent[2]. Une politique qui vise à créer autour de l'Union un ensemble d'États bien gouvernés qui soient capables de garantir la stabilité et la sécurité[3].

Les origines de la PEV résident dans la tentative de créer une sorte de différentiation entre les voisins de l'UE, entre pays admis pour entamer le processus pour devenir membres, États qui pourront tôt ou tard accéder à l'élargissement et ceux qui, au contraire, ne peuvent y accéder. Avec les profonds changements internationaux découlant de la chute du mur de Berlin, l'Union tentait des voies en partie innovantes pour jouer un nouveau rôle international plus fort, tout d'abord sur le continent et dans les zones de proximité[4]. L'on peut repérer les premières propositions en ce sens en 1989, quand la possibilité de l'établissement d'une zone économique européenne fut envisagée, zone qui, dans le détail, devait permettre la création d'un marché unique avec ce qui restait de l'« Association européenne de libre-échange », mais qui devait affronter en général des thèmes relatifs à une intégration économique avec les pays voisins non membres. Sur ces bases, en 1991, le Commissaire chargé des Relations Extérieures, Frans Andriessen, lança l'idée d'une *"affiliate membership"*, qui en réalité aurait été (le conditionnel s'impose car elle ne fut jamais approuvée) une sorte de passage privilégié de préadhésion, qui devait englober les pays du futur

---

1. E. Barbé, E. Johansson-Nogués, "The EU as a modest 'force for good': the European Neighbourhood Policy", *in International Affairs*, vol. 84, n° 1, 2008, pp. 81-96.
2. G. Bosse, "Values in the EU's Neighbourhood Policy: Political Rhetoric or Reflection of a Coherent Policy?", *in European Political Economy Review*, n° 7, 2007, pp. 38-62 ; R. Del Sarto, T. Schumacher, E. Lannon, A. Driss, "Benchmarking Democratic Development in the EuroMediterranean Area. Conceptualising Ends, Means and Strategies", *EuroMesSCo Annual Report* n° 4, 2007.
3. R. Balfour and A. Rotta, "Beyond Enlargement: The European Neighborhood Policy and its Tools", *in The International Spectator*, vol. 40, n° 1, janvier-mars 2005 ; E. Smith Michael and M. Webber, "Political Dialogue and Security in the European Neighbourhood: The virtues and Limits of the 'New Partnership Perspectives", *in European Foreign Affairs Review*, vol. 13, n° 1, 2008, pp. 73-95.
4. K. Nicolaïdis, "East European trade in the Aftermath of 1989: Did International Institutions Matter?", *in* R.O. Keohane, J. S. Nye, S. Hoffmann (dir.), *After the Cold War. International Institutions and State strategies in Europe. 1989-1991*, Cambridge [Mass.], London, Harvard University Press, 1993, pp. 196-245.

élargissement. En 1992, la Commission proposa l'« Espace politique européen » et, l'année suivante, tentant de rassembler ces différentes propositions, elle introduisit le concept de *"structured relationships"* et, en 1997, de « Conférence européenne ». En 2002, ce fut le Royaume-Uni qui prit l'initiative, cherchant à encourager une Europe plus vaste, englobant également les pays qui, avec l'élargissement, seraient devenus des pays limitrophes à l'est, comme l'Ukraine, la Biélorussie, la Moldavie et la Russie. En décembre de cette même année, le Conseil de Copenhague fit sienne cette proposition, en l'élargissant toutefois aux pays à l'est de la Méditerranée, aux Balkans. Le 11 mars, la Commission rédigea sa première communication à cet égard, « l'Europe élargie »[1], document finalisé en mai 2004 avec le « Document d'orientation sur la politique européenne de voisinage »[2]. La zone d'action fut élargie en juin 2004 à la Géorgie, à l'Arménie et à l'Azerbaïdjan, pour arriver à un total de 16 membres.

La PEV s'adresse aux pays qui ne veulent pas ou ne s'attendent pas à devenir membres de l'Union, du moins pas prochainement, mais qui instaurent avec l'UE une relation particulière, différente et plus profonde par rapport à la politique extérieure habituelle, en prévoyant un statut spécial dans les relations avec l'Union, des liens politiques et des éléments d'intégration économique progressive[3]. En outre, elle prévoit une coopération tellement étroite et vaste dans un grand nombre de domaines aussi bien intérieurs qu'extérieurs, qu'elle crée une nouvelle modalité et un nouveau concept de relations entre les États, afin de créer une zone spéciale pour l'action extérieure aux frontières de l'UE ; une zone de prospérité et de relations de bon voisinage, basées sur les valeurs de l'Union et caractérisées par des relations étroites et pacifiques reposant non pas sur des instruments purement diplomatiques, mais sur la coopération[4]. Une politique nouvelle, qui devait devenir *"more than partnership and less than membership"*[5].

La PEV prévoyait certains objectifs spécifiques pour les partenaires méditerranéens :

> "Dans les régions méridionales, la PEV encouragera également les participants à cueillir pleinement les fruits du partenariat euro-méditerranéen (processus de Barcelone), à promouvoir les interconnexions et les réseaux d'infrastructures, d'énergie notamment, et à mettre en place de nouvelles formes de coopération avec leurs voisins. La PEV contribuera au

---

1. Communication de la Commission au Conseil et au Parlement Européen, « L'Europe élargie-Voisinage : un nouveau cadre pour les relations avec nos voisins de l'Est et du Sud », Bruxelles, COM2003/104Final, 11/3/2003, *in* http://eur-lex.europa.eu/LexUriServ/LexUriServ.do?uri=COM:2003:0104:FIN:FR:PDF
2. Communication de la Commission, *Document d'orientation sur la Politique européenne de voisinage*, COM(2004) 373 final, 12 mai 2004.
3. R. Dannreuther, "Developing the Alternative to Enlargement: The European Neighbourhood Policy", *in European Foreign Affairs Review*, vol. 11, 2006, pp. 183-201.
4. *Cf.* D. Mahncke and S. Gstöhl (dir.), *Europe's Near Abroad, Promises and Prospects of the EU's Neighbourhood Policy*, College of Europe Studies, n° 4, Brussels, Peter Lang, 2008.
5. Prodi Speech, "A Wider Europe", 5-6 December 2002.

développement du processus d'intégration régionale, en s'appuyant sur les résultats atteints dans le cadre du partenariat euro-méditerranéen, entre autres dans le domaine du commerce. Elle renforcera les efforts consentis pour atteindre les objectifs de la stratégie européenne de sécurité dans la région méditerranéenne et le Moyen-Orient"[1].

Somme toute, la PEV prévoyait non seulement deux zones hétérogènes, mais elle créait aussi d'autres fragmentations dans la politique méditerranéenne déjà fragmentée : si, d'une part, la politique du partenariat euro-méditerranéen continue, de l'autre, elle fait à présent partie de la Politique de Voisinage, avec un dialogue renforcé avec les États limitrophes et l'élaboration de plans d'action concertés avec tous les partenaires euro-méditerranéens[2]. L'existence de ces deux politiques de caractère différent et qui prévoient une gestion différenciée, a donné à la politique méditerranéenne un caractère dualiste[3].

La politique de voisinage n'a pas produit les fruits escomptés, d'abord parce qu'il existe un problème, structurel, de la politique méditerranéenne commune. On ne peut pas imaginer en effet une politique méditerranéenne ne prévoyant pas également une politique arabe et une politique énergétique, domaines dans lesquels l'Union européenne a, aujourd'hui, une vision et des intérêts différents de ceux du grand allié étatsunien[4]. Sans doute, la PEV n'a-t-elle pas été assez efficace pour mettre ensemble trois zones complètement différentes les unes des autres. Mais elle a réussi à contenir un désintérêt potentiel pour la Méditerranée, en des temps où l'ouverture à l'est et le net déplacement vers l'Orient du centre de gravité européen ont fait naître, dans de nombreux États membres méditerranéens, la peur que les objectifs et les priorités internationales de l'Union ne changent eux aussi.

La Seconde Guerre mondiale a rendu aux Européens une Europe divisée et détruite. La Guerre froide, d'une part, a réunifié le continent, de l'autre, l'a coupé en deux de façon rigide. La CEE s'est installée sur la partie occidentale de la carte géographique ainsi réunifiée, petit noyau de pays européens, bien

---

1. Communication de la Commission, *Document d'orientation sur la Politique européenne de voisinage*, cit., p. 5.
2. Sur les changements introduits dans la politique méditerranéenne à travers l'insertion de la Méditerranée dans la politique de voisinage, *cf.* M. Ortega, « A New Policy on the Mediterranean? », *in* J. Batt, *Partners and Neighbours: A CFSP for a Wider Europe*, Chaillot paper, n° 64, Paris, European Union Institute for Security Studies, 2003, pp. 86-101 ; D. Mahncke and S. Gstöhl (dir.), *Europe' Near Abroad. Promises and Prospects of the EU's Neighbourhood policy*, *op. cit.*, en particulier les essais suivants : D. Marchesi, "From EMP to ENP: Saving the Southern Periphery from marginalisation?", pp. 185-211 ; Dieter Manhncke, "The Logic of EU Neighbourhood Policy", pp. 19-46.
3. *Cf.* R. Aliboni, *L'iniziativa dell'Unione per il Mediterraneo: gli aspetti politici*, Servizio Studi del Senato della Repubblica, n° 85, janvier 2008.
4. *Cf.* M. G. Melchionni (dir.), *Le relazioni transmediterranee nel tempo presente*, Soveria Mannelli, Rubettino, 2005, p. 15.

loin de la dimension géographique et territoriale du continent. L'objectif était néanmoins de créer une Communauté très vaste, qui englobe l'Europe de l'Ouest tout entière et, une fois la Guerre froide gagnée, l'Europe Centrale et Orientale également. L'objectif était donc ambitieux et le travail de longue haleine. Au moyen des instruments de l'association et, à plus forte raison, de l'élargissement, la CEE/UE a atteint en 38 ans l'objectif de la recomposition de l'Europe occidentale ; et, au cours des neuf années restantes, elle a également réussi à se réunifier avec l'espace géographique du centre et de l'Est. Avec la Politique européenne de voisinage, l'Union semble avoir stabilisé et redessiné ses propres frontières, en établissant une relation privilégiée avec ses propres voisins, qui toutefois ne feront pas partie de l'UE. C'est cette politique, plus que l'action de l'élargissement, qui définit l'espace et la géographie de l'Union européenne.

Bibliographie

Aliboni R., *L'iniziativa dell'Unione per il Mediterraneo : gli aspetti politici*, Servizio Studi del Senato della Repubblica, n° 85, gennaio 2008.
Balfour A. et Rotta A., "Beyond Enlargement : The European Neighborhood Policy and its Tools", *in The International Spectator*, vol. 40, n° 1, 2005.
Barbé E. et Johansson-Nogués E., "The EU as a modest 'force for good': the European Neighbourhood Policy", *in International Affairs*, vol. 84, n° 1, 2008, pp. 81-96.
Bosse G., "Values in the EU's Neighbourhood Policy : Political Rethoric or Reflection of a Coherent Policy?", *in European Political Economy Review*, n° 7, 2007, pp. 38-62.
Cameron F., *An Introduction to European Foreign Policy*, London and New York, Routledge, 2007.
CE, Communication from the Commission to the Council and the European Parliament, *Wider Europe–Neighbourhood : A New Framework for Relations with Our Eastern and Southern Neighbours*, Brussels, COM2003/104Final, 11/3/2003, in http://ec.europa.eu/world/enp/pdf/com03_104_en.pdf.
CE, Comunicazione della Commissione, *Strategy Paper on the European Neighbourhood Policy*, COM(2004) 373 final, 12 maggio 2004.
Dannreuther R., "Developing the Alternative to Enlargement : The European Neighbourhood Policy", *in European Foreign Affairs Review*, vol. 11, 2006, pp. 183-201.
Del Sarto R., Schumacher T., Lannon E., Driss A., "Benchmarking Democratic Development in the EuroMediterranean Area. Conceptualising Ends, Means and Strategies", *EuroMesSCo Annual Report* n° 4, 2007.
Foucher M., "The Geopolitics of European Frontiers", in Malcolm Anderson et Eberhard Bort (dir.), *The frontiers of Europe*, London and Washington, Pinter, 1998.
Giusti S. et Locatelli A. (dir.), *L'Europa sicura. Le politiche di sicurezza dell'Unione europea*, Milano, Egea, 2008.
Laschi G., "Gli allargamenti e la PAC in prospettiva storica : il caso spagnolo", in D. Pasquinucci (dir.) *Dalla piccola alla grande Europa*, Bologna, CLUEB, 2006.
Mahncke D. et Gstöhl S.(dir), *Europe's Near Abroad, Promises and Prospects of the*

EU's Neighbourhood Policy, College of Europe Studies, n° 4, Brussels, Peter Lang, 2008.

Melchionni M.G. (dir.), *Le relazioni transmediterranee nel tempo presente*, Soveria Mannelli, Rubettino, 2005.

Meny Y., "Preface", in Jan Zielonka (dir.), *Paradoxes of European Foreign Policy*, The Hague, Kluwer Law International, 1998.

Nicolaïdis K., "East European trade in the Aftermath of 1989 : Did International Institutions Matter?", *in* R.O. Keohane, J. S. Nye, S. Hoffmann (dir.), *After the Cold War. International Institutions and State strategies in Europe. 1989-1991*, Cambridge [Mass.] ; London, Harvard University Press, 1993, pp. 196-245.

Ortega M., "A New Policy on the Mediterranean?", *in* J. Batt, *Partners and Neighbours : A CFSP for a Wider Europe*, Chaillot paper, n° 64, Paris, European Union Institute for security Studies, 2003, pp. 86-101.

Parlamento Europeo, *I primi dieci anni 1958-1968*, Pubblicazione della Direzione generale della documentazione parlamentare e dell'informazione.

Smith Michael E. et Webber M., "Political Dialogue and Security in the European Neighbourhood : The virtues and Limits of the 'New Partnership Perspectives'", *in European Foreign Affairs Review*, vol. 13, n° 1, 2008, pp. 73-95.

Les relations CEE-ÉTATS-UNIS,
Rapport Hallstein après son voyage aux États-Unis, 9 mai 1962

Annexe

Exposé de M. Hallstein,
Président de la Commission de la C.E.E.,
sur son voyage aux Etats-Unis

M. Hallstein commence par fournir des précisions sur le déroulement de son voyage et sur les contacts qu'il a eus avec diverses personnalités. Il émet les considérations suivantes sur le fond de ses entretiens et sur les impressions d'ensemble qu'il en a retirées (légèrement résumé) :

"Avant toute chose, je tiens à préciser que le voyage que j'ai entrepris n'avait nullement pour but de mener des négociations. Il y aura des négociations, des négociations très importantes, entre la Communauté économique européenne et les Etats-Unis d'Amérique, et je reviendrai d'ailleurs sur ce point. Si tout va bien - nous y reviendrons aussi - ces négociations débuteront au milieu de l'année prochaine et il convient que nous nous organisions en fonction de cette perspective. Mais quel que doive être ultérieurement l'objet de ces négociations, il n'est pas possible dès à présent de faire plus que de cerner les matières qui y seront traitées et d'ailleurs, je n'avais pas pour mission d'aborder ces questions, car tous les organismes de notre Communauté n'ont pas été chargés de préparer ce voyage, et s'il avait réellement existé quelque possibilité de les aborder, on n'aurait pu que s'en tenir à des considérations purement hypothétiques.

Il s'agissait plutôt d'un de ces voyages que j'effectue pour ainsi dire chaque année, ou si vous voulez - et si le mot n'est pas trop ambitieux - d'une visite d'amitié au cours de laquelle je devais renouer les contacts, après un an d'absence, avec les responsables des Etats-Unis, et par responsables, j'entends les personnes dont la compétence s'étend spécialement au problème des relations entre les Etats-Unis et la Communauté économique européenne.

D - jo.lc/t   PE 7857/ann.

En même temps, je poursuivais un second objectif, de tout premier plan en ce moment, consistant notamment à apporter une certaine aide à nos amis américains dans les circonstances suivantes : faisant preuve d'un grand courage, l'administration Kennedy a soumis au Congrès un projet de loi sur le commerce extérieur qu'elle défend avec beaucoup de dynamisme et d'énergie. Ce projet vise à conférer au Président les pouvoirs nécessaires pour mener avec la Communauté économique européenne des négociations en vue de réduire les entraves au commerce à l'intérieur de la zone atlantique, c'est-à-dire de favoriser les échanges entre l'Amérique et l'Europe.

Ces circonstances sont considérées comme un pas en avant dans la voie de l'intégration économique de la zone atlantique - le mot intégration n'étant évidemment pas pris ici dans le sens technique que nous lui donnons, impliquant une Communauté très étroite ou si l'on veut, supranationale et fermée, dotée d'une structure quasi-fédérale, mais dans son acception économique, celle de la théorie économique de la réalisation des conditions propres à faire de cette zone une zone commerciale, économique, plus homogène qu'elle ne l'est à l'heure actuelle, car jusqu'à présent, il y existe d'importantes barrières économiques. Les Américains y voient une évolution analogue à celle qui est en train de s'accomplir en Europe. Même si l'intégration européenne est beaucoup plus intensive, conduit à une construction beaucoup plus cohérente et vise à créer des conditions extrêmement stables pour un marché intérieur, l'analogie est réelle.

Les Américains voudraient tirer parti de notre expérience pour mener le dur combat engagé par l'Administration contre les milieux protectionnistes qui s'opposent chez eux à cette évolution et dont il n'est pas permis de sous-estimer l'influence. Telles sont les deux raisons qui m'ont incité à entreprendre ce voyage à ce moment.

Je vous dirai immédiatement, pour vous donner une idée d'ensemble, que je suis très satisfait de ce voyage. C'est l'un des voyages les plus réconfortants que j'aie jamais entrepris aux Etats-Unis et tout ce que je vais avoir l'honneur de vous exposer aujourd'hui ne fera que confirmer cette affirmation qui résume mes impressions.

D - jo.lc/t   PE 7857/ann.

Ce qui m'a frappé, à cet égard, c'est l'optimisme dont on a fait preuve au sujet de l'adoption de ce projet de loi, dit "Trade Expansion Act". C'est là, sans doute, un fait très important sur lequel j'aimerais insister. Je me rappelle avoir reçu il y a moins de neuf mois, de nombreuses visites d'amis américains qui m'annonçaient un renforcement du courant protectionniste en Amérique. Et toutes les informations confirmaient cette tendance. A la fin de l'année dernière, la tendance au protectionnisme était très nette même au Congrès. Ce courant - et ce fut mon plus grand sujet d'étonnement - c'est à peine si l'on peut encore en déceler la trace. Il ne faut pas en conclure que ce projet va maintenant passer sans difficulté ; il n'en est pas question. Mais aucun de mes interlocuteurs - et il va de soi que je n'ai pas rencontré que des membres du parti au pouvoir - n'a mis en doute l'adoption du projet. C'est-à-dire que personne n'envisage plus qu'il puisse être rejeté.

Au Sénat on ne s'interroge plus que sur la nature des amendements éventuels. Dans quelle mesure les amendements rectifieront-ils le projet ? C'est là qu'interviendront les clauses protectionnistes. Je me suis donné beaucoup de peine pour dire à nos amis américains que nous ne tenons nullement aux clauses protectionnistes. En langage clair, des clauses protectionnistes, ce sont, selon la terminologie américaine, des clauses qui offrent à un gouvernement, c'est-à-dire à un partenaire d'un accord commercial, la possibilité de déclarer nulles, en cas de besoin, les concessions qu'il a précédemment accordées, sur lesquelles il est tombé d'accord. Nous avons actuellement un cas concret d'application, de ce que cela représente : le cas des tapis et des verres à vitres, voilà une application typique de clauses protectionnistes. En tout état de cause, je dois reconnaître honnêtement que déjà dans le projet gouvernemental, les clauses protectionnistes sont tellement réduites que ces deux cas ne pourraient plus se reproduire. Donc si le projet Kennedy passe et est adopté par le Congrès, il n'existe plus aucune possibilité de voir se reproduire pareil incident fâcheux.

Je voudrais faire remarquer que le point de vue de l'Américain à l'égard du Marché commun s'est modifié. Cette modification n'affecte pas le principe même de son point de vue. Le point de vue de l'Amérique à l'égard de tout ce qui s'appelle intégration européenne et unification européenne demeure inébranlablement positif.

D - jo.lc/t   PE 7857/ann.

Les Américains ont toujours été nos alliés les plus fidèles et les plus convaincus dans la réalisation de l'unification européenne et de l'intégration sur les plans politique et économique. Il n'y avait là rien de neuf. Mais j'ai constaté deux nouveautés. La première, c'est l'ampleur de l'intérêt pour le marché commun, qui se fait jour là-bas. Auparavant, cet intérêt se manifestait chez les experts, les responsables, dans les milieux plus ou moins bien informés, les séminaires politiques, les universités, et évidemment chez les responsables de l'économie, des syndicats, des ministères, etc... Aujourd'hui - et je le dis sans exagération - c'est le fait de tout le monde : le garçon d'ascenseur de l'hôtel, le préposé de l'aéroport, les personnes avec qui on entre en contact à l'occasion des nombreux déplacements que l'on doit effectuer dans cet immense pays. Partout, chacun s'intéresse au marché commun. Nous sommes à ce point populaires que j'ai dit un jour à une des personnes qui m'accompagnaient : "je souhaiterais que nous soyons aussi populaires à l'intérieur du marché commun, dans les six pays de la Communauté, que nous le sommes ici, en Amérique. Vraiment, il est parfois réconfortant de voir les choses de l'extérieur. Voilà pour le premier point.

L'autre nouveauté, c'est qu'il s'est produit une modification dans la qualité, dans la nature même de la réaction. Je crois pouvoir la caractériser comme suit : auparavant, on s'intéressait au sort d'un ami, à l'Européen que l'on aimait bien, qu'on souhaitait voir devenir plus heureux, plus puissant, plus prospère à tous égards. Mais il s'agissait toujours des affaires du voisin. Aujourd'hui, chacun se sent directement intéressé. Les Américains réagissent à l'épanouissement de cette Communauté économique européenne comme à une affaire qui les concerne personnellement, qui modifie leur propre sort, le sort de chaque chef d'entreprise en particulier, ses relations concurrentielles, le sort de chaque travailleur, ses possibilités de trouver un emploi, de conserver celui qu'il occupe ou d'être bien rétribué ; dans leur esprit, tout cela dépend de ce qu'il adviendra de la Communauté économique européenne. Et ce sentiment est naturellement renforcé par le fait qu'à l'appui de son nouveau programme libéral de politique commerciale, l'administration américaine invoque principalement le défi que représente pour l'économie américaine et pour la vie américaine, la naissance en Europe de ce puissant partenaire atlantique. Tout ceci a naturellement développé dans la conscience des Américains le sentiment très puissant que l'évolution qui se produit ici ne leur est pas étrangère, qu'ils ne peuvent se contenter de la considérer avec une bienveillance amicale et de souhaiter qu'elle se poursuive heureusement, mais qu'il s'agira de composer avec elle.

Le directeur de l'un des plus grands instituts de recherche qui existe en Amérique, un homme posé, professeur de droit, m'a dit sans aucune trace d'émotion : "nous nous intéressons intensément à ces questions et je vais vous dire pourquoi : nous considérons la naissance de la Communauté économique européenne, tout ce qu'implique la réalisation de cette Communauté, comme un événement qui revêt la même signification que la révolution industrielle. Nous pensons que c'est là l'événement le plus important qui se soit produit depuis deux siècles." Je laisse à mes interlocuteurs la responsabilité de cette appréciation, mais je crois que je devais en rendre compte pour vous faire saisir l'état d'esprit des Américains.

Naturellement, cet état d'esprit se traduit chez les hommes d'affaires américains par une réaction mixte, faite de craintes et d'espoirs. D'espoirs, parce que l'expansion économique à laquelle on assiste en Europe leur offre à eux aussi des chances exceptionnelles. On sait, en effet, chacun des deux partenaires de la zone atlantique a toujours eu intérêt à ce que toute dégradation de la situation chez l'un d'eux, lors des fréquentes fluctuations de la conjoncture, s'accompagne chez l'autre d'un mouvement d'expansion, parce que celui-ci a toujours produit un choc en retour stimulant. C'est là un des aspects de la réaction des Américains.

Mais d'autre part, ils éprouvent de réelles inquiétudes, non pas que ces craintes de l'économie américaine soient, comme on l'a rapporté récemment en Europe, alimentées par une certaine propagande destinée à préparer le terrain psychologique en vue de l'adoption de la loi : il n'en est rien. J'ai parlé avec des hommes d'affaires en vue de pouvoir trouver confirmation de cette thèse. Ils ont réellement aussi leurs soucis. Ils sont convaincus que ce dynamisme puissant qui a pris naissance chez nous se fera sentir directement aussi chez eux. On me demandera maintenant comment ce changement s'est produit. Le fait qu'il soit si manifestement à l'avant-plan des préoccupations résulte tout simplement, je l'ai déjà dit, de la lutte en cours pour l'adoption de la loi, qui est à tous points de vue le centre névralgique des travaux législatifs, et j'ai déjà dit aussi que le gouvernement fait le maximum pour rendre la population consciente de l'importance de l'enjeu. Deux choses ont impressionné les Américains :

C'est en premier lieu la demande d'adhésion de la Grande-Bretagne, dans laquelle ils voient un succès de l'idée d'intégration telle que nous la concevons ; c'est ensuite le fait que nous avons réussi, au début de cette année, à jeter les bases d'une politique agricole commune ; et les Américains savent bien ce qu'est une politique agricole ! On sait les problèmes qui se posent dans ce domaine aux Etats-Unis. Les Américains savent quelle tâche gigantesque cela représente de mettre en ordre tout ce que nous a légué la politique agricole traditionnelle considérée dans son ensemble. Il y a aussi le passage à la deuxième étape : nous avons réussi à aborder sans aucun retard cette partie du programme de notre traité. Tel est l'état de l'opinion publique.

Le point de vue du gouvernement s'inspire essentiellement de deux motivations. La première, c'est que l'on considère cette politique des Etats-Unis à l'égard de l'Europe, donc la politique européenne des Etats-Unis, comme un élément important de l'ensemble de la politique mondiale américaine. Donc - si je peux m'exprimer ici d'une manière un peu désuète - en matière de politique extérieure, l'intérêt des Américains à l'égard de l'évolution qui s'accomplit en Europe les incite fortement à concrétiser leur attitude dans une certaine mesure.

Il s'agit, pour eux, de résoudre certains problèmes économiques atlantiques communs, des problèmes de politique monétaire, des problèmes de balance des paiements qui se posent d'une manière aiguë - il faudra que je revienne brièvement sur ces points - et le problème du développement. On entend assurer à l'économie américaine, un taux d'accroissement au moins comparable à celui de l'Europe et on ne pourra atteindre ce but que grâce à une coopération atlantique, car les moyens de la politique économique intérieure s'avèrent insuffisants à cet effet. On entend en outre utiliser cette politique commerciale atlantique pour trouver à l'échelle mondiale la solution de problèmes qui ne peuvent être résolus que sur une base mondiale, c'est-à-dire en premier lieu les problèmes des échanges agricoles, des échanges de matières premières et des échanges de produits tropicaux ; trois **problèmes** à propos desquels toutes les autres unités économiques ont constaté entretemps que leurs ressources individuelles, leur potentiel propre, ne peuvent suffire à les résoudre d'une manière satisfaisante. Et en définitive, accomplir des tâches communes en recourant à une meilleure coordination et à une meilleure répartition des charges, voilà ce qu'est avant tout une politique de développement. Dans ce programme élargi vient s'insérer l'élément essentiel que constitue le principe d'une politique commerciale libérale, qui implique la création d'un marché atlantique aussi fermé et aussi dépourvu d'entraves que possible.

Mais ici interviennent également des considérations de politique économique purement intérieure. Je dis intentionnellement des considérations de politique économique intérieure, car cette conception du programme de libéralisation ne peut guère avoir de sens si l'on n'y voit qu'une affaire de politique commerciale. Elle est plus que cela. On y voit un moyen de stimuler l'ensemble de l'économie américaine par une intensification de la concurrence à laquelle on veut s'exposer. On escompte de la libéralisation du commerce au niveau atlantique, une nouvelle impulsion, une nouvelle stimulation du processus d'adaptation de l'économie américaine aux exigences d'une économie moderne dynamique. Comme je l'ai déjà dit, on espère ainsi favoriser l'expansion économique et les initiatives que les Américains ont prises dans le cadre de l'O.C.D.E. ont déjà fait ressortir clairement cet objectif de la politique américaine. Je pense au programme de l'O.C.D.E. visant à accroître de 50 % la production de la zone atlantique, au cours de la décennie 1960-1970.

Enfin, on voit apparaître de nouveau au premier plan le problème de la balance des paiements. On s'attend à un relèvement encore plus important, à une amélioration de la balance commerciale déjà favorable des Américains et à un allègement de leur balance des paiements, laquelle est défavorable du fait des postes non commerciaux qu'elle comporte. On espère également que les capitaux américains seront moins attirés par les investissements à l'étranger, bien qu'on se rende compte qu'on exagère nettement, sur le plan purement quantitatif, l'importance de ce problème.

Quelles conclusions pouvons-nous en tirer en ce qui nous concerne ? Tout d'abord, qu'il est de leur propre intérêt de soutenir l'intégration économique européenne. C'est la première conclusion. Cette intégration étant un des éléments, une des pierres angulaires

D - bj.lc/t   PE 7857/ann.

de leur politique, tant économique que commerciale, et même, dans un cadre plus large, de leur politique mondiale, ils espèrent qu'elle sera couronnée de succès. Deuxièmement, ils tablent largement sur les conséquences de l'intégration européenne. C'est là un état de choses qui ne laisse pas d'être délicat pour nous. Parfois, on se trouve dans l'obligation un peu singulière de dire à nos amis américains : tout ce que vous pensez de nous est très bien, mais nous ne sommes pas encore parvenus au but, nous n'avons pas encore réalisé tout notre programme et le traité n'a pas encore atteint son stade final. Vous ne devez pas interpréter la réalité à partir du traité. En Amérique, on se rend bien compte que la réalisation de ce programme, c'est-à-dire l'établissement de rapports durables entre l'Amérique et la Communauté, suppose des négociations et naturellement, on sait aussi que ces négociations soulèveront bien des problèmes.

Je dois maintenant dissiper un malentendu - je ne suis pas sûr d'y parvenir, car c'est un malentendu particulièrement tenace - sur le caractère des rapports entre les Etats-Unis et la Communauté économique européenne tels qu'on les envisage en Amérique. Je serai bref à ce sujet. On continue à dire et à écrire, de part et d'autre de l'Atlantique, qu'une Communauté atlantique doit être créée. Or, le mot Communauté a pour l'Européen un sens très précis. Il implique l'idée d'une organisation dont la réalité s'affirme par l'action d'institutions qui lui sont propres. Une personnalité collective se crée à partir d'autres personnalités qui subsistent néanmoins. Mais de toute façon un nouvel organisme se crée, qui ne consiste pas dans la simple juxtaposition d'éléments divers, mais qui forme un nouvel individu. Voilà ce qu'est notre Communauté. En Amérique - je ne peux affirmer que personne n'envisage quelque chose de ce genre dans le cadre atlantique - d'après certains, une communauté atlantique est également réalisable dans le cadre atlantique. Mais ce n'est ni la conception officielle ni la conception la plus répandue. On estime que c'est une idée merveilleuse, on ne s'y oppose absolument pas, on en est même assez partisan, et l'on se dit que si l'on atteint ce stade, on ne sera plus très loin d'un gouvernement mondial. On aurait donc un Exécutif atlantique indépendant des gouvernements, un parlement atlantique et aussi, une cour de justice atlantique, ce qui serait vraiment merveilleux. Seulement, cela ne correspond pas à notre politique actuelle ni à celle de demain, disent les Américains.

Ce que nous devons faire, cette génération ou ce Congrès, c'est autre chose, c'est ce que nous nous sommes assigné comme but et ce but est, à mon avis, très bien choisi : ce que nous voulons, ce n'est pas une communauté, mais une entente.

L'entente suppose que deux partenaires se trouvent en présence ; il n'y a pas de fusion, et c'est pourquoi il est également erroné de dire que les Américains veulent adhérer au marché commun ou qu'ils doivent s'y associer. Les Américains ne veulent rien de tout cela, et en Amérique je me suis également opposé à cette façon de voir. J'estime que ce n'est pas une conception réaliste pour nous qui devons poursuivre actuellement une politique pratique : nous devons rechercher une entente, devenir des partenaires de force comparable, dont le comportement est basé sur un ensemble de points communs, notamment une mentalité commune, les mêmes conceptions économiques, la même notion de ce qui est souhaitable du point de vue économique, une conception dynamique de la vie, le tout s'appuyant sur une philosophie de la liberté qui permet à chacun de libérer, de développer, de mobiliser ses forces. C'est cela notre objectif. C'est donc sur un riche fonds commun, un trésor de conceptions communes et de mobiles communs, de qualités identiques et communes que doit reposer la coopération entre les deux partenaires.

Peut-être puis-je m'exprimer encore plus simplement : l'entente n'est pas une organisation, mais une politique, la politique des rapports entre deux grandes puissances politiques et économiques amies qui décident d'engager des négociations afin d'établir entre elles des rapports durables d'échange et de coopération. C'est à cela qu'on vise. Je n'ai plus à expliquer pourquoi il en est ainsi ; j'ai déjà dit qu'il n'était pas réaliste d'exiger davantage. Pourquoi ?

D - bj.lc/t PE 7857/ann.

European Neighbourhood Policy
Strategy Paper
(Brussels, 12.5.2004, COM(2004) 373 final - Introduction)

INTRODUCTION AND SUMMARY

With its historic enlargement earlier this month, the European Union has taken a big step forward in promoting security and prosperity on the European continent. EU enlargement also means that the external borders of the Union have changed. We have acquired new neighbours and have come closer to old ones. These circumstances have created both opportunities and challenges. The European Neighbourhood Policy is a response to this new situation. It will also support efforts to realise the objectives of the European Security Strategy.

In March 2003 the Commission presented its Communication "Wider Europe - Neighbourhood: A new Framework for relations with our Eastern and Southern Neighbours"[1], following a joint letter to the Council by the High Representative Mr Javier Solana and Commissioner Patten in August 2002.

In June 2003 the Council welcomed this Communication as a good basis for developing a new range of policies towards these countries, defined overall goals and principles and identified possible incentives. The Thessaloniki European Council in June 2003 endorsed the Council conclusions and looked forward to the work to be undertaken by the Council and Commission in putting together the various elements of these policies.

In July 2003 the Commission tabled a Communication "Paving the Way for a New Neighbourhood Instrument"[2] and established a Wider Europe Task Force and a Wider Europe Inter-Service Group. In October 2003, the Council "invited the Commission with the contribution, where appropriate, of the High Representative to present in the light of the conclusions of June detailed proposals for the relevant action plans early in 2004 in order to take this matter forward by June 2004". The Council also welcomed the communication on the new neighbourhood instrument. The European Council of October 2003 welcomed the progress made on this initiative and urged the Council and the Commission to take it forward, with a view to ensuring a comprehensive, balanced and proportionate approach, including a financial instrument.

On this basis the Commission has made a detailed analysis of the elements which could be included in this initiative, both with respect to substance and procedure. The Commission has made two oral progress reports to the Council, in October 2003 and February 2004, and contributed to detailed discussions in the Permanent Representatives Committee and the relevant Council working groups, concerning the possible elements to be included in European Neighbourhood Policy (ENP) Actions Plans with a number of countries in Eastern Europe and the Mediterranean region. The parts of these Action Plans related to enhanced political co-operation and the Common Foreign and Security Policy have been worked on and agreed jointly by the services of the Commission and the High Representative The Commission has held exploratory talks with partners in Eastern Europe and the Southern Mediterranean[3] which have Partnership and Cooperation Agreements or Association Agreements in force. These talks have confirmed their interest in ENP and ascertained their views on the priorities to be addressed in Action Plans. The intention is progressively to extend the process to other countries, which are at present within the scope of this initiative, as their agreements advance from the signature to the ratification stage.

At the same time the Commission has made an evaluation of the present situation in these countries, with respect to their political and economic systems and their co-operation with the European Union. The present Communication is designed to convey, to the Council and the European Parliament, the results of this work and to map out the next steps in carrying forward the European Neighbourhood Policy.

Since this policy was launched, the EU has emphasised that it offers a means to reinforce relations between the EU and partner countries, which is distinct from the possibilities available to European countries under Article 49 of the Treaty on European Union. The objective of the ENP is to share the benefits of the EU's 2004 enlargement with neighbouring countries in strengthening stability, security and well-being for all concerned. It is designed to prevent the emergence of new dividing lines between the enlarged EU and its neighbours and to offer them the chance to participate in various EU activities, through greater political, security, economic and cultural co-operation.

The method proposed is, together with partner countries, to define a set of priorities, whose fulfilment will bring them closer to the European Union. These priorities will be incorporated in jointly agreed Action Plans, covering a number of key areas for specific action: political dialogue and reform; trade and measures preparing partners for gradually obtaining a stake in the EU's Internal Market; justice and home affairs; energy, transport, information society, environment and research and innovation; and social policy and people-to-people contacts.

The privileged relationship with neighbours will build on mutual commitment to common values principally within the fields of the rule of law, good governance, the respect for human rights, including minority rights, the promotion of good neighbourly relations, and the principles of market economy and sustainable development. Commitments will also be sought to certain essential aspects of the EU's external action, including, in particular, the fight against terrorism and the proliferation of weapons of mass destruction, as well as abidance by international law and efforts to achieve conflict resolution.

The Action Plans will draw on a common set of principles but will be differentiated, reflecting the existing state of relations with each country, its needs and capacities, as well as common interests. The level of ambition of the EU's relationships with its neighbours will take into account the extent to which these values are effectively shared.

Progress in meeting the agreed priorities will be monitored in the bodies established by the Partnership and Cooperation Agreements or Association Agreements. The Commission will report periodically on progress accomplished. On the basis of this evaluation, the EU, together with partner countries, will review the content of the Action Plans and decide on their adaptation and renewal. Decisions may also be taken, on this basis, on the next step in the development of bilateral relations, including the possibility of new contractual links. These could take the form of European Neighbourhood Agreements whose scope would be defined in the light of progress in meeting the priorities set out in the Action Plans.

The Action Plans will be put forward by the Commission, with the contribution of the High Representative on issues related to political co-operation and the CFSP, following exploratory talks with the countries concerned. It is suggested that they be approved by the respective Cooperation or Association Councils. If any of the Actions proposed imply the need for legal acts or formal negotiations, the Commission will put forward the necessary proposals or recommendations.

The Action Plans will provide a point of reference for the programming of assistance to the countries concerned. Assistance from existing sources will be complemented in the future by support from the European Neighbourhood Instrument. The present communication puts forward for discussion an outline of this instrument, building on the Commission's communication of July 2003. Meanwhile Neighbourhood Programmes are being developed through existing support mechanisms. The Commission seeks to offer neighbouring countries additional support through instruments such as technical assistance and twinning. It is also conducting a survey of EU programmes and agencies where the participation of neighbouring countries may be in the interests of the enlarged EU and of neighbouring countries.

Russia is a key partner of the EU in its immediate neighbourhood. Together, Russia and the EU have decided to develop further their strategic partnership through the creation of four common spaces, as defined at the St Petersburg summit in May 2003.

Belarus and the EU will be able to develop contractual links when Belarus has established a democratic form of government, following free and fair elections. It will then be possible to extend the full benefits of the European Neighbourhood Policy to Belarus. Meanwhile the EU will consider ways of strengthening support to civil society in ways described below.

The EU looks forward to Libya's entry into the Barcelona process on the basis of Libya's full acceptance of the Barcelona acquis and of the resolution of outstanding bilateral issues. This will pave the way to the establishment of normal relations so that Libya will be able to benefit from the European Neighbourhood Policy.

The present Communication contains recommendations concerning the inclusion of the countries of the Southern Caucasus in the European Neighbourhood Policy.

The European Neighbourhood Policy will reinforce existing forms of regional and subregional cooperation and provide a framework for their further development. The ENP will reinforce stability and security and contribute to efforts at conflict resolution. This document contains recommendations on the development of regional cooperation and integration, as a means to address certain issues arising at the enlarged EU's external borders. By further developing various forms of cross-border co-operation, involving local and regional authorities, as well as non-governmental actors, the EU and its partners can work together to ensure that border regions benefit from the EU's 2004 enlargement. In the south, the ENP will also encourage the participants to reap the full benefits of the Euro-Mediterranean Partnership (the Barcelona process), to promote infrastructure interconnections and networks, in particular energy, and to develop new forms of cooperation with their neighbours. The ENP will contribute to develop further regional integration, building on the achievements of the Euro-Mediterranean partnership, notably in the area of trade. It will reinforce efforts to meet the objectives of the European security strategy in the Mediterranean and the Middle East.

The European Neighbourhood Policy's vision involves a ring of countries, sharing the EU's fundamental values and objectives, drawn into an increasingly close relationship, going beyond co-operation to involve a significant measure of economic and political integration. This will bring enormous gains to all involved in terms of increased stability, security and well being. The Action Plans, which are to be developed on the basis of the principles set out in this Communication, constitute a first major step towards realising this vision. The Action Plans will define the way ahead over the next three to five years. The next step could consist in the negotiation of European Neighbourhood Agreements, to replace the present generation of bilateral agreements, when Action Plan priorities are met. Progress made in this way will enable the EU and its partners to agree on longer term goals for the further development of relations in the years ahead.

The Commission invites the Council to consider the approach outlined in the present Communication and to draw up conclusions on the way to carry this initiative forward, addressing the substance of potential Action Plans and the countries with which they should be drawn up, bearing in mind the commitment to shared values. On this basis, the Commission, with the participation of representatives of the Presidency and the High Representative, is ready to complete exploratory talks with the countries identified and to present draft Action Plans. It suggests that these Action Plans be approved by the respective Cooperation or Association Councils. It is also ready to begin preparations with certain other countries, referred to in this Communication, to which this initiative applies.

PRINCIPLES AND SCOPE

A Neighbourhood Policy for a European Union acting coherently and efficiently in the world

A comprehensive neighbourhood policy, integrating related components from all three 'pillars' of the Union's present structure, will enable neighbouring countries to share the benefits of EU enlargement in terms of stability, security and well-being. This has been reflected in the preparatory work for the adoption of the European Union's Constitutional Treaty. The importance of a neighbourhood policy is also highlighted in the European Security Strategy, endorsed at the European Council of December 2003, which states that the EU's task is to "make a particular contribution to stability and good governance in our immediate neighbourhood [and] to promote a ring of well governed countries to the East of the European Union and on the borders of the Mediterranean with whom we can enjoy close and cooperative relations".

The ENP is designed to give new impetus to cooperation with the EU's neighbours following enlargement. Relations with partner countries will be enriched drawing as appropriate on the experience gained in supporting the process of political and economic transition, as well as economic development and modernisation in the new Member States and candidate countries.

The ENP should reinforce the EU's contribution to promoting the settlement of regional conflicts. The ENP can also help the Union's objectives in the area of Justice and Home Affairs, in particular in the fight against organised crime and corruption, money laundering and all forms of trafficking, as well as with regard to issues related to migration. It is important for the EU and its partners to aim for the highest degree of complementarity and synergy in the different areas of their cooperation.

The EU and Russia have decided to develop their strategic partnership through the creation of four common spaces as agreed at the St Petersburg Summit in May 20034. Russia and the enlarged European Union form part of each other's neighbourhood. It is in our common interest to draw on elements of the ENP to enrich work on the common spaces, notably in the areas of cross-border and sub-regional co-operation. The EU and Russia need to work together, as neighbours, on common concerns. The Commission recommends that Russia be offered support for implementing relevant parts of the strategic partnership from the proposed European Neighbourhood Instrument, in addition to existing forms of support.

As far as the Mediterranean countries are concerned, the ENP will contribute to the achievement of the objectives of the Strategic Partnership for the Mediterranean and the Middle East. The implementation of the Strategic Partnership for the Mediterranean countries should draw on the implementation of the ENP. The ENP, itself, will be implemented through the Barcelona process and the Association Agreements with each partner country.

In the implementation of the ENP it is of the utmost importance that the Institutions and Member States act in a consistent and coherent way. [...]

1. COM(2003) 104 final, 11.3.2003.
2. COM(2003) 393 final, 1.7.2003.
3. Israel, Jordan, Moldova, Morocco, Palestinian Authority, Tunisia and Ukraine.
4. These are: Common economic space, (including and with specific reference to environment and energy), a common space of freedom, security and justice, a space of co-operation in the field of external security, as well as a space of research and education, including cultural aspect. The EU-Russia energy dialogue is a key element of the overall relationship.

L'UNION EUROPÉENNE A-T-ELLE UN TERRITOIRE ?

Paul ALLIES
Université de Montpellier

Pour la doctrine juridique classique, l'État est d'abord un territoire délimité par des frontières qui constituent l'espace de validité de son droit et de protection de sa population. L'Union européenne (UE) étant une association d'États fondée sur des traités, la question de son Territoire pourrait ne pas se poser : son Territoire est, par défaut, celui de ces États-là. Pourtant, le niveau d'intégration atteint par cette Union est tel que le débat sur la nature de ce nouvel espace public reste entièrement ouvert. La ratification du Traité de Lisbonne a pour conséquence, entre autres, la création d'un service diplomatique spécifique ce qui devrait nous ramener à la question classique des usages et fonctions de cet espace : quel rapport aura-t-il avec la souveraineté, attribut classique de la maîtrise d'un Territoire ? Et que sera la frontière, équipement qui va historiquement avec la définition géopolitique de celui-ci ?

D'où les deux questions qui seront examinées ici :
- l'Union européenne et le dépassement du territoire national ;
- l'Union européenne et le dépassement de la frontière.

L'UE et le dépassement du territoire national

Dans le contexte européen, la construction étatique est historiquement antérieure à la construction nationale. Elle a débuté avec la crise du féodalisme, avec la Renaissance et la Réforme. Elle s'est poursuivie durant plusieurs siècles et jusqu'au XIXe où s'affirment les nations en tant que telles[1]. L'État s'y est confondu avec les nations dans des territoires bien délimités par des frontières. Ceci s'est fait par le biais de la théorie et de la pratique de la souveraineté. C'est avec cet héritage que l'UE doit composer.

---

1. J.-J. LINZ, « Construction étatique et construction nationale », *Pôle Sud,* n° 7, novembre 1997, pp. 5-26.

La souveraineté

Sa théorie est une doctrine typiquement ouest-européenne développée surtout à partir du XIIIe siècle (Bodin, Machiavel mais aussi Hobbes, Luther, Calvin, Locke, Rousseau) autour d'une même conviction : le pouvoir souverain n'est pas despotique. S'il se confond, au départ, avec la personne du Prince, il s'en détache vite pour désigner une puissance subordonnée à aucune autre. Une telle puissance ne peut appartenir à un individu à titre de prérogative personnelle : il y a une incompatibilité manifeste entre les faiblesses des facultés humaines et la force incoercible de la souveraineté.

Car la souveraineté est aussi un produit de l'espace : les États en formation s'éprouvent dans leurs capacités à s'imposer à la fois à des sujets et à des autorités extérieures rivales. Là joue l'effet de dimension de l'espace territorial optimal[1] : suffisant pour mobiliser des ressources humaines et matérielles requises pour une expansion militaire, mais pas trop vaste pour demeurer politiquement contrôlable avec les moyens de l'époque. Ainsi peut être considéré comme un territoire optimal l'Angleterre des XIe-XVe siècles et à l'opposé la France et son domaine cinq fois plus grand, facteur de résistance de la féodalité.

Ces facteurs entraînent un coût variable de la souveraineté dû spécifiquement à l'espace, aggravé par la réaction des États à la menace. Le sentiment de peur, constitutif de toute expérience politique, clairement exposé par Hobbes, scelle les rapports entre État et guerre, et donne une base matérielle à la souveraineté. Cet enracinement de l'idée de souveraineté dans une représentation rationnelle et nationale de la domination est essentiel : il est une condition de l'institutionnalisation du pouvoir politique à travers trois composantes principales : la dépersonnalisation, la formalisation juridique, l'intégration sociale[2]. Elle s'amplifiera et se diversifiera encore un peu plus avec l'émergence de la citoyenneté individualiste qui sera la base d'une deuxième fondation de la souveraineté au XVIIIe siècle, à partir d'un nouveau mode de légitimation de l'obéissance au pouvoir qui n'est plus théologique. L'État souverain dès lors, c'est l'autogouvernement des individus. La Révolution française lance l'idée et la possibilité d'une citoyenneté inhérente à l'Homme en tant que tel ; c'est l'humanité de l'Homme, l'égalité des conditions, comme disait Tocqueville, qui est constitutive de la citoyenneté, et non plus la seule appartenance à une cité, comme pour les Anciens. L'égalité politique repose sur l'égalité de tous les Hommes. Voir dans l'autre homme, quel qu'il soit, un semblable, telle est la source du sentiment démocratique moderne ; l'expression de la souveraineté. L'Union européenne pourrait renouer avec cette histoire puisqu'elle procède

---

1. C. TILLY, *Contrainte et capital dans la formation de l'Europe: 990-1990*, Paris, Aubier-Flammarion, 1992.
2. G. Poggi, « La nature changeante de l'État : l'Etat et quelques aspects de son histoire », *in* Wright, Cassese (ed.), *La recomposition de l'Etat en Europe*, Paris, La Découverte, 1996, p. 19.

de la volonté de clore l'époque des nationalismes : tout le XIXᵉ siècle et la première moitié du XXᵉ européen auront été marqués par la violence des États à enfermer les citoyens dans la nation. La souveraineté nationale n'aura été populaire (la confusion entre les deux le signale) que pour autant qu'elle aura permis la mobilisation de la société pour défendre ou étendre le territoire national.

Le territoire

Le territoire a été en Europe le mode de production de l'unification des populations, du dépassement de leurs particularismes et de leurs divisions[1]. Le territoire est en effet une invention historiquement et spatialement datée : c'est celle qui va avec l'émergence de l'État en Europe occidentale et qui s'épanouit entre le traité de Westphalie (1648) et le traité de Versailles (1919). Ces presque quatre siècles sont ceux de la lente agonie de l'universalisme de la chrétienté durant lesquels la référence au territoire, de technique, administrative et fonctionnelle qu'elle était, devient sociale, politique et sacrée. En 1648, sous le coup de la Réforme, l'Empire se transforme en une sorte d'État fédéral comptant trois cent quarante-trois États souverains. Ils ne seront plus que vingt-cinq en 1900. Ils sont aujourd'hui quarante-six, hormis la Russie. Le territoire y est devenu le condensé des rapports à l'espace et au temps, le cercle de constitution des communautés politiques, le lieu conventionnel d'un contrôle politique unique et l'exclusif support de la souveraineté nationale.

Si puissant soit-il, il voit donc son destin lié à la trajectoire de l'État national dans l'Europe historique. Si bien qu'aujourd'hui, où la construction européenne a déjà remis en cause bien des attributs de la souveraineté de ses États-membres, le territoire n'apparaît déjà plus comme le socle de l'organisation politique des sociétés : il n'est plus le lieu d'identification de la citoyenneté surplombant toutes les autres identités, ethniques, sociales, culturelles. Tout se passe comme si se dissociaient inexorablement la fonction administrative du territoire et sa fonction de médiation politique.

La construction européenne, l'élargissement de l'UE vers l'Est obligent au moins à modifier la perception des nations voisines (on le voit bien avec la question de la Turquie). La coopération transfrontalière fait l'objet de programmes européens spécifiques autorisant à parler quelquefois d'« Europe des Régions ». Les politiques publiques conduites à ce niveau produisent un nouvel espace public local (souvent nommé « communauté de travail »)[2]. Cet espace dépasse les clivages politiques et sociaux, l'opposition public-privé. Il construit des formes d'échange politique, des réseaux de communautés qui abrogent, de fait, les frontières étatiques. Pourtant ces nouveaux territoires

---

1. Paul Alliès, *L'invention du Territoire*, Grenoble, PUG, 1981.
2. J.-Ph. Leresche, G. Saez, « Identité territoriale et régimes politiques de la frontière » *Pôle Sud*, n° 7, novembre 1997, pp. 27-45.

transfrontaliers ne s'appuient pas sur des identités particulières et encore moins sur une conscience, même post-nationale. Leur logique fonctionnelle porteuse d'efficacité économique ne suscite pas de logique démocratique liée à la représentation politique traditionnelle. Tout se passe comme si le marché était le seul moteur de l'unification du territoire européen.

Mais si l'Union européenne est qualifiée souvent de « fédération d'État-nations » c'est qu'elle est le produit de l'histoire de chacun d'entre eux et de la construction dont ils sont issus[1]. Elle porte en elle les germes d'un dépassement de cette longue histoire, de l'État comme des nations et de leurs territoires. En cela elle pourrait inventer un nouveau type d'autorité politique post-fédérale ce qui supposerait qu'elle produise une citoyenneté cosmopolite.

L'improbable citoyenneté européenne

Le concept lui-même est ambigu : il ne désigne pas, comme dans l'histoire des États, une relation politique et juridique directe entre les citoyens et l'Union[2]. Pourtant le traité de Maastricht comprenait un titre sur « la citoyenneté de l'Union ». Il énumérait une série de droits qui relèvent de la responsabilité des États membres. Ce sont des droits civiques nationaux : le droit de circulation et de résidence, le droit de vote et d'éligibilité aux élections municipales, le bénéfice de la protection des autorités diplomatiques et consulaires. Seuls les droits de vote et d'éligibilité aux élections européennes, le droit de pétitionner et de saisir le médiateur relèvent d'une relation directe entre le citoyen et l'Union. Le traité prenait bien soin de préciser que s'il « est institué une citoyenneté de l'Union, est citoyen toute personne ayant la nationalité d'un État membre. La citoyenneté de l'Union complète la citoyenneté nationale et ne la remplace pas » (art. 17). Pourtant on avait espéré alors que cette première reconnaissance d'une citoyenneté spécifique entraînerait l'extension du principe de l'égalité de traitement (si ce n'est des conditions) entre tous les Européens. Mais ce n'est toujours pas le cas, y compris dans le Traité de Lisbonne : la liberté de circulation et de séjour y reste soumise à des critères économiques restrictifs (avoir un revenu suffisant et une assurance maladie). L'occasion d'accorder le droit de vote et l'éligibilité à tous les citoyens de l'Union, quel que soit leur lieu de résidence n'a pas été saisie. L'intention de créer le concept de double citoyenneté a été abandonnée. Ces droits restent dans tous les cas définis par des accords de caractère intergouvernemental, trait qui relève de la solidarité entre les États et non de la création d'une entité supérieure. Ainsi, selon les législations nationales, l'accès à la citoyenneté européenne varie, ce qui est source de discrimination. Les dérogations au Traité accordées à l'Irlande ou la Pologne font, par exemple, varier autant que possible le droit des femmes de l'Union

---

1. M. Croisat, J. L. Quermonne, *L'Europe et le fédéralisme*, Paris, Montchrestien, 1996.
2. P. Magnette, *La citoyenneté européenne*, Bruxelles, ULB, 1999.

en ce qui concerne leur droit à l'avortement ou à la contraception. Si bien que le dépassement par l'UE des Territoires nationaux, dès lors qu'il ne crée pas un véritable espace public nouveau, pourrait ne se ramener qu'à la question de ses frontières.

L'Union européenne et l'invention d'une nouvelle frontière

S'il y a bien un sujet où l'on voit que l'UE ne s'est pas construite sur l'histoire mais contre elle, c'est bien celui de la frontière : ses Pères fondateurs ont voulu introduire entre les peuples d'Europe la médiation de la Raison et non plus celle des passions nationales[1]. S'est ainsi construit un système qui repose sur une négation de la mémoire : celle de ses frontières intérieures doit s'effacer. Mais cela suppose, pour imaginer les confins et l'espace politique de l'UE, l'invention d'une nouvelle notion de frontière.

La notion de frontière

Elle mériterait un rigoureux inventaire sémantique tant elle est chargée de multiples sens que l'histoire du pouvoir en Europe a empilés de manière contradictoire : la frontière militaire déjà très présente dans *La guerre des Gaules* de César, est un obstacle dangereux ; la frontière économique si utilisée par les mercantilistes au XVIIIe siècle est une zone de rencontres où s'échangent des marchandises ; la frontière naturelle est un espace civil et pacifique auquel les juristes et les diplomates donneront un contenu stable et parfois stratégique[2]. Aucun de ces différents usages n'a jamais disparu. Ils ont été mobilisés pour traduire en Europe le concept de souveraineté. La frontière a ainsi gagné une double fonction : identifier le groupe social en tant que nation (contre toutes les autres) ; défendre ce groupe vis-à-vis de l'extérieur. L'ensemble fonctionnait pour configurer la souveraineté nationale telle qu'on l'a décrite. On s'est habitué alors à voir dans l'Europe un « nom géographique » renvoyant aux puissances qui la composent (« la plus petite partie du monde mais la mieux cultivée, la plus civilisée et proportionnellement la plus peuplée », disait Elisée Reclus). Cette dépolitisation était au cœur de la rhétorique diplomatique. Ainsi quand Metternich, au lendemain du Congrès de Vienne disait de l'Italie qu'elle était une « expression géographique » c'était pour la priver de tout espoir de représentation politique étatique.

Cette « belle époque » de la frontière géopolitique a probablement atteint son apogée avec le traité de Versailles[3]. Sa signature n'a-t-elle pas été

---

1. J.-L. Bourlanges, « Les frontières de l'Europe, entre les paradoxes de l'histoire et les exigences de la politique » *in* E. Barnavi, P. Goosens (ed.), *Les frontières de l'Europe*, Bruxelles, De Boeck, 2001, p. 79.
2. D. Nordman, *Frontières de France. De l'espace au territoire*, Paris, Gallimard, 1998.
3. B. Badie, *La fin des territoires,* Fayard, Paris, 1995, p. 45.

précédée par un formidable travail d'experts (géographes, démographes, économistes surtout) qui produisirent des cartes au millionième et même aux deux cents millièmes pour finalement inclure dans le traité une carte établie au soixante et quinze millième ? L'espoir était d'identifier territorialement les « moindres » peuples européens, pour qu'ils puissent se saisir, sur les ruines des Empires, à la fois de l'autodétermination et de la souveraineté nationale : le tout fondant l'espoir d'une « paix juste et durable ». On sait comment cet idéal parut vite impossible, l'Est européen et les Balkans faisant échec à cette universalisation du principe occidental de territorialité.

Il demeure l'idée que l'Europe est un espace de civilisation à défendre, voire à sauver de l'altérité et ce dès l'Antiquité. Il y aurait des choses à dire sur les usages contemporains de l'Antiquité gréco-romaine pour penser l'Europe, communauté supposée de civilisation, comme citadelle assiégée[1]. Ces usages signalent une dévaluation des notions topographiques, et territoriales de la frontière. Aujourd'hui elle renvoie à des usages métaphoriques de différenciation selon des critères culturels. L'UE ne parvient pas à les résumer. On sait combien l'espace Schengen est à géométrie variable. Et l'on peut voir dans les efforts menés depuis la conférence de Barcelone en 1995 pour définir l'Euro-Méditerrannée la tentative de désigner une non-Europe : l'Europe ne définit que l'ensemble des pays membres de l'UE qui décident d'établir des relations commerciales et culturelles avec les rives méridionales et orientales de la mer commune. Pour le coup, la Méditerranée comme métaphore de la civilisation européenne devient l'image de l'altérité. Et il est clair que désormais, l'expression « frontières d'Europe » désigne les limites de civilisation plus que les confins territoriaux. Il est vrai que ceux-ci sont particulièrement poreux et problématiques : l'UE s'avère incapable de définir une politique commune des migrations et les pays les plus exposés aux immigrations du sud ou du Moyen-Orient ne parviennent plus à y faire face avec leurs seuls postes-frontières.

Ces incertitudes confirment un élément fondamental : la construction européenne est un projet politique qui n'a pas de définition géographique sûre. Le Conseil de l'Europe a défini son périmètre dès 1994 et il inclut la Russie. Est-ce l'horizon que doit atteindre l'UE ? Il faudrait repartir alors de l'objectif géostratégique qui déterminait la construction européenne à partir de 1945 : pacifier et démocratiser un continent ravagé. Après la chute de l'URSS, cet objectif devient contradictoire : l'intégration de l'Europe centrale et baltique mais aussi des Balkans, de la Turquie, de l'Ukraine et de la Géorgie devient un nouveau facteur de tension avec une Russie décidément exclue par décret de l'espace européen. Le dernier élargissement en 2004 aura été réalisé sans fondement politique ni historique ; il a complètement

---

1. G. Pécout, « Europe, que doit-on faire de ton histoire et de ta géographie ? » *in Penser les frontières de l'Europe du XIXe au XXe siècle*, Paris, PUF, 2004.

dilué la notion de frontière. Il y a donc matière à inventer, dans ce domaine aussi, autre chose, et c'est nécessaire à tout débat sur un territoire européen.

L'invention d'une nouvelle frontière

La notion même de « nouvelle frontière » évoque avant tout l'histoire nord-américaine. Pas seulement celle, récente de John F. Kennedy ; mais celle formulée il y a plus d'un siècle par le célèbre historien américain Frederick Jackson Turner[1]. Pour ce dernier, la frontière, avant d'être géographique était surtout morale. Il s'appuyait sur l'histoire de la conquête de l'Ouest qui s'était faite grâce à des qualités requises pour qu'elle ait pu aboutir : l'énergie, l'autonomie, l'initiative. Elle aurait été moins l'appropriation d'un territoire que l'affirmation d'un peuple affranchi des contraintes sociales traditionnelles et maître de la nature. Le destin de l'Amérique et des Américains serait ainsi devenu inséparable de sa frontière. Cette vision fait bien évidemment l'impasse sur la réduction des peuples autochtones et sur un esclavage qui a duré plus longtemps que le servage en Russie. Mais il met bien en évidence la différence fondamentale entre la frontière américaine et la frontière européenne. Aux États-Unis, la frontière est synonyme d'un espace ouvert et immense. Elle est une frontière ouverte sur la prairie, donc synonyme de confins vagues, ceux des progrès de l'Humanité. L'éloignement du centre fait que l'État ne pénètre pas dans les limites de son propre territoire. Les sociétés s'y font elles-mêmes selon les contraintes qu'elles se donnent. Cette frontière est alors un refuge pour les individus ou les communautés. Parfois le choix de s'expatrier vers la frontière est une protestation contre une société figée ou décadente. La force de cette évocation de la frontière américaine est que celle-ci est linéaire, unique, qu'elle ne connaît aucun recul décisif, qu'elle a progressé inexorablement vers l'Ouest.

Des traces de ce système pourraient être repérées en Ukraine ou en Sibérie ou dans quelques périodes à l'Orient européen ; en toute hypothèse cette périphérie n'a jamais été essentielle à la construction des territoires en Europe. Elle pourrait peut-être nous alerter sur la question de la nouvelle frontière dont l'UE aurait besoin.

Trois représentations rivalisent aujourd'hui sur la scène politique de l'UE[2].
- La première met l'accent sur l'identité définie en termes de cultures et de valeurs juridiques et religieuses. Elle mobilise l'héritage géopolitique et historique des pères fondateurs, essentiellement démocrates-chrétiens. La frontière est donc celle des confins d'un centre franco-allemand susceptible d'englober une trentaine d'États. La Turquie reste en dehors, même si les

---
1. A. Liebich, « 'Go West, Go East', la frontière dans l'imaginaire continental » *in* Barnavi, *op. cit.* p. 194.
2. M. Foucher, *L'obsession des frontières*, Paris, Perrin, 2007.

négociations de son entrée sont en cours. Mais la question des frontières à l'Est ne se résume pas à la seule Turquie. Sauf que le silence est grand sur ce problème.

- La deuxième privilégie l'intégration par le marché et la démocratie. Elle s'inscrit dans la tradition du libéralisme politique ; elle privilégie donc la séparation des pouvoirs, des Églises et de l'État, la concurrence libre et non faussée. La frontière est ouverte à la Turquie mais aussi au Maghreb et au Proche-Orient. À l'exclusion de la Russie. C'est une position partagée par des sociaux-démocrates, des eurosceptiques, les États-Unis et, bien sûr, les libéraux européens.

- La troisième considère que l'Union européenne à 27 États-membres a conservé une capacité d'intégration politique et qu'il faut travailler au renforcement de sa cohésion interne. Il faut donc interrompre tout élargissement et favoriser les partenariats privilégiés et les politiques de voisinage sans adhésion, s'il le faut avec des moyens financiers accrus. La frontière est alors celle définie par les traités, autrement dit elle reste floue et au stade indiqué plus haut.

Aucune de ces trois lignes ne règle la question de la frontière au sens historique et européen du terme. Aucune ne traite à la fois des frontières internes et externes. Or les sept États balkaniques (hors Croatie) sont divisés par 25 contentieux qui vont jusqu'à la Cour Internationale de Justice. L'Ukraine a été qualifiée, dans le contrat d'association de 2008 de « pays européen » et non d'« État européen » ce qui a eu pour effet de réduire considérablement les moyens financiers attribués par l'UE. Quant à la Turquie, elle s'est engagée dans une stratégie d'européanisation qui se poursuivra sans l'UE si nécessaire.

Face à cette absence de vision politique, beaucoup proposent de relancer ou de renforcer la politique régionale si ce n'est l'idée d'une Europe des Régions, abandonnée à la fin des années 1990. C'est une perspective qui ne permettra pas de faire l'économie d'un choix sur la nature de l'UE, c'est-à-dire, en son sein, de la construction d'un projet politique inédit.

ESPACE GÉOGRAPHIQUE, ESPACE DE DÉMOCRATIE
Le parcours des villes dans l'histoire de la construction européenne et le changement imprimé par la Commission Delors

Laura GRAZI
Université de Sienne

Selon la définition donnée par Leonardo Benevolo, expert italien en histoire de l'architecture, les villes naissent avec l'Europe et, à leur tour, font naître l'Europe[1]. Pour cette raison, l'histoire des villes européennes et l'histoire de l'Europe suivent dans une large mesure un parcours parallèle. Dans son ouvrage *La ville dans l'histoire européenne*, Benevolo se réfère surtout à la forme physique, à l'architecture des villes en tant que lien de communication entre passé et présent. Le but de cette contribution est sans doute différent ; il est lié à la réflexion de Benevolo qui met l'accent sur l'importance de la dimension urbaine dans le continent européen dans une perspective historique, en soulignant leur longévité. La « longue durée » des villes européennes – en tant qu'élément distinctif – a été récemment évoquée aussi par le politiste Patrick Le Galès dans son ouvrage *Le retour des villes européennes*, qui souligne l'héritage et le patrimoine accumulés et visibles dans les centres urbains depuis le Moyen Âge[2]. De plus, comme l'a évoqué l'historien Hartmut Kaelbe, la voie urbaine de l'Europe – définie par des villes de taille moyenne – est un autre atout original qui constitue une des spécificités des sociétés européennes du XXe siècle[3]. Ces analyses montrent qu'au cours du temps les villes se sont affirmées en tant que fondement des

---
1. Leonardo Benevolo, *La ville dans l'histoire européenne*, Paris, Seuil, 1993.
2. Selon Le Galès, « Le retour de cet imaginaire des villes européennes ne doit rien au hasard. Il offre un cadre de référence pour penser et mettre en œuvre des interactions, des interdépendances, des réseaux de relations transnationales » (Patrick Le Galès, *Le retour des villes européennes. Sociétés urbaines, mondialisation, gouvernement et gouvernance*, Paris, Presses de Sciences Po, 2003, pp. 57-58).
3. « La taille des agglomérations, facteur important de la qualité de la vie dans les villes européennes du XXe siècle, constitue une autre particularité de l'évolution urbaine de l'Europe. La ville moyenne, comptant entre 20 000 et 100 000 habitants, a joué dans l'Europe du XXe siècle un rôle plus important et plus constant que sur les autres continents », Hartmut Kaelbe, *Vers une société européenne, 1880-1980*, Paris, Belin, 1988, p. 60.

sociétés, des économies et des territoires en Europe, devenant aussi des symboles de l'identité spatiale du continent[1]. Pour ces raisons, aujourd'hui elles offrent aux urbanistes et aux élites politiques des potentialités pour relancer le rôle des centres urbains dans la nouvelle Europe unie.

Par rapport aux précédents travaux qui portent sur les villes européennes, cette contribution a précisément pour objet de réfléchir sur les formes multiples de participation des villes au processus de la construction européenne, à partir du moment où s'organisent le marché commun et les premières Communautés européennes et surtout la Communauté économique européenne (CEE). En effet, il s'agit d'un processus qui engendre des transformations cruciales dans plusieurs domaines qui ne touchent pas seulement le marché mais aussi la distribution du pouvoir, l'aménagement du territoire et les structures sociales du continent européen. Les conséquences de l'intégration européenne (qui s'avère un processus toujours plus structuré tant du côté politique que du côté institutionnel) arrivent donc à toucher les villes elles-mêmes. Cette analyse met en lumière les interdépendances entre villes et processus de construction européenne – thématique encore peu étudiée d'un point de vue historique – car si, aujourd'hui, la participation des villes dans l'espace communautaire est une donnée visible et incontestée, il faut aussi rappeler que ce phénomène a des origines très profondes. L'objet de cette contribution est donc de reconstruire les étapes importantes qui ont structuré le parcours des villes dans l'histoire de la construction européenne[2].

D'une part, cette analyse mettra en lumière l'importance des villes en tant qu'espaces géographiques et socio-économiques touchés en premier lieu par les conséquences territoriales de l'intégration économique. D'autre part, ma contribution se penchera sur les villes en tant qu'acteurs politiques qui – par le biais des maires et des élus locaux – multiplient leurs contacts avec les institutions de la CEE, renforçant un espace politique européen où les différents niveaux de gouvernement s'imbriquent plus étroitement. Cette double perspective sera suivie en distinguant deux phases : la première qui va du début de la construction européenne jusqu'à la fin des années 1970, et la deuxième qui couvre les années 1980 jusqu'au Traité de Maastricht. C'est surtout au cours de cette deuxième période que les interdépendances entre les villes et la Communauté européenne deviennent plus complexes et subissent un changement qualitatif. Grâce à l'impulsion donnée par la Commission Delors et notamment par son Président, de nouvelles marges de manœuvre

---

1. Selon le géographe Lévy, la dimension spatiale de l'identité européenne repose sur une extrême proximité de sociétés et de cultures dont les villes sont le cœur pulsant. Jacques Lévy, *Europe. Une géographie*, Paris, Hachette, 1997.
2. Pour une réflexion historique sur ce thème, voir Laura Grazi, *L'Europa e le città. La questione urbana nel processo di integrazione europea (1957-1999)*, Bologna, Il Mulino, 2006 ; Laura Grazi, "La question urbaine dans l'histoire de la construction européenne : une politique nouvelle, des acteurs en mouvement", *in* Laurent Warlouzet, Katrin Rücker (éd.), *Quelle(s) Europe(s)? Nouvelles approches en histoire de l'intégration européenne*, Bruxelles-Bern, PIE-Peter Lang, 2006, pp. 129-140.

s'ouvrent pour les villes, aidées aussi par l'affaiblissement des États nationaux. Il s'agit d'un moment catalyseur, encore très peu étudié, qui facilite le passage à la phase suivante et plus actuelle qui est marquée par l'élaboration d'un *agenda* politique pour les villes de la part de l'Union européenne (UE)[1].

Les villes, une présence timide dans les premières étapes de la construction européenne

Au moment de la naissance des premières Communautés, les villes sont des présences marginales sur la scène communautaire que ce soit en termes de participation aux nouvelles institutions ou en ce qui concerne l'élaboration des politiques communes. Toutefois, bien que les villes ne participent pas en tant qu'acteurs aux premiers pas de la CEE – qui sont plutôt limités aux négociations interétatiques – les centres urbains sont vite touchés par les conséquences territoriales liées à l'instauration graduelle du marché commun. Dès le début des années 1960, les institutions de la CEE (en premier, la Commission et le Parlement européen) s'interrogent sur le rôle des villes sous l'aspect géographique, dans le cadre d'un débat plus général sur l'aménagement du territoire, un dialogue animé surtout par des experts et par des personnalités politiques particulièrement sensibles aux questions concernant le développement équilibré entre villes et campagnes. En 1961, lors de la Conférence sur les économies régionales[2], la Commission s'interroge sur l'impact territorial de l'intégration économique et condamne le phénomène de la concentration urbaine qui menace le développement harmonieux des activités économiques et met en danger la réalisation des objectifs souhaités par l'article 2 du Traité de Rome[3].

Cette approche des disparités régionales développée par le commissaire français Robert Marjolin, et soutenue aussi par le Président de la Commission, l'Allemand Walter Hallstein, livre une double évaluation de la dimension urbaine à l'échelle territoriale. D'un côté, on pense que les forces du marché peuvent renforcer la concentration urbaine, surtout dans la *Randstadt* et dans l'espace Rhin-Ruhr déjà fortement congestionnés. De l'autre côté, on estime que les villes peuvent, en tant que point d'appui des

---

1. Maria Tofarides, *Urban Policy in the European Union: a Multi-level Gatekeeper System*, Aldershot, Ashgate, 2003 ; Rob Atkinson, "The Emerging 'Urban Agenda' and the European Spatial Development Perspective: Towards an EU Urban Policy?", in *European Planning Studies*, vol. 9, n° 3, April 2001, pp. 385-406.
2. Commission CEE, *Atti della conferenza sulle economie regionali* (Bruxelles, 6-8 décembre 1961), Bruxelles, Communautés Européennes, 1961, 2 vol.
3. Art. 2 du Traité instituant la CEE signé à Rome le 25 mars 1957 : « La Communauté a pour mission, par l'établissement d'un marché commun et par le rapprochement progressif des politiques économiques des États membres, de promouvoir un développement harmonieux des activités économiques dans l'ensemble de la Communauté, une expansion continue et équilibrée, une stabilité accrue, un relèvement accéléré du niveau de vie et des relations plus étroites entre les États qu'elle réunit ».

pôles de développement industriel, favoriser la croissance de leur arrière-pays dans les régions en retard de développement ou en crise. À la base de cette approche, nous pouvons remarquer l'influence déterminante du débat français sur l'aménagement du territoire[1] qui, à partir du IVe Plan, met l'accent sur les équipements collectifs, la politique régionale et l'industrialisation – une influence qui est visible dans la première communication de la Commission européenne sur la politique régionale publiée en 1965[2]. Ces questions sont donc également abordées au cours des premières étapes d'élaboration de la politique régionale[3]. Si cette politique régionale, amorcée en 1975 avec la création du Fonds européen de développement régional (FEDER), se focalise surtout sur les régions en retard de développement, les problématiques urbaines elles-mêmes sont soulevées par la Grande-Bretagne pendant les négociations pour l'adhésion à la CEE[4]. En particulier, Londres plaide pour une intervention communautaire en faveur des villes industrielles qui souffrent du déclin de l'industrie traditionnelle. Après son adhésion, c'est le commissaire britannique George Thomson, chargé des affaires régionales de 1973 à 1977, qui invite les États membres de la CEE à relever – grâce à une politique commune – les défis posés par la concentration des activités économiques et par le déclin industriel.

Sous une perspective différente se situe la prise en compte des villes en tant qu'espaces de participation démocratique pendant la première période qui fait l'objet de notre analyse. L'intérêt pour les villes se manifeste premièrement à l'extérieur de la CEE – et en plus d'une façon très timide – au sein de l'Assemblée parlementaire du Conseil de l'Europe où la constitution, en 1957, de la Conférence européenne des pouvoirs locaux favorise la création d'une première forme de contact entre les organismes internationaux et les autorités locales[5]. Il faut souligner aussi que le Conseil

---

1. Pierre Randet, *L'aménagement du territoire. Genèse et étapes d'un grand dessein*, Paris, La documentation française, 1994 ; Christel Alvergne, François Taulelle, *Du local à l'Europe. Les nouvelles politiques d'aménagement du territoire*, Paris, PUF, 2002.
2. CEE, Commission, *Première communication de la Commission sur la politique régionale dans la Communauté économique européenne*, Bruxelles, le 11 mai 1965, II/SEC(65) 1170 final, *in Archives Historiques des Communautés européennes*, Bruxelles (AHCE), Bruxelles-Archives Commission (BAC) 27/1985 8.
3. Antonio Varsori, « La politique régionale européenne : prémices d'une solidarité », in Michel Dumoulin (dir.), *La Commission européenne, 1958-1972. Histoire et mémoires d'une institution*, Luxembourg, Office des publications officielles des Communautés européennes, 2007, pp. 427-441 ; Laura Grazi, « Origini e sfide della politica regionale comunitaria: dagli studi preliminari all'Atto unico europeo », in *Memoria e ricerca*, numéro sous la direction d'Ariane Landuyt, n°30, janvier-avril 2009, pp. 47-57.
4. Ilaria Poggiolini, « La Grande Bretagne et la Politique Régionale au moment de l'élargissement (1969-1972) », *in* Marie-Thérèse Bitsch (dir.), *Le fait régional et la construction européenne*, Bruxelles, Bruylant, 2003, pp. 153-167.
5. Laura Grazi, « Alle origini del GECT. L'evoluzione della cooperazione territoriale in Europa dalla Conferenza europea dei poteri locali al Comitato delle regioni", *in* Antonio Papisca (dir.), *Il*

de l'Europe montre une attitude, dans certains cas, plus ouverte vis-à-vis du niveau local car pour cette organisation la question de la délégation de souveraineté n'est pas en cause.

L'importance de la participation des villes et des communes aux prises de décision des organismes supranationaux – surtout de la CEE qui avait des pouvoirs plus forts par rapport au Conseil de l'Europe – est aussi soulignée par les membres du Parlement européen. Lors de la séance plénière tenue au mois de janvier 1964, le socialiste belge Fernand Dehousse rappelle que les villes sont le noyau de la démocratie en Europe et demande leur participation au processus de prise de décisions concernant le développement du territoire européen et la politique régionale, qui étaient alors en cours de définition[1]. En particulier, en accord avec deux autres parlementaires, le démocrate-chrétien italien, Mario Pedini, et le Belge Charles Janssens, membre du groupe libéral et démocratique, Dehousse propose d'inclure dans la résolution du Parlement une proposition qui demande le renforcement des contacts directs entre les autorités locales et la Commission. Toutefois, ces positions ne rencontrent pas l'appui des États qui veulent garder le monopole des relations avec les institutions de la CEE.

Au cours des années 1960, la participation des autorités locales au processus politique communautaire est occasionnelle et se déroule à l'extérieur du cadre institutionnel communautaire. Les contacts informels entre les autorités locales et les institutions de la CEE se multiplient grâce aux rencontres organisés sous le patronage du Parlement et de la Commission et sous l'impulsion des associations des pouvoirs locaux qui se mobilisent au niveau européen. Il faut rappeler brièvement les rencontres de Lille sur la gestion des métropoles tenues en 1977 et la rencontre de Liverpool sur les problèmes urbains dans la CEE, organisée en 1979, à laquelle participent aussi le Président de la Commission, le Britannique Roy Jenkins, et le commissaire italien Lorenzo Natali, chargé de la politique de l'environnement de la Communauté de 1977 à 1981[2].

À la suite de ces impulsions, on peut signaler à partir du milieu des années 1970, les amorces d'une participation des villes au système de *policy making* de la Communauté avec le renforcement de plusieurs organismes consultatifs au sein du Parlement (Intergroupe d'études sur les problèmes régionaux et locaux) et de la Commission (Comité consultatif des institutions locales et régionales)[3]. Bien que dotés de pouvoirs exclusivement consultatifs, ces « organismes » montrent l'enchaînement progressif des fonctions des villes en tant qu'espaces géographiques fondamentaux pour l'équilibre territorial de la CEE et leur rôle en tant qu'espaces de participation des citoyens et de

---

Gruppo europeo di cooperazione territoriale. Nuove sfide allo spazio dell'Unione europea, Padova, Marsilio, 2009, pp. 121-144.
1. Parlement européen, Compte rendu des séances, Séance du 22-01-1964, pp. 97-100.
2. Laura Grazi, *L'Europa e le città…*, *cit.*, pp. 192-202.
3. Laura Grazi, "Cities and the Process of European Integration: the Historical Origins of an Emerging Multi-level System", *in Yearbook of Polish European Studies*, à paraître.

proximité à leurs exigences. Cette reconnaissance, obtenue grâce aux pressions conjointes exercées tant par les autorités locales elles-mêmes, toujours plus attentives au processus d'intégration européenne, que par les membres du Parlement européen et de la Commission, désireux d'avoir des interlocuteurs plus proches des citoyens, modèle progressivement les contours des politiques communautaires qui portent une attention croissante à la dimension locale.

Les ouvertures des années 1980 et le dynamisme de l'"ère Delors"

Sur le plan communautaire, l'institution qui montre un intérêt précoce pour les villes est sans doute le Parlement. Cet intérêt donne lieu à des initiatives très intéressantes à partir de la fin des années 1970. En particulier, le nouveau Parlement élu au suffrage universel en 1979 donne son appui à la création de l'Intergroupe des élus locaux et régionaux. Après sa création, le statut des autorités locales auprès des institutions européennes s'accroit car elles commencent à être régulièrement consultées sur des questions telles que les problèmes des banlieues – très aigus au début des années 1980 –, pauvreté, cohésion sociale, mobilité urbaine, etc. Cet organisme met sur pied aussi des sessions ouvertes, des *audits* publics, auxquels prennent part les maires. Ces sessions poussent l'Intergroupe à approuver plusieurs recommandations qui mentionnent les problèmes les plus aigus des villes : le chômage, les dangers pour la qualité de la vie...

Pendant l'audition avec les maires des grandes villes de la CEE tenue les 8 et 9 février 1982, l'Intergroupe illustre son intention de
> jeter les bases d'une politique communautaire concrète permettant de s'attaquer efficacement aux problèmes des grands centres urbains et de coordonner les politiques des villes et des États membres[1].

À la suite des travaux de l'Intergroupe, en 1983, le socialiste Winston Griffiths présente, au nom de la Commission pour la politique régionale du Parlement, une proposition de résolution sur les problèmes des concentrations urbaines dans la CEE. Le rapport Griffiths a un effet catalyseur sur l'engagement de la CEE dans les questions urbaines. En effet, ce rapport stimule le passage du débat théorique à la promotion des premières actions urbaines de la CEE qui se développent dans le cadre de la politique des fonds structurels[2]. En 1983, ces actions se concrétisent avec les « Opérations

---

[1]. Parlement européen, Intergroupe des élus locaux et régionaux des groupes politiques au sein du Parlement européen, *Audition publique avec le concours des maires des grandes villes de la Communauté européenne*, Thème : Politique communautaire concernant les grands centres urbains, PE/EL/67/81/rev., in Centre Archivistique et Documentaire du Parlement européen-Luxembourg (CARDOC), Fonds Elus Locaux, n° 1.
[2]. Parlement Européen, Documents de séances 1982-1983, 15 décembre 1982, document 1-1001/82, *Relazione presentata a nome della commissione per la politica regionale e l'assetto territoriale sui problemi delle concentrazioni urbane nella Comunità*, Rapporteur: Winston Griffiths.

intégrées de développement » (OID) mises en œuvre au bénéfice de deux villes pilotes : Naples et Belfast. L'OID pour Belfast vise à ranimer le tissu socio-économique d'une ancienne ville industrielle présentant de hauts taux de chômage et de bas revenus individuels, tandis que l'OID pour Naples est liée à la rénovation des infrastructures détruites par le tremblement de terre de 1980 et au relèvement d'une région située dans le cadre de l'objectif 1 de la politique régionale communautaire[1].

La définition des actions pour les villes montre qu'à partir des années 1980 les deux dimensions urbaines (espace géographique/espace politique) ne sont pas seulement profondément imbriquées, mais sont aussi strictement liées aux trajectoires du processus de la construction européenne.

D'une part, les institutions européennes reconnaissent le rôle central du niveau local en tant qu'endroit précis et délimité pour la mise en œuvre des politiques communautaires. Cette attention est bien évidente dans le domaine de la politique de cohésion régionale à partir des réformes adoptées en 1988 et en 1992 par la Commission Delors[2] qui met un accent tout particulier sur la solidarité territoriale pour contrebalancer les effets de l'instauration du marché unique, en renforçant la dimension sociale et culturelle de la construction européenne. Le « paquet Delors I » (1988-1992) inscrit 60 milliards d'euros pour les territoires et catégories sociales les plus défavorisés, en incluant la cohésion parmi les priorités du projet de marché unique, prévu dans l'Acte unique européen – signé en 1986 – qui fait du 31 décembre 1992 le début du grand marché. C'est en effet l'Acte unique européen qui apporte à la politique de cohésion son indispensable base juridique et qui jette les prémisses de la réforme des instruments structurels, tels que le Fonds européen d'orientation et de garantie agricole, le Fonds social européen et le Fonds européen de développement régional, adoptée en 1988.

Ensuite, au sommet d'Edimbourg de 1992, les chefs d'État et de gouvernement décident sur proposition de la Commission Delors de doubler les ressources pour la cohésion : de ce fait, le « paquet Delors II » (1993-1999) consacre 30 % du budget européen à la réduction des écarts entre les

---

1. Laura Grazi, *L'Europa e le città…, cit.,* pp. 217-227.
2. Initialement employé à la Banque de France (1945-1962) et syndicaliste à la *Confédération Française des Travailleurs Chrétiens*, Jacques Delors, membre du PS depuis 1974, fut ministre de l'Économie, des Finances et du Budget de 1981 à 1984 dans les gouvernements de Pierre Mauroy. Il fut également maire de Clichy-la-Garenne de 1983 à 1984, un rôle qui lui permit d'expérimenter l'importance du niveau local dans la société. En tant que Président de la Commission européenne de 1985 à 1995, il fut promoteur du marché unique européen et de l'Union économique et monétaire. Il fut aussi l'initiateur de la politique structurelle de cohésion des Communautés, s'appuyant sur l'expérience acquise comme chef du service des affaires sociales et culturelles à l'intérieur du Commissariat général au Plan pendant les années 1960 et comme conseiller du premier ministre Chaban-Delmas (1969-1972), promoteur du projet de "Nouvelle société". *Cf.* Charles Grant, *Delors: Inside the House that Jacques Built*, London, Nicolas Brealey Publishing, 1994 ; Helen Drake, *Jacques Delors. Perspectives on a European leader*, London, Routledge, 2000 ; Claudio Giulio Anta, *Il rilancio dell'Europa. Il progetto di Jacques Delors*, Milano, Franco Angeli, 2004.

territoires et les catégories sociales. De plus, l'extension de la politique régionale à de nouvelles catégories de territoires diversifie l'éventail des espaces concernés : les régions dites « objectif 2 » (reconversion industrielle) posent le problème de l'aménagement d'espaces déjà urbanisés ; les régions rurales fragiles (« objectif 5a et 5b » concernant l'adaptation des structures agricoles et le développement rural et « objectif 6 », introduit en 1992, concernant les régions arctiques à faible densité de population) font prendre conscience du rôle des petites villes pour éviter la désertification des campagnes[1].

D'autre part, de nouveaux organismes sont créés pour augmenter la participation des autorités locales au processus de prises de décision communautaires. En 1988 la Commission Delors met en place le Conseil consultatif des collectivités régionales et locales qui est l'organisme précurseur du Comité des régions. En effet, le Président Delors soutient le processus de reconnaissance des autorités locales et régionales comme acteurs de la gouvernance européenne et comme trait d'union entre la CEE et les citoyens. En particulier, il croit possible d'obtenir un supplément de dynamisme et de légitimation de la mobilisation des acteurs et des élus locaux. Cette approche est tout à fait évidente dans son discours d'inauguration pendant la session constitutive du Conseil consultatif :

« L'Europe en construction doit absolument comporter, selon le principe de subsidiarité, des échelons locaux et régionaux ; et qu'à ces échelons existe aussi le sentiment d'appartenir à cette Europe et d'œuvrer pour elle. (…)
Or, comment concevoir une telle ambition, sans que ceux qui sont les médiateurs naturels entre les pouvoirs nationaux et les citoyens, ceux qui exercent les responsabilités près du terrain au niveau des régions et des villes ne soient représentés à Bruxelles auprès des Institutions communautaires ?[2] »

L'accent est en outre souvent mis sur la participation des citoyens et de la société civile à la définition des initiatives locales et à leur mise en œuvre afin d'augmenter la transparence et le consensus – toujours plus en crise – à l'égard des initiatives de la CEE/UE. La double réforme des fonds structurels, avec l'émergence du principe de partenariat avec les collectivités et les partenaires sociaux[3], et l'introduction du principe de subsidiarité, inclus

---

1. Jean-François Drevet, *Histoire de la politique régionale de l'Union européenne*, Paris, Belin, 2008.
2. Jacques Delors, *Discours du Président Delors à l'occasion de la réunion constitutive du Conseil consultatif des collectivités régionales et locales*, Bruxelles, 20 décembre 1988, in Archives Historiques de l'Union européenne-Florence (AHUE), Fonds du Conseil des Communes et des Régions d'Europe (CCRE) 86.
3. Dans sa communication de 1987, couramment qualifiée de « paquet Delors I », la Commission suggère « de procéder à la décentralisation de l'action communautaire, en donnant le maximum d'espace aux initiatives locales ou régionales, les plus efficaces pour l'investissement et l'emploi. Les programmes donneront lieu à des contrats entre la Communauté, les États membres et les régions. Basés sur une préparation, un suivi, une évaluation en commun des actions, ils instaureront un véritable partenariat ». Commission des Communautés européennes, *Réussir l'Acte unique : une nouvelle frontière pour l'Europe*, COM (87) 100 final, Bruxelles, 15.02.1987.

dans le Traité de Maastricht, contribuent à faire émerger un discours plus structuré sur l'Europe des villes. Dans le processus de reconnaissance des acteurs locaux comme interlocuteurs des institutions européennes, Delors bénéficie du soutien du commissaire britannique Bruce Millan qui (dans la nouvelle Commission formée en 1989) obtient le portefeuille de la politique régionale. Millan met à profit l'expérience apprise à la fin des années 1970 quand, en tant que Secrétaire d'État pour l'Écosse du gouvernement Callaghan, il avait observé la politique de rénovation urbaine adoptée à la suite de l'*Inner Urban Areas Act* (1978). En particulier, dans la réforme des fonds structurels de 1992, il souhaite une stabilité des zones éligibles et des interventions en incitant aussi les contacts entre la Commission et les acteurs du développement dans les régions et les villes.

Au début des années 1990, la volonté de Jacques Delors d'associer davantage les acteurs locaux à la construction européenne devient un *leitmotiv* de son action. À l'occasion des « carrefours de la science et de la culture », dédiés à certaines thématiques centrales de la construction européenne et réunis sous l'initiative de la Commission Delors de 1992 à 1994, une place particulière est réservée à *La ville dans la société européenne*[1]. À ce propos, Delors pense que les villes « font surgir la dimension spatiale comme composante décisive des processus modernes de développement ou de déclin »[2] et qu'autour d'elles se focalisent aussi bien les grands problèmes des sociétés contemporaines que les potentialités de croissance. Mais au-delà de sa caractérisation spatiale, Delors reconnaît la valeur politique du niveau local et, grâce à sa proximité avec les citoyens, son rôle dans la promotion d'un sentiment d'appartenance à l'Europe. Il affirme :

> La ville européenne commence là où les différences de race et de religion cessent d'être juxtaposées pour se mêler sans se fondre, dans une citoyenneté commune[3].

Pendant les années 1990, les villes sont reconnues en tant qu'acteurs de la réussite des politiques communautaires sur le terrain et dans la vie quotidienne : elles sont donc sont associées tant à la phase de prise de décision qu'à la phase de mise en œuvre. Ces principes d'action ont été inclus, par exemple, dans les premières initiatives urbaines de la CEE/UE, comme les projets pilotes urbains, inaugurés en 1990 ; ils ont été ainsi repris et approfondis dans les programmes suivants, comme URBAN I (1994-1999) et URBAN II (2000-2006).

---

1. Les carrefours se sont déroulés dans plusieurs villes marquées par l'histoire des idées en Europe : « Droit et démocratie » à Poznan ; « L'Europe et le Sud » à Salamanque ; « Le modèle européen de la société » à Lausanne ; « Science, conscience et société» à Oxford ; « L'éducation en Europe » à Bologne; « La ville dans la société européenne » à Bruxelles ; « Le devenir du monde rural » à Vézelay. *Cf.* le compte-rendu des rencontres : Jacques Delors, *En quête d'Europe – Les carrefours de la science et de la culture*, Paris, Apogée, 1994.
2. *Ibidem.*
3. *Ibidem.*

Un aperçu historique du rôle des villes dans le processus de la construction européenne montre que les prises de position de la Commission et du Parlement sur les villes et les pouvoirs locaux, qui étaient au début très rares et génériques, et axées surtout sur la dimension spatial, sont devenues plus fréquentes et détaillées pendant les années 1990, grâce au tournant marqué par la Commission Delors. Aujourd'hui, le double rôle des villes dans l'achèvement de la cohésion et dans la réalisation de politiques plus proches des citoyens est devenu un trait distinctif de la nouvelle stratégie territoriale de l'UE et de son action pour le développement urbain durable. Dans le deuxième rapport sur la cohésion (2001), la Commission européenne a déclaré :

> « La question urbaine […] est au cœur des mutations économiques, sociales et territoriales. Les villes représentent un potentiel stratégique pour la cohésion et le développement durable[1] ».

En outre, la Commission s'est exprimée à plusieurs reprises en faveur d'une reconnaissance plus explicite de la démocratie locale, dans la mesure où elle correspond à l'institution politique la plus proche des citoyens[2].

Cette analyse met donc en lumière les racines d'une politique communautaire très récente qui plonge toutefois ses origines historiques dans le début de la construction européenne. Cela nous permet aussi de réfléchir sur le fait que – même s'il y a toujours des difficultés en ce qui concerne la participation du niveau local à la gouvernance de l'UE – les villes ont été et resteront des acteurs-clés dans la structure socio-économique et politique de l'Europe.

Bibliographie
Alvergne, Christel et François Taulelle, *Du local à l'Europe. Les nouvelles politiques d'aménagement du territoire*, Paris, PUF, 2002.
Anta, Claudio Giulio, *Il rilancio dell'Europa. Il progetto di Jacques Delors*, Milano, Franco Angeli, 2004.
Atkinson, Rob, "The Emerging 'Urban Agenda' and the European Spatial Development Perspective : Towards an EU Urban Policy?", *in European Planning Studies*, vol. 9, n° 3, April 2001, pp. 385-406.
Benevolo, Leonardo, *La ville dans l'histoire européenne*, Paris, Seuil, 1993.
CEE, Commission, *Première communication de la Commission sur la politique régionale dans la Communauté économique européenne*, Bruxelles, le 11 mai 1965, II/SEC(65) 1170 final, en Archives Historiques des Communautés européennes-Bruxelles (AHCE), Bruxelles-Archives Commission (BAC) 27/1985 8.

---

1. Commission européenne, *Unité de l'Europe, solidarité des peuples, diversité des territoires – Deuxième rapport sur la cohésion économique et sociale*, Luxembourg, Publications officielles des Communautés européennes, 2001.
2. Commission européenne, Communication de la Commission, *La question urbaine. Orientations pour un débat européen*, COM (97) 197 final, Bruxelles, 6 mai 1997.

Commission CEE, *Atti della conferenza sulle economie regionali* (Bruxelles, 6-8 décembre 1961), Bruxelles, Service de publication des Communautés Européennes, 1961, 2 vols.

Commission des Communautés européennes, *Réussir l'Acte unique : une nouvelle frontière pour l'Europe*, COM (87) 100 final, Bruxelles, 15.02.1987.

Commission européenne, Communication de la Commission, *La question urbaine. Orientations pour un débat européen*, COM (97) 197 final, Bruxelles, 6 mai 1997.

Commission européenne, *Unité de l'Europe, solidarité des peuples, diversité des territoires – Deuxième rapport sur la cohésion économique et sociale*, Luxembourg, Office des publications officielles des Communautés européennes, 2001.

Delors, Jacques, *Discours du Président Delors à l'occasion de la réunion constitutive du Conseil consultative des collectivités régionales et locales*, Bruxelles, le 20 décembre 1988, in Archives Historiques de l'Union européenne – Florence (AHUE), Fonds du Conseil des Communes et des Régions d'Europe (CCRE) 86.

Delors, Jacques, *En quête d'Europe – Les carrefours de la science et de la culture*, Paris, Éditions Apogée, 1994.

Drake, Helen, *Jacques Delors. Perspectives on a European leader*, London, Routledge, 2000.

Drevet, Jean-François, *Histoire de la politique régionale de l'Union européenne*, Paris, Éditions Belin, 2008.

Grant, Charles, *Delors : Inside the House that Jacques Built*, London, Nicolas Brealey Publishing, 1994.

Grazi, Laura, "Alle origini del GECT. L'evoluzione della cooperazione territoriale in Europa dalla Conferenza europea dei poteri locali al Comitato delle regioni", *in* Antonio Papisca (dir.), *Il Gruppo europeo di cooperazione territoriale. Nuove sfide allo spazio dell'Unione europea*, Padova, Marsilio, 2009, pp. 121-144.

Grazi, Laura, "Cities and the Process of European Integration : the Historical Origins of an Emerging Multi-level System", *in Yearbook of Polish European Studies*, à paraître.

Grazi, Laura, *L'Europa e le città. La questione urbana nel processo di integrazione europea (1957-1999)*, Bologna, Il Mulino, 2006.

Grazi, Laura, « La question urbaine dans l'histoire de la construction européenne Une politique nouvelle, des acteurs en mouvement », *in* Laurent Warlouzet, Katrin Rücker (éd.), *Quelle(s) Europe(s)? Nouvelles approches en histoire de l'intégration européenne*, Bruxelles-Bern, PIE-Peter Lang, 2006, pp. 129-140.

Grazi, Laura, "Origini e sfide della politica regionale comunitaria : dagli studi preliminari all'Atto unico europeo", *in Memoria e ricerca*, n° monographique dir. Ariane Landuyt, n° 30, janvier-avril 2009, pp. 47-57.

Kaelbe, Hartmut, *Vers une société européenne, 1880-1980*, Paris, Belin, 1988,

Le Galès, Patrick, *Le retour des villes européennes. Sociétés urbaines, mondialisation, gouvernement et gouvernance*, Paris, Presses de Sciences Po, 2003.

Lévy, Jacques, *Europe. Une géographie*, Paris, Hachette, 1997.

Parlement européen, Compte rendu in extenso des séances, Séance de mercredi 22 janvier 1964.

Parlement Européen, Documents de séances 1982-1983, 15 décembre 1982, document 1-1001/82, *Relazione presentata a nome della commissione per la politica regionale e l'assetto territoriale sui problemi delle concentrazioni urbane nella Comunità*, Rapporteur : Winston Griffiths.

Parlement européen, Intergroupe des élus locaux et régionaux des groupes politiques au sein du Parlement européen, *Audition publique avec le concours des maires des grandes villes de la Communauté européenne*, Thème : Politique communautaire concernant les grands centres urbains, PE/EL/67/81/rev., *in* Centre Archivistique et Documentaire du Parlement européen - Luxembourg (CARDOC), Fonds Elus Locaux (EL), n° 1.

Poggiolini, Ilaria, « La Grande Bretagne et la Politique Régionale au moment de l'élargissement (1969-1972) », *in* Marie-Thérèse Bitsch (dir.), *Le fait régional et la construction européenne*, Bruxelles, Bruylant, 2003, pp. 153-167.

Randet, Pierre, *L'aménagement du territoire. Genèse et étapes d'un grand dessein*, Paris, La documentation française, 1994.

Tofarides, Maria, *Urban Policy in the European Union : a Multi-level Gatekeeper System*, Aldershot, Ashgate, 2003.

Varsori, Antonio, « La politique régionale européenne : prémices d'une solidarité », *in* Michel Dumoulin (dir.), *La Commission européenne, 1958-1972. Histoire et mémoires d'une institution*, Luxembourg, Publications officielles des Communautés européennes, 2007, pp. 427-441.

Discours du Président Delors à l'occasion de la réunion du Conseil consultatif des Collectivités régionales et locales

Bruxelles, le 20 décembre 1988

Je suis heureux que ce Conseil ait vu le jour, et vous remercie de la compréhension dont vos organisations ont fait preuve pour aboutir à ce résultat. Permettez-moi de féliciter M. Schmidhuber pour le travail qu'il a réalisé en ce sens.

Il s'agit d'un Conseil consultatif. Afin qu'il ne soit pas une Institution de plus qui, après l'enthousiasme de départ, tombe dans la somnolence, il ne dépend que de vous de la faire vivre.

Pour sa part, la Commission fera son travail et vous consultera autant que de besoin. Les élections au Parlement européen vont certes voir fleurir de multiples suggestions, toutes plus audacieuses les unes que les autres. Les hommes politiques décideront. Mais pour l'instant, il y a là trois organisations qui se sont mises d'accord sur une formule qui nous permettra de montrer que l'Europe en construction doit absolument comporter, selon le principe de subsidiarité, des échelons locaux et régionaux; et qu'à ces échelons existe aussi le sentiment d'appartenir à cette Europe et d'œuvrer pour elle.

Au-delà de la réalisation des objectifs économiques de l'Acte unique qui est la tâche actuelle des institutions communautaires, le Parlement, le Conseil des Ministres et la Commission, les Chefs d'Etat et de gouvernement ont rappelé qu'ils souhaitaient réaliser l'Union européenne, c'est-à-dire une entité politique qui puisse peser de tout son poids pour la défense des valeurs qui nous sont chères et pour notre action dans le monde.

Or, comment concevoir une telle ambition, sans que ceux qui sont les médiateurs naturels entre les pouvoirs nationaux et les citoyens, ceux qui exercent les responsabilités près du terrain au niveau des régions et des villes ne soient représentés à Bruxelles auprès des Institutions communautaires ?

Le geste n'est donc pas simplement de procédure. C'est un geste politique qui en annoncera d'autres. Après tout, les 31 années d'histoire de la Communauté européenne sont jalonnées de tentatives, les unes réussies, les autres ayant échoué, pour construire un dispositif correspondant à une certaine conception de la participation des citoyens et de la démocratie.

Il serait d'ailleurs intéressant d'étudier quels sont tes niveaux de décision les plus efficaces pour l'Europe de demain. Pour ma part, j'ai toujours pensé que le niveau communautaire ne devrait intervenir que là où il est véritablement utile, le reste étant traité, selon les vocations et les décisions de chaque Etat, à l'échelle de l'Etat national, des régions et des collectivités décentralisées. Mais plus l'Europe se construira, plus les décisions seront prises au niveau communautaire. Et celles-ci ne pourront être acceptées et appliquées que si elles ont été discutées, comprises au niveau décentralisé, c'est-à-dire des communes et des régions.

C'est là que le sentiment d'appartenance de nos concitoyens, noyés dans un monde qui les dépasse, est le plus fort.

Je considère donc que votre tâche n'est pas simplement technique et qu'elle ne se borne pas à donner votre avis sur la mise en œuvre des nouvelles politiques décidées par le Conseil européen à Bruxelles en février dernier. Vous devrez aussi montrer la voie d'une Europe plus complète dans ses structures démocratiques, son expression du bas vers le haut et la circulation des informations et des décisions du haut vers le bas. J'espère que vous pourrez remplir cette tâche avec succès, ce qui sera pour nous tous une grande récompense.

Vous avez tous de multiples obligations. Mais je souhaite que vous preniez ce Conseil au sérieux, non pas comme un élément définitif de la constellation institutionnelle européenne, mais comme un point de départ qui permette aux collectivités décentralisées de ne pas être écartées.

Chaque nation appartenant à la Communauté, décidera ensuite de la meilleure manière d'ajuster ses institutions à la naissance de l'Europe réelle. Pour l'instant, Vous constituez une sorte d'avant-garde, en même temps que des conseillers très utiles sur les politiques.

En ce qui concerne ces politiques, il faut replacer les propositions que j'ai faites et qui ont été acceptées par le Conseil européen dans le cadre du défi réel qu'elles représentent.

De trois choses l'une :
- ou bien nous n'arriverons pas à réussir l'Acte unique, et la construction européenne retombera dans la léthargie qu'elle a connue très souvent durant sa courte histoire;
- ou bien les politiques communes, dites structurelles, que M. Schmidhuber vous a présentées réussiront et nous aurons l'amorce d'une union de douze pays ayant créé un espace organisé et pas simplement un marché unique;
- ou bien ces politiques échoueront et l'Europe sera réduite à un marché unique, assorti de transferts financiers pour les régions les plus pauvres.

Cette troisième hypothèse n'est pas celle que nous avons choisie, à la fois pour des raisons d'efficacité et pour des raisons politiques. Il nous faut en effet des politiques communes qui permettent à chaque région de jouer sa chance dans ce grand espace économique et social organisé.

Ces politiques communes impliquent-el les des transferts considérables de souveraineté à l'échelon européen ? Non ! Elles impliquent simplement une certaine conception de l'action complémentaire de la Communauté par rapport à l'action centrale que mène le responsable d'une région ou le maire d'une ville. Celui-ci se situe dans un certain contexte, et la Communauté apporte, non pas seulement des financements, mais une méthode basée sur le partenariat.

Tel est le problème technique qui vous est posé et pour lequel nous avons besoin de votre expertise et de votre concours : là est le véritable enjeu.

Pour le rester nous avons beaucoup progressé. J'ai lancé cette idée de l'objectif 1992 au début de 1 985. Nous sommes à mi-parcours ; il reste devant nous des obstacles difficiles- Parmi eux, il y a le test des politiques structurelles que je viens d'évoquer. Il y a aussi la dimension fiscale : on ne peut avoir un grand marché sans frontières, sans rapprocher les fiscalités. C'est sans doute la question la plus difficile avec la mise en œuvre des politiques structurelles. Il y a enfin ce que l'on appelle l'union économique et monétaire que les Chefs d'Etat et de gouvernement ont décidé à Hanovre de mettre à l'étude".

Il ne s'agit pas, contrairement à ce que disent certains, d'un transfert total de souveraineté à l'échelon communautaire; même si l'union économique et monétaire était réalisée, la majeure partie des responsabilités macro-économiques resterait au niveau des nations, et participerait, je l'espère, d'une conception décentralisée au niveau des régions et des villes la question est un peu différente pour le problème monétaire, car on ne peut fractionner le pouvoir monétaire : il faut une centralisation un peu plus forte. Mais soyons clairs : si les Chefs d'Etat et de gouvernement décidaient d'aller vers l'union économique et monétaire, cela représenterait un saut institutionnel aussi important que celui qu'a constitué l'Acte unique par rapport au

Traité de Rome. C'est dire l'importance de l'année qui vient sous présidence espagnole, puis sous présidence française.

J'ajouterai enfin que l'un des autres grands problèmes des années à venir concerne nos relations avec les autres pays européens non membres de la Communauté qui frappent à notre porte.

Pourrons-nous à la fois nous approfondir, réaliser nos objectifs et, en même temps, nous élargir ? Telle est la question.

Permettez-moi pour conclure de faire des vœux pour que ce nouvel enfant qu'est le Conseil consultatif grandisse bien et contribue, pour sa part, à la construction européenne.

Je vous remercie.

Jacques Delors, Discours du Président Delors à l'occasion de la réunion constitutive du Conseil consultative des collectivités régionales et locales, Bruxelles, le 20 décembre 1988, *in* Archives Historiques de l'Union européenne – Florence (AHUE), Fonds du Conseil des Communes et des Régions d'Europe (CCRE) 86.

TROISIÈME PARTIE

LES ÉVOLUTION DE L'ESPACE EUROPÉEN
EUROPEAN SPACE EVOLUTIONS

TOWARDS A NEW POLITICAL SPACE IN EUROPE :
The Environmental Protection in the Seventies

Laura SCICHILONE
CRIE, Università degli Studi di Siena

Since the last mid-century, the ecological crisis gradually became a central political problem regarding first of all the industrialised countries. A new and interesting aspect of this crisis is that in the face of industrial pollution, in particular the one originating from chemical plants and become chronic since the end of the 1950s[1], the national states have shown their limits. There was the need to face the ecological crisis on a wider scale, outside the domestic borders, because the environmental damages extended beyond state borders and had to be resolved through multilateral actions.

In Western Europe, an example of the limits that prevented the states from coping with pollution by adopting autonomous and efficient measures was the border-river Rhine[2], whose degradation was a common problem of France, the Federal Republic of Germany and other countries (such as Switzerland, Luxembourg and The Netherlands). These countries have a political cooperation since the 1950 thanks an initial Dutch government proposal. They improved this cooperation in 1963 with the Convention of Berne creating the International Commission for the Protection of the Rhine against Pollution (ICPR). Besides, a specific case in Western Europe was represented by the European Economic Community (EEC), that was the most suitable context of multilateral political action for dealing with the ecological question. In fact, the member states of the European Community had to face this problem both internally and on the common level, because the environmental damage were linked to economic and industrial policies effects, which were taking on an increasingly common dimension and were regulated by EEC directives.

---

1. Piero Bevilacqua, *La terra è finita. Breve storia dell'ambiente*, Roma-Bari, Laterza, 2006, pp. 71-72 ; Robert Delort and François Walter, *Storia dell'ambiente europeo*, Bari, Edizioni Dedalo, 2002, p. 335.
2. Isabelle Romy, *Les pollutions transfrontières des eaux : l'exemple du Rhin. Moyens d'action des lésés*, Lausanne, Payot, 1990.

After the signing of the Rome Treaties (1957) and the progressive integration of national markets, the EEC issued regulations about a series of economic policies that implied a transfer of the decision-making process from the national to the European level. This process was based on the inter-governmental methods of the Community's Council of Ministers, therefore it was subject to a series of obstacles coming from possible disagreements among the member states. However, the issuing of regulations concerning the consequences to the environment, in particular in the industrial sector, became a side effect of economic integration.

In fact, economic rules and competition protection had to take into consideration the necessity to manage the pollution problems in an uniform fashion in all member-states. For these reasons and despite the EEC Treaty was not contemplating any explicit reference to environmental protection, the Community found in the generic aims of Articles 100 and 235 the basis for giving legitimacy to some occasional measures. The two articles permitted to the European Community to adopt occasional measures in additional sectors if these had the aim to improve the common market operation[1].

Besides, the European Community has given constant attention to the world dimension of the ecological crisis, which represents "a problem with no borders" and therefore is to be necessarily seen as "a trans-national question". The institution and development of the EEC environmental policy are linked to the economic, political and social transformations that, between the end of the 1960s and the beginning of the 1970s, took place not only at European scale but more generally in the international context[2].

The Building of a New Political Space

In 1969 the European summit in The Hague saw the re-launching of European integration including the extension of the Community authority. As part of this extension and after the first phase representing by occasional environmental measures, the European Community examined the possibility of implementing new policies, such as the environmental policy[3]. During preparations for the summit, the European Commission drew up a memorandum for the heads of State and government, expressing the need for reconciling economic development with a "broader picture of growth"[4].

---

1. Giovanni Cordini, "La protezione dell'ambiente nell'Unione europea", *in* Vincenzo Pepe (a cura di), *Politica e legislazione ambientale*, Napoli, Edizioni Scientifiche Italiane, 1996, p. 61.
2. John Bellamy Foster, *The Vulnerable Planet. A Short Economic History of the Environment*, New York, Monthly Review Press, 1999 ; Pier Paolo Poggio, *La crisi ecologica. Origini, rimozioni, significati*, Milano, Jaca Book, 2003.
3. Jean-Claude Masclet (dir.), *La Communauté européenne et l'environnement*, Paris, La Documentation française, 1997.
4. Commissione delle Comunità europee, *Promemoria della Commissione delle Comunità europee destinato alla Conferenza dei capi di Stato e di governo (trasmesso per informazione dei membri del Parlamento europeo il 5 dicembre 1969)*, Bruxelles, 5 dicembre 1969, *in* Historical Archives of European Union (HAEU), Emile Noël Fonds (EN), file 1866.

The memorandum spoke of the need for specific action on a social and regional level, in order to tackle the transformations and negative effects in economic, industrial and technological development. Even if the document did not explicitly speak about the environmental policy, it spoke of a "broader picture of growth" clearly including the resolution or limitation of environmental problems. In fact, these were primarily the negative consequences of industrial development and their resolution represented a fundamental step towards more balanced economic and social growth.

While a first reason for acting at the Community level originated from the economic integration itself, a second thrust to define a European-wide environmental policy was given by the Stockholm Conference on the human environment organized by the United Nations in June 1972. The European Community was listed among the "bodies at regional level" and was represented at the summit by Sicco L. Mansholt, President of the European Commission. He was chosen not only for his official position, but also for his strong interest in ecological matters, which led the Conference's Secretary General, Maurice P. Strong, to ask for his presence[1].

The Stockholm Conference authoritatively gave the environmental question an international dimension, and put pressure on the States to manage in a trans-national way the problems of common interest. To that end, the European Community could start from a favorable position, because it already had common institutions, even if the inter-governmental level was pre-eminent in the decision-making process.

Also, its listing among the "regional bodies" was a recognition of the Community's potential role, as it was considered not only as the summation of its member states (which were also individually represented at the summit), but also as an intermediate subject between international institutions and the states. Geographical interdependence and the necessity to give global answers to the ecological question were becoming more and more evident due to a remarkable increase of environmental damages, that were requiring to step up multilateral actions and international cooperation.

In that context, the European Community was representing, above all, a model for overcoming the exclusive national dimension[2]. In addition, starting from the Stockholm meeting, the Community will constantly relate itself to the international actors and in particular to the United Nations. This aspect has been a characteristic feature of the evolution of the Community's environmental policy, contributing to create a wider field of action with respect not only to the national borders of its member states, but also in the international arena.

---

1. P. Strong, Secretary-General of the Conference, *Letter to Mr Mansholt*, 28 April 1972 ; Sicco L. Mansholt, President of the Commission of the European Communities, *Letter to Mr. Strong*, Brussels, 23 May 1972, *in* Archives Historiques de la Commission Européenne (AHCE), BAC 28/1980, n° 656.
2. Laura Scichilone, "European Ecological Borders", *in Eurolimes. Journal of the Institute for Euroregional Studies* – Jean Monnet European Centre of Excellence", vol. 8, Autumn 2009, pp. 66-71.

The official institution of the European Community's environmental policy were influenced by the first international meeting on the environment, at the same breath the negative effects of the economic and industrial development were more and more upsetting the environment, such as the living and working conditions of the citizens. In October 1972 the European Summit in Paris formally invited the European Commission to work out an action plan on environmental matters[1].

The first step following the Paris Summit was an inter-ministerial Conference held in Bonn on October 31, 1972, which involved the ministers of the member states responsible for environmental protection, including the ministers of the countries that had to join it as members in 1973 (United Kingdom, Ireland, Denmark). In Bonn they decided to hold regular meetings between the ministers responsible for the environment, and to institute an "environment group" composed of national delegations and a representative of the European Commission. The group had the mandate to draft the first Environment Action Program (EAP)[2].

The member States were in agreement that the environmental problems were trans-national, but they were determined to get a political control in that sector. In particular they wanted to avoid a complete or even partial transfer of their sovereignty to the Community, keeping the pre-eminent position of the Council of Ministers in the preliminary phases and in the decision-making process. The inputs for the creation of a new policy were basically coming from the European Commission and from the peculiar activism of some of its members, among others Sicco Mansholt and Altiero Spinelli (then he was commissioner to industry, research and technology)[3]. However, the typical inter-governmental cooperation method was still noticeable, yet again and in this matter too.

When in January 1973 the Frenchman François-Xavier Ortoli took over the Commission presidency, the Italian Carlo Scarascia Mugnozza was given the responsibility of the newly-born environmental policy. The

---

1. Speech by Hans Edgar Jahn, "Verbal question n. 23/72 with discussion: measures on account of the results of the conferences of June 1972 on environment protection", European Parliament, Session of Tuesday 12 December 1972, in *Official Journal of the European Community* (OJEC), Discussions of the European Parliament, n° 156, December 1972, p. 41.
2. General Secretariat of the Council of European Communities, *20th Summary of the Council activities*, Luxembourg, Office of official publications of the European Communities, 1er jan.-31 déc. 1972, p. 232 ; Communautés européennes, Le Conseil, *Lettre de M. Genscher, Ministre de l'Intérieur de la République fédérale d'Allemagne en date du 6 novembre 1972 à M. W.K.N. Schmelzer, Président du Conseil des Communautés européennes. Objet : Transmission d'un communiqué de la Conférence des Ministres chargés des problèmes de l'environnement*, Bruxelles, 5 décembre 1972, in AHCE, BAC 244/1991, n° 6.
3. Laura Scichilone, "The Origins of the Common Environmental Policy. The Contributions of Spinelli and Mansholt in the ad hoc Group of the European Commission, 1969-1972", *in* Morten Rasmussen and Ann-Christina L. Knudsen (eds.), *The Road to a United Europe. Interpretations of the Process of European Integration,* Brussels, Peter Lang, Euroclio Etudes et Documents/Studies and Documents Vol. 48, 2009, pp. 335-347.

Commissioner's priority objective was the approval of the first Environment Action Program[1], following the action line suggested during the Bonn Conference. In fact the burden of following the inter-governmental method was great. On the other hand, the environmental sector was at its first "community experience" and it would have been difficult to expect an action context with a limited influence from the member states.

The Transnational Perspective : Problems and Opportunities

The "Environment" word is linked to "territory" and "state". In this sector the European political action was meeting with difficulties in compounding the need to cope with the most important environmental problems in a transnational perspective and the need to carry out, in order to do that, significant sovereignty transfers from the governmental to the Community level. Yet, in November 1973, the EEC Council finally approved the first Environment Action Program for the period 1973-1976[2]. Despite all the reserves, the states had to face new unknowns problems with old means, i.e. the no-border ecological crisis with the peculiar tools of the national governments.

Even if the member states could put in place forms of traditional cooperation of the inter-governmental type, that could not solve the problems in a definitive and efficient way, because the EEC economic integration was posing the dilemma of a joint management of the effects deriving mainly from its own industrial development. The degradation itself of the Ruhr and Saar territories[3], the center of the European Coal and Steel Community (ECSC), represented the "direct effect" of a "Community question".

The multilateral political action was reinforced, because the first Environment Action Program was contemplating an interesting interaction between several political and institutional levels : local, regional, national, Community, international. In addition, criteria were defined for the choice of one or the other action level : it was to be based upon the evaluation of the type of pollution and the characteristics of the geographical area to be protected. This point of the action program shows a broad political will concerning the need of an institutional handling of the environment, that allowed for a spreading and sharing of responsibilities among the actors involved in carrying out the Community decisions.

As to the starting up of the Community's environmental policy and in particular with regard to the first Environment Action Program, two aspects have to be underlined. On the one hand, the Paris Summit of 1972, and hence

---

1. Carlo Scarascia Mugnozza, *Programma delle Comunità europee in difesa dell'ambiente. Intervento dell'on. Carlo Scarascia Mugnozza, Vicepresidente della Commissione delle Comunità europee al Convegno di studi indetto dall'Ente Studi Antinquinamento*, Milano, 14-16 giugno 1973, pp. 9-11, *in* HAEU, Carlo Scarascia Mugnozza Fonds (CSM) 64.
2. General Secretariat of the European Communities Council, *20th Summary of Council activities*, p. 22.
3. Robert Delort and François Walter, *Storia dell'ambiente europeo*, p. 333.

the member states, had recognized the opportunity to go beyond the competences given to the Community by the Rome Treaties, according with the new economic, political and social requirements originating from the very development of the EEC, and showing their will to provide answers to them at the Community level. On the other hand, the biggest difficulty was the decision-making process based on the unanimous vote in the Council. According to the consultation procedure, the European Parliament, which had shown an *avant-garde* attitude with regard to the newly-born environmental policy[1], did not have a substantial influence on the decision-making process.

In his capacity of Commissioner, Altiero Spinelli was told to participate in the preparation of the Paris Summit indicating it as the place where a series of Community's "unsolved questions" should be discussed. The Commissioner believed that, after the success of the EEC, crowned by the breaking down of the custom barriers ahead-of-schedule, the Community had to move towards "a social policy that, availing itself of suitable harmonization tools, of Community laws and common initiatives, shall define and enforce the non-deferrable priorities concerning the quality of life (...) and also a correct equilibrium between society and its environment"[2]. A common environmental policy was clearly called for by Spinelli and by a sizable majority of the Commission and the Parliament. The member states had to admit to their ever more apparent "incompetence" in handling the new ecological problems originating from the economic and industrial development.

Another important aspect concerns the differences among the member states in their ability/political competence in the field of environmental matters, in particular in the case of the "North-South dichotomy"[3]. In fact, according to this interpretation, there was a difference of opinion, and consequently a friction, between some States in the North of the EEC and others mostly in the South. The former tried to progressively include in the European agenda their own national measures on the environment, generally more demanding than the average level in other member states ; the latter followed the Community developments, having difficulties sometimes in changing their national policies to meet them.

There are two reasons of the driving the "green countries" to such a transferring of domestic environmental protection levels to the Community's level. The first is the influence of domestic public opinion (in this case in particular the ecologist movements) and follows the dynamics of domestic politics ; the second reason comes from the pressure exerted by some national industrial sectors, aspiring to ensure their competitiveness in the environmental field over the "late-coming" member states. To the contrary,

---

1. Núria Font, "La politica ambientale", *in* Sergio Fabbrini and Francesc Morata (ed.), *L'Unione europea. Le politiche pubbliche*, Roma-Bari, Laterza, 2002, p. 176.
2. Altiero Spinelli, "Voce, indipendenza e personalità dell'Europa", *in Mulino*, anno XXI, n° 222, luglio-agosto 1972, p. 588.
3. Núria Font, *La politica ambientale, op. cit.*, pp. 180-183.

the common attitude in the Southern countries has been to see the introduction of the Community's environmental measures as a risk for their competitiveness, considering such measures as based on the needs of the Northern countries to the detriment of the Southern.

In this context, the Community's enlargements represent an important factor in reconstructing the evolution of the European environmental policy, but they also constitute a useful element for understanding the dynamics of national interests and the construction of a potentially trans-national dimension for such a policy. The development of the European Community ecological action was depending, at least partially, on the divergence or the equilibrium between the "green" and the "late-coming" countries. Among the founder states, Germany and The Netherlands represented the first type, Italy and partly France represented the second one. After the first enlargement of 1973, the green countries got stronger thanks to the positive role of Denmark ; in line with its general disaffection with most of the European integration process, United Kingdom was essentially "lukewarm" also in this sector.

The European Environmental Policy as « Consensus Opportunity »

An other very important aspect for the European environmental policy development is the role of the public opinion, not only in the green countries. The ever-growing attention of citizens towards the environmental problems positively influenced the European Community political will to answer these problems. In particular, some members of the European Commission (such as Altiero Spinelli) and above all a considerable part of the European Parliament saw the environmental policy like a good tool in order to bring near the EEC institutions and European citizens.

The European environmental policy was born also as a "consesus opportunity" for the EEC institutions. These wished that the European citizens recognized the importance of EEC to solve the environmental problems, according to Community its positive role. However this perspective was clear above all for the European Parliament, which was not directly elected before 1979, in particular there were many European personalities looking with interest to public opinion orientations and wishing the integration process included the citizens participation.

The European Parliament had this will even if there was not an "European" public opinion in the Seventies, but an additon of the national public opinions, in particular including the green countries (for example Denmark, Germany, The Netherlands). In fact these public opinions did not recognize the European Commnity such as their political interlocutor. This situation will gradually start to change in the Eighties.

In the face of the ecological crisis between the end of Sixties and beginning of Seventies, European Community has gradually acquired importance in the context of the political actors involved in the environment managment. In this perspective the environmental policy of the European Community contributed to create a new political space in Europe.

In particular, the case of the European Community represents an original political cooperation context in order to solve the new environmental problems, which are characterized by a no-border dimension. The Community had a permanent attention to the international arenas and possibility to work in multilateral contexts. In fact, the European institutions worked on the first European Environment Programme as long as the Community showed the "international will" of its new environmental policy during the first Stockholm Conference in 1972. Besides, the EEC increasingly became a transnational structure, passing over the national political borders – at the domestic level – and the "ideal" division between industrialized countries and underdevelopment ones – at the external level – following the input of the decolonization process which involved some member states. The European Community considered this division as a very strong input to look towards the (due) world dimension of the environmental crisis and economic and industrial development problems.

Bibliography

Bevilacqua, Piero, *La terra è finita. Breve storia dell'ambiente*, Roma-Bari, Laterza, 2006.
Connelly, James and Smith, Graham, *Politics and the Environment. From Theory to Practice* (Second Edition), London-New York, Routledge, 2003.
Delort, Robert and Walter, François, *Storia dell'ambiente europeo*, Bari, Edizioni Dedalo, 2002.
Font, Núria, *La politica ambientale*, in Sergio Fabbrini and Francesc Morata (ed.), *L'Unione europea. Le politiche pubbliche*, Roma-Bari, Laterza, 2002
Foster, John Bellamy, *The Vulnerable Planet. A Short Economic History of the Environment*, New York, Monthly Review Press, 1999
Masclet, Jean-Claude (dir.), *La Communauté européenne et l'environnement*, Paris, La Documentation française, 1997.
Poggio, Pier Paolo, *La crisi ecologica. Origini, rimozioni, significati*, Milano, Jaca Book, 2003.
Romy, Isabelle, *Les pollutions transfrontières des eaux : l'exemple du Rhin. Moyens d'action des lésés*, Lausanne, Payot, 1990.
Scichilone, Laura, *L'Europa e la sfida ecologica. Storia della politica ambientale europea (1969-1998)*, Bologna, Il Mulino, 2008.
Scichilone, Laura, "European Ecological Borders", in *Eurolimes. Journal of the Institute for Euroregional Studies* – Jean Monnet European Centre of Excellence", vol. 8, Autumn 2009, pp. 66-71.
Scichilone, Laura,"The Origins of the Common Environmental Policy. The Contributions of Spinelli and Mansholt in the ad hoc Group of the European Commission, 1969-1972", *in* Morten Rasmussen, Morten and Knudsen, Ann-Christina (eds.), *The Road to a United Europe. Interpretations of the Process of European Integration,* Brussels, Peter Lang, Euroclio Etudes et Documents/Studies and Documents vol. 48, 2009.

COMMUNAUTES EUROPEENNES
Le Conseil

Bruxelles, le 26 mai 1972
R/1014/1/72 (ENV. 13 rév. 1)

R A P P O R T

du Groupe ad hoc "Environnement" (Stockholm)
au Comité des Représentants Permanents

Objet : Position de la Communauté et des Etats membres et
adhérents à la Conférence sur les problèmes de
l'environnement organisée par l'O.N.U.
(Stockholm – juin 1972)

I.

Le Groupe ad hoc "Environnement" (Stockholm), suite au
mandat qui lui a été donné par le Comité des Représentants
Permanents lors de sa 634ème réunion des 29 février au
2 mars 1972, s'est réuni les 10/11 avril et 8 et 15 mai 1972
en vue de se concerter sur les points suivants figurant à
l'ordre du jour de la Conférence de Stockholm :

1. Constitution des commissions et élection des membres du
   Bureau (points 4 et 5 de l'ordre du jour provisoire de
   la Conférence)

2. Déclaration sur l'environnement (point 9)

3. Système de référence (point 12)

4. Développement et environnement (point 14)

R/1014/1 f/72 (ENV. 13 rév. 1) md
C.E.E.

- 2 -

5. Incidences internationales sur le plan de l'organisation des propositions d'action (point 15) et plan d'action (point 16)

   a) Organisation sur le plan institutionnel : création d'un nouvel organe
   b) Création, objectifs et financement d'un Fonds des Nations Unies en matière d'environnement
   c) Actions prioritaires à mener au niveau de l'O.N.U.
   d) Projets de résolution proposés par
      - les Etats-Unis
      - le Brésil

et, sous divers

6. Concertation des Dix sur place.

Dans l'élaboration du présent rapport, le Groupe a tenu compte de la documentation des Nations Unies et des documents présentés par les représentants de la Commission (1).

La documentation suivante est reprise ci-après :

- en annexe I : un document contenant les suggestions de la Commission sur les relations avec les pays en voie de développement en matière d'environnement,
- en annexe II : un document contenant les suggestions de la délégation allemande sur les relations avec les pays en voie de développement en matière d'environnement,
- en annexe III : un projet de résolution des Etats-Unis d'Amérique,
- en annexe IV : un projet de résolution du Brésil.

.../...

---

(1) Document de travail établi par les services de la Commission concernant la position de la Commission et des Etats membres à la Conférence sur les problèmes de l'environnement organisée par l'O.N.U. (Stockholm - juin 1972) /doc. R/696/72 (ENV. 7)_7
Document de travail des services de la Commission concernant le Fonds spécial de financement pour les activités concernant la protection et l'amélioration de l'environnement /doc. R/975/72 (ENV. 12)_7

R/1014 f/72 (ENV.13 rév. 1)

- 3 -

Le Groupe ad hoc soumet les conclusions reprises ci-après sous point II à l'approbation du Comité des Représentants Permanents. La délégation danoise, en l'absence d'instructions définitives, a émis une réserve générale sur ce rapport.

II.

1. <u>Constitution des commissions et élection des membres du Bureau</u> (points 4 et 5)

La plupart des délégations se sont en principe prononcées en faveur d'une plus forte représentation de l'Europe Occidentale dans le Bureau de la Conférence. Certaines délégations ont néanmoins constaté qu'une initiative lancée à cet effet pourrait se heurter à des réactions négatives des pays tiers. Par conséquent, il a été convenu que cette question pourrait faire l'objet d'une concertation sur place, en pleine connaissance de la procédure prévue pour la Conférence et de toute autre donnée utile.

A l'exception des Pays-Bas, aucun pays des Dix n'a, jusqu'à présent, fait connaître son intention de poser sa candidature pour un poste au Bureau de la Conférence.

Les délégations et les représentants de la Commission ont souligné l'intérêt que représenterait la présence d'un Etat membre ou adhérent à la présidence de la Commission III de la Conférence.

F/1014 1/72 (ENV. 13 rév. 1) .../...

2. Analyse du projet de déclaration sur l'environnement (point 9)

Les délégations sont d'avis que les solutions reprises dans le projet de déclaration ne sont pas optimales. Néanmoins, les délégations, sont convenues qu'il était préférable de ne pas présenter d'amendements de fond sur le projet de déclaration qui représente un compromis difficilement atteint au sein du Groupe de travail préparatoire de la Conférence.

Au cas où des Etats, autres que les Dix, présenteraient des amendements de fond, les délégations des Etats membres et adhérents devraient, si possible, se concerter à Stockholm sur l'attitude à prendre et notamment sur la présentation d'amendements par un ou plusieurs des Dix.

Au cas où l'un des Etats membres et adhérents souhaiterait faire des déclarations interprétatives, il serait également souhaitable qu'il y ait, dans la mesure du possible, une concertation des Dix à ce sujet.

3. Système de référence (point 12)

Un certain consensus s'est dégagé en faveur de la création d'un système de référence proposé par le Secrétariat de la Conférence. Ce système devrait se limiter à ce qui relève de la politique de l'environnement. Il devrait en

R/1014 f/72 (ENV. 13 rév. 1)

outre n'avoir pour objet que de rassembler et de diffuser des données de référence et s'abstenir de réaliser lui-même des études de synthèse ou des activités spécialisées dans des domaines précis.

Le système de référence pourrait être installé à Genève. Les travaux confiés par le Conseil au CIDST et ceux réalisés par les Communautés dans le domaine de la protection et de l'amélioration de l'environnement pourraient trouver leur place dans le cadre de ce système de référence.

Le financement de ce système de référence devrait être assumé par le fonds mentionné sous point 5 b) ci-après si celui-ci était créé à Stockholm.

4. Développement et environnement (point 14)

Le Groupe a examiné les textes présentés par la délégation allemande et par la Commission repris en annexes I et II. Ces textes ont, dans leurs grandes lignes, recueilli un préjugé favorable d'un nombre important de délégations. D'autres n'ont pas été en mesure de se prononcer sur ces textes à ce stade, étant donné qu'à leur avis, ceux-ci méritent un examen plus approfondi.

5. Incidences internationales sur le plan de l'organisation des propositions d'action (point 15) et plan d'action (point 16)

a) Création d'un organe des Nations Unies pour l'environnement

Un consensus paraît se dégager en faveur de l'instauration d'un organisme intergouvernemental "Environnement" auprès du Conseil économique et social de l'O.N.U. (ECOSOC) sous forme d'une commission à créer, de préférence d'un nombre limité de membres et d'une représentation adéquate des pays donateurs.

R/1014 f/72 (ENV. 13 rév. 1) .../...

Un administrateur disposant de pouvoirs de décision et assisté par un petit secrétariat, serait chargé de l'exécution des actions souhaitées par l'organisme intergouvernemental et de la gestion du Fonds pour l'environnement.

Cet administrateur présiderait également un "inter-agencies-coordinating board" composé de hauts fonctionnaires des organisations de l'O.N.U. compétentes en matière d'environnement.

b) <u>Création, objectifs et financement d'un Fonds des Nations Unies en matière d'environnement</u> (1)

Au cas où un Fonds spécial sera créé à Stockholm, l'accord paraît être général pour que le Fonds soit consacré en toute première priorité au financement d'actions qui ne peuvent être menées à bien autrement que d'une manière globale.

---

(1) <u>La délégation néerlandaise</u>, quant à elle, a déclaré qu'à ce stade
- elle pourrait être en principe en faveur de la création d'un Fonds spécial d'environnement dont les moyens pourront s'élever à 100 millions de $ pour 5 ans ("pilot figure") sous réserve d'une solution satisfaisante quant aux modalités et quant à la clé de contribution,
- ces moyens seraient à dépenser, en premier lieu, pour les projets globaux dans le domaine de l'environnement selon des priorités à définir
- les moyens ne peuvent en aucun cas être utilisés pour le financement des composants d'environnement faisant partie des projets de développement.

R/1014/1 f/72 (ENV. 13 rév. 1) md

Il ne devrait pas servir à financer des opérations déjà engagées par des institutions spécialisées des Nations Unies mais seulement à les compléter et, si possible, les coordonner, et le cas échéant, à inciter ces institutions à procéder à des travaux nouveaux dans des domaines déterminés. En outre, il devrait pas non plus être utilisé à d'autres fins que celles de l'environnement.

L'avis a été exprimé par certaines délégations que les actions financées par le fonds, qui n'ont pas un caractère global pourraient utilement être orientées de manière à tenir un plus grand compte des besoins des pays en voie de développement.

Eu égard notamment du fait que les pays donataires n'ont pas encore atteint les objectifs établis pour la deuxième décennie pour le développement, aucune délégation ne paraîtrait favorable à ce que des ressources supplémentaires soient dégagées sous une forme quelconque pour couvrir les coûts supplémentaires des actions de protection de l'environnement dans les pays en voie de développement.

La Commission a suggéré que la contribution des pays communautaires au Fonds spécial dont la création est projetée soit accordée globalement, le cas échéant, sous forme d'une participation financière des Communautés Européennes, de manière à accroître leur influence et celle des Etats membres dans la gestion du Fonds.

Il a été convenu que les gouvernements examineraient cette proposition, compte tenu de ses implications politiques.

R/1014 f/72 (ENV. 13 rév. 1) md .../...

Un consensus s'est néanmoins dégagé pourqu'au cas où le Fonds serait créé, les Etats membres de la Communauté soient à même d'exercer sur sa gestion une influence proportionnelle au montant global de leurs contributions éventuelles.

Une délégation a proposé que le montant des contributions soit calculé en fonction des barèmes des cotes-parts en vigueur aux Nations Unies.

c) <u>Actions prioritaires à mener au niveau des Nations Unies</u>

Les points suivants ont été pris en considération dans l'examen de priorités (1) :

- pollution de la mer
- réseaux de surveillance
- système de référence
- développement et coordination de l'action des institutions spécialisées en matière de l'évaluation de la situation globale de l'environnement
- érosion du sol (2)
- /d'autres priorités pourraient faire l'objet d'un examen au sein du Groupe sur base de l'énumération figurant aux pages 4 et 5 du document R/975/72 (ENV. 12) et du projet de résolution des Etats-Unis /.

Les délégations sont convenues de poursuivre ultérieurement leur concertation sur les questions des priorités pendant et après le déroulement de la Conférence.

.../...

_____
(1) Cette liste ne contient pas un ordre de priorités
(2) Sans contester l'importance de ce point, certaines délégations ont été d'avis qu'il ne nécessite pas une action globale.

R/1014 1/72 (ENV. 13 rév. 1) ft

d) <u>Procédure à l'égard des projets de résolution</u>

- des Etats-Unis
- du Brésil.

La plupart des délégations ont une attitude positive à l'égard du projet de résolution présenté par les Etats-Unis.

Il existe également une résolution brésilienne qui diverge sur plusieurs points essentiels du projet de résolution des Etats-Unis. Comme il est probable qu'une majorité de participants se prononcera pour le projet de résolution du Brésil, la plupart des délégations sont d'avis qu'il pourrait s'avérer nécessaire de chercher à Stockholm une solution de compromis qui devrait contenir les idées reprises sous points 5 a), b) et c) ci-dessus (1).

6. <u>Concertation des Dix sur place</u>

Etant donné que la concertation sur certains points intéressant les Dix et notamment sur les points 1, 2, 5 b), c) et d), dépendent du déroulement des travaux de la Conférence et nécessitent la pleine connaissance de toute donnée utile, le Groupe ad hoc a estimé opportun une concertation sur place.

---

(1) Voir la prise de position de la délégation néerlandaise concernant le point 5 b)(Cf. page 6, foot-note 1 du présent rapport)

R/1014 f/72 (ENV. 13 rév. 1) md

ANNEXE I

LES RELATIONS AVEC LES PAYS EN VOIE DE DEVELOPPEMENT

Texte établi par les services de la Commission
/cf. pages 7 et 8 du doc. R/696/72 (ENV 7)_7

Il est apparu au cours des activités préparatoires à la Conférence des Nations-Unies sur l'environnement, que les questions d'amélioration et de protection de l'environnement, au sens le plus large, constituent pour tous les pays du monde une préoccupation croissante.

Les relations entre le développement et l'environnement sont mentionnés dans la Stratégie internationale pour la deuxième décennie du développement des Nations-Unies (1) et ont été discutées lors de la réunion du "Groupe de 77" à Lima (2). Le Comité d'Aide au Développement (C.A.D.) de l'OCDE consacre une partie de ses activités à ces problèmes, en vue de parvenir à une harmonisation des mesures et à une uniformité raisonnable de la part des principaux pays industrialisés.

Les activités des pays industrialisés en faveur des pays en voie de développement luttant contre la détérioration de leur environnement doivent se référer à plusieurs domaines :

a) tout d'abord, il convient de conseiller les pays en voie de développement en matière d'environnement et de chercher ensemble des voies et moyens pour écarter les conséquences néfastes susceptibles d'être engendrées au cours de leur

---

(1) cf. paragraphe 72 de la Stratégie
(2) voir chapitre VII de la déclaration de Lima, oct. 1971.

R/1014 f/72 (ENV 13 rév. 1) avg   .../...

développement. Les plans pluriannuels de développement des pays en voie de développement devraient tenir compte de la protection de l'environnement ;

b) en second lieu, il conviendrait que les pays donneurs d'aide veillent à ce que les incidences d'un projet sur l'environnement soient prises en considération en vue d'éviter qu'un projet financé dans le cadre de leurs programmes d'aide puisse avoir des conséquences dommageables sur l'environnement ;

c) enfin, on devrait analyser les incidences possibles qui pourraient résulter d'une politique de l'environnement mise en oeuvre par les pays industrialisés sur les échanges commerciaux des pays en voie de développement, ainsi que sur l'aide au développement. Les pays en voie de développement redoutent que les pays développés n'adoptent des décisions et des mesures relatives à l'environnement qui risquent de se traduire par des restrictions au commerce des pays en voie de développement et, partant, d'interférer dans leur développement économique.

Dans ces conditions et compte tenu de la communication de la Commission au Conseil en matière d'environnement, la position de la Communauté pourrait être la suivante :

a) la Communauté et les Etats membres pourraient s'engager à tenir le plus large compte des répercussions que pourraient avoir sur les PVD les mesures qu'ils seraient amenés à prendre pour protéger ou améliorer l'environnement dans la Communauté ;

R/1014 f/72 (ENV 13 rév. 1) (ANNEXE 1) .../...

b) en ce qui concerne le reproche que les pays industriels auraient tendance à installer les industries polluantes dans les PVD, la Communauté devrait faire remarquer qu'il incombe aux PVD eux-mêmes de décider souverainement de l'implantation sur leur territoire de telle ou telle industrie. Les PVD doivent évaluer, au même titre que les pays industrialisés, les avantages économiques et sociaux d'une industrialisation, avec les inconvénients éventuels qui pourraient en résulter pour l'environnement ;

c) dans le domaine de la coopération financière, la Communauté et les Etats membres tiendront systématiquement compte, lors de l'examen de projets qui sont proposés à leur financement, des incidences sur l'environnement de la réalisation éventuelle de ces projets.

E/1014 f/72 (ENV 13 rév. 1) (ANNEXE I)

ANNEXE II

PROPOSITION DE LA DELEGATION ALLEMANDE

La délégation allemande propose de rédiger comme suit le point 4 du document de travail (développement et environnement) :

Il convient de s'attendre à ce qu'à la Conférence de Stockholm les pays en voie de développement ne manqueront pas de souligner la relation étroite qui existe pour eux entre le maintien ou la création d'un environnement sain et le développement économique. Ils demanderont que les ressources du Fonds mentionné sous le point 5 b) soient également utilisées à financer des projets de développement qui présentent une importance particulière sur le plan de la protection de l'environnement et que l'aide au titre du développement soit augmentée en vue de permettre aux pays en voie de développement de tenir compte des exigences en ce qui concerne l'environnement. Les délégations sont d'accord pour estimer que, dans le cadre de l'aide au développement, il convient de faire en sorte que ces exigences soient mieux prises en considération. Le financement des coûts de la protection de l'environnement liés à la réalisation de projets de développement devrait toutefois être supporté par ces projets eux-mêmes.

Au demeurant, pour ce qui est de la discussion de ces questions à Stockholm, la délégation allemande s'est inspirée des considérations suivantes :

La protection de l'environnement ne devrait pas servir de prétexte à une politique ayant des incidences restrictives sur les échanges internationaux et, en particulier, sur les exportations des pays en voie de développement.

R/1014 f/72 (ENV. 13 rév. 1) ft …/…

- 2 -

Comme tous les autres pays, les pays en voie de développement ont le droit de définir leur politique en matière d'environnement en fonction des priorités qui leur sont propres. Afin d'éviter des conséquences négatives pour les échanges internationaux, les pays en voie de développement devraient cependant participer, notamment, aux travaux en vue d'une harmonisation à l'échelle mondiale des normes applicables à certains produits.

Dans le cadre de l'assistance technique, les pays en voie de développement pourraient de plus bénéficier d'une aide destinée à leur permettre d'arrêter des mesures d'adaptation et d'aligner, le cas échéant, leurs programmes de développement sur les dispositions prises dans les pays industriels en vue de la protection de l'environnement.

Les délégations sont d'accord pour estimer qu'il ne sera pas possible d'envisager des compensations pour les pertes subies par les pays en voie de développement dans leurs exportations.

Les pays de la Communauté et le Fonds européen de développement procéderont, en accord avec les pays destinataires, à l'examen des incidences écologiques possibles des différents projets au titre de l'aide technique et financière financé par la Communauté et les Etats membres.

Dans ce contexte, il conviendra aussi d'examiner la question d'une réorientation de la division internationale du travail. Dans certains secteurs, les pays en voie de développement seront éventuellement en mesure de tirer profit des avantages en matière de coûts dont ils bénéficient comparativement en raison d'une situation plus favorable du point de vue écologique. Cependant, il ne serait guère dans l'intérêt des pays en voie de développement d'attirer des entreprises industrielles fortement polluantes, et ils devraient, au contraire, essayer d'éviter les erreurs commises par les pays industriels lors du processus d'industrialisation.

R/1014 f/72 (ENV. 13 rév. 1) (ANNEXE II) ft

L'ESPACE SOCIAL EUROPÉEN
OU LA POLITIQUE D'É GALITÉ DES CHANCES
La Charte des droits sociaux fondamentaux des travailleurs, un nouveau départ ?

Federica DI SARCINA
CRIE, Universita degli Studi, Siena

Cet essai se concentre sur le parcours qui a conduit en 1989 à la proclamation de la *Charte des droits sociaux fondamentaux des travailleurs* et sur les initiatives qui, grâce à ce document, ont été entreprises dans le domaine de la politique d'égalité des chances de la Communauté/Union européenne (CEE/UE)[1].

À partir de la seconde moitié des années 1980, le désir de renforcer l'« Europe sociale » – dont la parité entre les femmes et les hommes représente encore aujourd'hui un aspect essentiel – a reçu un nouvel élan dans le cadre de l'« Objectif 1992 sur l'achèvement du Marché intérieur », un programme politique mis au point au début de cette décennie-là par la Commission européenne et précisé par Jacques Delors, guide de l'exécutif communautaire dès 1985[2]. En fait, comme ce dernier l'avait souligné, à l'occasion de son premier discours en tant que Président de la Commission devant le Parlement européen, le 14 janvier 1985, la création d'un marché unique impliquait nécessairement la création d'un « espace social européen ». Celui-ci devait être réalisé par une plus grande participation des partenaires sociaux au processus d'intégration européenne et par une harmonisation des

---

1. Sur la naissance et l'évolution de la politique d'égalité des chances de la CEE/UE, Catherine Hoskyns, *Integrating Gender. Women, Law and Politics in the European Union*, London, Verso, 1996 ; Federica Di Sarcina, *L'Europa delle donne. La politica di pari opportunità nella storia dell'integrazione europea (1957-2007)*, Bologna, Il Mulino, 2010.
2. Sur l'œuvre politique de Jacques Delors : Ken Endo, *The Presidency of the European Commission under Jacques Delors : the Politics of Shared Leadership*, New York, St. Martin's Press, 1999 ; Dietrich Rometsch, « La Commission européenne dans l'ère Jacques Delors : ordre et orientation pour devenir moteur politique », *in* Marie-Thérèse Bitsch, Wilfried Loth et Raymond Poidevin (dir.), *Institutions européennes et identités européennes*, Bruxelles, Bruylant, 1998, pp. 419-432 ; Claudio Giulio Anta, *Il rilancio dell'Europa. Il progetto di Jacques Delors*, Milano, Franco Angeli, 2004 ; George Ross, *Jacques Delors and European Integration*, Cambridge, Polity Press, 1995.

politiques de l'emploi et du marché du travail. On pensait de même, par ce biais, faire face aux phénomènes de *dumping* social, des entreprises cherchant à devenir plus concurrentielles aux dépens des travailleurs et de leurs droits[1].

Aux origines de la Charte communautaire des droits sociaux fondamentaux des travailleurs

Le *Livre blanc sur l'achèvement du Marché intérieur*[2] a toutefois exclusivement mis l'accent sur les aspects économiques ; sans faire référence aux questions sociales. Cette lacune fut comblée, dans un premier temps, par l'approbation de l'Acte unique européen de 1986 : il prévoyait deux nouvelles dispositions concernant, d'une part, l'introduction du vote à la majorité qualifiée pour les initiatives normatives concernant l'amélioration du lieu de travail destinéeà protéger la sécurité et la santé des travailleurs (article 118A) et, de l'autre, l'introduction du dialogue social (article 118B)[3].

En dépit de ces premières innovations, il était évident qu'en vue de l'« Objectif 1992 », il était indispensable de définir – avec les aspects économiques, commerciaux et monétaires – la dimension sociale du marché intérieur, en allant au-delà des questions relatives à la sécurité, la santé et l'hygiène sur le lieu de travail.

En mai 1988, à l'occasion du Congrès de la Confédération européenne des syndicats, Jacques Delors avait souligné la nécessité d'une relance de la politique sociale européenne à travers « l'adoption d'un socle minimal de droits sociaux garantis en vue de la mise en œuvre du marché unique européen de 1992 »[4]. Cette idée avait été déjà avancée l'année précédente par le ministre belge du Travail et de la Fonction publique, Michel Hansenne. Selon le futur directeur de l'Organisation Internationale du Travail, il fallait « établir un socle des droits fondamentaux qui donnerait aux partenaires sociaux une base stable et commune à partir de laquelle ils pourraient négocier, afin de garantir au marché intérieur une dimension sociale réelle »[5]. Ces considérations reçurent l'approbation des chefs d'État et de

---

1. *Cf.* l'intervention de Jacques Delors pendant le débat sur : *Presentazione della nuova Commissione*, discussioni del Parlamento europeo, sessione 1984-1985, resoconto integrale delle sedute dal 14 al 18 gennaio 1985, seduta del 14 gennaio 1985, in Gazzetta ufficiale delle Comunità europee (GUCE), allegato n° 2-321, pp. 3-12.
2. *Cf.* Commission des Communauté européennes, *L'achèvement du Marché intérieur, Livre blanc de la Commission à l'intention du Conseil européen (Milan, 28-29 juin 1985)*, Bruxelles, le 14 juin 1985, COM (85) 310 final.
3. *Cf.* Jean de Ruyt, *L'Acte Unique Européen. Commentaire*, Bruxelles, 1987 ; pour une réflexion juridique : Paul Joan George Kapteyn et Pieter VerLoren van Themaat, *Introduction to the Law of the European Communities After the Coming Into Force of the Single European Act*, Deventer, Kluwer Law and Taxation Publisher, 1989 ; sur les aspects économiques, *cf.* George W. McKenzie & Antony Venables (dir.), *The Economics of the Single European Act*, Basingstoke, Macmillan, 1991.
4 Citation reproduite *in* Jean Degimbe, *La politique sociale européenne. Du Traité de Rome au Traité d'Amsterdam*, Bruxelles, Institut syndical européen, 1999, p. 138.
5. *Ibidem*.

gouvernement qui, lors des Conseils européens de Hanovre et de Rhodes en 1988, soutinrent la « nécessité de donner aux aspects sociaux la même importance qu'aux aspects économiques et de développer la cohésion économique et sociale »[1].

De son côté, le Parlement européen consacra, le 14 mars 1989, un débat sur la dimension sociale du Marché unique. Il s'agissait d'une initiative significative dans la mesure où, comme le souligna le rapporteur, le socialiste portugais Fernando Gomes, la législature qui s'achevait avait vu la nette prévalence des questions économiques. Dans ce contexte, pour l'Assemblée de Strasbourg, s'était imposée une vaste réflexion sur les thèmes sociaux pour parvenir à l'élaboration d'une liste de mesures contraignantes à prendre en décembre 1992. Dans la lignée des positions du ministre Hansenne, Gomes avait notamment mis en lumière l'importance de reconnaître solennellement les droits sociaux fondamentaux, de façon qu'ils ne puissent pas être remis en cause[2].

Cette question a été reprise avec emphase dans la *Résolution sur la dimension sociale du Marché intérieur*, approuvée à la fin du débat. Comme on peut lire dans ce texte, que l'on pourrait considérer comme une sorte de « Livre blanc social », le Parlement européen :

« Est convaincu de la nécessité, conformément aux souhaits de la Commission, d'établir une législation communautaire définissant un socle des droits fondamentaux des travailleurs lié à la réalisation du marché intérieur, afin d'assurer la cohésion économique et sociale prévue dans l'article 130A du Traité CEE […] ;
Demande avec insistance, suite à l'avis du Comité économique et social, l'adoption urgente par le Conseil d'une directive pour l'application des droits sociaux fondamentaux dans tous les États membres de la Communauté […] ;
Demande en outre aux États membres d'affirmer, dans une Charte solennelle, leur engagement à assurer à tous leurs citoyens des droits fondamentaux tels que les droits aux services de santé, à un habitat et un environnement satisfaisants, à des moyens d'existence décents, à la protection sociale et à la retraite, à l'enseignement et à la formation permanente, ainsi qu'à la libre circulation, et à engager ou poursuivre des politiques communes dans ce domaine[3].

Le désir des institutions européennes de doter l'ordre juridique de la CEE d'une charte sociale trouva sa concrétisation dans un *Projet préliminaire de Charte communautaire des droits sociaux fondamentaux*, approuvé par la Commission en septembre 1989. Ce texte, modifié par le Conseil des ministres, fut adopté à l'occasion du Sommet de Strasbourg en décembre

---

1. *Ibidem.* Cf. *Bulletin des Communautés européennes,* n° 6, 1989 et n° 12, 1989.
2. *Cf. Dimensione sociale del mercato unico*, discussioni del Parlamento europeo, sessione 1989-1990, resoconto integrale delle sedute dal 14 al 17 marzo 1989, seduta del 14 marzo 1989, GUCE, allegato n° 2-376, pp. 56-67.
3. « Résolution sur la dimension sociale du marché unique », *Journal officiel des Communautés européennes* (JOCE), C 96, 17-04-1989, pp. 61-71.

1989 par les États de la CEE – Grande-Bretagne exceptée[1] : après dix ans de thatchérisme, cette dernière reconnaissait des *standards* de sécurité sociale moins importants que ceux des autres pays de la Communauté ; en outre, elle n'entendait pas subir d'interférences dans ce domaine, la souveraineté étatique étant réaffirmée avec force.

La proclamation de la *Charte communautaire des droits sociaux fondamentaux des travailleurs* représenta, en dépit de l'attitude britannique, la volonté des Onze de souligner l'importance du social dans la construction de l'Europe et devait constituer un point de repère important pour la future action de la Communauté dans ce domaine. Le texte était centré sur 12 droits dont tous les travailleurs devraient bénéficier : la libre circulation, l'emploi et la rétribution équitable, les meilleures conditions de vie et de travail, la protection sociale adéquate en cas de chômage et de maladie ; la libre association et la négociation collective, la formation professionnelle, l'information, la consultation et la participation des travailleurs à la vie des entreprises, la santé et la sécurité sur le lieu de travail, la protection des enfants et des adolescents, le niveau de retraite pour un *standard* de vieadéquat, la formation, le travail et l'intégration sociale des personnes handicapées[2]. En ce qui concerne la parité entre femmes et hommes, la *Charte* réaffirmait ce principe, soulignant en particulier la nécessité de mesures permettant aux hommes comme aux femmes de mieux concilier les responsabilités professionnelles avec la vie familiale[3].

Ainsi, dans le Plan d'action pour la mise en œuvre de la *Charte*, présenté au Conseil européen de Strasbourg, la Commission avait prévu quatre initiatives dans le domaine de la parité de genre, qui marquèrent une nouvelle phase de la politique d'égalité des chances de la CEE/UE durant les années 1990.

La Commission avait d'abord prévu l'élaboration d'un « Troisième programme d'action pour la parité des possibilités pour les femmes »[4]. Le but était celui de promouvoir la pleine participation féminine au marché du travail et de valoriser la contribution des femmes à la vie économique et sociale[5]. Dans le contexte de la réalisation du marché intérieur, demandant

---

1. "Consiglio europeo, Strasburgo, 8-9 dicembre, Conclusioni della presidenza", *Bollettino CE*, n° 12, 1989, p. 11.
2. Comunità europee, Commissione delle Comunità europee, *Carta comunitaria dei diritti sociali fondamentali dei lavoratori*, Lussemburgo, Comunità europee, 1990.
3. *Cf.* Janet C. Gornick et Marcia K. Meyers, *Families that Work. Policies for Reconciling Parenthood and Employement*, New York, Russel Sage Foundation, 2003 ; Mary Daly et Katherine Rake, *Gender and Welfare State*, Cambridge, Cambridge University Press (CUP), 2003 ; Julia Sila O'Connor, Ann Shola Orloff & Sheila Shaver, *States, Market and Families*, Cambridge, CUP, 1999 ; Rosemary Crompton, *Employment and the Families*, Cambridge, CUP, 2006 ; Catherine Hakim, *Work-life Choices in the XXI Century*, Oxford, Oxford University Press, 1996.
4. Catherine Hoskyns, " 'Quale futuro per la politica femminile dell'Unione europea?' Uno studio di quattro Programmi d'Azione", *in* Mariagrazia Rossilli (dir.), *Le politiche dell'Unione europea per le donne*, in « Europa Europe », n° 3, 1997, pp. 69-86.
5. Commissione delle Comunità Europee, *Parità di opportunità tra donne e uomini. Terzo programma di azione a medio termine 1991-1995,* Bruxelles, 6 novembre 1990, COM (90) 449 def.

une plus grande capacité à supporter la concurrence et donc un changement structurel du marché de l'emploi, les femmes se sentaient menacées par le manque de formation spécialisée et par la précarité des emplois. Ainsi, la politique d'égalité des chances n'était plus considérée comme une politique sectorielle mais comme faisant partie des politiques économiques, sociales et structurelles de la Communauté. On peut rappeler à ce propos l'initiative *NOW* (*New Opportunities for Women*) élaborée pour promouvoir l'égalité des chances dans le domaine de l'emploi et de la formation. *NOW* avait été activée dans le cadre des objectifs des fonds structurels pour faire face aux difficultés rencontrées par les femmes des régions moins développées sur le marché de l'emploi. Cette initiative représentait pour l'exécutif communautaire un exemple d'« approche intégrée » mais aussi un pilier pour la réalisation du « Troisième programme pour la parité des possibilités pour les femmes ».

Des politiques « *family-friendly* » au cœur du dispositif

Sur la base du « Plan d'action pour la mise en œuvre de la Charte communautaire des droits sociaux fondamentaux des travailleurs », la Commission européenne élabora en septembre 1990 une proposition de directive destinée à protéger les travailleuses enceintes. Ce nouvel instrument législatif dans le domaine de la parité de genre fut approuvé par le Conseil des ministres deux ans plus tard[1]. Il s'agit de la directive sur la « mise en œuvre de mesures visant à promouvoir l'amélioration de la sécurité et de la santé des travailleuses enceintes, accouchées ou allaitantes ». Selon les dispositions du texte normatif examiné, la Commission, en concertation avec les États membres et assistée par le Comité consultatif pour la sécurité, l'hygiène et la protection de la santé sur le lieu de travail, établit des « lignes directrices » pour l'évaluation des agents chimiques, physiques et biologiques ainsi que des procédés industriels considérés comme comportant un risque pour la sécurité ou la santé des travailleuses enceintes, venant d'accoucher ou allaitant. On y trouve réaffirmés certains principes reconnus par les États membres, dont la dispense de travail pour les examens prénataux, l'interdiction du licenciement, l'interdiction du travail de nuit. En ce qui concerne le congé de maternité, la directive établit une durée de 14 semaines, inférieure aux législations nationales en vigueur dans la majeure partie des États membres. Comme l'a souligné Mariagrazia Rossilli, cette disposition risquait d'« aplanir le chemin » vers la réduction de la durée du congé obligatoire et donc vers une baisse des niveaux de protection existant dans nombreux pays de la Communauté[2]. Le congé de maternité représentant un

---

[1]. « Directive 92/85/CEE du Conseil, du 19 octobre 1992, concernant la mise en œuvre des mesures visant à promouvoir l'amélioration de la sécurité et de la santé des travailleuses enceintes, accouchées ou allaitantes au travail (dixième directive particulière au sens de l'article 16 paragraphe 1 de la directive 89/391/CEE) », in *JOCE*, L 348, 28 novembre 1992, pp. 1-8.

[2]. Mariagrazia Rossilli, "La politica di uguaglianza dei sessi della Comunità europea : un bilancio e qualche proposta", *in* Mariagrazia Rossilli (dir.), *Le politiche dell'Unione europea per le donne, op. cit.*, p. 11.

thème particulièrement sensible des systèmes nationaux de protection sociale et de bien-être, la directive se limitait à établir des standards minimaux communs.

Le désir de définir une politique médiane demeurait néanmoins au centre des intérêts communautaires dans ce secteur de l'égalité de genre.

Tant le « Plan d'action pour la mise en œuvre de la Charte », que le « Troisième programme pour la parité des possibilités pour les femmes » avaient souligné l'importance, en particulier, des structures de garde d'enfants, comme outil fondamental de conciliation entre le travail et les responsabilités familiales. Sur ce sujet s'imposait donc une prise de position de la part des institutions, une sorte de guide pour les États membres. L'intérêt au niveau européen pour la garde des enfants s'expliquait aussi par les études et les débats, durant les années 1980, à l'intérieur de la Commission européenne. Nous ne pouvons en outre oublier l'impact de conquêtes sociales essentielles en provenance de l'arène internationale, comme la *Convention on the Rights of the Child*, approuvée par l'Assemblée générale des Nations unies en 1989[1]. Au niveau communautaire, l'intérêt pour les enfants était indirectement suscité par la question des couples avec enfant travaillant et dont la CEE souhaitait améliorer les conditions de vie et de travail. En 1986, dans le cadre du « Deuxième programme pour la parité des possibilités pour les femmes » fut créé le *childcare network*. Ce réseau, composé par les représentants des États membres et coordonné par le professeur Peter Moss[2], rédigea deux ans plus tard, sous les auspices de la Commission, un rapport sur les politiques et les services pour la garde des enfants. Cette étude mit en lumière la carence des services de garde des enfants de 0 à 3 ans dans tous les pays de la CEE, tandis qu'en Hollande, en Grande-Bretagne et en Irlande il n'y avait pas de structure d'accueil pour les enfants entre 3 ans et l'âge de l'instruction obligatoire. Face à cette situation, le *childcare network* demanda l'élaboration d'une directive cadre pour le développement des services publics de garde d'enfants, une suggestion

---

1. *Cf.* S. Goonesekere, R. Rios-Kohn, E. García-Mendez et S. Sardar Ali, *Protecting the World's Children. Impact of the Convention on the Rights of the Child in Diverse Legal System*, Cambridge, Cambridge University Press, 2007; Maria Rita Saulle, "Idiritti del minore nell'ordinamento internazionale", *in La convenzione dei diritti del minore e l'ordinamento italiano*, Napoli, Edizioni scientifiche 1994, pp. 11-28.

2. Peter Moss, "Lavoro e responsabilità familiari: i servizi per l'infanzia nella Comunità economica europea", *in* Ministero dell'interno, Direzione dei servizi civili (sous la direction de), *Politiche sociali per l'infanzia e per l'adolescenza, Seminario internazionale organizzato dal Ministero dell'interno e dal Consiglio nazionale sui problemi dei minori d'intesa con il Centro europeo di Vienna per la politica e la ricerca sociale. Firenze, Istituto degli innocenti, 20-23 febbraio 1991*, Milano, Unicopli, 1991, pp. 123-139 ; Jack Tizard, Peter Moss et Jane Perry, *Per mano: asili nido, scuole materne, assistenza all'infanzia in età prescolare*, Milano, Feltrinelli, 1979 ; Peter Moss et Freddy Deven (sous la direction de), *Parental leave: progress or pitfall? Research and Policy Issues in Europe*, Brussels, Nidi, 1999; Sheila B. Kamerman et Peter Moss (sous la direction de), *The Politics of Parental Leave Policies: Children, Parenting, Gender and Labour Market*, Bristol, The Policy, 2009.

partiellement suivie par le Conseil[1]. En mars 1992, le Conseil approuva une *Recommandation concernant la garde des enfants*[2], disposition de *soft-law*, c'est-à-dire non contraignante pour les États membres. Dans cette recommandation, le Conseil mit l'accent surtout sur les coûts de telles structures, sur les aspects concernant la sécurité et la santé des enfants, l'éducation et l'approche pédagogique, l'accessibilité en termes d'horaires et d'ordre linguistique. Il fallait encourager la flexibilité et la variété de ces structures en tant qu'éléments d'une stratégie visant à accroître les possibilités de choix des familles, dans des contextes différents et variables. Le Conseil invitait de plus les États à promouvoir et à encourager une plus grande participation des hommes aux responsabilités liées aux soins et à l'éducation des enfants, dans le but d'assurer une répartition plus équitable des responsabilités parentales entre hommes et femmes et de permettre à ces dernières une participation accrue au marché de l'emploi.

Il semblait de plus en plus évident qu'une véritable politique d'égalité des chances ne pouvait être mise en œuvre sans de nouveaux efforts dans le domaine du partage des responsabilités familiales. En ce sens, un pas très important fut accompli avec l'approbation de la directive concernant l'accord-cadre sur le congé parental, conclu en liaison avec les organisations interprofessionnelles à caractère général (UNICE, le CEEP et la CES)[3]. Le congé parental représentait un outil de conciliation, de partage et de protection du bien-être des enfants : il conférait aux parents le droit individuel de s'abstenir facultativement et simultanément du travail pour la naissance ou l'adoption d'un enfant. En ce qui concerne la durée du congé parental, la directive établit une période d'au moins trois mois jusqu'à un âge déterminé pouvant aller jusqu'à huit ans, à définir par les États membres et/ou les partenaires sociaux. Malheureusement, le congé parental n'a pas connu jusqu'à aujourd'hui de grand succès chez les pères, un phénomène qui trouve ses raisons dans des facteurs culturels, sociaux mais surtout économiques. En fait, dans les pays de l'Union européenne le congé parental n'est soit pas payé, soit indemnisé par un pourcentage du salaire. Pour le budget familial, il est donc très difficile de renoncer au salaire masculin, traditionnellement plus élevé que celui de la femme. Pour ces raisons, le congé parental est aujourd'hui au centre de nombreux débats visant à mettre en lumière la nécessité de nouveaux efforts pour rendre cet outil plus efficace

---

1. *Cf.* Peter Moss, *Chidcare and Equality of Opportunity. Consolidated Report to the European Commission*, Brussels, Commission of European Communities, 1988. Pour une synthèse de cette étude, *cf.* Angela Phillips et Peter Moss, *Qui prend soin des enfants de l'Europe ? Compte rendu du réseau des modes de garde d'enfants,* Luxembourg, Communauté européenne, 1989 ; Peter Moss, *Lavoro e responsabilità familiari: i servizi per l'infanzia nella Comunità economica europea*, cit.
2. « Recommandation 92/241/CEE du Conseil, du 31 mars 1992, concernant la garde des enfants », in *JOCE*, L 123 du 8 mai 1992, pp. 16-18.
3. « Directive 96/34/CE du 3 juin 1996 concernant l'accord-cadre sur le congé parental conclu par l'UNICE, le CEEP et la CES », *JOCE*, L 145, 19 juin 1996, pp. 4-9.

pour affirmer le « *work-life balance* » et promouvoir des politiques toujours plus « *family-friendly* » dans les pays de la CEE[1].

La dignité au travail

Le dernier objectif proposé par le « Plan d'action pour la mise en œuvre de la Charte » concernait la protection de la dignité des personnes au travail. Cette question renvoie directement au problème du harcèlement sexuel, dont sont principalement victimes les femmes. Il s'agit non seulement d'une atteinte aux droits fondamentaux des personnes mais également d'une violation du principe de la parité de traitement dans l'accès à l'emploi et aux carrières ainsi que dans les conditions d'emploi. Sur la question du harcèlement sexuel dans le monde du travail, le Parlement européen rappela en 1986 dans une *Résolution sur la violence contre les femmes*[2] l'importance d'examiner les législations nationales pour en déterminer l'applicabilité aux cas de harcèlement sexuel, une directive devant être approuvée en cas de vide juridique. Comme le souligna une étude de la Commission européenne, le harcèlement sexuel représentait un problème pour un pourcentage élevé de femmes travaillant, suscitant un obstacle à leur intégration effective dans le marché du travail. En se basant sur ces réflexions, le Conseil approuva, en 1990, une Résolution concernant la protection de la dignité de la femme et de l'homme au travail : il invitait notamment l'exécutif à élaborer un code de conduite sur la tutelle de la dignité des personnes au travail. Publié en novembre 1991, ce code constitua une sorte de guide pour les employeurs et les syndicats chargés de garantir un lieu de travail exempt de ce type de violations[3].

Les abus sexuels sont parfois à l'origine d'autres formes de discrimination, comme la sous-classification du travail féminin, avec des conséquences en matière de rémunération et de carrière. Dans ces situations, les femmes sont un peu plus enclines à avancer une accusation. Dans ce sens, la lutte contre le harcèlement sexuel a pu compter, également, sur l'approbation en 1997 de la directive relative à la charge de la preuve dans les cas de discrimination fondée sur le sexe. Ce nouvel acte normatif « vise à garantir que soient rendues plus efficaces les mesures prises par les États membres, en application du principe d'égalité de traitement, permettant à toute personne s'estimant lésée par la non-application à son égard du principe de l'égalité de traitement, de faire valoir ses

---

1. *Cf.*, outre les livres de Peter Moss mentionnés, Christopher J. Rhum et Jackqueline L. Teague, *Parental Leave Policies in Europe and North America* ; Elisabeth Peters, "The role of child care and parental leave policies in supporting family and work activities", *in* Francine D. Blau et Ronald G. Ehrenberg (dir.), *Gender and Family Issues in the Workplace*, New York, Russel Sage Foundation, 1997, pp. 133-156 et pp. 280-284 ; Katherine Bird, *Reconciling Work and the Family: the Impact of the Parental Leave Policies and Occupation on the Female Life Course*, Frankfurt, Peter Lang, 2004 ; Maurizio Ferrera, *Il fattore D. Perché il lavoro delle donne farà crescere l'Italia*, Milano, Mondadori, 2008.
2. « Résolution sur la violence contre les femmes », *JOCE*, C 176, 14-07-1986, pp. 73-83.
3. « Résolution du Conseil, du 29 mai 1990, concernant la protection de la dignité de la femme et de l'homme au travail », *JOCE*, C 157, 27-06-1990, pp. 3-4.

droits par voie juridictionnelle après, éventuellement, le recours à d'autres instances compétentes » (article 1)[1].

Les nombreuses initiatives prises sur la base de la *Charte des droits sociaux fondamentaux des travailleurs* dans le domaine de la parité entre les sexes montrent comment cette Charte a donné un coup d'accélération à la politique communautaire d'égalité des chances. Cette nouvelle phase voit le départ d'une approche intégrée des questions de genre, qui ne concerne plus seulement la condition des femmes au travail mais adopte une vision plus globale de la condition des femmes et des hommes qui travaillent, visant un meilleur équilibre entre vie professionnelle et vie privée. En ce sens, la Charte représente un facteur important pour l'affirmation, vers la fin des années 1990, du *gender mainstreaming*, alors que l'égalité homme-femme devient un des objectifs du processus d'intégration européenne[2].

Bibliographie
Rosemary Crompton, *Employment and the Families*, Cambridge, Cambridge Policy Press, 2006.
Jean Degimbe, *La politique sociale européenne. Du Traité de Rome au Traité d'Amsterdam*, Bruxelles, Institut syndical européen, 1999.
Federica Di Sarcina, *L'Europa delle donne. La politica di pari opportunità nella storia dell'integrazione europea (1957-2007)*, Bologna, Il Mulino, 2010.
Catherine Hoskyns, *Integrating Gender. Women, Law and Politics in the European Union*, London, Verso, 1996.
Peter Moss et Freddy Deven (dir.), *Parental leave: progress or pitfall? Research and Policy Issues in Europe*, Brussels, Nidi, 1999.
Mariagrazia Rossilli (dir.), "Le politiche dell'Unione europea per le donne", *Europa Europe*, n° 3, 1997.

---

1. « Directive 97/80/CE du Conseil du 15 décembre 1997 relative à la charge de la preuve dans les cas de discrimination fondée sur le sexe », *JOCE*, L 14, 20-01-1998, pp. 6-8.
2. Sur l'affirmation du *gender mainstreaming* dans l'arène communautaire, *cf.* Mark A. Pollack, Emilie Hafner-Burton, "Mainstreaming Gender in the European Union", *in Journal of European Public Policy*, Special Issue 2000, pp. 432-456.

RENDRE COMPTE D'UNE EUROPE AUX CONFINS ENCORE INCERTAINS :
la correspondance entre Emanuele Gazzo et Renato Giordano (1956-1959)

Andrea BECHERUCCI
Archives historiques de l'Union européenne,
Institut Universitaire Européen, Florence

Dans le fonds Emanuele Gazzo conservé aux Archives historiques de l'Union européenne à Florence, figure un bloc de correspondance, composé de 17 pièces, lettres et billets échangés avec Renato Giordano du 7 juin 1956 au 16 juillet 1959 (onze de Gazzo à Giordano et sept de Giordano à Gazzo).

Cette correspondance entre acteurs du « carteggio » contient un ensemble d'informations confidentielles sur les dynamiques internes de la Haute Autorité, la situation politique italienne et les développements du Comité d'action de Jean Monnet.

Emanuele Gazzo

Emanuele Gazzo est né à Gênes le 2 août 1908 dans une famille de la moyenne bourgeoisie (son père était fonctionnaire, sa mère institutrice)[1]. En 1924, âgé de quatorze ans à peine, mû par une curiosité intellectuelle précoce, il s'embarque comme mousse sur un cargo qui transporte des exilés palestiniens vers l'Amérique latine. Comme l'observe une chercheuse française, son caractère est « celui d'une personne ouverte, qui souhaite découvrir, apprendre et connaître le monde »[2].

---

1. Au cours de sa longue carrière journalistique, Gazzo a reçu de multiples distinctions, tels que le *"Prix du journaliste européen"* en 1967, la *Médaille d'or du Mérite européen* en 1973, le *"Prix Joseph Bech"* en 1980, le *"Prix Adolphe Bentinck"* en 1981, le *"Prix du Mouvement pour les États-Unis d'Europe"* en 1982. Il a également été nommé Grand Officier du Mérite de la République italienne. Emanuele Gazzo est mort à Bruxelles le 25 août 1994. On trouvera d'utiles témoignages sur sa personnalité et son œuvre dans la brochure *Hommage à Emanuele Gazzo*, actes de la Journée à la mémoire d'Emanuele Gazzo organisée par le Parlement européen le 22 novembre 1984. Le 10 mai 2004, à l'occasion du 10ᵉ anniversaire de sa mort, un séminaire s'est tenu à Gênes sous le titre "Comunicare l'Europa".
2. Agathe Lelu, *L'action européiste de l'Agence Europe à travers les archives d'Emanuele Gazzo*, maîtrise (dir. R. Frank, Université Paris I), juin, 2000, p. 11.

Lorsque Gazzo rentre en Italie, Mussolini a instauré la dictature. Dès 1927, Emanuele reprend ses études en Sciences économiques, mais l'attraction irrésistible qu'exerce sur lui la littérature l'amène à s'orienter vers l'écriture et le travail de traduction. La fondation, en 1933, de la maison d'édition "Emiliano degli Orfini", qui publiera la seconde édition de l'essai historique de Nello Rosselli sur *"Carlo Pisacane nel Risorgimento italiano"* en 1935 et le recueil de poésies de Giorgio Caproni *"Come un'allegoria"* en 1936, est la manifestation concrète de cet intérêt.

Son activité éditoriale se poursuit jusqu'en 1939, lorsqu'il est appelé sous les drapeaux. Il sert dans la Marine avec le grade de lieutenant de vaisseau de 1940 à 1942. Après l'armistice il entre dans la clandestinité. Il participe à la Résistance jusqu'à la fin de la guerre[1], avant d'entrer à l'agence de presse ANSA de Gênes[2]. Il y restera jusqu'à la fin de 1952, date à laquelle il suivra le Comte Lodovico Riccardi, président de l'ANSA, dans l'aventure de l'Agence Europe. La société anonyme « Informations Internationales Europe SA » a été créée le 2 décembre 1952 à Luxembourg avec un capital initial de 20 000F luxembourgeois. Lodovico Riccardi fut nommé président et administrateur délégué lors de l'Assemblée générale du 6 mars 1953. Bien que le propos initial ait été celui de constituer un support européen aux agences de presses existantes dans les États membres, Riccardi opta rapidement pour un nouveau modèle d'agence de presse, qui aurait pour tâche d'informer les élites du continent sur les progrès de la construction européenne.

Gazzo se sentait investi de la mission de faire connaître aux citoyens de la nouvelle Europe la signification de l'aventure qui débutait, à Luxembourg, autour de Jean Monnet ; seule une information indépendante et transparente pourrait rapprocher les Européens des arcanes de la nouvelle institution supranationale. L'entreprise démarra sous le regard attentif des autorités européennes. Il suffit de lire les mots avec lesquels Enzo Giacchero, membre de la Haute Autorité de la CECA, accueillit la nouvelle de la création de l'Agence[3] :

---

1. Gazzo a été décoré de la Médaille de la Résistance.
2. Des indices – non confirmés par le dépouillement d'archives – laisseraient à penser que, durant la guerre Gazzo aurait servi dans les services secrets de la Marine et que, dans la clandestinité, il ait été en contact avec les services secrets alliés. Comme l'observe encore sa biographe « des zones d'ombres importantes subsistent dans les premières années de sa vie », Agathe Lelu, *op.cit.*, p. 13.
3. Enzo Giacchero (1912-2000). Homme politique italien. Ingénieur, il combat durant la Seconde Guerre mondiale en Afrique du Nord où il est grièvement blessé. Décoré, il participe à la Résistance. À la fin de la guerre il est nommé Préfet d'Asti par le CNL piémontais. Député dans la première législature républicaine, il est membre de la Haute Autorité de la CECA de 1952 à 1959. *Cf.* Canavero, Alfredo, "Enzo Giacchero dall'europeismo al federalismo", *in* Sergio Pistone, Corrado Malandrino (dir.), *Europeismo e federalismo in Piemonte tra le due guerre mondiali. La Resistenza e i trattati di Roma (1957)*, Florence, Olschki, 1999, pp. 175-193, Donato D'Urso, "Enzo Giacchero, storia di un uomo, in Asti contemporanea", n° 11, 2005, pp. 205-246. Sur les membres de la Haute Autorité, *cf.* Mauve Carbonell, *Des hommes à l'origine de l'Europe. Biographies des membres de la Haute Autorité de la CECA*, Aix-en-Provence, Publications de l'Université de Provence, 2008.

« L'idée de constituer ici au Luxembourg une Agence "Europe" qui recueille et divulgue les nouvelles et les informations intéressant les techniciens et le grand public à l'activité de la Communauté européenne du Charbon et de l'Acier et qui puisse d'autre part informer notre service de presse sur les principales opinions et réactions italiennes et étrangères me paraît excellente de tous les points de vue.

L'initiative a, dès à présent, toute la sympathie de la Haute Autorité qui lui est reconnaissante de la contribution que cette Agence donnera à la diffusion de la connaissance des nouvelles institutions européennes et à la préparation de l'opinion publique face aux développements politiques européens que la première Communauté européenne est en train de préparer, à travers la réalisation concrète des objectifs assignés par le traité instituant la Communauté européenne du Charbon et de l'Acier »[1].

Le 13 février 1953, Gazzo prit les fonctions de rédacteur en chef de l'Agence Europe.

Renato Giordano

Renato Giordano[2] appartient à une autre génération que Gazzo. Il est né à Naples le 3 mars 1926 et fait partie de cette classe de jeunes qui ont grandi et ont été formés sous le régime fasciste. Il instaure un lien étroit de collaboration avec celui qu'il considérera comme son premier maître à penser, Guido Dorso, intellectuel raffiné, militant du Parti d'Action, critique radical de la bourgeoisie méridionale clientéliste et parasite. Giordano adhère très jeune au Parti d'Action avant que celui-ci ne se scinde, en février 1946 ; lors de la scission, il suit la composante « démo-libérale » menée par La Malfa et Parri, mais il abandonne vite la politique pour l'Université.

Authentique enfant prodige, Giordano devient, à vingt-deux ans, assistant du professeur Alfonso Tesauro, titulaire de la chaire de droit constitutionnel. Ce poste lui promet une brillante carrière académique, mais sa curiosité intellectuelle le porte plutôt à être un *outsider*. Il fréquente en 1947/1948 l'Institut italien d'Études historiques fondé par Benedetto Croce et dirigé par Federico Chabod. Il y a pour *fellows* Vittorio de Caprariis et Francesco Compagna[3]. Ayant obtenu une bourse Fulbright[4], il se rend à Princeton, aux

---

1. Archives Historiques de l'Union Européenne (dorénavant AHUE), fonds Emanuele Gazzo, d.17, lettre du Comte Lodovico Riccardi à Enzo Giacchero du 27 novembre 1952.
2. Sur la personnalité de Giordano on verra l'article autobiographique concernant ses rapports avec Guido Dorso, Renato Giordano, "Guido Dorso e 'L'Azione' ", in *Nord et Sud* », a. II, n° 3, février 1955, pp. 109-121 ; les souvenirs de Francesco Compagna au lendemain de sa disparition prématurée, Francesco Compagna, "Renato Giordano", in *Nord et Sud*, a. VII, n° 1, nouvelle série, février 1960, pp. 3-13 et les souvenirs sur Giordano de Jean Monnet, *"L'europeista"* et de Ugo La Malfa, "Il meridionalista", *in* Nord et Sud, a. VII, n° 11-12, nouvelle série, décembre 1960, pp. 7-12. Renato Giordano est mort à Naples le 4 janvier 1960.
3. Sur ce milieu, *cf.* les témoignages recueillis in Elisa Romeo, *La scuola di Croce: testimonianze sull'Istituto italiano per gli Studi storici*, Bologne, Il Mulino, 1992.
4. Cipriana Scelba, "Fruitful Soil: the Origins of the « Italian Fulbright Commission »", in Giuliana Gemelli (dir.), *Big Culture: Intellectual Cooperation in Large-Scale Cultural and Technical*

États-Unis, où il approfondit la thématique de l'organisation fédérale. De retour en Italie, il se consacre pour un temps au journalisme professionnel tout en collaborant au périodique *Il Mondo* de Mario Pannunzio[1] ; mais c'est sa rencontre avec Altiero Spinelli qui va marquer un tournant décisif dans sa carrière[2].

Inscrit au mouvement fédéraliste européen le 7 février 1948 et membre du Conseil directeur de la section napolitaine le 25 mai de la même année[3], Giordano fut recruté, par l'intermédiaire d'Altiero Spinelli, comme fonctionnaire de la Haute Autorité à Luxembourg[4]. Jacques-René Rabier a rappelé comment les premiers "europhiles" étaient arrivés dans la capitale du Grand Duché en fonction de leurs compétences, mais aussi sur recommandation ou par le hasard des circonstances.

Bien que Rabier ne mentionne que le nom de Francesco Tagliamonte comme responsable des contacts avec la presse italienne auprès de l'instance supranationale, Giordano fut chargé, dans ses nouvelles fonctions, du service Presse et information de la Haute Autorité[5]. La tâche essentielle de la *"task force"*, composée de quelques éléments (François Fontaine, Mühlenbach, François Duchêne) consistait à fournir des informations de première main aux correspondants de presse à Luxembourg. Ces pionniers furent ensuite rejoints par Joseph Moons et surtout Jacques-René Rabier, qui allait représenter pour de longues années l'élément de continuité du service destiné à devenir le Service commun de Presse et d'information[6].

Systems. An Historical Approach, Bologna, CLUEB, 1994, pp. 117-128. Parmi les premiers boursiers "Fulbright" figuraient Franco Ferrarotti, Gino Giugni, Tullio Tentori, Paolo Sylos Labini, Aldo Visalberghi, Guglielmo Negri, Giovanni Sartori, Alberto Aquarone et Paolo Farneti.
1. Antonio Cardini, *Tempi di ferro. «Il Mondo» e l'Italia del dopoguerra*, Bologne, Il Mulino, p. 102.
2. Nous tirons ces informations de l'introduction critique de Fréderic Attal, au volume de Renato Giordano, *La formazione dell'Europa comunitaria. Lettere a Jean Monnet 1955-1959*, Manduria, Lacaita, 1997, pp. 23-26.
3. AHUE, fonds Movimento Federalista Europeo, d. 150. La section napolitaine du MFE, dirigée par l'avocat Alfredo Boccia, comptait, au 5 juin 1948 144 adhérents. Dans une lettre sans mention de l'expéditeur mais vraisemblablement envoyée par Spinelli à Boccia, on peut lire : « J'ai longuement parlé avec l'ami Giodano, lequel l'informera des nombreuses opportunités de travailler pour le fédéralisme en Italie et à Naples en particulier ». AHUE, fonds MFE, d. 150, lettre de A. Spinelli à A. Boccia du 10 juillet 1948. Les futurs fondateurs de « Nord e Sud » Francesco Compagna et Guido Macera sont tous deux inscrits à la section napolitaine du MFE depuis le 20 novembre 1947.
4. Lettre de Spinelli à Monnet du 20 août 1952, in Renato Giordano, *La formazione dell'Europa comunitaria. Lettere a Jean Monnet 1955-1959, op. cit.*, pp. 63-64. Les noms indiqués par Spinelli sont ceux de Giandomenico Sertoli (1922-1998), ancien secrétaire d'Ernesto Rossi à l'ARAR, depuis 1954 membre de la direction des Finances auprès de la Commission économique européenne (CEE) et, à partir de 1958, de la Banque européenne d'investissement (BEI) et celui de Giordano, signalé comme un jeune qui « a des qualités journalistiques qui pourraient être utilisées dans la section "public relations" de la Haute Autorité ».
5. Pour les développements de ce service atypique au sein de la Communauté, *cf.* Jacques-René Rabier, *"*La naissance d'une politique d'information sur la Communauté européenne (1952-1967)", in Felice Dassetto, Michel Dumoulin (dir.), *Naissance et développement de l'information européenne*, Berlin - Bruxelles, Peter Lang, 1993, pp. 21-32.
6. Michel Dumoulin, "Quale politica dell'informazione?", in Michel Dumoulin (dir.), *La Commissione europea 1958-1972. Storia e memoria di un'istituzione*, Luxembourg, Office des

Giordano restera à Luxembourg jusqu'au moment de la démission de Monnet comme président de la Haute Autorité. Il rentrera alors en Italie pour s'occuper du bureau romain du service Presse et information[1].

En 1954, Giordano fut, avec ses anciens compagnons de l'Institut Croce, Francesco Compagna et Vittorio De Caprariis[2] ou Guido Macera[3], l'un des fondateurs de la revue *Nord e Sud*, qui s'imposa rapidement comme l'un des symboles du nouveau méridionalisme, envisageant la solution des problèmes du Mezzogiorno dans le cadre d'une politique italienne résolument interventionniste, fortement ancrée à l'Europe et, à travers celle-ci, également aux États-Unis. Toutes ces idées s'opposaient à la politique méridionale du Parti communiste, inspirée par Giorgio Amendola et ses amis (Gerardo Chiaromonte, Giorgio Napolitano) regroupés autour de la revue *Cronache meridionali*, comme à celles de la droite monarchique et laurine[4].

Giordano défendait l'idée selon laquelle le Midi pourrait se tirer de la situation de subordination atavique qui pesait sur lui s'il usait des instruments offerts par l'Europe en voie de construction. Nous parlons d'« instruments » en connaissance de cause puisqu'en adhérant à la théorie fonctionnaliste de son mentor Jean Monnet, Giordano entrevoyait dans le Fonds social européen et dans la Banque européenne d'investissement les dispositifs susceptibles de faire décoller l'économie méridionale.

La seconde génération du « méridionalisme » avait (après celle des grands anciens, Giustino Fortunato, Gaetano Salvemini) retenu la leçon de Pasquale Saraceno et Manlio Rossi Doria et la leçon de l'école des Sciences sociales américaine, en l'intégrant dans le processus d'intégration européenne.

---

publications officielles des Communités européennes, 2007, pp. 523-527. *Cf.* aussi l'interview de Jacques René Rabier par Gérard Bossuat en juin 1998 dans le cadre du "Jean Monnet Oral Project", *in* AHUE, European Oral History, pp. 10-11. L'interview est accessible en ligne sur le site web des AHUE, adresse: http://wwwarc.eui.eu/oh/bin/CreaInt.asp?rc=INT609.
1. Sur la question du recrutement du personnel de la Haute Autorité, voir Dirk Spierenburg Dirk, Raymond Poidevin *Histoire de la Haute Autorité de la Communauté européenne du Charbon et de l'Acier*, Bruxelles, Bruylant, 1993, pp. 97-101.
2. Vittorio De Caprariis (1924-1964), historien italien, élève de l'Institut italien pour les études historiques sous la direction de B. Croce et F. Chabod et *fellow* de Giordano. Professeur à l'université de Messine ; il meurt en 1964 à moins de quarante ans. Deux conférences ont été organisées sur sa personnalité : Giuseppe Buttà (dir.), Dalla politica alla storia. Atti delle giornate di studio in memoria di Vittorio de Caprariis, Messine, P&M, 1984 et Francesco Saverio Festa (dir.), *Atti del convegno di studi tra scienza della politica e storia delle idee: Vittorio de Caprariis*, Avellino, Centre de recherche Guido Dorso, 2001.
3. Guido Macera (1912-1985), dirigeant de la Banque européenne d'investissement. Secrétaire général du Conseil National de l'Economie et de l'Emploi. Fondateur et directeur de la revue *Realtà del Mezzogiorno* en 1961.
4. *Cf.* Francesco Compagna et Giuseppe Galasso, "Autobiografia di «Nord e Sud»", *in* Nord e Sud, a. n° 146, nouvelle série, janvier 1967, pp. 81-115.

La correspondance

Avant que ne s'instaurent entre eux les rapports professionnels illustrés par la correspondance qui nous intéresse ici, rien ne semblait rapprocher les deux hommes. Ni l'âge, quarante ans pour Gazzo, trente pour Giordano, ni l'itinéraire politique, proche des milieux du socialisme libéral rossellien dans le cas de Gazzo, issu du milieu de la bourgeoisie intellectuelle méridionale nourrie par la lecture de Croce, militant du Parti d'Action d'abord, puis du Parti républicain dans le cas de Giordano, ni la carrière, résultat d'expériences professionnelles très différentes, celle de l'entreprise pour le premier, "produit" d'un cursus beaucoup plus traditionnel, poursuivi à travers la fréquentation d'instituts de hautes études, l'obtention de bourses d'études à l'étranger et l'assistanat universitaire pour le second. Ces parcours n'ont pas permis que les deux hommes pussent se rencontrer avant leur venue à Luxembourg.

Giordano avait obtenu son transfert de Luxembourg à Rome en raison de l'aggravation de son état de santé et agissait essentiellement comme trait d'union entre le Comité Monnet et les milieux politiques romains. La nouvelle création conçue par l'ex-Président de la Haute Autorité devait :

> « identifier un nouvel objectif qui favorisât la "relance de l'Europe" et mobiliser un Front européen des forces politiques et sociales disposées à soutenir le processus d'intégration »[1].

En février 1956 les négociations sur le Marché commun et l'Euratom avaient repris vigueur pour aboutir à un rapport approuvé par les ministres des affaires étrangères des Six à Venise les 29 et 30 mai. Gazzo et Giordano s'étaient sans doute rencontrés à cette occasion comme il ressort d'une lettre que le premier adressait au second, dans laquelle il était fait mention de l'article que Giordano avait écrit sur la Conférence intergouvernementale pour l'hebdomadaire libéral *Il Punto* dirigé par Vittorio Calef.

Le 7 septembre 1956, Gazzo s'enquerrait auprès de Giordano de l'activité du Comité Monnet ; il souhaitait en particulier une mise au point sur la situation politique italienne en relation avec le processus d'unification socialiste. Déjà, dans la correspondance de Giordano avec Monnet et ses collaborateurs, il était question de l'impact d'une éventuelle unification des courants socialistes sur l'évolution du système politique italien. Le 1er septembre 1956, immédiatement après la rencontre entre Nenni et Saragat à Pralognan, Giordano avait écrit à Jacques Van Helmont :

> « L'unification socialiste impliquerait une modification profonde de la lutte politique italienne, parce que nous avons aujourd'hui une situation parlementaire dans un certain sens de type français, tandis qu'avec l'unification notre modale deviendrait plutôt la situation allemande ou

---

[1]. Antonio Varsori, "Jean Monnet e il Comitato d'azione per gli Stati Uniti d'Europa tra MEC ed Euratom (1955-1957)", *in* Sergio Pistone (dir.), *I movimenti per l'unità europea*, Pavie, Tipografia Pime, 1996, p. 351.

autrichienne (deux grands partis : un parti catholique et un parti socialiste) même avec la présence d'un parti communiste très fort »[1].

Gazzo s'informait aussi auprès de son ami de l'évolution des réactions syndicales (en particulier de celles de la CGIL) face au développement des négociations CEE/Euratom. Bien que la relance du processus d'intégration engagé à Messine ait reçu au départ un accueil plutôt mitigé de la centrale syndicale, des événements tels que la divulgation du Rapport du Secrétaire du PCUS Khroutschev sur les crimes de Staline au vingtième Congrès du parti, les émeutes de Poznan, la révolution hongroise et la catastrophe de Marcinelle en avaient modifié la perception. Un nouvel intérêt se manifestait chez les dirigeants de la CGIL pour l'unité syndicale vue comme l'instrument permettant d'atteindre de nouveaux objectifs dans un contexte en pleine mutation[2].

Dans la lettre suivante, Gazzo contait à son ami la mésaventure des deux députés communistes Ottavio Pastore[3] et Antonio Giolitti[4] – ce dernier alors prêt à abandonner le PCI en raison des événements de Hongrie – qui, s'étant rendus à Strasbourg sur instructions du groupe parlementaire communiste pour assister à une réunion de l'Assemblée consultative du Conseil de l'Europe, s'étaient vu refuser le statut d'observateurs – non prévu au règlement. Le Président leur ayant toutefois déclaré qu'ils ne se trouvaient pas à Poznan et que tout le monde pouvait assister aux réunions, ils avaient préféré retourner à Rome[5]. L'autre problème fréquemment évoqué concernait le retard avec lequel le parlement de Rome procédait à la désignation de ses représentants à l'Assemblée parlementaire de la CECA[6].

---

1. Renato Giordano, *La formazione dell'Europa comunitaria. Lettere a Jean Monnet 1955-1959*, op. cit., pp. 141-142
2. Ilaria Del Biondo, *L'Europa possibile. La CGT e la CGIL di fronte al processo d'integrazione europea (1957-1973)*, Rome, Ediesse, 2007, pp. 54-59.
3. Ottavio Pastore (1887-1965), journaliste, socialiste durant sa jeunesse, fut parmi les fondateurs du Parti communiste italien à Livourne en 1921. Poursuivi par le régime fasciste, s'exile en France, avant de passer en Belgique puis en Union soviétique. Participe à la Résistance dans le Piémont. Élu après la guerre dans les trois premières législatures au Sénat comme membre du groupe PCI.
4. Antonio Giolitti (1915-2010), neveu de l'homme d'État Giovanni Giolitti, adhère en 1940 au PCI. Il participe à la Résistance, est membre de l'Assemblée Constituante, député du PCI de 1948 à 1957. À la suite des événements de Hongrie, il s'éloigne du parti communiste pour adhérer au parti socialiste avec lequel il est réélu à la Chambre des députés de 1958 à 1976. Ministre des gouvernements de centre-droit à plusieurs reprises, de 1977 à 1985 avant d'être nommé Commissaire à la CEE. En désaccord avec la gestion du parti par le Secrétaire général Bettino Craxi, il prend ses distances du PSI et est réélu Sénateur indépendant sur les listes du PCI en 1987. Sur l'épisode cité, voir le témoignage de Giolitti, qui se souvient : "Nous fûmes reçus gentiment"("Il PCI prima del '56 ", *in* Mauro Maggiorani, Paolo Ferrari (dir.), *L'Europa da Togliatti a Berlinguer. Testimonianze e documenti, 1945-1984*, Bologne, Il Mulino, 2005, pp. 82-83) ; pour une vision plus générale, *cf.* les mémoires d'Antonio Giolitti, *Lettere a Marta*, Bologne, Il Mulino, 1992, en particulier p. 97.
5. Mauro Maggiorani, *L'Europa degli altri. Comunisti italiani e integrazione europea*, Rome, Carocci, 1998, pp. 45-46.
6. AHUE, fonds Emanuele Gazzo, d. 3, lettre de Gazzo à Giordano, 23 octobre 1956. Sur la question des nominations des représentants italiens à l'Assemblée commune, voir Maria Sofia Corciulo, Sandro Guerrieri, "I primi rappresentanti italiani all'Assemblea parlamentare della CECA

La lettre du 16 décembre 1956 à Giordano traitait presque exclusivement de la situation politique en France. Le nouveau Président de la Haute Autorité, René Mayer, déçu par la réduction de l'influence de l'organisation qu'il dirigeait, semblait enclin – selon Gazzo – à faire sa rentrée sur la scène politique nationale. La circonscription parisienne rendue vacante par le décès du député radical Vincent de Moro-Giafferi, où il aurait dû affronter, lors des élections législatives de janvier 1956[1], le candidat soutenu par Pierre Mendès France, Jean-Jacques Servan Schreiber[2], offrait une opportunité. Pour Gazzo, la cote de Mendès France était en forte baisse et la rentrée di Mayer aurait pu signifier un coup décisif porté à l'adversaire. En revanche, toutes les combinaisons susceptibles d'offrir une issue à la crise ouverte par l'échec de l'expédition de Suez et de la politique algérienne du gouvernement Guy Mollet, nommé à la présidence du Conseil après les élections de 1956, étaient possibles. Gazzo citait Pleven, Pineau et Pflimlin comme des candidats potentiels à la succession du président du Conseil, sans oublier les *outsiders*, comme René Billères[3], Maurice Bourgès-Maunoury[4] ou André Morice[5].

Un peu alarmé, Giordano répondait deux jours plus tard à son ami :
« Tes informations sont attristantes mais fort intéressantes. […] Si Mayer devait s'en aller, je crains que – à moins d'un succès d'Euratom et du Marché commun – les choses ne deviennent encore plus difficiles pour nous de la CECA »[6].

Avec la lettre suivante de Gazzo à Giordano, la correspondance abordait les négociations en cours entre les six États membres de la CECA pour la mise au point des nouvelles institutions. Le sujet de la missive portait sur les manœuvres des différents partenaires pour s'assurer les présidences des futures institutions. Gazzo observait que les Belges pourraient renoncer à la présidence de la CEE en échange du siège de la nouvelle organisation. Pour la présidence, le nom de Mansholt était le plus fréquemment cité. De ce point de vue, Gazzo commettait une erreur lorsqu'il pressentait qu'un problème pourrait surgir si se concrétisait l'éventualité des nominations de Blücher[7] à

(1952-1954)", in Ugo De Siervo, Sandro Guerrieri et Antonio Varsori (dir.), *La prima legislatura repubblicana*, vol. 1, Rome, Carocci, 2004, pp. 243-244.
1. Vincent de Moro Giafferi (1878-1956), avocat et homme politique français. Député radical de 1946 à 1956.
2. Jean-Jacques Servan Schreiber (1924-2006), journaliste et homme politique français. Fondateur du journal *L'Express*, Secrétaire du parti radical de 1969 à 1971.
3. René Billères (1910-2004), homme politique français. Député radical de 1946 à 1973 et sénateur de 1973 à 1983, il a exercé des fonctions ministérielles dans les gouvernements G. Mollet, M. Bourgès-Maunoury et F. Gaillard.
4. Maurice Bourgès-Maunoury (1914-1993), homme politique français. Député radical de 1946 à 1958. Plusieurs fois ministre, président du Conseil du 13 juin au 6 novembre 1957.
5. André Morice (1900-1990), homme politique français. Député radical de 1946 à 1955, sénateur de 1965 à 1983, ministre à plusieurs reprises entre 1950 et 1957.
6. AHUE, fonds Emanuele Gazzo, *op. cit.*, lettre de Giordano à Gazzo, 19-12-1956.
7. Franz Blücher (1896-1959), homme politique allemand. Libéral, membre de la FDP. Vice-Chancelier et ministre pour les questions liées au Plan Marshall dans le cabinet Adenauer de 1959 à

la présidence de la CECA, d'Armand[1] à celle d'Euratom et de Mansholt à celle de la CEE, au motif qu'il se serait agi de trois chrétiens-démocrates, alors que Mansholt était un représentant éminent du Parti socialiste néerlandais. Ainsi apparaissait au grand jour la faible connaissance, dans les premières années de la construction européenne, y compris chez des spécialistes comme Gazzo, des appartenances politiques de personnalités se situant hors de l'orbite franco-allemande. Côté socialiste, il semblait que les Allemands auraient été prêts à appuyer la candidature du Luxembourgeois Michel Rasquin[2] qui, au contraire, fut jusqu'au 27 avril 1958 le représentant du Grand Duché auprès de la Commission Hallstein. L'Italie tergiversait, hésitant sur les désignations et prenait son temps : il semblait à Gazzo que l'ambassadeur Cattani[3] voulait appuyer les candidatures de Cesare Merzagora[4] et Gaetano Martino[5] et abandonner la confirmation de Massimo Pilotti[6] à la Cour de Justice des Communautés européennes. À en croire certains bruits de couloirs non confirmés rapportés par Gazzo, l'ancien ministre et député français du Centre, Jean-Marie Louvel[7], était sur les rangs pour remplacer Mayer à la CECA. À ce point, s'interrogeait Gazzo, vu la

---

1957, il quitte le gouvernement en 1957 pour créer une nouvelle formation politique, l'FVP, qui rejoint plus tard le DP.
1. Louis Armand (1905-1971), industriel français. Il exerce après la guerre les fonctions de Directeur de la SNCF. Nommé en 1958 premier président de l'Euratom.
2. Michel Rasquin (1899-1958), journaliste et homme politique luxembourgeois. Président du parti socialiste des travailleurs de 1945 à 1951, plusieurs fois ministre entre 1951 et 1958. Membre de la Commission Hallstein de janvier à avril 1958.
3. Attilio Cattani (1900-1972), diplomate italien. En poste successivement à Athènes, Mexico, Kaunas, au Vatican et à Zurich. Suppléant du délégué italien à la Conférence du Plan Marshall. En poste à Paris, à la Représentation permanente auprès de l'OECE en 1949, il est membre de plusieurs délégations, dont celle pour la rédaction des traités portant création de la CEE et de l'Euratom, il préside la Représentation permanente de l'Italie près la CEE avant d'être nommé secrétaire général du ministère des Affaires étrangères le 27 mai 1961. *Cf.* le recueil de ses écrits, *Attilio Cattani*, Rome, Ministère des Affaires étrangères, Service historique et documentation, 1987 et le souvenir d'E. Serra in *Professione: Ambasciatore d'Italia*, vol. II, Milan, Franco Angeli, 2001, pp. 34-40.
4. Cesare Merzagora (1898-1991), banquier, industriel et financier, il participe à la Résistance et est élu à la Constituante. Il exerce ensuite les fonctions de ministre du Commerce extérieur de 1947 à 1949. Président du Sénat italien de 1953 à 1967, il est nommé en 1963 Sénateur à vie par le Président de la République Antonio Segni. *Cf.* Nicola De Ianni e Paolo Varvaro (dir.), *Cesare Merzagora, il presidente scomodo*, Naples, Prismi, 2004.
5. Gaetano Martino (1900-1967), professeur de physiologie humaine à l'université de Messine et homme politique. Libéral, ministre de l'Instruction publique de février à septembre 1954 dans le gouvernement Scelba avant de prendre la tête du ministère des Affaires étrangères dans les gouvernements Scelba, Segni et Zoli. Protagoniste de la relance européenne qui aboutit à la signature des Traités de Rome. *Cf.* Angela Villani, *Un liberale sulla scena internazionale. Gaetano Martino e la politica estera italiana 1954-1967*, Messine, Trisform, 2008.
6. Massimo Pilotti (1879-1962), juriste et magistrat. Procureur général de la Cour de cassation en 1944. En 1946 il exerce les fonctions de président du Tribunal supérieur des eaux pour devenir ensuite, en 1949, premier président honoraire de la Cour de Cassation. De 1952 à 1958 il est le premier Président de la Cour de justice des Communautés européennes.
7. Jean-Marie Louvel (1900-1970), industriel et homme politique français. Député MRP de 1945 à 1958, sénateur UCDP de 1968 à 1970, il est ministre à plusieurs reprises entre 1950 et 1954.

qualité des représentants chrétiens-démocrates en lice pour les présidences, pourquoi ne lançait-on pas une candidature La Malfa ? Il écrivait à son ami : « Travailles-y et informe-moi : ce serait dommage de ne pas saisir cette opportunité »[1].

Le problème du siège des institutions et celui des personnalités appelées à remplir les fonctions de premier plan sont également omniprésents. Le 25 novembre 1957, le Comité Monnet émettait une résolution dans laquelle il exprimait le vœu que « le siège des Institutions fût celui de la Communauté ». Ce siège ne pourrait en conséquence dépendre d'un seul État membre :

> « Il doit nécessairement être le bien de tous et, pour cette raison, relever des Institutions communes. Matériellement, il s'agira d'un espace suffisamment vaste pour pouvoir y construire les bâtiments qui seront nécessaires. En d'autres termes, le siège doit être un District européen »[2].

Le Comité précisait qu'il s'agissait « de constituer le siège des institutions en "District européen", géré par les institutions communes »[3].

Pour Gazzo, parler de "District" n'était toutefois qu'un expédient destiné à gagner du temps et retarder la décision de quatre ou cinq ans. Il ajoutait que la stature des candidats français à la présidence de la CEE ne laissait rien augurer de bon pour l'avenir de l'institution ; après le refus de Pinay, on ne voyait guère comment d'autres personnalités politiques françaises de premier plan auraient pu se rendre disponibles pour remplir les fonctions de Président, ni même de Commissaire. Les Allemands relançaient la candidature de Rasquin, en raison de sa connotation politique social-réformiste et de l'équilibre qu'elle aurait instauré à la tête des trois institutions (un chrétien démocrate à la Présidence de la CECA, et un modéré à l'Euratom). Les dernières lignes sont consacrées à la situation de l'Italie. Gazzo suggère les noms de Merzagora, La Malfa et Lombardo[4]. C'étaient les seuls, écrivait-il, avec lesquels "on s'en tirerait », alors qu'il excluait

---

1. AHUE, fonds Emanuele Gazzo, cit., lettre de Gazzo à Giordano, 14 novembre 1957.
2. Pascaline Winand (dir.), *20 ans d'action du Comité Jean Monnet (1955-1975)*, Paris, Groupement d'études et de recherches Notre Europe, 2001, p. 31.
3. Pascal Fontaine, *Le Comité d'action pour les États-Unis d'Europe de Jean Monnet*, Lausanne, Centre de recherches européennes, 1974, p. 80.
4. Ivan Matteo Lombardo (1902-1980), chef d'entreprise et homme politique socialiste. Actif dans la Résistance, Secrétaire à l'Industrie et au Commerce dans le Cabinet Parri (juillet 1945-janvier 1946), confirmé dans ces fonctions au sein du premier gouvernement De Gasperi (janvier 1946-juillet 1946). Élu Secrétaire du Parti socialiste au Congrès de Florence du PSIUP (1946) puis député à l'Assemblée Constituante. En 1947 il quitte le PSIUP pour fonder "Movimento di Unità socialista" qui s'unit au PSLI de Saragat et prend ensuite le nom de PSDI. Réélu député dans la première législature républicaine. Nommé ministre de l'Industrie et du Commerce dans le cinquième gouvernement De Gasperi (juin 1948-janvier 1950, démissionnaire en novembre 1949). Ministre du Commerce extérieur dans le sixième gouvernement De Gasperi (janvier 1950 - août 1951, démissionnaire en avril 1951). Lombardo fut aussi Chef de la délégation italienne à la Conférence de Paris pour la création d'une Communauté européenne de Défense (CED).

le chrétien démocrate Campilli[1] du panel des candidats possibles parce qu'il n'avait pas bonne presse[2].

Giordano répond le 22 novembre 1957 par un compte rendu circonstancié des bruits qui circulent à propos des manœuvres en cours :

« Du côté italien, Fanfani et Gronchi ont donné à Monnet leur approbation, tandis que Pella a marqué quelque perplexité (il semble que si le Palais Chigi est opposé au siège en Italie, Pella voudrait, pour des raisons électorales, quelque chose entre Milan et Turin). Naturellement, Saragat, La Malfa et Malagodi sont d'accord. Maintenant, il s'agit de voir si cet accord préalable ne s'effondrera pas lorsque les Italiens demanderont une Présidence. Monnet exclut que les Italiens puissent l'obtenir ; et Fanfani dit qu'il est d'accord. Mais le Palais Chigi est moins clair. Et Fanfani a toujours le temps de changer d'avis. Comme siège, Monnet pense entre autres à une nouvelle ville sur les deux rives du Rhin, à Kehl.

Quant aux candidatures, je n'ai pas grand-chose à te dire. Je peux te dire que Monnet confie que les Français donneront Marjolin et un ancien « Premier » ; et il m'affirme que Fanfani a promis une personnalité politique italienne de "premier ordre" dont il ne m'a pas livré le nom. Je ne puis te dire de qui il s'agit. Certains parlent encore de Merzagora. D'autres parlent de Campilli mais Monnet m'a dit que Campilli pourrait aller à la Présidence de la Banque (je ne sais s'il y songe réellement ou s'il veut détourner mon attention). Malheureusement on parle aussi de Carli pour l'Euratom où rien n'est encore décidé. À mon avis, le meilleur candidat est Ippolito[3].

L'autre Italien du Marché commun est un syndicaliste de la CISL, mais j'en ignore le nom (c'est le Finet de la situation)[4]. »

Le 8 décembre 1957, Gazzo annonçait à son ami, non sans fierté, la sortie du premier numéro du nouveau bulletin par ces mots :

« Pour l'instant, nous opérons en mode mineur, mais je crois que nous présenterons un ensemble d'informations susceptible d'intéresser pas mal de monde, aussi parce que nous procèderons de manière systématique et parce

---

1. Pietro Campilli (1891-1974), homme politique démocrate chrétien. Déjà actif dans le Parti populaire avant la Seconde Guerre mondiale, il contribua à créer la Démocratie chrétienne. Après la Guerre, il est membre de la Consulta et de l'Assemblée constituante. Député dans la première et la seconde législature du Parlement républicain, il fut plusieurs fois ministre. En 1958-59, il est le Président de la Banque européenne d'investissement.
2. Giordano juge aussi Campilli comme un homme dont « le défaut est le manque d'enthousiasme et de foi, et dont la vanité atteint très rarement l'ambition ». *Cf.* la lettre de Giordano à Monnet du 15 janvier 1958, *in* Renato Giordano, *La formazione dell'Europa comunitaria. Lettere a Jean Monnet 1955-1959, op. cit.*, p. 213.
3. Felice Ippolito (1915-1997), géologue et ingénieur. Promoteur en Italie de l'emploi et du développement de l'énergie nucléaire à but civil. Nommé en 1952 Directeur du Comité national de Recherches nucléaires, transformé ensuite en Comité national de l'Énergie Nucléaire (CNEN). Ippolito est protagoniste en 1963 d'une affaire judiciaire, accusé d'irrégularités administratives de l'office qu'il dirige. Condamné à onze ans de prison, il est gracié au bout de deux ans par le Président de la République Saragat. Élu député au Parlement européen sur les listes communistes, de 1979 à 1989. Sur l'affaire judiciaire, voir Orazio Barrese, *Un complotto nucleare: il caso Ippolito*, Rome, Newton Compton, 1981.
4. AHUE, fonds Emanuele Gazzo, lettre de Giordano à Gazzo, 22 novembre 1957.

que je pense que, dans le domaine de l'information, peu de gens ont suivi d'aussi près les événements qui ont porté à la création du Marché commun[1] ».

Les observations à propos du problème du siège sont intéressantes. Gazzo écrivait que la subdivision des sièges représentait au moins une « solution intermédiaire » :

« La Communauté est loin d'avoir les pouvoirs dont il serait souhaitable qu'elle soit dotée et je ne sais pas s'il plaît aux gouvernements d'accentuer le caractère de "pouvoir central" que lui confèrerait un siège unique ».

Faisant référence au refus du secrétaire général de la CISL Giulio Pastore d'accepter un poste à la CEE, Gazzo abordait un point qui serait répété jusqu'à la nausée par ceux qui évoqueraient plus tard le sujet : débarrasser la classe politique italienne de l'idée reçue selon laquelle une candidature européenne équivalait à « une mise à la retraite » pour politiciens en fin de carrière ou dépourvus d'ambition, ou encore à une sorte d'exil doré où reléguer les *personae non gratae*[2]. Aux noms de personnalités italiennes qui circulaient alors, comme Gava[3] et Carli[4], Gazzo opposait ceux du Belge Rey, du Néerlandais Mansholt, du Français Marjolin et du second représentant français qui, après le refus de Pinay, pourrait être Laniel[5]. Il était nécessaire « de faire comprendre de quelque manière en Italie que la Commission européenne était une chose sérieuse […]. L'Italie enverra[it]-t-elle des

---

1. AHUE, fonds Emanuele Gazzo, lettre de Gazzo à Giordano, 8 décembre 1957.
2. Giulio Pastore (1902-1969), syndicaliste et homme politique. Représentant de la Démocratie chrétienne et fondateur et premier secrétaire national (1950-1958) de la Confédération italienne des Syndicats de travailleurs (CISL) organisation syndicale d'inspiration chrétienne. Dans l'après-guerre, il a occupé plusieurs fonctions ministérielles. Sur le refus d'accepter la nomination à Bruxelles, on lira Guido Formigoni, "I sindacati italiani e il processo di integrazione europea (1947-1960)", in Andrea Ciampani (dir.), *L'altra via per l'Europa. Forze sociali e organizzazione degli interessi nell'integrazione europea (1947-1957)*, Milan, Franco Angeli, 1995, p. 36.
3. Silvio Gava (1901-1999), homme politique italien. Représentant de premier plan de la Démocratie chrétienne, plusieurs fois ministre. *Cf.* Silvio Gava, *Il tempo della memoria*, Cava de' Tirreni, Avagliano, 1999. Pour plus de détails, *cf.* Percy Allum, *Potere e società a Napoli nel dopoguerra*, Turin, Einaudi, 1975.
4. Guido Carli (1914-1993), banquier et homme politique italien. Ministre du Commerce extérieur du gouvernement Zoli (mai 1957-juillet 1958), en 1960. Directeur Général de la Banque d'Italie. Gouverneur six mois plus tard, reste en charge jusqu'en août 1975 lorsqu'il démissionne. Président de la Confindustria de 1976 à 1980. Élu Sénateur Indépendant sur les listes de la Démocratie chrétienne en 1983 et en 1987. Ministre du Trésor dans le sixième et le septième gouvernement Andreotti de juillet 1989 à avril 1992. Sera, dans ces fonctions, signataire pour l'Italie du Traité de Maastricht. Carli, délégué du ministre des Affaires étrangères G. Pella aux premières réunions ministérielles de la CEE, rappelle lui-même dans ses mémoires son peu d'enthousiasme : « Mon comportement en ces occasions me valut le soupçon, partagé par de larges secteurs intégristes de la Démocratie chrétienne, d'européisme tiède, ou mieux, de ma connivence avec les intérêts du Royaume-Uni protestant de Sa Majesté la Reine d'Angleterre ». *Cf.* Guido Carli, *Cinquant'anni di vita italiana*, Rome-Bari, Laterza, 1996, pp. 166-167. Et Guido Di Taranto (dir.), *Guido Carli e le istituzioni economiche internazionali*, Turin, Bollati Boringhieri, 2009.
5. Joseph Laniel (1899-1975), homme politique français. Président du Conseil du 28 juin 1953 au 19 juin 1954.

parlementaires qui risqu[ai]ent la défaite aux élections, ou des sous-secrétaires en perte de vitesse ? »[1].

L'éventualité de regrouper les institutions européennes en un lieu unique semblait s'évanouir dès lors qu'il devenait clair que la CECA conserverait son siège à Luxembourg. Pourtant, le ministre des Affaires étrangères, Pella, insistait pour que les options qui intéressaient sa circonscription électorale (Milan et Torino, ou Stresa et Monza) fussent prises en considération.

Gazzo attirait alors l'attention de Giordano sur les postes-clés à attribuer aux hauts fonctionnaires au sein des directions générales. Il montrait avoir compris la position prise à cet égard par le nouveau président de la Commission, Walter Hallstein lequel, contrairement à Jean Monnet – partisan d'un organigramme léger du nouveau service public européen – songeait à une administration complète, capable de soutenir la comparaison avec les administrations de pays membres comme l'Allemagne et la France[2].

Dans la lettre suivante, datée du 7 juillet 1959, Gazzo remerciait Giordano pour son envoi du volume *La nuova frontiera : la coalizione occidentale e la politica di potenza*[3] dans lequel son ami énonçait sa conception de l'européisme et de l'atlantisme. Il écrivait avoir apprécié la note parue dans *Nord e Sud*, commentant :

> « Il est tout à fait juste de dire que les problèmes auxquels nous sommes confrontés sont des 'problèmes internes' à l'Alliance atlantique ou, si nous préférons, à l'Europe[4] ».

Le 6 juillet 1959 l'Agence Europe rapportait de larges extraits d'une interview de Jean Monnet à l'*US News and World Report* dans laquelle l'ancien président de la Haute Autorité affirmait que la naissance du Marché commun introduirait en Europe un élément de dynamisme et de développement que l'on n'avait pas vu depuis longtemps ; il ajoutait :

> « Le jour viendra où le Marché commun, la Grande Bretagne et d'autres pays ne formeront qu'un seul ensemble »[5].

Gazzo annonçait à son ami le retour de Monnet en Europe et écrivait :
« Si les prévisions se réalisent, nous aurons de grandes nouveautés ».
Toutefois, il continuait :

> « Selon moi, l'européisme ne devrait pas tant se battre sur le front de l'Assemblée parlementaire directe que sur celui de l'instrument fiscal. La CECA est très faible, malgré le Traité, mais elle a une force qui tient dans son pouvoir fiscal et même ses contribuables l'aiment. Les commissions de

---

1. AHUE, fonds Emanuele Gazzo, cit., lettre de Gazzo à Giordano, 8 décembre 1957.
2. Daniela Preda, "Hallstein e l'amministrazione pubblica europea", *Storia Amministrazione Costituzione. Annale dell'Istituto per la Scienza dell'Amministrazione Pubblica*, n° 8, 2000, pp. 88-89 et Yves Conrad, *L'organizzazione amministrativa della Commissione europea*, Ivi, pp. 157-187.
3. Livre publié à Bologne par l'éditeur Il Mulino en 1959.
4. AHUE, fonds Emanuele Gazzo, lettre de Gazzo à Giordano, 7 juillet 1959.
5. Agence Europe, bulletin de la CEE, 6 juillet 1959.

Bruxelles, en dépit du Traité, se portent bien, mais dès que les gouvernements le veulent, elles sont vulnérables sur le terrain budgétaire et nous le voyons[1] ».

La dernière lettre, du 16 juillet 1959, rendait compte du climat de tension déterminé par la politique gaulliste. Gazzo estimait le moment mal choisi pour parler de fusion des exécutifs, même s'il jugeait opportun d'y procéder. De nouveaux éléments de tension se manifestaient également à propos de la campagne de presse lancée par le quotidien allemand *Handelsblatt* contre la candidature de Malvestiti[2] à la présidence de la Haute Autorité de la CECA.

De la lecture de la correspondance émergent nettement plusieurs problèmes non résolus : une politique de l'intégration européenne, longtemps restée l'apanage d'une minorité de technocrates passés au service de l'idéal européen parfois par études et vocation, parfois par le simple fruit du hasard ; la difficulté de regrouper autour de la nouvelle institution un ensemble plurinational de fonctionnaires administratifs à la hauteur de la tâche et fortement motivés ; le manque chronique de compréhension, de la part de la classe politique italienne, de l'importance de la nouveauté représentée par les institutions européennes ; et le retard chronique conséquent de la désignation de ses représentants au sein des différentes institutions, l'absence d'une information – au moins en Italie – capable de transmettre la signification de l'activité développée par les institutions européennes.

Nombre de ces éléments critiques parviendront à maturation plus tard, à la suite du processus de relance européenne engagé par les Traités de Rome.

---

1. AHUE, fonds Emanuele Gazzo, lettre de Gazzo à Giordano, 7 juillet 1959
2. Piero Malvestiti (1889-1964), homme politique italien. Il fut l'un des fondateurs de la Démocratie chrétienne. Membre de l'Assemblée constituante, il fut élu député dans la première et la seconde législature. Ministre des Transports et de l'Industrie, nommé Vice président de la CEE de 1958 à 1959 puis président de la CECA de 1959 à 1963.

23 ottobre 1956

Caro Giordano,

Ti debbo ringraziare, ansitutto del volume che mi hai mandato e che è molto interessante. Io ne ho fatto un rapido cenno, sottolineando l'atteggiamento positivo dei produttori italiano, in un articolo che ho scritto per il "Corriere della Liguria" e che è uscito sabato scorso. Mi son deciso a fare qualche "servizio", perchè quel giornale anche se non ha larga udienza si appoggia proprio ai ceti che vogliamo spingere a un atteggiamento meno... riservato. Ti ringrazio poi delle notizie che hai modo di farmi conoscere. Rileverai dal bollettino di oggi (o se non ho spazio, di domani) che l'avventura dei due deputati comunisti non è finita molto gloriosamente. Che cosa si dice della elezione dei restanti 6 deputati ? Schiavi si era impegnato a chiedere che la nomina venisse messa nuovamente all'ordine del giorno, alla riapertura parlamentare

Sono stato a Parigi e ho passato due giorni dell'anticamera del Quay d'Orsay. Mi sarebbe stato caro chiacchierare con te. I pareri di coloro che si fregano le mani vedendo venire un fallimento del "rilancio" mi paiono ingiustificati. Quando si arriva a parlare di franchi e di ore di lavoro, vuol dire che si è arrivati proprio al fondo, alla "lie" e che si è fatto moltissimo cammino, perciò. Che ne dici ? Si dice che René Mayer avesse prenotato una camera al quartier generale degli antimendesisti al Congresso di Lione, ma poi non s'è fatto vedere. La legazione sovietica a Lussemburgo, che si è testè installata al Château de Beggen, comprenderebbe oltre 25 persone, e tutti si chiedono che fanno.

A presto, molto cordialmente.

Archives historiques de l'Union européenne, Florence, fonds Emanuele Gazzo, dossier 3, lettre d'E. Gazzo à R. Giordano, 23 octobre 1956

16 dicembre 1956

Caro Giordano,

Ho visto Sertoli, che mi ha portato i tuoi saluti e ti ringrazio. Ti ringrazio anche delle notizie che mi dai e che naturalmente rimangono strettamente riservate. Sono stato i giorni scorsi a Parigi e, prima di rientrare in Italia per le vacanze, andro' ancora a Bruxelles per attingere materiale, perchè ormai vedo le faccende procedere a grande andatura.

Qui: grande déception di Mayer per tutto: andamento delle discussioni in Consiglio dei Ministri - Resistenza passiva degli industriali - Operazioni dei grossi gruppi - Decadenza dell'A.A. a piccola macchina burocratica.

Sembra che la situazione incoraggi René Mayer ad andarsene. Era stato sollecitato a presentarsi nel 1.o settore di Parigi quello vacante dopo la morte di Moro Giafferi: sembrava dovesse affrontarvi il suo nemico personale Servan Schreiber che Mendès France voleva far presentare. Ma Mendes ha perso la partita e sembra in gran ribasso anche all'interno del suo gruppo. Due suoi fidi si allontanerebbero verso la sinistra (nouvelles gauches etc. o "nennisti" francesi), altri verso i dissidenti di Morice. Quindi si attribuisce a Mayer il proposito di una rentrée al momento opportuno per abbattere definitivamente il Mendès. Sarebbe stato offerto un posto senatoriale per Meurthe et Moselle. Ora il problema è di sapere se Guy Mollet resiste alla discussione di politica estera (in questi giorni, forse sì) e a quella economica che verrà in gennaio o febbraio (forse no). Sul tavolo di Coty i nomi sono allineati in quest'ordine: i tre P, cioè Pleven (appoggiato dalla segretaria di Coty giudicata paracomunista e potentissima), Pineau, Pflimlin (quest'ultimo non accetterebbe se non dopo la fine della legislatura. Poi, un benvoluto: Billières, un manovratore Bourgès-Manoury, e qualche altro, compreso Morice. Ma Mendès-France non è nominato. Si parla di De Gaulle e i mendesiani suggeriscono il binomio De Gaulle-Mendès ("De Gaulle ne marchera pas" mi hanno però detto). E la ratifica dei Trattati europei ?

Mi risulta che il Patronat (e più precisamente la Federazione Industrie Meccaniche, cioè Martin et Peugeot) chiederanno un dibattito in aula prima della firma del Mercato Comune, come vi fu per "Euratom".

Ci sarebbero tante altre cose da dire. Ti interessa se di tempo in tempo di racconto qualcosa su queste faccende, o sei già più al corrente di me ?

Molti cordiali auguri

Archives historiques de l'Union européenne, Florence, fonds Emanuele Gazzo, dossier 3, lettre de R. Giordano à E. Gazzo, 19 décembre 1956

COMUNITÀ EUROPEA
DEL
CARBONE E DELL' ACCIAIO

L'ALTA AUTORITÀ

LUXEMBOURG, 27 Novembre 1952

Ill.mo Conte Riccardi,

sono lieto di poterLe esprimere tutta la mia soddisfazione per la conversazione avuta con Lei stamane nel mio ufficio.

L'idea di costituire qui al Lussemburgo una agenzia "Europa" la quale raccolga e divulghi le notizie e le informazioni interessanti i tecnici ed il grande pubblico sulla attività della Comunità Europea del Carbone e dell'Acciaio e che d'altra parte possa informare il nostro servizio Stampa sulle principali opinioni e reazioni italiane ed estere, mi appare ottima sotto tutti gli aspetti.

L'iniziativa ha, fin d'ora, tutta la simpatia dell'Alta Autorità che le è riconoscente per il contributo che tale agenzia darà alla diffusione della conoscenza dei nuovi istituti europei e per la preparazione dell'opinione pubblica di fronte agli sviluppi politici europei che la prima Comunità Europea esistente sta preparando, attraverso la concreta realizzazione degli obiettivi segnati nel patto istituente la Comunità Europea del Carbone e dell'Acciaio.

La prego di trasmettere alle Personalità del Governo italiano, che tale Sua iniziativa incoraggia e sostiene, l'espressione del mio più vivo apprezzamento.

A Lei personalmente i miei più cordiali ringraziamenti e saluti.

Suo

(Enzo Giacchero)

Archives historiques de l'Union européenne, Florence, fonds Emanuele Gazzo, dossier 17, lettre du Comte Lodovico Riccardi à E. Giacchero, 27 novembre 1952

Via Ofanto 18 - Roma
tel. 841019

10 luglio 1948

0182

Ca Na

Avv. Alfredo Boccia
Via Chiatamone 27
Napoli

Caro Boccia,

La ringrazio assai della Sua lettera e mi congratulo con Lei e con gli altri amici federalisti di Napoli per il lavoro fatto e per quello che vi prospettate di fare. Ho parlato a lungo con l'amico Giordano il quale La informerà sulle notevoli possibilità di lavoro che ci sono per il federalismo in Italia e a Napoli in particolare. Mi metterò d'accordo con lui anche per una mia scappata a Napoli. Potremo allora discutere tutti i vari problemi che si presentano.

Credo che Lei avrà ormai ricevuto le quattro circolari che ho finora mandato a tutte le Sezioni, dalle quali risulta che ormai l'incidente sollevato da Morandi è risolto. Occorre ora concentrare tutta l'attività per preparare il Congresso dell'U/E.F. a Roma, con un'adeguata agitazione dell'opinione pubblica in tutte le città d'Italia.

Avrà ricevuto una ventina di copie del Bollettino che ormai faremo periodicamente; per la Sezione di Napoli, a differenza delle altre Sezioni, non l'ho mandato ai singoli soci perché il Bollettino sarà mandato solo a coloro che sono in regola col tesseramento del 1948.

La prego di aiutarci a dare la massima diffusione al Bollettino stesso raccogliendo abbonamenti e soprattutto abbonamenti sostenitori e benemeriti.

Nella speranza di rivederci presto, La saluto cordialmente

Archives historiques de l'Union européenne, Florence, fonds Mouvement fédéraliste européen, dossier 150, lettre d'A. Spinelli à A. Boccia, 10 juillet 1948

FRONTIERS, PERIPHERY, ULTRAPERIPHERY AND NEIGHBOURS OF THE EUROPE

Carlos E. PACHECO AMARAL
Universidade dos Azores

Frontiers

During a visit to Switzerland, some decades ago, when travelling by train, I heard someone repeat the same request : "billets, billets, s'il vous plaît". At first almost imperceptible, the request became louder and louder. It was the railway guard checking the tickets of passengers. Just before reaching me, instead of "billets", he began asking for "Farkarten" and, dropping French altogether, started speaking German.

Intrigued, I commented the episode to some Swiss fellow students, who furnished the explanation : coming from a Canton which had French as its official language, the train entered a German language Canton. At the precise moment that the train crossed the frontier separating the two Cantons, the railway guard, as an official agent and true to the modern paradigm, abandoned the language of the Canton from which the train had come and adopted that of the Canton entered. "But", I insisted, "there were no frontiers!" To which my Swiss colleagues replied that indeed, there were. I had not seen them, yet they were there. And, like all official agents, the guard knew exactly where the frontier was and when it was crossed. That is how he was able to adopt the characteristics – in this case linguistic – of the political community he happened to be in. In other words, language ensued from the territory of the political community. *Cujus regio ejus religio*, proclaimed modernity to characterise the vision of a world of sovereign States ; paraphrasing this aphorism, we could say *cujus territorio ejus lingua*. Language ensues from the territory – as does just about all else, for that matter.

This episode is useful to illustrate the new dimensions of frontiers in contemporary Europe. Precisely because those that we inherited from the past have long become obsolete.

The modern concept of frontier is intimately connected to the concept of State and to the model of international order it created throughout the last centuries: the classical international system of sovereign States[1]. Theyemerged at the same time, and were both framed in order to explain a single phenomenon. So much so that, in a deep sense, just as for modernity it is the State that produces the nation – including the language, the culture, the law and even the being of its citizens – so too it is its frontiers that, for the same reasons, end up defining and begetting the State, and, accordingly, its respective national community.

It is in this context that the Modern State emerges as a political unit delimited by frontiers that are both clearly demarcated and absolutely impermeable. A State is defined by its frontiers in so far as they constitute what has been called the "hard shell of fortifications" or the "powerful nails" assuring, simultaneously, the unity, the identity and power of that State[2].

For Imperial Rome, the frontiers, the *limites* of the Empire are not lines of demarcation, like the Berlin Wall, or the frontier separating the French and German language Cantons just mentioned: precise lines radically separating two substantially distinct realities, the equal from the different, the citizens from the foreigners. Instead, they constituted more or less ample spaces where distinct civilizations joined and cohabitated. Instead of being a line dividing and separating two distinct communities, the frontier was a more or less wide area, rather porous, with no exact boundaries. Instead of separating in absolute fashion, as our modern frontiers do, say East from West Germans, Portuguese from Spaniards, Americans from Mexicans, North from South Koreans, etc., the frontier was home to a specific community, living on the space contiguous to its two margins.

The Roman frontier was far more than a fortification, like the Wall of Hadrian, in the north of England, separating barbarity from civilization. In the words of Stephen Dyson, it was home to an outright "large diplomatic, military, political, social, and economic system that embraced both sides of the frontier and created a gradual transition from Roman to non-Roman society[3]". So much so that the communities ridding it were often able to acquire their characteristics (linguistic, social, political, economical, juridical, etc.) more or less autonomously vis-à-vis both sides. Accordingly, they were more or less free to forge their own identities and to live their lives more or less autonomously, marking the gradual transition from one political community to the next. Instead of a wall, separating black from white, good from evil, reason from unreason, the ancient frontiers looked more like a wide zone lodging a wide variety of tonalities of grey, so to speak, in the

---

1. For an in depth exploration of both the idea of the modern State and of the international system engendered by it, *cf.* our book, *Do Estado soberano ao Estado das autonomias, regionalismo, subsidiariedade e autonomia para uma nova ideia de Estado*, Porto, Afrontamento, 1998, esp. chapter I, pp. 27-111.
2. In the celebrated conception of John Herz. *Cf.* his book entitled *The Nation-State and the Crisis of World Politics: Essays on the International Politics in the Twentieth Century*, New York, David Mackay, 1976, particularly chapter 3, "The Rise and Demise of the Territorial State", pp. 99-123.
3. Stephen Dyson, *The Creation of the Roman Frontier*, Princeton, Princeton University Press, 1985, p. 3.

context of which, instead of abrupt and radical, the transition from one political community to the other was gradual and knew an ample variety of manifestations.

Throughout modernity, and notwithstanding the traditional enmity between both countries, the Portuguese-Spanish border presents something rather similar to this Ancient phenomenon : the "raia", a broad territory running alongside the official frontier and extending into both countries, home to a people that was able to develop its own dialect, its own economy and even its own juridical system and law enforcement mechanism, more or less indifferently to the formal jurisdiction of either the Portuguese or the Spanish States. Where it proved impossible to build an outright impermeable wall, how could a simple river or a mountain prevent two peoples from cohabitating and dealing with each other? Even small children could cross them and play together, let alone grown adults.

To modernity, the fundamental notion of frontier points to the idea of confining a human collectivity within linear, impenetrable and impermeable territorial limits. Moreover, it will be due to the fact that it is confined within such territorial limits that, in strict Darwinian fashion, an aggregate of individuals acquires a common identity that elevates it to the condition of being a people, identifying it, separating and distinguishing it from all other peoples. Besides, such a common identity, not only transforms a plurality of individuals into the unity of a people, turning them into a unitary political community possessing a private identity – i.e., transforms a crowd into a nation –, it will also assure the demarcation of this national community in comparison with other human aggregates, each of them equally possessing its own private identity, precisely because they are enclosed within their own territorial frontiers. In a caricature, it is as if humans knew the same development that Darwin witnessed among animals. It was both the frontiers of the Galapagos and the oceanic isolation that characterised them that enclosed and isolated within the islands the birds that Darwin observed there, allowing them to acquire, in isolation from the rest of the world, special traits that identified them and separated them from their close relatives inhabiting the coasts of Chile from where they originated. So too, for modernity, it is because of the radical separation of peoples, operated by the frontiers of their territory, that emerge, both the *us*, those that are made equal because they are enclosed by effective frontiers in a common territory, the fellow citizens, and the *them*, the foreign aliens. In a word, it is the frontiers that allow for the emergence of the different, the national identities.

Plato had already referred to what he called the "noble lie", i.e. the notion that, according to myth, in the beginning of time, humans where born, not from the womb of their respective mothers, but from the ground[1].

---

1. *Cf.* Plato, *The Republic*, B. Jowett, translation, New York, Vintage Books, particularly Book III, p. 414c. That myth, moreover, would find its way into Christian teaching. *Cf.* the taking of ashes, at Lent, at which time the faithful recall that they are dust and into dust they shall be transformed.

Accordingly, the identity of each was impressed upon her or him by the ground, the territory, from which she or he was born. In this context, in itself, the individual resembles a blank slate, pure form, capable of receiving the concrete shape that may be imprinted upon her or him from outside, i.e., from her or his State. One's identity is not something that is proper to her or to him, but is derived from the ground of the *polis* – or the State, as modernity will tell us. It is both the concrete land, the motherland, from which one was born, and the *polis*, the political community into which one was born, that are responsible for transforming otherwise neutral individuals into persons, marked by a concrete identity : Spartans, Athenians, Macedonians or Persians – or, for that matter, Portuguese, Spanish, Belgian, Brazilian or Canadian.

Within a political community, what distinguishes one individual from the next is the type and the percentage of metal, gold, silver or bronze, that she or he has in her or his soul. Accordingly, it is precisely this cleavage, and cleave alone, that ought to determine the position of each and all individuals in the *polis*, as labourers, warriors or guardians. So much so that, true to this principle, Plato will go on to abolish the family all together so as to assure that absolutely nothing may interfere or obstruct the true identification of each one and her or his placement in the social class to which he or she truly belongs. Across political communities, that same principle prevails. In terms of the *phusys*, in material terms, an Athenian is no different from a Spartan, or, for that matter, a Frenchman from a German or an Iranian from an Iraqi. Just as the true difference demarcating a warrior from a labourer lies on the fact that the first has a heart of silver, and the second a heart of bronze, so to what makes one Athenian or Spartan, Portuguese or Spanish, North or South Korean, is the fact that one's soul is made up of the Athenian or Spartan soil from which one was born, Portuguese or Spanish, North or South Korean.

It is the soil, therefore, that determines the *nomoi*, the social and political nature, that will truly demarcate one person from another : the soil (understood in broad terms to include the dirt, the rocks and the metals existing in the subsoil of the State's territory), as well as the water (the lakes and the rivers, as well as the trees and the shrubs existing at its surface) and the air (one can breath throughout its territory). Thus its sacred importance, deserving to be defended, even at the cost of one's life. Yet, in order to maintain its identity and its integrity, the territory of one State must be delimitated. Walls must be built around it, so that neither the soil, nor the water, not the air of one State may ever be allowed to contaminate those of other States. Impermeable and impenetrable walls.

That is why, besides, Socrates refused to escape from prison when he was offered the opportunity to do so. In truth, he could not escape because he was a product of Athens. Leaving Athens would be a death as certain as taking the hemlock.

Both the *civitas,* the *Imperium* and the complex plurality of political communities within which medieval life unfolded defined themselves by the central political, economic, cultural and religious spirit that ordered their respective social relations – not by reference to the territorial frontiers surrounding them. Frontiers existed, no doubt. Yet, instead of being impermeable and impenetrable, they were porous and very much permeable. They were not linear, separating radically and abruptly citizens from foreigners, black from white, green from red and all the other colours. Instead, they knew a gradual and diffuse shape, extending themselves over more or less wide spaces; so much so that they were almost impossible to establish in a precise and definitive shape. That is why the transition from one community to the next never occurred in a fixed point or along a fixed line, in a radical and abrupt fashion, as adopted by modernity for the transition from one sovereign State to the next. Instead, for Antiquity, as well as for the Middle Ages, the transition from one community to the next occurred along a continuous and almost imperceptible spectrum, where the zones of confluence and overlapping identities and authorities were rather common[1]. Collective identity, citizenship ensued, from a territory, indeed, but also from a more or less shared *logos,* faith and normative system.

On the contrary, the frontier of the modern sovereign State was designed to separate in a complete and radical shape. The only gaps it allows are the frontier posts, foreseen to permit the passage of both people and goods from one State to the next, under the strict control of the border patrols. Nothing, nor no one, enters, or leaves, without submitting to the control of the will of the respective State, or of its agents. The paradigm is the famous, or infamous, "check point Charlie", and our traditional frontier posts, in general, or, for that matter, the more civilized versions of our contemporary airport border controls. The modern frontier emerges with the sovereign State, in order to define it as a political community. It functions as a "hard shell" that not only protects, but also isolates a specific territory and the community settled there, from its surrounding environment. In a deep sense, it is, therefore, the frontier that allows for the transformation of a people into a nation, and for its organization as a sovereign entity, transforming it into a political system in itself, a self-contained and impenetrable unit, a unitary sovereign nation State.

Frontiers lead to the image of a planet integrally constituted in sovereign States. And they allow each sovereign State to present itself as an hermetically delimited unit of impenetrability, the political community of the modern era, pretty much as the castle had been for the Middle Ages. Furthermore, it is precisely because of this new nature assumed by the frontiers of States that, with modernity, international relations, i.e., relations among States, know only one of two modalities[2].

---

1. For an exploration of the Medieval idea of frontier *cf.* Robert Bartlett and Angus Mac Kay, eds., *Medieval FrontierSocieties*, Oxford, Clarendon Press, 1989, esp. the chapter by Robert I. Burns, "The Significance of the frontier in the Middle Ages", pp. 307-330.
2. *Cf.* our work identified above, esp. pp. 41-61.

Among such "units of impenetrability", closed beyond hermetic frontiers running, in a gigantic V, at the limit from the centre of the earth, all the way onto outer space, there can only be diplomatic or consular relations, on the one hand, or war, on the other.

Moreover, given the new nature of frontiers, war can longer be just or unjust – as the ancient world and the Middle Ages had postulated. Its only justification becomes utilitarian. Instead of just or unjust, when conducted between independent yet integrated peoples, war among sovereign States, strictly delimited by impenetrable borders, becomes a merely more or less useful, or rational, exercise for the fulfilment of the national interest. This is the context in which the modern international system emerges in the image of a billiard table, as a system that does no more than offer the conditions allowing for the billiard game to be played, where the billiard balls can not know, much less interfere with, what goes on inside one another, but only touch each other, on the exterior, and move along the table, in function of the forces that are impressed upon them[1].

So much so that, for modernity, State frontiers fulfil two parallel tasks. On the one had, they are responsible for shaping, in a radical form, the common identity of the citizens enclosed within them. Correlatively, they are also responsible for the establishment of the radical alterity, the total difference of foreigners, aliens – those enclosed within different billiard balls, different States and, therefore, possessing radically different identities and even nature.

In this manner, frontiers are responsible for furnishing the over all framework of the modern sovereign States and of the international, inter-state, system erected by them. Internally, frontiers emerge as the containers of the political processes[2] and of the common legal framework adopted for the regulation of social life. Externally, they catapult us to a system where the *Balance of Power* is the only available norm. The Balance, that is, between the power of each State and the voice it has in defining, implementing, interpreting and profiting from the rules regulating the ways that States should deal with each other. In other words, if, according to John Locke, it is the sharing of a common law that defines a political community, than, the modern frontiers throw us into a world made up of a plurality of States, that is of sovereign national legal systems, where the balance of power between them is the single rule available for the regulation of their respective interrelations.

The ancients lacked a notion of humanity, as such – except, of course, for the emerging cosmopolitanism. To the ancient Jews, as to the Greeks and the Romans, the world was divided in two parts : fellow citizens and foreigners, Jews and Gentiles, Greeks or Romans and Barbarians. Accordingly, the planet was organized in two parts : the political community of reference,

---

1. *Cf.* John Herz, *op. cit.*
2. To use an expression coined by Jean Gottman, "Space, Freedom and Stability", *Political Science Review*, vol. 5, n° 2, 1984, p. 117.

Israel, Athens, Rome, and the outside world. The one representing the domain characterized by law, ethics, friendship, solidarity, the other representing a sort of market, where one would go to buy and sell – or to pillage – as best would serve the national interest. With the peculiarity that the buying and selling translated into diplomatic relations and War : two aspects of a singular phenomenon, in the celebrated expression of Clausewitz[1]. Following, closely, this dualist mentality of the Ancient world, to a certain Muslim undercurrent, the world integrates but two types of people : the believers and the infidels. Correlatively, there are but two political communities possible in the planet : the *Umma*, the community of believers, and the community of the infidels. And, in parallel fashion, only two types of relations are possible. With the first, and because of the common identity that is shared, political relations of solidarity. With the second, however, and in function of their alterity, the only relationship that is possible is that of War. Whatever does not integrate the *dar-al-Islam*, the house of Islam, can only be thrown into the *dar-al-harb*, the house of War. All those who are outside the House of Islam, find themselves, of necessity, exposed to the house of War[2].

The exact same holds for the modern sovereign State. And it is here that lies the radical difference adopted by modernity between politics and foreign affairs : internal politics, developed within a sovereign national State, and international relations, developed among States. Within the frontiers of each State we find the fellow citizens, those who, because of the common identity that shapes them, are solidary among themselves, trust each other and develop peaceful relations among themselves, sharing their very lives. Within the frontiers of each State we encounter friends, as the Western tradition tells us, at least from Aristotle to Carl Schmitt. On the contrary, beyond the frontiers of each State, in the relations between States, there is no place for solidarity, nor trust, much less friendship.

Between States, in international relations, it is not friendship, but the principle of utility that rules. Beyond the frontiers of a State, what we encounter are other States, equally sovereign, that, accordingly, and depending upon the characteristics and the demands of each historical period, may be allies, enemies or neutral – friends, never. That is why modernity identified only one motive that should lead a State to establish relations with other States : the service of its national interest.

In other words, in the perspective of modernity, international relations throw us into a context that can best be described as being in the antipodes of the Kantian categorical imperative. In fact, Kant invites us to never treat the

---

1. For the classical and forceful presentation of this paradigm *cf.* Carl von Clausewits, *On War*, Harmondsworth Penguin Books, 1985.
2. For an in depth exploration of the ideas of State and of international relations in Islam *cf.* our work, *Do Estado soberano ao Estado das Autonomias. Regionalismo, subsidiariedade e autonomia para uma nova ideia de Estado*, *op. cit.*, esp. pp. 246-251 and the bibliography identified there.

others as mere instruments, but always as ends in themselves[1]. Modernity, in its turn, will tell us that ethics, be they Kantian or otherwise, are appropriate exclusively at the domestic level, i.e. within the context of a sovereign State. Insofar, however, as each State is closed beyond its territorial frontiers, each one is responsible for framing its own juridical and even ethical systems. Outside of the State frontiers, the only ethics available is that of power, context in which States deal with each other only in so far as they expect to reap benefits from such relationships.

Just as, for the Ancients, the world was divided in dualist fashion between Jews and Gentiles, Greeks and barbarians, and, latter, Romans and barbarians, so too modernity adopted a strictly dualist perspective of humanity, organizing it two categories : fellow citizens, on the one hand, Portuguese, Italian, American, Russian, etc.,and foreign aliens. That is, modernity organized humanity in two radically distinct communities separated by water-tight frontiers that individualized and separated them : the territorial frontiers establishing our States. These frontiers establish, firstly, the community of equals, one's fellow citizens. At the same time, however, they also identify the community of the aliens, the different, strangers, the foreigners – those whom one can not trust, who do not deserve solidarity, with whom it is not possible to share one's life and who must be used, as objects, foir the strict gratification of one's interests.

It is, moreover, this precise paradigm that grounds, according to the *Old Testament*, God's prohibition of the Jews to establish relations with the peoples occupying the land that had been promised to them and which they should occupy upon their escape from captivity in Egypt, narrated in Deuteronomy. As non-believers, they were aliens, and, therefore, the only way to relate to them was war. And the ruse of the Gabaonites narrated by Joshua, saving them from extinction, led to their enslavement. And it is this paradigm that organizes the contemporary world in nationals of this or that State, and foreign aliens, thus the two sciences : the Science of Politics, dealing with the way fellow citizens should organize their common lives, and that of International Relations, dealing with the way States should deal with each other, and their respective aims : bluntly stated, Peace and War.

What frontiers for Europe?

A plurality of phenomenon, chief among them the European integration process, have been eroding this grand scheme. Instead of adopting the political logic of modernity and pointing to the creation of a federation of States, the United States of Europe, in the grand vision of Victor Hugo, for example, a super State, the dimension of the continent, a fortress Europe, the European integration process appears to constitute, instead, an attempt to

---

1. For a synoptic introduction to Kantian ethical and political thought *cf. Kant's Political Writings* (Introduction and notes by Hans Reiss), Cambridge, Cambridge University Press, 1988.

develop a new form of political organization, capable of surmounting the territorial and sovereignty ridden logic of modernity.

That is precisely why, and this is our basic point, European integration requires a new conception of frontiers. Both within itself and at its perimeter, the Union requires new frontiers. Frontiers of a new type, different from those inherited from modernity. It is not enough, therefore, to proceed in political terms as was done at the level of customs, for example. The major challenge facing Europe is not the replacement of the internal frontiers of the member States, transforming them, as it is sometimes argued, into the equivalent of the frontiers separating Massachusetts from Rhode Island, or North from South Carolina, by a single external frontier, in the image of what was done with the customs tariffs. That would be an invitation to disaster. Integrated, Europe requires frontiers of a new, distinct, type. As David Mitrany would denounce in his critique of the Pan-European movement, a *little Europe*, as he called it, a *fortress Europe* erected in the image of the sovereign State, would indeed assure peace internally among its members, but it would also invite war along its frontiers[1].

Here, two distinct, yet integrated, aspects deserve to be underlined.

The first has to do with the fact that the EU enlargements must, of necessity, know limits – a context in which, short of an outright cosmopolitan option, a thorough reflection on what these limits should be becomes an urgency. Unless Europe decides to think of its Union in universal terms and, in this way, recuperate the Utopian projects of European Union dating from the Abbot of Saint-Pierre, to Immanuel Kant, or the more genuine functionalist project of David Mitrany, in which European Union is synonymous of Planetary Union, it becomes necessary to determine until where Europe can grow and exactly where that process must come to a halt. A formidable task, indeed, demanding the definition of what is and what is not Europe, as well as of what can and what can not become Europe.

However, in the same way that, in terms of political order, the process of building European throws us into a context of integration, that, in the framework of modernity, is radically innovative (so much so, that none of the political categories of modernity can aptly classify the end result of this process, thus the celebrated notion of Jacques Delors of Europe as a UPO an Unidentified Political Object), so too the frontiers required by the Union assume a form and a nature that are equally innovative and substantially different from those shaping the idea of the sovereign State.

Besides, the objective of the process of European construction – at least in its more interesting dimension – never pointed to the replacement of a larger or smaller number of sovereign States by a new sovereign State ensuing from the fusion of the previously sovereign States into a single new sovereignty. The idea of Europe has never pointed to the celebration of an Hobbesian –

---

1. *Cf.* Mitrany, David, "Pan Europa – a Hope or a Danger", *in The Political Quarterly*, vol. 1, n° 4, 1930, September-December.

Rousseanian or Rawlsian –social contract among the European sovereign States. It does not point to the celebration of a social contract, this time, not by free individuals living in a "state of nature" (characterised as a state of utter licence where each one is enjoined to live as her or his power enables her or him do), but by States living in an international systems that replicates, with amazing precision, the Hobbesian state of nature.

Secondly, the last enlargement of the European Union to the East healed, at last, the wounds of both the hot two world wars of the last century and the cold war that followed them, putting an end to the division of Europe in two antagonistic blocks bent on destroying each other. First with German reunification and, afterwards, with the enlargement, Europe knew, at last, the opportunity to fulfil itself after having been torn apart at the end of the Second World War. And, as David Mitrany had warned in almost prophetical terms, Europe must not allow the enlargement to translate in a mere dislocation to the East of the "iron curtain", or the replacement of the iron curtain by another curtain whatever its nature may be[1].

And neither culture nor the major Western values constitute an appropriate response[2]. To begin with, precisely because they are Western, instead of being European. And, in the second place, because their roots, it is important to keep in mind, go well beyond the European space. After all, countries like Turkey, Syria, Lebanon, Tunisia, Algeria, for example, and even Iraq, were Europe when Europe, or a good part of it was barbarity. And what to say of those countries like, Brazil, Canada, The United States, Cape Verde? Having been created by Europe, they constitute the "new World", new Europes, in a sense that closely parallels that in which, for Antiquity, Europe was the new world, a projection and extension of the old world of Asian origin. And that is why the islands of the Azores, Madeira, the Canary Islands, Martinique, Guadeloupe and Reunion, for example, are Europe. They are Europe, not so much in physical terms, but insofar as they constitute true laboratories of Europe.

More important, therefore, than asking where the frontiers of Europe should be established, reflection appears to be required on the type of frontiers that Europe should adopt. That is, the nature these frontiers should possess and the roles they should play. And it is this context that that justifies the visitation to the concept of frontier and to the roles it was called upon to play in pre-modern times proposed in this paper.

---

1. *Cf.* David Mitrany, *A Working Peace System. An argument for the functional development of international organization*, London, National Peace Council Pamphlet n° 40, 1946.
2. Contrary to the eloquent proposal of Samuel Huntington in *The Clash of Civilizations and the Remaking of World Order*, New York, Simon & Schuster, 1997.

Frontiers, Neighbourhood and Periphery

At this point our reflection opens to the remaining two elements of the triadic theme of our topic : the European neighbourhood policy and the periphery and ultraperiphery of the Union.

A first point deserving reference has to do with the innovative notion of frontiers announced by the New European Neighbourhood Policy adopted in preparation of the historic enlargement of 2004[1]. This policy was adopted with the express purpose of "avoiding the emergence of new dividing lines between the enlarged Europe and its neighbours". In other words it ensued from a double desideratum. On the one hand to make clear that the process of enlargement knew clear delimitations.Neighbours are not candidates for accession. And, on the other hand, to assure that the "iron curtain" inherited from World War Two and from the Cold War, would not be replaced by a new "velvet curtain" of culture, the market, or political integration.

Whether the concrete measures foreseen for this policy are effective, or but a mere placebo, that is a different matter. What is important to highlight is that the Neighbourhood Policy seems to recover the ancient notion of frontier, perceived as a zone of transition, instead of a straight line demarcating a radical alterity. A zone of transition that, instead of the modern linear frontier, is not impermeable but porous, allowing for the diffusion of values and the solidarity sharing of ways of life and mutual support. With this new policy, the foreigner, she or he who is not Europe, is no longer automatically perceived as an enemy, at least potentially, an instrument, to be used whenever that should lead to the service of the national, or, in this case, European, interest, or a "foreign alien", but as a neighbour, somewhat in the old Biblical signification.

According to modernity, the "foreign alien" is someone towards whom one has no duties. Within the modern paradigm, duties and morality itself are strictly reserved to the sphere of the sovereign nation State. So much so that one has the right, nay, the duty, to use the "foreign aliens" as best serves ones' interests. Now, in the terms of the parable of the Good Samaritan, the neighbour is someone like me, who lives next door, with whom I share my life in a plurality of meaningful ways. She or he is not, of course, a member of the family, not even my co-citizen. Yet, my neighbour represents a *tertiam genus*, lying somewhere in between my friend and my foe, to resort to the well known dyad elected by Carl Schmitt to characterize the political[2].Instead

---

1. *Cf.* Communication of the Commission to the Council and the European Parliament *A Wider Europe – Neighbourhood: a new framework for relations with our southern neighbours*. COM (2002)104 final.
2. For Carl Schmitt's classical characterisation of the political as being grounded on the *friend/foe* cleavage, just as ethics is grounded in the *beautiful/ugly* dyad, economics in that of *profit/loss* and medicine in that of *health/disease*, *cf.* his work, *The Concept of the Political*, New Brunswick, Rutgers University Press, 1976.

of being indifferent to me, the life of my neighbour affects my own life directly, and is affected by it. Accordingly, the network of rights and duties established to order domestic social life must, of necessity, be extended to her or him.

In the past, the definition of frontiers was, manifestly, a problematic exercise for Europe. The moment they were established, Europe became automatically confronted with its other : those who ended up on the other side of the frontier, and, therefore, became, in more or less automatic fashion its foes, at least potentially. The simple fact that they were not Europe was sufficient to make them the enemies of Europe, or, at most strangers, "foreign aliens". Historically, Russia, the Ottoman Empire and Turkey represent the more paradigmatic cases of this dimension. Indeed, the question of Turkey, of what is, or should be, its relation to Europe, is not new. And to many minds, America, the United States of America, would present itself as a clear candidate to that category.

Formally, the European Neighbourhood Policy applies only to some of Europe's immediate neighbours, in concrete, to Algeria, Armenia, Azerbaijan, Belarus, Egypt, Georgia, Israel, Jordan, Lebanon, Libya, Moldova, Morocco, Palestine, Syria, Tunisia and the Ukraine. Russia, of, course, constituting a case a part, being a "strategic partner" of the E.U. particularly in what concerns the four basic "common spaces" of economics and the environment ; freedom, security and justice ; external security ; research and education. Yet, the list of Europe's neighbours is far wider.

And the Union has already recognized this, launching what has already been called a "Wider Neighbourhood Action Plan"[1] aiming at the consolidation of the interrelations of its outermost regions with their environment : the Caribbean, America, and Africa. The plan, it is true, remains at an embryonic stage and knows two fundamental restrictions. On the one hand, under the plan only projects of cooperation between the Canary Islands and the coastal regions of Morocco are eligible for financing from the European Fund of Regional Development. And, on the other hand, the access to funds from other sources, namely from the European Development Fund, is restricted to cooperation projects with the ACP countries. Nevertheless it is a start.

The second point is an invitation to look at frontiers, in this case, of the European Union, not from the perspective of a centre, Brussels, Strasbourg, Frankfurt or Luxemburg, in the case in point, but fromthe periphery, or, better yet, from the ultraperiphery. If not for anything else, to underline that the frontiers of Europe extend well beyond Russia, the Middle East and the countries of the Southern and Eastern Mediterranean basin.

As a matter of fact, the Azores, extend the frontiers of Europe across the North Atlantic, in the direction of the United States and Canada to the West

---

1. *Cf.* Communication from the Commission, *A stronger partnership for the outermost regions*, COM (2004) 343 final, and the Communication form the Commission *on a stronger partnership strengthened for the outermost regions: assessment and prospects*, COM (2004) 543 final.

and of Iceland to the North ; Madeira and the Canary Islands inflect them South, in the direction of Cape Verde, and East, in the direction of the African continent ; Martinique, Guadeloupe and Guiana, project them to the Caribbean and to Brazil ; and with the island of Reunion they reach the Indian Ocean, Mauritius, Madagascar, the Seychelles, and Mozambique. All of this not to mention the remaining European islands and territories, from Saint Pierre and Miquelon, at the entrance of the Hudson Bay, in the North, to the Falkland Islands, in the South. With them the frontiers of Europe are literally projected into the four corners of the world. The member States to which these territories belong may, in some cases, have chosen to keep them outside the Union. They remain European, nevertheless, and may be brought in at any moment, like France has just done with regard to the islands of Saint Martin and Saint Barthelemy which the Treaty of Lisbon incorporates in the set of Outermost Regions of the Union[1].

The ultraperipheries constitute true frontier posts of the Union. Not linear and closed frontiers, in the manner of modernity, but frontiers that constitute authentic spaces of interface, transition and interpenetration, both in geo-strategic, political and cultural terms. Vitorino Nemésio, one of the major figures of Portuguese culture of the XXth century used to describe the Azoreans by saying that they possess a double nature, being made of both lava and flesh and bone. Paraphrasing him, I would say that the Azores and the remaining Outermost Regions of the Union present a double character, belonging both to Europe, that shaped them, and to the Atlantic, Caribbean and Indic space, in which they are located[2].

In rigour, we should not refer to a double, but to multiple natures, for life in these regions is not shaped by two, but by a plurality of universes. In the Azorean case, this plurality ensues from the historical relations of the archipelago, first with North Africa (at the origin of the settlement of the Archipelago), afterwards with Brazil, the United States and Canada, and lately with the European Union. The sphere in which Azorean life unfolds is, no doubt, Portuguese. And following the European integration of the country, it is also European, of course. But it goes well beyond that, projecting itself Westwards, towards the Atlantic space. And the remaining ultraperipheral regions of the Union know a similar phenomenon.The sphere to which they belong goes, in all cases, far beyond the European Union. In all of them, the space in which the lives of these communities unfolds breaks the linear frontiers of the Union, projecting itself to their surrounding environment, Atlantic, in the case of the Azores and Madeira, Atlantic and North-African, in the case of the Canary Islands, Caribbean, in the case of Martinique, Guadeloupe, Saint Martin and Saint Barthelemy, South American, in the case of Guiana, and Indic, in the case of Reunion.

---

1. *Cf* Article 355, n° 1 of the Treaty where the Outermost Regions are identified.
2. *Cf.* Vitorino Nemésio, "Açorianidade", in *Insula*, n° 7 & 8, July and August 1932.

In this sense, the ultraperipheral regions of the European Union constitute, one could say, as many living laboratories for the testing of the innovative type of frontiers that are being forged by the Union in the XXI century. With them, the Union acquires a truly global nature, opening itself well beyond the European space into an outright planetary dimension. The neighbourhood of the Union is equally global. And the challenges that its New Neighbourhood Policy attempts to face are felt along the entire frontier of Europe : from Belarus, in the North, to Mozambique, Mauritius and the Seychelles in the South, from Syria, in the East, to Argentina, Brazil, Canada and the United States, in the West. They are all physical neighbours of Europe.

Europe's frontiers are global. So too are its security needs. And just as Europe's frontiers assume a new nature, distinct from the character of their counterparts adopted by the modern sovereign State and the international system they engendered, so too European security needs become equally innovative. Europe cannot, therefore, remain a mere *civil power*, as some doctrine would propose[1]. Given the failure of the European Defence Community at the hands of the French National Assembly in 1954, Europe, in the twenty first century, requires, more than ever, a Security and Defence Policy of its own. But a policy as different from the traditional Defence and Security policies of the sovereign nation-States as the European Union itself is different from its member States.

For that, Europe requires new frontiers, or, better yet, frontiers of a new type and dimension. Its Neighbourhood Policy, inaugurated in 2004 for continental Europe's Mediterranean and Eastern neighbours, appears to be a rather interesting starting point that is being enlarged to the global neighbours of the Union and deepened, allowing for the consolidation of the punctuated interests and requirements Europe shares with its global neighbours.

---

1. *Cf.* paradigmatically, Mario Telò, *L'Europa potenza Civile*, Bari, Laterza, 2004 and the essays gathered *in* G. Laski and M. Telò (a cura di), *Europa potenza civile o entitá in declino*, Bologna, Il Mulino, 2007.

IMAGINAIRE DE L'ESPACE CULTUREL ET AMBIGUÏTÉS DE LA POLITIQUE EXTÉRIEURE : L'UNION EUROPÉENNE ET L'AMÉRIQUE LATINE, DE LA FILIATION AU MALENTENDU

Denis ROLLAND
Université de Strasbourg

Au cœur de cet article, il y a deux interrogations très simples que beaucoup ont auparavant tissées sur le métier : le territoire de l'Union européenne est-il culturel ? Les frontières invisibles aux portes de l'Europe importent-elles autant que les frontières visibles ?

Si on en juge par la rhétorique cordiale immanquablement déployée par les deux parties lors des rencontres Europe-Amérique latine, l'Amérique latine peut apparaître comme une zone à première vue forte, concrète, de la politique extérieure de l'Union. Cet « Extrême Occident », pour reprendre une expression consacrée par Alain Rouquié, est volontiers manifestée comme zone de succès (toute chose étant relative) de la PESC – même si personne ne se risquerait à dire qu'elle en constitue un des éléments fondamentaux.

Ici, après avoir souligné, après d'autres, les ambiguïtés culturelles et politiques très sérieuses de ce lien entre Union européenne et Amérique latine, une recontextualisation des liens entre Communauté européenne puis Union Européenne avec l'Amérique latine permettra de mettre en évidence de claires ambiguïtés.

Quatre ambiguïtés culturelles et politiques fondamentales

L'ensemble de cette partie ne peut qu'être directement débitrice de ce regard vif et pertinent de François Nizery – qu'il importe de diffuser. Selon donc la typologie proposée par ce haut fonctionnaire de l'Union européenne[1], les relations entre l'Union et l'Amérique latine reposent sur quatre

---

1. François Nizery, *in* Daniel van Eeuwen (dir.), *L'Amérique latine et l'Europe à l'heure de la mondialisation*, Paris, 2002, Karthala, pp. 37-40.

ambiguïtés fondamentales, « corruptrices du champ de vision et d'action » des Européens.

De l'ambiguïté historique et culturelle à l'ambiguïté politique

La relation Europe-Amérique latine est toujours verbalisée comme une relation « privilégiée ». Et cela a été renforcé depuis l'entrée de l'Espagne et du Portugal dans la Communauté en 1986, deux pays qui, en raison de leur propre histoire, ont beaucoup contribué à fortifier ce tropisme rhétorique. Tous les Sommets Union européenne-Amérique latine rappellent les liens communs du passé.

Or il s'agit d'une confusion : si l'on évoque alors un héritage culturel entre les deux régions, c'est donc que l'on confond la relation euro-latino-américaine avec la relation ibéro-latino-américaine voire avec la relation Europe latine-Amérique latine (certains pays dont la France n'étant « pas exempts de toute ambiguïté dans leur propre relation avec l'Amérique latine »[1] au nom d'une influence culturelle réelle et profonde mais parfois très vieillie au sein des élites traditionnelles latino-américaines. Mais qu'ont à voir la Suède, le Danemark, la Lituanie ou la Slovénie avec l'Amérique latine et avec cet héritage traditionnel ? Peu de choses assurément.

Cette ambiguïté « culturelle » a des implications « redoutables »[2] : en instrumentalisant l'héritage, lui-même ambigu, d'un lien colonial avec la seule Péninsule ibérique, elle fait reposer les relations entre l'Europe et le sous-continent latino-américain sur un socle particulièrement instable et scientifiquement de plus en plus injustifiable au fur et à mesure de l'élargissement du territoire de l'Union.

En principe, la politique de coopération communautaire doit permettre d'approfondir la relation par la connaissance de l'autre. Ici, au contraire, le rappel du lien traditionnel, culturel et social, induit une « paresse intellectuelle » (nul besoin de se fatiguer à connaître et comprendre puisque nous sommes déjà en milieu de connaissance) et une méconnaissance structurelle maintenue des réalités très diverses et métissée de l'Amérique latine.

Les mots « Amérique », « Indiens », « Latins » sont pour l'Amérique latine des mots inexacts produits par l'Europe et projetés par elle sur le sous-continent. Mais les fruits d'inexactitudes, d'erreurs ou de propagande n'ont jamais été « corrigés » cinq siècles après leur invention : la connaissance stéréotypée à l'extrême vue d'Europe d'une Amérique latine exotique et peu sérieuse peut difficilement progresser dans ces conditions. Et la rhétorique d'amitié conduit à une paresse intellectuelle de celui qui manie le discours de proximité, le voisinage culturel supposé dispensant d'apprendre à connaître.

---

1. François Nizery, *ibid. Cf.* Denis Rolland, *La crise du modèle français, Marianne et l'Amérique latine*, Rennes, PUR, 2000 (rééd. Paris, L'Harmattan, 2010).
2. François Nizery, *ibid.*

On ne travaille pas avec l'Asie sans se renseigner, chercher à s'informer ; avec l'Amérique latine au contraire, l'impression de connaissance se transforme en paresse intellectuelle.

L'ambiguïté historique liant aujourd'hui l'Europe à l'Amérique latine induit aussi celle d'une relation de l'Europe avec l'Amérique latine perçue comme une relation concurrente de celle des États-Unis avec le sous-continent[1] : mondes latins contre espace anglo-saxon, autrefois bastions d'inspiration catholique contre univers protestant, ou pour reprendre les stéréotypes d'un anti-américanisme très diffus dans l'Europe de la seconde moitié du XXe siècle, mondes inspirés par les Lumières et la haute culture contre monde inspiré par l'impérialisme et la culture matérielle...
Certes, l'histoire de la relation européenne à l'Amérique latine n'est de fait, du XIXe au XXe siècle, pas toujours fausse historiquement. Mais cette perception triangulaire de la relation à l'Amérique latine tombe volontiers sous la légitime suspicion d'une très hypothétique mais toujours rêvée « reconquête » culturelle par l'Europe d'un lien exclusif ou privilégié à l'Amérique latine, contre le rouleau compresseur du modèle anglo-saxon.
Or
- l'Amérique latine poursuit son métissage culturel dans la globalisation sans que ni Washington, ni Hollywood ne soit toujours en cause ;
- l'Europe - l'Union européenne - est aussi anglo-saxonne : elle est latine et anglo-saxonne, et son évolution culturelle, comme politique ou sociale, induit, qu'on le veuille ou non, aussi une forme d'ouverture, de perméabilité à la culture nord-américaine.

Dans ces conditions, se poser dans la relation de l'Europe à l'Amérique latine en concurrent des États-Unis est
- d'abord une simplification très outrancière : les États-Unis constituent un État, l'Union européenne, même celle de 2010, avec son Exécutif nouveau aux fonctions toutefois très limitées n'a que peu à voir avec un État. Et les statistiques qui cumulent les ressources économiques, financières et culturelles de pays de l'Europe constituent certes, outre une comptabilité avantageuse, une forme de propédeutique fédérale mais elles opèrent d'une certaine manière en trompe l'œil : dans le domaine économique, beaucoup des entreprises européennes ont encore une nationalité et les cortèges de responsables d'entreprise « nationales » accompagnant les voyages officiels à l'étranger d'Exécutifs des pays d'Europe le rappellent chaque fois ; dans le domaine culturel aussi, qui pourrait de même croire, même s'il y a de nets signes encourageants, que les capacités d'intervention extérieures des États (ainsi les postes d'expansion économique ou équivalent, Alliances françaises, *British Council*, *Goethe Institut*, Instituto Cervantes ou Dante Alighieri...) ont été fédérées pour accroître les moyens ? Il y a bien eu quelques signes

---
1. François Nizery, *in* Daniel van Eeuwen (dir.), *L'Amérique latine et l'Europe à l'heure de la mondialisation*, Paris, 2002, Karthala, pp. 37-40.

encourageants à la transition des XXe et XXIe siècles, ainsi en Bolivie, à Santa Cruz de la Sierra, ou en Italie, en Sicile : là, des moyens ont été mis en commun entre (en Bolivie, le même bâtiment est partagé entre l'Alliance et l'Institut Goethe) ; mais ces collaborations pionnières exemplaires ne sont généralement que le résultat de situations locales difficiles conduisant à de nécessaires et opportunes mises en commun.Les États demeurent très attachés à leur langue identifiée, non sans raisons historiques dans le monde ouest-européen, comme un fondement essentiel de la souveraineté et de l'identité nationales.

- puis elle supposerait *a minima* que l'Europe ait ou se donne les moyens de cet investissement ou réinvestissement économique ou culturel outre-Atlantique. Or ce n'est assurément pas le cas. Ce qui peut à la limite avoir des aspects de réalité du point de vue économique ou commercial n'est, pour l'essentiel, qu'un fantasme du point de vue politique : la puissance européenne n'est, dans le meilleur des cas, qu'une réalité largement inachevée.

De l'ambiguïté géographique à l'ambiguïté institutionnelle

À l'ère de Catherine Ashton du côté de l'Union européenne, comme d'Enrique Peña Nieto au Mexique, d'Hugo Chávez au Venezuela, de Sebastian Piñera au Chili, de Cristina Kirchner en Argentine ou de Dilma Rousseff au Brésil, des deux côtés de l'Atlantique, il y a une grande difficulté à parler d'une seule voix.

Du côté latino-américain, la difficulté est immense et insurmontée. Qu'on rappelle juste qu'il s'agit d'une vingtaine de pays, d'espaces étendus sur une distance équivalente à celle qui irait des pays scandinaves au Sénégal au moins et où la circulation intérieure est immensément plus difficile (en raison du relief, de l'hydrographie, du climat et des distances) qu'en Europe occidentale. Sans même considérer la faible complémentarité de beaucoup de ces économies, voire leur concurrence, au contraire, souvent sur les mêmes produits, et marchés, les liens commerciaux sont parfois inexistants ou presque entre pays de cet ensemble régional : qu'échangent le Chili et Haïti ? Le Paraguay et le Mexique ? Ces pays n'ont entre eux, dans beaucoup de cas, que des liens politiques, économiques communs très faibles depuis leur indépendance, et parfois plus d'héritage de conflits de voisinage que de coopération. Dans cet espace qui, aujourd'hui, partage formellement l'attachement à la démocratie, les politiques sont très variées ; et, même aujourd'hui entre nombreux gouvernements dits « de gauche », les liens sont complexes (Argentine Brésil dans le Mercosur, Bolivie d'Evo Morales, Équateur de Rafael Correa, et Venezuela ou Cuba) etc. Ou comment la communication politique entre le Mexique du PAN et l'Argentine du péronisme ou le Venezuela de la Révolution bolivarienne est *a priori* difficile. En outre, les organismes d'intégration régionale donnent l'aspect de l'éparpillement, de la concurrence ou de l'emboîtement (du MERCOSUR à l'UNASUR, de l'ALBA à la Zone de Libre échanges des Amérique), donnant dans les deux cas une lisibilité difficile de l'Amérique latine comme bloc régional tiraillé entre initiatives propres et états-uniennes et, comme résultat, la difficulté à parler d'une seule voix – même si l'impression assez unanimement partagée est celle d'une perception d'une Europe unifiée aux dépens des liens historiques transatlantiques, d'une Europe perçue comme demeurant fermée aux exportations latino-américaines, d'une Europe privilégiant ses relations intérieures et une politique de voisinage dans laquelle l'Amérique latine n'existe pas.

Du côté européen, les difficultés sont à peine moins considérables quand il s'agit de parler à l'extérieur d'une seule voix ; il y a une difficulté institutionnelle récurrente de l'Europe à parler sans polyphonie, à construire une politique extérieure consistante. Et la confusion est souvent grande entre les initiatives des États membres de l'Union européenne et celles de la Commission.

Dans la relation avec l'Amérique latine (mais pas seulement), on constate depuis longtemps déjà une dilution fréquente « du droit d'initiative de la Commission, pièce maîtresse du dispositif communautaire »[1]. Car il y a aussi une ambiguïté sur le rôle de la Commission en matière de coopération : la Commission a vu son rôle progressivement réduit en matière de coopération, à mesure que les problèmes internes (dans son organisation et sa gestion) ont réduit ses moyens : la Commission est parfois perçue comme un acteur passif, ou pour reprendre les termes de François Nizery abondamment dupliqué dans les lignes qui précèdent, un simple vecteur « vache à lait », forme de caisse enregistreuse des demandes de subvention. Il ne paraît pas inexact sur les vingt dernières années de dire qu'elle a peu de pouvoir d'initiative et pas de pouvoir d'inspiration de la politique de coopération.

À ce constat certes un peu radical, on peut ajouter que l'Union possède une difficulté souvent plus importante à exercer son autorité sur une zone non centrale, voire marginale pour ses membres : les pays d'Amérique latine.

Des ambiguïtés, chronologiques manifestes : l'UE sur les traces des initiatives des États-Unis après 1994 ?

Les apparences

Les années 1980 ont été incarnées, notamment en Amérique centrale, par les premiers « exercices particulièrement réussis » (selon les termes de notre ami Jean-Jacques Kourliandsky) d'une Politique extérieure européenne encore dans les limbes[2].

---

1. François Nizery, *ibid.*
2. Cf. Jean-Jacques Kourliandsky, « Union européenne et Amérique latine et Europe : mécanismes d'élaboration d'une politique » in Daniel van Eeuwen, *L'Amérique latine et l'Europe à l'heure de la mondialisation*, Paris, 2002, Karthala ; et Jean-Jacques Kourliandsky,

À partir de 1975/1976, de nombreux signes positifs ont été donnés. On peut en mentionner deux :
- en 1975, les Accords de Lomé incluent des États de la Caraïbe et, parmi les 76 traités signés, certains le sont avec des États latino-américains (ce sont des instruments strictement commerciaux, dits « de première génération ») ;
- le Dialogue initié à San José en 1984 (qui réunit la Communauté européenne et l'Amérique centrale, tous les deux ans) et le Dialogue Communauté européenne-Groupe de Rio donnent des signes de fonctionnement de cette approche bilatérale fonctionnelle.

En d'autres termes, à une époque où la « PESC » n'existait ni dans les faits ni même conceptuellement, les actions de coopération ont « précédé la définition d'un cadre relationnel ».

Ensuite, certes il y a eu de nombreux signes de coopération et d'institutionnalisation des relations entre l'Union européenne et l'Amérique latine. Mais ce cadrage formel, très important, ne paraît pas enrayer une tectonique d'éloignement qui ne se limite pas au seul plan culturel. Peut-être l'a-t-il néanmoins freinée, voire redéfini sur des bases plus rationnelles. L'éventuel « supplément d'âme » apporté par la construction de structures de coopération n'est néanmoins pas aisé à évaluer quelques décennies plus tard. Toutefois, l'adoption d'un règlement dit « PVD-ALA » Amérique latine et Asie en 1992, doté d'un budget spécifique, réactualisé en 1995 et 1999, ne peut être ignoré ; de même que la dynamique qui conduit à la construction de programmes spécifiques de coopération bilatérale (AL-INVEST, URB-AL, ALURE et ALFA notamment)... Des Accords cadre à la portée potentielle importante ont été signés : avec la Communauté andine en 1993, avec le Mercosur en 1995, avec le Chili en 1996, avec le Mexique, entré dans l'ALENA/NAFTA en 2000...

Mais il a fallu attendre 1999 et le Sommet de Rio, ce 1er sommet Union européenne-Amérique latine, pour que l'on note une tentative vigoureuse de donner une cohérence à une politique construite de façon relativement réactive, si ce n'est assez conjoncturelle. Sauf que les résultats de ces sommets, heureusement désormais périodiques, semblent, dans les grandes lignes, eux aussi, et sans être pour autant non significatifs, sensiblement moins importants que ce que les plus ambitieux d'entre nous souhaiteraient.

« Une coopération en quête de boussole, L'Europe face aux attentes latino-américaines », *Le Monde diplomatique*, mars 1997. Les pages qui suivent doivent beaucoup à ses études.

Une clé pour le décryptage : les concordances chronologiques

Pour ne pas oublier de mentionner un acteur essentiel, les pays de la Péninsule ibérique, entrés dans la Communauté européenne en 1986, ont assurément joué un rôle notable dans cette formalisation du dialogue avec l'Amérique latine. De même, le poids des redémocratisations des années 1980 et 1990, qui portent leur cortège de libéralisations et d'ouvertures économiques, constituent autant d'opportunités pour les marchés européens. En outre, la progression de la constitution de la Communauté puis de l'Union, l'approfondissement de l'intégration européenne constituent des facteurs d'entraînement très visibles, souvent enviés depuis les Amériques.

Mais les concordances chronologiques entre les initiatives états-uniennes et européennes suggèrent aussi l'imbrication de trois chronologies concurrentes : construction européenne, reprise dans la construction du Mercosud (mais qui se fait en partie contre la fermeture des marchés du Nord), initiatives états-uniennes d'intégration. Elles suggèrent aussi, après la période d'initiative du Vieux Continent des années 1980 et 1990, un certain suivisme de l'Europe, une forme, peut-être, de nécessaire concurrence pour rattraper les initiatives vis-à-vis de l'Amérique latine venues de Washington, après un temps où l'Europe a semblé donner le « la ».

1985-1988 : rapprochement Brésil-Argentine et recherche intégration (86 : acte pour l'intégration, 88 Traité d'intégration 10 ans pour construire) : le modèle est la construction européenne
1990 juin : initiative de George Bush père vaste zone de libre échange de l'Alaska à la Terre de feu
1991 : traité d'Asunción : point de départ du Mercosur qui, en 94, à Ouro Preto, se dote de structures : le modèle est encore l'Europe (mais contre la CEE ou avec al CEE)
1994 : lancement du NAFTA (North American Free Trade Association, avec les États-Unis, le Canada et le Mexique
1994 décembre : Clinton : conférence de Miami, qui bouscule les divers schémas d'intégration (tout en en soulignant la convergence), forme de dilution dans schéma hémisphérique, avec des objectifs (partiels 2000, accord 2005).
1994 22 décembre : déclaration conjointe Mercosud UE à Bruxelles (avec une négociation globale prévue en vue d'un accord en 1995)
1995 1er janvier : entrée en vigueur du Mercosud : union douanière partielle
1995 juin : 1ère réunion ministérielle à Denver/ZLEA
1995 décembre : (Madrid) accord cadre de coopération UE AM S et demande d'une grande conférence pour les deux régions
1996 : 2e réunion ministérielle à Cartagena/ZLEA
1997 : 3e réunion ministérielle à Belo Horizonte/ZLEA. Le Brésil contribue à un pallier dans la construction dela ZLEA
1998 : 4e réunion ministérielle à Costa Rica/ZLEA
2e sommet des Amériques Santiago du Chili : négociations officiellement ouvertes ZLEA
1999 juin : Sommet de Rio UE AL

> 1999 novembre : échec 3ᵉ conférence OMC
> 1999 novembre : 5ᵉ réunion min AE ZLEA Toronto
> 2000/2001 : réunions de construction de la ZLEA (avril BA) puis 3ᵉ congrès des Amériques à Québec.
> 2000 : début de négociations en vue d'une zone de libre commerce AL /UE (devait aboutir en 2005)
> 2003-2005 : le Brésil et les États-Unis coprésident la fin des négociations de la ZLEA
> 2005 : fin des négociations prévues AL ZLEA : échec du processus multilatéral. Le site de la Zone de Libre échange des Amériques (ZLEA) a arrêté sa chronologie en1994 ! En 2008 et même encore en 2011, on y lit « la prochaine réunion des ministres du Commerce aura lieu en 2004 »…
> De son côté, l'ajournement des négociations Amérique latine-Union européenne a parfois pu donner des signes d'incomplétude.

Des obstacles plus structurels que l'on ne pense généralement ou les relations UE-Amérique latine à l'épreuve

Où se situe l'Amérique latine désormais par rapport aux frontières de l'Europe ? L'Amérique latine semble de plus en plus éloignée des frontières de l'Europe et de moins en moins dans son environnement immédiat : dans la pratique, il y a assez peu d'espoir de politique de voisinage pour l'Amérique latine. Au cœur de cette Amérique latine, la Guyane française, dont beaucoup aiment à relever qu'elle constitue la plus importante frontière de la France (et donc de l'Union européenne) paraît à certains observateurs l'une des frontières officiellement les moins perméables d'Amérique latine : tandis qu'ailleurs les routes panaméricaines charrient un flot de marchandises considérables, y compris sur les routes aussi périlleuses que magnifiques des Andes, les fleuves Maroni et Oyapock forment pour ce territoire des barrières dont les franchissements symboliques (ce superbe pont sur l'Oyapock non encore ouvert au transit) n'altèrent que très modestement la quasi imperméabilité marchande.

Comment qualifier qualitativement les relations entre l'Union européenne et l'Amérique latine ?

On constate d'abord, me semble-t-il, un processus de normalisation assez « basse » des relations bi-régionales et un éloignement « logique » dans un monde globalisé. Cette relation vient sans doute au dernier niveau, ou pas loin : passent avant, quoi qu'on en dise, pour l'Union européenne

- o les questions d'élargissement,
- o la relation de l'Union européenne aux grandes puissances politiques et économiques (États-Unis, Russie, Chine, Japon…),
- o la relation de l'Union européenne aux grands pays émergents (Brésil, Inde, Chine…),
- o la relation à l'Afrique, du Nord, au-delà de la frontière profonde que l'on veut culturelle et qui est souvent d'abord migratoire de la

Méditerranée, au sud subsaharien, « valorisée » aussi par l'héritage néocolonial,
- o   la relation à l'Asie, aux pays émergents ou émergés d'Asie,
- o   la relation aux régions conflictuelles du Proche Orient, productrices d'hydrocarbures mais aussi susceptibles d'exporter leurs tensions ou conflits en Europe.

Du côté de l'Amérique latine, on constate aussi le maintien de l'épine agricole, obstacle essentiel pour les économies d'Amérique latine, mais d'abord politique délibérée de l'Union dans sa volonté de protéger ce secteur économique ; malgré d'indéniables avancées dans le long processus de retrait voire de démantèlement de cette grande protection de l'agriculture européenne, le marché européen demeure un marché très protégé qui mécontente, non sans raisons, les États latino-américains (quand l'Europe subventionne productions et exportations, l'Amérique latine, elle, taxe parfois ses exportations !). Difficile en outre de ne pas mentionner le choc qu'a provoqué l'application à l'Amérique latine de la « directive retour »[1], laquelle a donné à l'Amérique latine l'idée qu'elle était encore plus éloignée de l'espace européen et, inversement, qu'elle était incluse dans un espace collectif de repoussoir, incluant l'Afrique au premier plan...

L'Amérique latine constitue-t-elle une zone de déclin de la politique extérieure et de sécurité de l'Europe ? Un glacis affecté par une tectonique d'éloignement, légèrement ralentie par des intérêts diplomatiques bien compris (et des acteurs des deux côtés de l'Atlantique très volontaires) ? Un espace néanmoins toujours stratégique, sur les deux rives, en particulier, dans la nécessité de créer des espaces de négociation pour certains phénomènes principaux, l'intégration hémisphérique pour l'Amérique latine, la relation nord-atlantique pour l'Europe.

En veut-on une illustration récente ? Sur le site de la Commission européenne, à la page d'accueil « Relations extérieures », dans l'onglet automatiquement ouvert « vue d'ensemble », on peut lire une présentation géographique des relations : après une introduction où il est dit que « l'UE organise régulièrement des sommets avec les États-Unis, le Japon, le Canada, ou, plus récemment, la Russie, l'Inde et la Chine » (où sont donc passés les sommets UE-Amérique latine ?), à tout seigneur, tout honneur, les États-Unis apparaissent d'abord, logiquement, « premier partenaire commercial » ; puis vient la Russie, « fournisseur de pétrole et de gaz » ; troisième rubrique « à la rencontre de nos voisins de l'Est », un Est définitivement planté à la périphérie orientale de l'Europe géographique, du Caucase à la Moldavie ; c'est ensuite le tour de « la Méditerranée et du Moyen-Orient » ; c'est

---

1. Directive 2008/115/CE du 16 décembre 2008, JOUE, L 348/98, 24-12-2008. Le texte avait été proposé par la Commission dès 2005 mais a été adopté par le Parlement européen et le Conseil en décembre 2008. Pour le cadre général, voir par exemple Abdelkhaleq Berramdane et Jean Rossetto, *La politique européenne d'immigration*, Paris, Khartala, 2009, pp. 68-69.

seulement en avant-dernière rubrique, avant « les Balkans, dans l'antichambre de l'UE », que l'on trouve l'intertitre « Relations avec d'autres blocs régionaux : l'Asie et l'Amérique latine » : on comprend clairement ainsi que l'Amérique latine n'est pas une priorité. Surtout que ledit paragraphe évacue singulièrement l'Amérique latine :

> « Parallèlement à ses relations bilatérales, l'UE intensifie ses relations avec des ensembles régionaux, en particulier en Asie et en Amérique latine. Elle a noué avec ses partenaires asiatiques en plein développement des «partenariats renforcés» afin de mieux équilibrer les aspects économiques, politiques, sociaux et culturels de leurs relations »[1].

L'Asie peut-être, l'Amérique latine nettement moins, écartée ici de la mention des « partenariats renforcés ».

Après l'intervention des pays européens dans la stabilisation de l'Amérique centrale (le processus de San José), la Communauté a peu su parler d'une seule voix sur des sujets débouchant sur des transcriptions concrètes, tandis que son appui (financier) aux processus d'intégrations régionaux homologues (Mercosur) s'est largement dissout dans la pause inquiétante de ce processus (après le décrochage du réal brésilien vis-à-vis du dollar et donc du pesos argentin et après, surtout, la crise argentine de 2001-2002 et le recours à de nombreuses mesures protectionnistes sur la rive sud du Rio de la Plata) et dans la reformatation ou le redimensionnement des processus d'intégration régionale (ALBA, Unasur, notamment). Au début du XXIe siècle, et sans doute pour de bonnes raisons d'harmonisation des politiques extérieures de coopération, certains programmes spécifiques de coopération de l'Europe avec l'Amérique latine (comme ALBAN) ont été noyés dans la politique de coopération globale de l'Union européenne.

Et tandis que le discours européen « commun » en direction de l'Amérique latine n'apparaît pas comme prioritaire pour les États membres de l'Union, le réalisme des États latino-américains (où la volonté d'union n'est pas la caractéristique la mieux partagée) n'a pas conduit le dialogue Union européenne Amérique latine nettement au-delà des déclarations d'intention et des tentatives de rattrapage des initiatives européennes, face à une Europe d'abord préoccupée par son élargissement et face à un immobilisme de l'Union sur des sujets aussi essentiels que la Politique agricole commune.

Au-delà de toutes ces réserves, et parce qu'il ne serait pas de mise de demeurer sur cette note assez pessimiste, rencontres et discours bilatéraux de compréhension et d'amitié réciproque sont politiquement très fonctionnels. Ainsi, les Sommets entre les deux entités sous-continentales constituent-ils chaque fois d'importantes et stratégiques opportunités d'échanges et de progrès ponctuels. Tous les dispositifs existants maintiennent ou créent du lien ; ils ouvrent un espace de discussion par rapport aux autres puissances et

---

1 Site de la Commission européenne : http://europa.eu/pol/ext/index_fr.htm (10-11-2010).

construisent ainsi, notamment, une utile réalité géopolitique de diversification et de soutien aux échanges et aux investissements.

La nouvelle politique de voisinage de l'Union européenne ou l'Amérique latine au plus éloigné de l'Europe

| Vue d'ensemble | Législation | En savoir plus |

Géant économique de près d'un demi-milliard d'habitants, l'Union européenne joue un rôle important dans les affaires mondiales — et son poids ne cesse de s'affirmer, du fait que les États membres font de plus en plus front commun en matière de politique étrangère.

L'UE organise régulièrement des sommets avec les États-Unis, le Japon, le Canada ou, plus récemment, la Russie, l'Inde et la Chine. Ses relations avec ces pays et d'autres États portent sur de nombreux domaines, y compris l'enseignement, l'environnement, les droits de l'homme et la lutte contre la criminalité.

Les États-Unis, premier partenaire commercial

L'UE veille à entretenir un partenariat efficace et équilibré avec les États-Unis, son premier partenaire commercial. Les deux parties ont créé en 2007 le Conseil économique transatlantique, organe politique chargé de veiller au renforcement de leurs liens économiques. Plus récemment, les États-Unis et l'Union européenne ont conclu un projet de coopération renforcée en matière de gestion de crise et de prévention des conflits. L'UE souhaite par ailleurs collaborer avec les États-Unis pour lutter contre le changement climatique et réformer le système bancaire au sortir de la crise financière.

La Russie, fournisseur de pétrole et de gaz

L'UE renforce ses relations avec les républiques d'Asie centrale.

L'UE et la Russie travaillent à l'élaboration d'un nouvel accord régissant leurs relations. Les discussions sur ce projet ont débuté en juillet 2008, mais elles ont été suspendues pendant plusieurs mois à la suite du conflit opposant la Russie à la Géorgie. Conscients des liens de plus en plus étroits qui les unissent, la Russie et l'UE désirent renforcer leur coopération dans tous les domaines. L'UE souhaite en particulier approfondir le dialogue avec la Russie afin d'assurer la sécurité de son approvisionnement énergétique. En effet, la Russie fournit une grande part du pétrole et du gaz consommés en Europe. Or, l'approvisionnement a été perturbé à plusieurs reprises par des différends entre la Russie et les pays de transit, notamment l'Ukraine.

À la rencontre de nos voisins de l'Est

Outre la Russie, l'UE s'emploie à renforcer ses liens avec six autres pays de l'Est: la Géorgie, l'Arménie, l'Azerbaïdjan, la Moldavie, l'Ukraine et le Belarus. Elle propose d'augmenter les aides accordées à ces pays et leur offre la perspective d'accords de libre-échange s'ils entreprennent les réformes économiques et politiques nécessaires. Les pays qui bénéficieraient de ce «partenariat oriental» sont des pays de transit pour les exportations de pétrole et de gaz vers l'Europe. Tous doivent néanmoins consentir d'importants efforts en matière de démocratie et d'État de droit. L'UE est également préoccupée par la stabilité de cette région, après le conflit armé qui avait opposé la Russie et la Géorgie en août 2008 et s'est conclu par un cessez-le-feu négocié sous les auspices de l'UE.

Resserrer les liens avec la Méditerranée et le Moyen-Orient

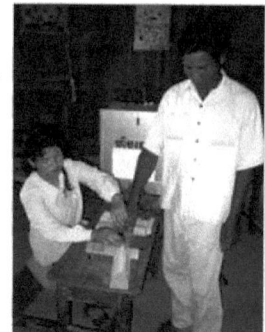

En déployant ses observateurs électoraux dans le monde entier, l'UE contribue au respect des droits de l'homme.

En juillet 2008, l'UE a lancé l'«Union pour la Méditerranée», qui vise à resserrer les liens avec le Moyen-Orient et les pays voisins d'Afrique du Nord. Réunissant les 27 États membres de l'UE et 16 pays du pourtour méditerranéen, dont Israël, la Turquie ou encore la Syrie, cette nouvelle initiative englobe près de 800 millions de personnes. Elle entreprendra des projets communs visant à revitaliser cette région: nettoyage de la pollution, rénovation des ports, amélioration des liaisons maritimes, développement de l'énergie solaire, etc. La Ligue des États arabes et l'Autorité palestinienne y seront également représentées.

Relations avec d'autres blocs régionaux: l'Asie et l'Amérique latine

Parallèlement à ses relations bilatérales, l'UE intensifie ses relations avec des ensembles régionaux, en particulier en Asie et en Amérique latine. Elle a noué avec ses partenaires asiatiques en plein développement des «partenariats renforcés» afin de mieux équilibrer les aspects économiques, politiques, sociaux et culturels de leurs relations.

Les Balkans, dans l'antichambre de l'UE

Source : site de l'Union Européenne, http://europa.eu/pol/cfsp/index_fr.htm, 10-2011

Union Européenne-Amérique-Latine
par Jean-Michel DASQUE

C'est seulement dans les années 80, notamment après l'adhésion de l'Espagne et du Portugal, que la politique de coopération de la CEE vis à vis de L'Amérique Latine a pris un tour actif.

Le Sommet de Guadalajara a attiré l'attention d'une opinion indifférente et souvent mal informée sur les relations entre l'Union européenne (UE) et le groupe Amérique latine Caraïbes (AlC). Ces dernières sont relativement anciennes. En effet dès le 1er avril 1958 les six États fondateurs adressèrent aux États latino-américains un mémorandum suggérant l'organisation de consultations sur des sujets d'intérêt commun et en 1968 la Commission ouvrit son premier bureau de représentation régionale à Santiago du Chili. Toutefois pendant une période assez longue, les rapports entre les deux groupes restèrent assez distants.

Les États de la Communauté économique européenne (CEE) avaient de nombreux problèmes à résoudre (démantèlement des barrières douanières et des contingentements, mise en place des institutions, élaboration des politiques communes, adhésion du Royaume-Uni) et les liens avec l'Amérique latine n'étaient pas une de leurs priorités. C'est seulement dans les années 1980, notamment après l'adhésion de l'Espagne et du Portugal, que la politique de coopération de la CEE vis à vis de l'Amérique latine prit un tour plus actif. Grâce aux efforts entrepris depuis une vingtaine d'années, les rapports bi continentaux se sont développés et diversifiés et l'Amérique latine est devenue un partenaire majeur de l'UE, notamment sur les plans économique et de la coopération.

Les relations entre l'UE et l'Amérique latine doivent être replacées dans un contexte historique, géopolitique, économique et culturel qui explique en grande partie leur nature, leur importance et leurs spécificités.

Facteurs favorables au resserrement des liens entre l'Europe et l'Amérique latine

Liens historiques et culturels
L'Europe et l'Amérique latine sont unies par des liens historiques anciens et nombreux. Les « conquistadors » apportèrent leurs langues, leur religion, leurs conceptions juridiques et philosophiques, leurs modes d'organisation politique, économique et sociale. Ils exportèrent leurs techniques de production, notamment le travail du fer, de l'acier, du cuir, ils introduisirent en outre de nouvelles cultures telles que le blé et les autres céréales, la vigne, le coton ainsi que l'élevage et l'usage du cheval. Ils exercèrent une grande influence culturelle et artistique. Ils firent connaître les styles renaissance, baroque, néoclassique. Au cours de la seconde moitié du dix huitième siècle la philosophie des lumières et les idées de la Révolution française pénétrèrent outre Atlantique. Elles favorisèrent la naissance de l'idéal démocratique et du mouvement national qui devaient conduire à l'émancipation des colonies espagnoles et portugaise. Au milieu du XIXe siècle, l'Amérique latine, notamment le Brésil, subit l'influence du positivisme d'Auguste Comte.

De leur côté, les civilisations d'Amérique latine, notamment les cultures précolombiennes mais aussi certaines cultures métisses, ont exercé un pouvoir de séduction sur les Européens, elles leur ont suggéré des thèmes de réflexion philosophique et ont inspiré des œuvres littéraires, artistiques et musicales innombrables.

Facteurs politiques

Conséquence des liens historiques et culturels, les peuples d'Europe et d'Amérique

Un exemple des représentations traditionnelles entre Europe et Amérique latine
http://www.geopolitis.net/TRAVERSANTES/UNION%20EUROPEENNE%20AMERIQUE%20LATINE.pdf

MEDIA, IDENTITY AND TERRITORY:
THE MEANING OF THE EUROPEAN FRONTIERS

Ioan HORGA
Université d'Oradea (Roumanie)

In the book *Europe's Next Frontiers*, Olli Rehn, the European commissar for enlargement, offers a topic of deep reflection when rhetorically posing the question "instead of limits and borders – Maginot lines trying to insult ourselves from global Interdependence – couldn't we Europeans think in terms of the next frontiers?"[1].

First of all a rethinking of the concept of border, is highly required and of its sense of limit. It is acknowledged that the notion of border is closely linked to that of territory and sovereignty. Analysts in the field of international relations are compelled to re-conceptualize its territoriality in connection with the idea of sovereignty and with that of borders[2]. According to J.G.Ruggie, the contemporary sovereignty is shared at multiple nodal points in an international system of power relations that first "un-bundles" the relations between sovereignty and territoriality and, second, redesigns the "single perspective" state as a "multi-perspective polity"[3]. The European Union is the best example of this new type of politics[4].

Borders limit our minds, chain actions, and reduce our influence. If borders are restrictive, the frontiers are innovative. The frontiers free our minds, stimulate action, and increase our influence. We mean frontiers that open ways for innovative products and services. We mean frontiers that improve flexibility and security on the labour market, and thus the employability of Europeans in the face of global competition. We mean frontiers that promote a new institutional settlement, and thus a more effective and democratic Europe, better able to enhance the security and well-being of its citizens. We mean frontiers that enable Europe the project its

---

1. Olli Rehn, *Europe's Next Frontiers*, Baden-Baden, Nomos Verlagsgesellschaft, 2006, p. 13.
2. Mabel Berezin, Martin Schain, *Europe without Borders. Remapping Territory, Citizenship and Identity in Transnational Age*, The John Hopkins University Press, Baltimore and London, 2003, p. 5sq.
3. John Gerard Ruggie, "Territoriality and Beyond: Problematizing Modernity in International Relations", in *International Organization*, 1993, 47 (1), pp. 139-174.
4. Ioan Horga, "Why Eurolimes", in *Eurolimes,* vol.1, Oradea, 2006, p. 4.

civilian power of democratic and economic transformation, especially in the countries that aspire to become members of the EU[1].

From what point of view, « *l'Europe est un véritable laboratoire, elle est une avant-garde supraétatique expérimentale,* « *une sort de mondialisation méta-statocentrique* »[2], *où il y a la transition de l'anthropocentrisme primaire, conçu comme une affaire exclusive de l'État, à l'anthropocentrisme ouvert à la dynamique cosmocentrique qui* « *se font entendre, entre autres, sur quatre niveaux fondamentaux : identitaire, étatique, politique et communicationnel* »[3].

Secondly it is highly required to assume the concept of frontier as an existential factor, living with ourselves, but which we have to administer.

Europe as a cultural area [space] is dominated by the "emotional attachment"[4]. Europe does not dispose of yet another common civic space[5], a public space[6] or of a common cultural space[7], which is the foundation of forging the European identity. There are still many obstacles in the effective development of a public European space, as a ground of common identity. It is enough to mention that never the problem of public European space was a priority for the political and economic elites in the process of European construction[8]. Paradoxically, a common European memory exists only from the time of the historic conflicts between the EU member states[9]. Preserving the historical and national memory leads to the enhanced durability of the nation-state. The continuous hegemony of the nation-state, even in the presence of the European integration process, underlines the fact that nowadays and for a long period of time, the problems of the internal borders of the EU has to be viewed only from a *trans- national* manner and only timidly as a *post-national* attribute. That is why there can be heard lots of discourses that lead to the setting up of a solid coherence beyond the internal EU borders and a closing up at its external borders[10].

---

1. O. Rehn, *op. cit.,* p. 13.
2. Georges Contogeorgis, "Identité nationale, identité "politeiene" et citoyenneté à l'époque de la "mondialisation", in *Europa em Mutação. Cidadania. Identidades. Diversidade Cultural* (ed. Maria Manuela Tavares Ribeiro), Coimbra, 2003, p. 160.
3. *Ibidem* ; I.Horga, *op.cit.*, p. 5.
4. M. Berezin, *op. cit.,* p. 16.
5. Renaud de la Brosse, "Espace médiatique européen et « communauté de destines » : complémentarités ou oppositions entre échelles continentales, nationales, régionales et locales ? », in *Ideias de Europa: que fronteiras?* (ed. Maria Manuela Tavares Ribeiro), Coimbra, Quarteto, 2004, pp. 283-296.
6. Ioan Horga, "The National Media Impact on European Security", in *International and European Security versus the Explosion of Global Media* (ed. Maria Manuela Tavares Ribeiro, Renaud de la Brosse, Ioan Horga), Bruxelles, 2004, pp. 25-41.
7. Mercedes Samaniego Boneu, "Las fronteras socio-culturales de la Unión Europea", in *Ideas de Europa: Que fronteiras?* (eds. Maria Manuela Tavares Ribeiro), Coimbra, Quarteto, 2004, pp. 87-98.
8. Craig Calhon, "The Democratic Integration of Europe" in *Europe without Borders. Remapping Territory, Citizenship and Identity in Transnational Age* (ed. M. Berezin, M. Schain), p. 272.
9. Yann Laurent, "Existe-t-il une mémoire commune européenne ?", in *Le Monde,* 5 mars 2003.
10. C. Calhon, *op. cit,* p. 272.

The topic of European identity, as a component part of the problems of borders must be amplified as well with points of view that non-Europeans settled on the continent share. Adaptation of non-Europeans to the European environment shall have profound consequences upon the European origin inhabitants, forcing them to rethink their own identity and perhaps to invent a new one.

Naturally the question arises as to what kind of entity Europe is[1]. There are two answers to this. One is given by the majority of its members, and by those who are part of the old Europe, underlining the unitary character of the European entity. The other one is given by the new-comers to Europe, citizens of the new member states and non-Europeans settled in Europe. They emphasize the pluralist character of the European entity, based on the respect of the difference and diversity. By a closer look at the two answers, there is in all a common ground, given by the cultural characteristics of European identity.

Thirdly the cultural answers given to the European identity must compulsorily go through a diversification of the senses and examples of border. The current problems of European construction – constitutional blocking, the competitiveness of the European economy in the world, creating a very dynamic labour market, affirmation of Europe in the global intercultural dialogue, transforming the EU into and actor with weight in international relations – can be provided answers that fall within the same area of diversifying the senses of the notion of border[2].

Olli Rehn, is of opinion that in the actual stage of European construction, three frontiers have to be assumed and overcome in asserting the European identity[3]. *Rebuilding Economic Confidence* is a first example of frontier that we have to assume. Today Europe confronts the double challenge. On the one hand there is the globalization of economy, and on the other hand, there is the problem of population aging. These challenges must be answered with an increase of investments in education, in forming and reforming the labour market in order to make it more flexible and more secure. There are a series of countries in the European area – the Scandinavian countries and of late the countries in Central and Eastern Europe – which invest into an economy of knowledge and are highly open to the phenomenon of internationalization.

Economic performance has obvious political consequences. "To be able to lead at European level, the EU's political leaders first need to convince their citizens that they can solve pressing problems at home. Legitimacy stems from the prospect of jobs and personal security. That's why the economic and

---

1. Willfried Spohn, Anna Trandafyllidou, *Europeanisation, National Identities and Migration. Changes in Boundary Constructions between Western and Eastern Europe*, London, Routledge, 2002.
2. Oliver Zimmer "Boundary mechanisms and symbolic resources: towards a process-oriented to national identity", in *Nation and Nationalism (Journal of Association for Study of Ethnicity and Nationalism)*, vol. 19/2, 2003, pp.173-194.
3. O. Rehn, *op.cit.*, pp. 16-22.

social revival of Europe goes hand-in-hand with, or even precedes, the revitalization of political project of Europe"[1].

Making Europe Function Well is the second example of the frontier that we could assume. We must assume the fact that the border between widening and deepening is flexible and has to lead towards a strong political and institutional integration in parallel with extending the area "of peace, democracy and prosperity across our continent"[2]. The European Union can develop on the one hand *enhanced cooperation* between the states that are able to assume this aim, and on the other hand by being willing to push integration forward among themselves in certain areas.Any such arrangements "would have to be open to any member state able and willing to participate in them. They should be implemented via the Union's shared institutions. The new European order must be inclusive of both old and new member states"[3].

Building a New Consensus on Enlargement, the third example of frontier which Olli Rehn[4] offers to reflection, enables Europe to be understood "as a space which is characterized by exceptionally vigorous economic, political and cross-cultural interaction which continually renews and replenishes itself by sucking in products, people, ideas, inventions, technologies, doctrines, practices, skills and talents originating from all over the world and melding them together in increasingly sophisticated combinations"[5].

The "Europeanness" of a country should therefore be judged, not in accordance with 'fixed' cultural or geographical criteria, but by an empirical assessment of the extent to which it has actually been participating in, contributing to, and abiding by the currently prevailing rules, norms and practices of the continually metamorphosing civilization, states system and 'big market' which go by the name of Europe. Likewise, eligibility for formal membership of the European Union should be decided primarily on the basis of an applicant's actual willingness and capacity to contribute to the EU's success and to comply with its membership rules, norms and obligations, rather than on the basis of more arbitrary cultural and/or geographical preconceptions and prejudices.Any country which is meeting or demonstrably willing and able to meet the above criteria should be considered 'European' and eligible for membership of the EU[6].

Apart from the three frontiers mentioned we are of opinion that there must be assumed at least three more frontiers in order to be able to make the transition from the national identity to the European one[7]: the balance

---

1. *Ibidem*, p. 17.
2. *Ibidem*, p. 18.
3. *Ibidem*, p. 19.
4. *Ibidem*, pp. 19-21.
5. Robert Bideleux, "The limits of Europe", in *Eurolimes,* vol. 1, Oradea, 2006, p. 53.
6. *Ibidem.*
7. Will Kymlicka, Magda Opalski, *Can Liberal Pluralism be Exported? Western Political Theory and Ethnic Relations in Eastern Europe,* Oxford Univ. Press, 2001.

between *close* and *open* transforming the border into frontier; balance between memory and identity in transforming the border into frontier; the role of media in transforming the sense of frontiers.

The balance between *close* and *open* in transforming the border into frontier

According to Gerard Delanty, the "frontiers in Europe thus suggest limits zones, the end of a territory rather than points of transition"[1]. The term was originally a military zone where the enemy was engaged[2]. Such an assertion seems to contradict the logic of our discourse which sees in frontiers a convergence and transition point. However, the same author leaves a door open when asserting that "borders have symbolic roles in defining the political community; they have functional roles with respect to the internal administration and political control of populations and markets, and they have a geopolitical role in respect of territorial defence. The border should be seen as a reflection of the historically contingent situation and is an on-going process as opposed to being fixed or territorially determined by the physical facts of geography"[3]. The EU's constitutive units, its member states, too have been transformed both by the progressive movement towards the transnationalization of the state and by wider processes of globalization. In this situation then the question of borders takes on a new significance. Of the many aspects of borders in Europe today is the centrality of the cultural dimension, which can be viewed, like Europeanization itself, as an open process characterised by moments of closure[4].

The relation between open and closed borders is particularly relevant to the EU and to the general context of Europeanization. The EU itself is an example of a state system that while having relatively hard borders does not have fixed borders that are closed. The political borders of the EU are not final frontiers, but open to new states. The EU member states themselves have more open borders than non-EU states and within the category of EU member states, the Schengen countries have more open borders than those that are not within this agreement[5].

---

1. Gerard Delanty, "Borders in a Changing Europe: Dynamics of Openness and Closure", in *Eurolimes*, p. 48.
2. M. Anderson, *Frontiers: Territory and State Formation in the Modern World,* Oxford Polity, 1996, p. 9
3. G. Delanty, *op. cit,* p. 49.
4. *Ibidem,* p. 47 ; Mathias Albert, David Jacobson, Yosuf Lapid, *Identities, Borders, Orders. Rethinking International Relation Theory,* Minneapolis, University of Minnesota Press, 2001.
5. G. Delanty, *op.cit,* p. 54.

According to J. Urry, A. Mol and J. Law, the global space can be seen in terms of regions, networks and flows[1].

Regions refer to the space of bounded societies; networks refer to relational constancy between components; and flows refer neither to boundaries not networks but movement and process. From a conventional point of view, the internal or external dimension of Europe's borders acquires relevance nowadays only at the level of the regional space, where we notice a process of re-territorialization of the space with regard to the centre. The process takes place at two levels, by regionalization of the territory and by the appearance of the Euro-regions.

According to Istvan Suli-Zakar, the region is a socio-economic territorial unit, based on "the close co-operation and homogeneity in interest of its "components" but it cannot always be defined by definite geographic boundaries"[2]. The borders of the regions are elastic in the case of regionalism. Partly, in the sense that the influence of several region forming factors may be present at the same time in one segment defined as an entity of the geographical space, on a geographically determined area but their "fields" do not exactly coincide. On the other hand, the elasticity of the regions is also valid with respect to the changes of the factors and their role in time[3].

The phenomenon of regionalization of the European territory is based on two pillars. On the one hand one talks about the de-centralization process, which designates the forming of new territorial divisions, in which the state authority is reduced. On the other hand, the rapid reforms in the organizational, operational and financial fields of the EU have constituted other vital sources f the regionalization phenomenon. That is why in Western Europe especially the borders no longer separate states, but they are the functional limits between the regions, which become more and more the grounds of European cooperation[4].

The success of the regions, as actors of European integration is doubled also by the appearance of the Euro-regions, as regional structures which re-territorialize the space at the border between two or more states.[5], "which agreed to harmonise their activities for the more successful development of their common areas"[6]. It is encouraged the construction of cross-border links and of an infrastructure which would make borders more and more

---

1. *Ibidem,* p. 51; J.Urry, *Global Complexity,* Cambridge, Polity Press, 2003, p. 40-49; A. Mol & J. Law, "Regions, Networks and Fluids: Anaemia and Social Topology", in *Social Studies of Sciences,* 1994, 24, pp. 641-671.
2. Suli-Zakar Istvan, "Regions in the United Europe", in *Eurolimes,* vol. 1, p. 16.
3. *Ibidem,* p. 17; H.W. Amstrong, R. W. Vickerman (eds), *Convergence and Divergence Among European regions,* London, Jessica Kingslay Publishers, 1995.
4. Esther Gimeno Ugalde, "Regions and ethnoregions in Europe. The particular case of Catalonia", in *Eurolimes,* vol. 2, Oradea, 2006, pp. 45-53.
5. Alexandu Ilies, *Romania. Euroregiuni,* Oradea, Editura Universitatii din Oradea, 2004.
6. Klára Czimre, *Cross-Border Co-operation. Theory and Practice,* Debrecen, 2006.

permeable. The mechanisms are still far from being fully functional, because of a lack of a legal quasi-European framework[1] and of certain well defined administrative competences[2].

In the context of the balance between closed and open in the management of transforming the border into frontier at a European level, remarkable things have been done. On the one hand there was achieved the harmonization of the administration and regional planning; the management of the problems of the employees and cross-border communitarians; the financing of the institutional system of the joint education and training; the mutual recognition of qualification; and the harmonization and financing of the cross-border infrastructural developments. As a result of the achievements, the support of cross-border co-operation was given more and more emphasis in the EU policies[3].

On the other hand there have appeared the examples of some actions that have gone beyond the strict stage of cross-border cooperation projects, moving onwards toward strategic integrating forms, which should generate, centers of excellence and agglomerations of development About the agglomeration Basel-Mulhouse, many things are known because they have a tradition of action and there is written literature o them. But about the project Debrecen-Oradea Cross-border Agglomeration, launched on December 8-th 2006, and aims at coagulating efforts of research, development and technical and scientific innovation in Oradea and Debrecen, very little is known, but there are favorable premises for a successful action.

In addition to these new borders, which are generally products of re-territorialization, there is also the increasing salience of the 'imperial'*limes*, the border as a diminishing zone of control over which the centre loses control of the periphery[4]. This border is less a new European version of what W.P. Webb called the 'Great Frontier'[5]; rather it is the zone of semi-peripheries, which in earlier times were buffer-zones but today are borderlands. In the terms of M. Hardt and A. Negri, this aspect of 'Empire' is a feature of states in the present day: "In contrast to imperialism, Empire establishes no territorial centre of power and does not rely on fixed boundaries or barriers. It is a decentred and de-territorialized apparatus of rule that progressively incorporates the entire global realm within its open, expanding frontier"[6]. It designates a territorial situation in which there is a

---

1. Henri Comte, Nicolas Levrat, *Aux coutures de l'Europe. Défis et enjeux juridiques de la coopération transfrontalière,* Paris, L'Harmattan, 2006, p. 15.
2. *Ibidem,* pp. 24-25.
3. Suli-Zakar Istvan, *op.cit.,* p. 28 ; H. Donnan & T. Wilson (eds), *Border Approaches: Anthropological Perspectives on Frontiers,* University Press of America, New York & London, 1994.
4. G. Delanty, *op. cit.,* p. 51.
5. W.P. Webb, *The Great Frontier,* Boston, Houghton Mifflin, 1952.
6. M. Hardt & A. Negri, *Empire,* Cambridge, MA Harvard University Press, 2000, p. XII ; apud G. Delanty, *op.cit.,* pp. 51-52.

general weakening of the border beyond the areas directly controlled by the centre, where the periphery fades into an outer borderland.

In these new borders it is more difficult to conceptualize borders as an edge or frontier separating one region from another exterior space for the outside is often within the inside. Instead it is more helpful to see the border in terms of interconnecting axis, such as those discussed above. For example the central and eastern European countries who have recently joined the EU provide a policing role to the rest of the EU, which provides subsidies for such policing controls. However, the border that they establish is not a straightforward frontier but a more complicated mechanism of control involving policing, economic and military functions. In general the emphasis is less on the military and more on the policing[1].

Another example of the changing relation of the centre to the periphery in Europe is the emerging of a new kind of governance whereby the EU expands its governance beyond the member states to neighbouring regions. Such regions, while being formally excluded from legal membership, are also not excluded but part of a networked political system in which 'fuzzy borders' come into play[2]. Examples of this are accession association (for potential members), neighbourhood association (Mediterranean and near eastern countries), development co-operation (Africa and wider Asian countries) and various kinds of co-operation[3].

The balance between open and closed in administering the transformation of border into frontier is much more visible in area networking. Such forms of space are present within European space and have implications for the European border.

Massimo Cassiari thus describes Europe as an archipelago of spaces connected by various links[4]. He argues Europe is a network of differences, a mosaic of overlapping and connecting diversities. There is no overarching or underlying unity, only connections. This notion of Europe is clearly different from the vision of a fortress in which space is bounded by an outer frontier[5].

The administration by means of networks must become a lever by which the community model or the partnership model is transferred all over Europe at the same standards, there being produced a strong transfer of loyalty to the participating actors in such networks[6]. One first advantage of the networks consists in valuing the spirit of initiative in the direction of experimenting and implementing European policies, by very dynamic levers highly

---

1. P. Andreas, "Redrawing the Line: Borders and Security in the Twenty–first Century", in *International Security,* 2003, 28 (2), pp. 78-111.
2. S. Lavanex, "EU external governance in wider Europe", in *Journal of European Public Policy,* 2004, 11(4), p. 681.
3. G. Delanty, *op.cit.,* p. 52.
4. Massimo Cacciari, *L'Arcipelago,* Milan, Adephi, 1997.
5 G. Delanty, *op.cit.,* p. 54.
6. John Peterson, "Policy Networks", in Antje Wiener, Thomas Diez, *European Integration Theory,* Oxford University Press, 2004, pp. 117-135.

communicative, trans-national and with low costs. A second advantage is that of spreading out at the level of whole Europe of a new type of solidarity[1], the professional solidarity, which in Eastern Europe is almost non-existent at the level of the elite.

Of course that, until the implementation of a functional system of networks a certain time shall pass: as the officialdom and the independent non governmental actors in the new member states must learn the rules of the game applied to the political networks and they must get used to negotiate among themselves[2]; since the majority of actors in the new member states are non-experimented in international organizations and many of them have not worked in the Western system of lobby. This fact indicates another problem, if the political network in an extended EU shall be able to disseminate the norms of conforming to the EU rules, in spite of the great disparities between the levels of re economic modernizing and very strong influence of the public sector upon the private one[3].

Having in view the fact that the governing through networks is done at several levels of the political networks with actors in the public and private sector shall be more and more difficult to reform EU's system of functioning with 27 de members, having in mind that the reformers are not omnipotent[4]. Since there is no unique sovereign centre having a authority and power to fundamentally change the politics, sustaining a process of reform of the system in the direction of political networks shall be very difficult. Therefore, the development of political networks as future structures of non-state government paradoxically has to be sustained right by the institution it denies, i.e. the national state. Here is the very important problem that the civic will should meet the public transparency. Here is the key of setting up networks and of governing by networks.

Finally there takes shape« *un système triple de solidarités qui s'imposent comme acteurs dans l'espace du gouvernement: solidarités entre les individus, citoyens ou pas, présents au même temps et dans le même endroit ; solidarités entre les territoires avec emphase sur la décentralisation et affirmation des droits d'autonomie collective et personnelle ; solidarité entre les générations et les sexes pour sauvegarder l'environnement, pour protéger les ressources et pour appuyer le développement* ».

---

1. Thomas Risse, "Social Constructivism and European Integration", in Antje Wiener, Thomas Diez, *op.cit*, pp. 159-177.
2. Gerard Timsit, "Globalisation and Governance at the Start of the 21st Century. The Case of Continental Europe", in *The Turning World. Globalisation and Governance at the Start of the 21st Century* (ed. by Guido Bertucci and Michael Duggett), IOS Press, 2002, pp. 25-32.
3. Grigore Silasi, *Integrarea monetara europeana. Intre teorie si practica,* Timisoara, Editura Orizonturi Universitare, 1998.
4. Fabienne Maron, "Le rôle de l'État et la "bonne" gouvernance. Une perspective européenne", in *Media and the Good Governance Facing the Challenge of the EU Enlargement* (eds. Fabienne Maron, Ioan Horga, Renaud de la Brosse), Bruxelles, 2005, pp. 44-58.

Global networks and flows produce borders and also produce new kinds of closed systems as well as new kinds of hierarchies. For example, networks produce lines of demarcation between different networks and also between the spaces that are not networked, spaces in which exclusion is more likely to be high. It is a striking feature of current patterns of territorialization that these spaces can be found in national space, within cities, in abandoned territories, in rural hinterlands. In other words, networks and flows produces less visible borders and ones that are manifest in social fragmentation[1].

The balance between memory and identity in transforming the border into frontier

Suppressing state borders and enhancing the limits of the community borders have direct effects. First and foremost, suppressing the physical barriers, without suppressing the mental circles, that have served to the creation of distorted images about "the other", as defence mechanisms, shall maintain or shall create new borders. Secondly, it is impossible to be ensured a material development by giving up the potential of mutual cooperation[2].

Heading towards this direction Enrique Banus noticed that "in real cultural life frontier often have been not so relevant. But we have to speak not only about mental frontier, but also about the significance of the real frontier in the mental world, this collective inner world also is part of culture"[3]. Ifwe combine a real need, the need to belong to a community, whit the historically consolidated collective identity, which for long times been the States, the frontiers – a political reality – can become a cultural reality, can distinguish, can be significant as defining elements of "otherness": the "other" is who lives on the other side of the frontier – not to speak about the problem when the "other' is living within the own community, the problem of the so called "minorities", people belonging to the same political community, but unified by a different cultural code. Indeed a society in which in a relevant manner different cultures coexist can create insecurity to people needing a clear adscription to an identity[4].

The population chooses today a few identity types: regional, religious, racial and linguistic. There is a division in the world between the new states and the old states from the point of view of the identity paradigm: the new states, e.g. USA, "a civic nationalism replaced the ethnic nationalism"[5], thus "the state tries to make an effort to promote civic nationalism that is ultimately weaker"[6].

---

1. G. Delanty, *op. cit*, p. 55.
2. Mercedes Samaniego Boneu, "Las fronteras socio-culturales de la Unión Europea", in *Ideas de Europa: Que fronteiras* (eds. Maria Manuela Tavares Ribeiro), Coimbra, Quarteto, 2004, p. 90.
3. Enrique Banus, "The cultural relevance of the borders", in *Eurolimes,* vol. 2, Oradea, 2006, p. 201.
4. *Ibidem*, pp. 201-202.
5. Sandra F. Joireman, *Nationalism and Political Identity,* London, New York, Continuum, 2003, p. 25
6. *Ibidem*, p. 46.

Physical borders are mentally assumed as cultural frontiers. These mental frontiers try then to divide the world in closed cultures[1], in civilizations which have nothing in common with "the other' civilization, with which they often share (physical) frontiers or – in the aforementioned case – even the space.

The balance between memory and identity in approaching the frontier mentality is highly visible in the communities that have different perceptions about the historic past. In a study published in no. 2 of *Eurolimes*, the young Swedish researcher, Anders Blomqvist starting from the case study of the Romanian and Hungarian community in the city of Satu Mare/Szatmar, reaches the conclusion that although "the city has a true interethnic mixture with a strong tolerance" if you stay more "you will notice that Romanians and the Hungarians have their own network of contacts"[2].

The historical perception of the past has created two different images of the city's history. These mental borders have the origin in a process of constructed boundaries and identities of Hungarians and Romanians. In this process factor as ethnocentrism, perception of history, great power politics, linguistic and religious differences play an important role. Perceptions on history, as well as linguistic and religious difference are used as social boundary markers. Both groups have a strong ethnocentrism, which created one city with two images and two communities. However, within the city there are some people who have a kind of situational identity, thus shifting between being "Hungarian" and "Romanian" depending on the situation[3].

The mental borders, the insistence on significance of the geographical borders are underlined in times in which the identity is threatened. It is in the fight for diversity in Europe that the borders have acquired a quasi metaphysical dimension. This is a bitter irony of history.

But the irony of history has caused also that the especially people coming "from the borders" have contributed to make borders relative. And this has succeeded in a project whose core is precisely the relativization of Nation-State, which was dominant during centuries: the project of European integration[4].

The boundary between the groups is the point at which differences and criteria for inclusion are most clearly articulated[5]. In national communities,

---

1. Thomas Lundén, *On the boundary. About Humans and the end of territory*, Stockholm, Södertörns Högskola, 2004.
2. Anders Blomqvist, "One City – Two Images – Two Communities: The case of the Romanian-Hungarian City of Satu Mare/Szatmárnemeti", in *Eurolimes*, vol. 2, Oradea, 2006, pp. 37-44. In another study Justyna Kutrzeba follows this difference in the perception of the past in the region Pokuttya and Carpathian region (Justyna Kutrzeba, "Jewish inhabitants of the Pokkutya and Carpathian region, as seen by their neighbors based on the folklore of Oskar Kolberg", in *Eurolimes*, vol. 2, Oradea, 2006, pp. 96-102).
3. *Ibidem*, p. 42.
4. E. Banus, *op. cit*, p. 204.
5. Fiona Gill, "Public and private: national identities in a Scottish Borders community" in *Nation and Nationalism (journal of Association for Study of Ethnicity and Nationalism)*, vol. 11/1, 2005, p. 86

where the boundaries have the role to establishment of political sovereignty[1], the boundaries represents the limits of communal imagination and the borders are used to exclude the non-members[2]. The borders are the physical manifestation of the social boundaries existing around the community[3].

This geographic criterion cannot be automatically transformed into a social reality. "Border communities, although officially national community members, are also socially integrated with the other, resulting in their being viewed with some suspicion"[4]. The literature referring to the communities at the borders of the national community and identity demonstrates how ambiguous the situation of the members of a community or identity is, to be defined by the people they belong to as well as by the other members of the community they live in[5]. Should things be viewed from the point of view of the nature of the border and particularly of its role of integrating or exclusion factor, one can define what is meant by "us" and who the "others" are. If things are viewed from the perspective of the social community, "we' and "the others" live here. The same social space is inhabited, knowing the same characteristics and similarities. In other words, "we and they are one and the same, sharing one identity"[6].

The border communities have a double role to play in the national imaginary, according to R. Shields[7]. On the one hand, the inhabitants of these communities are heroes because they live there. The border communities mark the limits of identity[8] and they defend traditions. At the same time they assert the myths and traditions about the unity of the people as well as the myths about the natural unity of the territory[9]. On the other hand, the border communities can represent "the other" in the national imaginary[10]. According to T.M.Wilson and H.Donnan, "the border people are comfortable with the

---

1. M. Anderson, *op. cit*, p. 189.
2 E. Gellner, *Nations and Nationalisme,* Oxford, Blackwell, 1994, p. 4.
3. F. Barth, *Ethnic Groups and Boundaries: the Social Organisation of Culture,* London, George Allain &Unwin, 1970.
4. F. Gill, *op. cit,* p. 84.
5. A. P. Cohen, *Symbolising Boundaries: Identity and Diversity in British Cultures,* Manchester University Press, 1986 ; L. O'Dowd, T.M.Wilson, *Borders, Nations and States: Frontiers of Sovereignty in the New Europe,* Aldershot, Avebury, 1996 ; A. Paasi, *Territories, Boundaries and Consciousness: the Changing Geographies of the Finnish-Russian Border,* Chichester, John Wiley &Son, 1996 ; T.M.Wilson, H.Donnan, *Border Identities: Nation and State at International Frontiers,* Cambridge University Press, 1998 ; H.Donnan, T.M.Wilson, *Borders: Frontiers of Identity, Nation and State,* New York, Berg, 1999
6. F. Gill, *op.cit.,* p. 84.
7. R. Shields, *Places on the Margin : Alternative Geographies of Modernity,* London, Routledge, 1992, p. 5.
8. Seen the study about the impact of the cross-borders identity in the territorial marketing (Gábor Kozma, "The use of cross-border co-operation and border location in place marketing", in *Eurolimes,* vol. 2, Oradea, 2006, pp. 74-80; Luminita Soproni, "Cross-border Identity in Building a Regional Brand: The Northern Transylvania Region", in *Eurolimes*, vol. 2, pp. 54-64.
9. M. Anderson, *op. cit.*, p. 2.
10. F. Gill, *op.cit.*, p. 84.

notion that they are tied culturally to many other people in neighboring states"[1].

The role of media in transforming the sense of borders

Globalization is best understood by its communicational dimension, which crosses all borders, which makes the limits of state sovereignty to be futile and annuls the linguistic and cultural differences[2]. In spite of the globalization of communication, of the globalization of media production, mass-media is dominated by frontiers. These frontiers are on the one hand determined by the limits of communication, and on the other hand they also have a heavy identity load[3]. On the communicational limits, Joaquin Roy asserts that not on all continents there is the same dynamics of communication and not everywhere the population has free and cheap access to information[4]. About the identity weight of communication, Tzevetan Todorov sees the TV programs as "cultural models in miniature"[5], enabling the members of a nation to orientate themselves. This fact is crucial in forming, maintaining and reflecting the national identity, related to the national audience, the national experience and the collective memory[6].

Media faced with the frontier between manipulation and communication

The immense volume of communication coexist with an immense quantity of stereotypes, manipulated data and facts manipulate, lack of mutual trust, hatred and suspicion, social isolation and exclusion or simply ignorance. Many people consider that the media, in general can be both the source and solution for setting up a real intercultural dialogue. But at a closer look of things, the media is not only the solution of intercultural communication, but it is part of the problem, by its effective absence from the dialogue[7]. It is not about a lack in the sense of absence, but about the blocking of it in front of a frontier, on the one hand, of the lack of experience in the practice of the intercultural dialogue, and on the other hand, because of the discrepancy in the technological advancement between various countries and between various social strata.

---

1. *Ibidem*, p. 84-85 ; T.M.Wilson, H.Donnan, *op.cit*, p. 4.
2. Jan Aart Schlote, *Globalization: a critical introduction,* New York, Saint Martin's Press, 2000.
3. Tamar Ashuri, "The nation remember: national identity and shared memory in television documentaries", in *Nation and Nationalism (Journal of Association for Study of Ethnicity and Nationalism)*, vol. 11/3, 2005, pp. 423-442.
4. Joaquin Roy, "The role of media in the north-south intercultural dialogue", in *Dialogue between peoples and cultures: actors in the dialogue,* Bruxelles, European Communities, 2005, p. 108.
5. Tzvetan Todorov, "The Coexistence of Cultures", in *Oxford Literary Review,* 1997, 19(3), pp. 3-17
6. T. Ashuri, *op. cit.,* p. 423.
7. J. Roy, *op.cit,* p. 111.

Natural questions are raised: "what section of newspapers should be better targeted to engage in this new mission of correcting a mistaken communication? How can the core of the elite press correct these perceptions and endemic stereotypes? Is it possible nowadays, to rely on the leadership role of old-fashioned intellectuals turned into media professionals to redress the negative mutual lack of trust?[1]. There are many answers here, but there are some without which borders cannot be exceeded: cultural training and intellectual experience by which today's media professionals must face the task; active role of governments in helping the independent, but economically weak, media in reducing the communication gap between north and south, manipulation of the press through political power must be avoided[2].

The technological gap creates differences of access to communication. There is an elitist minority, interested in the conventional press (newspapers and magazines) where there appear opinions and critical analyses on the essence and mechanisms of intercultural dialogue. This minority is placed more in the urban, academic and economic environment and especially in the North. There is a mass which is interested in a consumption press, particularly audio-video (films, TV, radio), where information is taken in pure, raw state and by which manipulation is made most simply. This majority is present more in the social urban environments with high rates of illiteracy in the rural area and particularly in the South. Concentration of ownership in few hands in Europe, plus the heavy dependency on public media with governments in key EU countries – financing of huge deficits, and the political control of the boards, appointed by government or parliamentary commissions), have raised doubts about the neutrality of the solution and its effectiveness in carrying a positive message for dialogue building with the south[3].

Even if in Europe the journalists are not subject, in the name of the democratic system, to pressures of violating the sources of information, this problem can become worrying in the future, regarding what has happened in the USA after September 11, 2001. In these conditions there shall be raised serious doubts not only from the point of view of professional capacity of journalists, but also of credibility of the political system, meant to defend the inviolability of the freedom of expression[4].

Is Media the last bastion of the national identity?

The explosion of the digital and satellite media, which can no longer be "controlled" but by imposing certain rules of programming and distributing the channels, makes that the identity load to be still present. The television

---

1. *Ibidem.*
2. *Ibidem.*
3. *Ibidem,* p. 114 ; Tony Barber, "Controversial media reform bill heads for final approval", in *Financial Times,* 29 April 2004.
4. J. Roy, *op. cit,* p. 115.

industry was assigned and assumed a dual role: to serve a political public sphere of the nation-state and to act as a locus for national culture[1].

In the era of globalization this apparent control is reduced, therefore, we could assert that the national identity borders in communication disappear, but still, things are not like that. Tamar Ashuri identifies a few elements which demonstrate that the ea national identity is audio-visual does not disappear, but is amplified:
- the actors: who are they and what is their relevance to the national experience?
- The roles: who are the heroes and who are the villains? Who are each nation's friends and enemies;
- Place/location: which places are depicted and what is their relevance to the nation's history and rich legacy of memories?
- Plot/story (time/issues): At which historical moment does the story begin and end, and how do such moments relate to the nation's heritage? Which historical events will be acknowledged and which will be consigned to oblivion?
- Language: What is the language in use and what is the relevance to the national experience[2]?

These arguments brought by Tamar Ashuri are confirmed as well by P. Preston, A. Kerr, who are of opinion that although the national borders have become more fluid in the last decades, the mass communication did not make "geopolitical borders obsolete or diminished the regulatory control of nation-state"[3].

Some authors are of opinion that the new media is mobilized in order to forge the national identity. Various movements occurred in the last ten years use "symbolic violence" as a message, which further on mediatized is often exaggerated in lugubrious scenes[4]. This thing has been of avail to the ex-Yugoslavia, in Rwanda, Uganda, in Palestine, Israel. We also have to deal with a crepuscular nationalism of certain ethnic communities (The Basks, the Catalans, etc.). Mary Kaldor asserts that one cannot reach a European identity since in a technologized world and highly individualized it is hard to generate a passional loyalty towards a cosmopolitan culture, open to various cultures and born out of various cultures[5] Cosmopolitanism should involve the search for, and delight in, the contrast between societies rather than a longing for superiority or for uniformity[6].

---

1. D. Morley and K. Robins, *Space* of Identity: *Global Media, Electronic Landscapes and Cultural Boundaries,* London-New York, Routledge, 1995; J. Harrison, L.M. Woods, "Defining European Public Service Broadcasting", in *European Journal of Communication,* 2001, 16 (4), pp. 477-504.
2. T. Ashuri, *op. cit,* p. 431.
3. P. Preston, A. Kerr, "Digital media, nation-state and local culture: the case of multimedia "content" production" in *Media, Culture & Society,* 2001, 23 (1), pp. 109-131.
4. Mary Kaldor, "Nationalism and Globalization", in *Nation and Nationalism (Journal of Association for Study of Ethnicity and Nationalism*), vol. 10/2, 2004, p. 170.
5. *Ibidem,* p. 173.
6. John Urry, "The global media and cosmopolitanism", in Department of Sociology, Lancaster, http://www.comp.lances.ac.uk/sociology/soc056ju.htlm.

Another sceptical person with regard to the forging of European identity, Anthony D. Smith asserts that the European cosmopolitan culture has no memory. He suggests that all bad things that happened in Europe be forgotten – wars, imperialism, holocaust[1]. The European Culture that shall stay at the grounds of the European identity must have in its core the culture of human rights, and that of excluding war. Only two moments can be noted down in the process of real Europeanization, says Mary Kaldor. The first one is after 1945, when the European movement was founded in the Hague as a reaction to the atrocities of World War II and the second one after 1989, when the Cold War ended and when the two parts of Europe met again on the platform of peace movements and the respect of human rights[2].

These reflections are confirmed as well by other research[3] that notice as efforts for promoting the European issue are being made, at the same extent grows the level of ignorance in this respect, due to the continual changes in the content of the messages, but also due to disregarding the need for transparency. This fact contributes to appearance of a communicational blockage, which leads to a rupture between the producers of European media message and its consumers, with them taking refuge in a kind of regional or local media message, with many sub-cultural accents. After 15 years of freedom of the press in Central and Eastern Europe there is a deep rupture between the participation of media at local or regional level an their participationat national level in the process of creating a European Media Area (EMA), through the place it occupies in the formation of public democratic space in the respective countries.

Analyzing things from another perspective, it is possible to have a more optimistic view regarding this European ignorance of media consumers or of the journalists' predilections for the national viewpoints rather than for the European viewpoints. Regarding about how they both react, we are in the presence of the same cliché – *difference, opposition, resistance* – propelled by various means by the media, up to the "hate speech"[4] – induced by education, and by national environment in which we perform. Can we build a European identity, a European perception on this cliché specific to the national identity? Yes and no. Even if theoretically it would be possible by underlining the differences towards other spaces: the American one, the Asian one, the African one, in reality it is no viable at last due to two reasons. On the one hand, it would create a unity towards exterior, but the cliché of the difference; of opposition and of the resistance would be maintained

---

1. Anthony D. Smith, *Nations and Nationalism in a Global Era,* Cambridge, Polity, 1995, p. 24.
2. M. Kaldor, *op. cit*, pp. 174-175.
3. Ioan Horga, Adrian Popoviciu, "The National Media Impact on the European Security", in *International and European Security versus the Explosion of Global Media* (ed. Maria Manuela Tavares Ribeiro, Renaud de la Brosse, Ioan Horga), Bruxelles, 2004, pp. 25-40.
4. Gordana Vilovic, "Hate Speech vs standards of European Union", in *The Contribution of Mass-Media to the Enlargement of European Union* (eds. Ariane Landuyt, Renaud de la Brosse, Ioan Horga), Bruxelles, 2003, pp. 220-225.

inside. On other hand, Europe would become a closed space, in a world in which identity is based on another set of values – *transparency, alterity and human rights.*

Attending this set of values that can contribute to the creation of an EPA is difficult task, even from the most important moment of the media activities – selection of the news that are to be broadcast. An analysis in this sense shows that it is a greater connotation of independence in the European Union media institutions, but here too occur situations when radical accents emerge, as it happened in the case of the dispute between the USA and the EU on the issue of the International Court of War Crimes[1]. Many times the kind of information that are broadcast do not help to the understanding of the integration effects, of the UE enlargement, or of the functioning of European institutions and policies[2]. Also, the selection of information and particularly in Central and Eastern Europe is made according to "the editors' interest or by the interest of the political group he/she serves"[3], ignoring or disregarding the news referring to European issues in the inside pages or in short messages, with no relevance to the media consumers[4].

These editorial motivations are still marked by the national identity border. Even if the nation seems to be an obsolete entity, we notice that it continues to exist in reality, that it represents the back bone of an "indispensable" cultural matrix. From this point of view, a paradoxical aspect emerges – as economic and political constraints develop around the nation, the national identity models are in full process of recreation to end up in a new model of transparency in global relations. At the origins of this renewal directly lay the media technologies and the communicational practices available for that particular nation[5].

The explosion of the media phenomenon in the last 10 years at all levels, local, regional, national and international affect first and foremost the national identity border, because of the free outspreading of information. This fact leads us to be optimistic with regard to the coagulation of an EPA in the future. However, our optimism must be tempered since in front of major international security crises– 11 September 2001 and the Iraq crisis of 2003 – or of European blockings– rejecting the Constitutional Treaty in France and the Netherlands – the importance of these "extraordinary novelties" and their emotional change have urged the media to question even more its national identity. Likewise, an increase in the level of uncertainty in the world, and an

---

1. Stjepan Malovic, "News selecting: European Standards, local practice", in A. Landuyt, R. de la Brosse, I. Horga, *op. cit.*, pp. 69-77.
2. Daniele Pasquinucci, "L'Europe absente : l'élargissement aux PECO et la Radiotélévision Italienne", in A. Landuyt, R. de la Brosse, I. Horga, *op. cit,* pp. 86-95.
3. St. Malovic, *op. cit,* p. 76.
4. Ioan Horga, Mircea Brie, "From Helsinki to Nice, or seeing Europe through the eyes of the Romanian written presse", in I. Horga & R. de la Brosse, *op. cit.,* pp. 145-158.
5. Allen W. Palmer, "Transparency and Hidden Transcripts: The Global Media Dilemma of Emergent Nations", in A. Landuyt, R. de la Brosse, I. Horga, *op. cit,* pp. 15-25.

ardent need for information, make the media grow ever more dependent upon sources they cannot easily reach. This fact engenders on obvious question, that Michel Mathien also ask: must the evolution of security in Western democracies modify the role of the Media?[1].

Out of this brief analysis, it is obvious that by facing the common reflection of this issue concerning the impact of border national identity on the media in relation with Europe's general interest, the space for differences is extremely large. Practically there is no reflection of this issue in the European media to such an extent as to form in the European citizens a consciousness of their identity in issues of defense that might support the creation of set of values in this sphere, unanimously accepted. We are still far away from the appearance of certain values such as European patriotism or solidarity. Should we accept the other European values as being a common good, these are values that still await to be fulfilled. Also, media could exert a powerful pressure, by means of the public opinion, upon the decision factors in the European governance, in order to drop the divergence and to adopt a convergence in viewpoints in this important issue on which the Europe's future depend from now on.

The role of media in transforming the perception of the border from limit into frontier as a difference

There are premises and conditions for the media to change the interpretations, interests and options from the national perspective towards the European one, but this process is slow and very closely linked to: the essence of the European mediatic reflection, represented by the typology of the community we create; the objective of European mediatic reflection, represented by the place of media in the European mechanism of governing; means of mediatic reflection, represented by the de nature of techniques of information and communication.

Finally, the oscillation of the media between the national identity and the European one is determined by the very success or insuccess of the process of integration and construction of the belief among the European states and the European citizens. The construction of a European identity, the belief of a "community of fate" separated can be achieved when at a mediatic level there still are lots of defects? The increased interdependency between the member states does not mean that we shall assist, mechanically, to the birth of the European identity. We must talk more about a long term process, a dynamic one, the success of which shall depend to a great extent on the existence of a European mediatic space, which remains and imperative to be accomplished[2].

---

1. Michel Mathien, "Les médias face à l'évolution sécuritaire occidentale", in *Annuaire français de relations internationales,* 2003, vol, IV, p. 804.
2. Renaud de la Brosse, "Espace médiatique européen et la « communauté de destins »", in Maria Manuela Tavares Ribeiro, *op. cit,* p. 285.

Media shall always be more sensible to the national emotional than to the European pragmatism.Paradoxically, however, the notion of European mediatic space is not possible to be seen other than adjacent to the phenomenon of economic integration and of formation of the internal market. Little or even very little is to be anticipated that the European mediatic space to appear in the context of the exclusive action of certain socio-cultural or democratic factors, which are traditionally arguments of the mass-media[1]. Nevertheless, beyond the uncontested economic successes of united Europe, which were very little exploited mediatically, (let us think only at the effects of the Euro upon the European integration and conscience), the differences of opinion between the European governance and the national one or between the EU members, were very well exploited mediatically, but at times with a higher tolerance towards the national actors, in comparison with the European ones.

The national media have got used most often to touch the European actuality from a very frequent point of view, the institutional one, contributing in its own proper manner to the feeding of a would-be "European democratic deficit", which it repeatedly denounces in front of the consumers of mediatic message. On the contrary, the role of mass-media, be it national, regional or local, or even be it European is to fight the "European democratic deficit" treating the information in such a manner as not to make Europe responsible of lack of action and blocking when it does not have to do entirely with subjects such as unemployment or social insecurity.

From this perspective, even if media still peddles the clichés of the "culpability of Europe" for what does not go well internally, the constitutional blocking of 2005, by the negative vote of France and Holland could represent a crucial point in the balance of the media between the national identity border and the European communicational frontier, given the necessity of a more profound implication of the European institutions in topics which are under the imprint of intergovernmental negotiations: institutional changes, foreign policy, defence and justice and home affairs[2].

Getting out of the constitutional treaty blockage must be done as a compromise between the interests of the state big and small. The most optimum variant must be found, which should enable the big states to play an acceptable role, while the small states not to feel they are part of the EU only as a number. The solution with a President of the European Council elected for two years and a half full-time, instead of the presidency rotation; introducing the double majority in the voting system and choosing a foreign minister of the Union are constitutional provisions which places the big states to an advantage and places the small ones in a disadvantage. This system,

---

1. *Ibidem*, p. 287; see Jens Cavallin, "European Policies and Regulations on Media Concentration", in *International Journal of Communications Law and Policy*, February 11, 1998, p. 23 (http://www.ijclp.org/1_1998/ijlp_webdoc_3_1_1998.htlm*top).
2. Jean-Claude Piris, *The Constitution for Europe. A Legal Analysis*, Cambridge University Press, Cambridge, 2006, pp. 30-37, 145-178, 192-197; O. Rehn, *op. cit.*, p. 114.

combined with the provision that the number of commissars to be reduced and to be used the rotation system, which apparently gives gains to the small states[1], overall introduces in the European public sphere a polemical problem, which the media cannot but approach only from the perspective of the national identity.

Flexibility is the most important dimension of European governance since on the one hand it can face the various challenges appearing in the process of economic modernizing, of demographic changes and of the changes in the political agenda. On the other hand, flexibility enables it to be transparent and to be open to diversity of opinions and solutions.

The research notices[2] that the new attributes of the European governance – such as management through agencies and management through networks – draw little attention to the journalists as media facts, which would lead to the idea that we are in two parallel worlds – European governance cannot interfere whit the Public European Sphere, as each one is a distinct entity. If we look into the facts, the media does not influence the appearance of the Public European Sphere directly, although within the national bounds by its regulating and formative function in society; it influences it indirectly by its impact on European governance.

As a regulator, the media has to reach certain parameters: to be pluralist in opinions, transparent and free from all interferences, whether public or private; to serve the citizens by providing information concerning political persons and events; to be vigilant to corruption practices and tendencies; to keep the communication means open and to organize the dialogue amongst different elements of the society respecting human rights no matter the topic.

The New Technologies of Information and Communication (NTIC), which was very soon be implemented in Central and Eastern European countries are an alternative to media suffocated by the nationalist discourse, by the tendencies of the *parti pris*. The impossibility of the State to controlling communication through the NTIC develops in the area encouraging forms for the much desired European Public Area (EPA)[3]. There are many examples where a transnational media have been developed, especially in the economic field, causing a greater transparency in all the fields[4]. At the same time by the NTIC, the national minorities, especially those in Central and Eastern Europe actively takepart not only to refreshing

---

1. O. Rehn, *op. cit*, loc. cit.
2. Hans-Jorg Trenz, "Media on European Gouvernance. Exploring the European Public Sphere in the national Quality Newspapers", in *European Journal of Communication*, vol. 19, n° 3, 2004, pp. 291-319.
3. José Maria Cruz Rodriguez, "The European Audiovisual Policy as Tool for Construction of the Common Identity: the Fall of Socio-cultural Myth", in F. Maron, I. Horga, R. de la Brosse, *op. cit.*, pp. 215-224.
4. Dominique Augey, "NTIC, médias et économies en transition », in *The Role of Mass-Media and of the New Information and Communication Technologies in the Democratization Process of Central and Eastern Europe* (eds. Ioan Horga & Renaud de la Brosse), Bruxelles, 2002, pp. 195-215.

the national public space with their contributions, but also to bringing in the European public scenery items of culture, of unique experience, which are hidden otherwise, and would disappear in time[1].

Nevertheless although the media bears a deep national imprint, it still has a great power of influence upon the European governance that will bear the European Public Sphere against the background of the process of economic and monetary union. Consequently, the European Public Sphere will not be the direct result of the interaction of European public actors; it will be an indirect result by the action of the local, regional and national media phenomenon mediated by European governance and alternative media, which could ensure the transformation of the perception of border from limit into frontier as a difference.

References
Albert, Mathias, Jacobson, David, Lapid, Yosuf, *Identities, Borders, Orders. Rethinking International Relation Theory*, Minneapolis, University of Minnesota Press, 2001.
Amstrong, H.W., Vickerman, R. W.(eds), *Convergence and Divergence Among European regions,* London, Jessica Kingslay Publishers, 1995.
Anderson, M., *Frontiers: Territory and State Formation in the Modern World*, Oxford Polity, 1996, pp. 9-47.
Andreas, P., "Redrawing the Line: Borders and Security in the Twenty –first Century", in *International Security,* 28 (2), 2003, pp. 78-111.
Ashuri, Tamar, "The nation remember: national identity and shared memory in television documentaries", in *Nation and Nationalism (Journal of Association for Study of Ethnicity and Nationalism)*, vol. 11/3, 2005, pp. 423-442.
Augey, Dominique, "NTIC, médias et économies in transition», in *The Role of Mass-Media and of the New Information and Communication Technologies in the Democratization Process of Central and Eastern Europe* (eds. Ioan Horga & Renaud de la Brosse), Bruxelles, 2002, pp. 195-215.
Banus, Enrique, "The cultural relevance of the borders", in *Eurolimes,* vol. 2, Oradea, 2006, pp. 201-204.
Barber, Tony, "Controversial media reform bill heads for final approval", in *Financial Times,* 29 April 2004.
Barth, F., *Ethnic Groups and Boundaries: the Social Organisation of Culture,* London, George Allain &Unwin, 1970.
Berezin, Mabel, Schain, Martin, *Europe without Borders. Remapping Territory, Citizenship and Identity in Transnational Age,* The John Hopkins University Press, Baltimore and London, 2003, p. 5.
Bideleux, Robert, "The limits of Europe", in *Eurolimes,* vol. 1, Oradea, 2006, p. 53.

---

1. Luca Calvi, " Minorities and the Net: Reflections on the Carpatho-Rusyn Case Study", in Ioan Horga & Renaud de la Brosse, *op. cit.,* pp. 283-292.

Blomqvist, Anders, "One City –Two Images –Two Communities: The case of the Romanian-Hungarian City of Satu Mare/Szatmárnemeti", in *Eurolimes,* vol. 2, Oradea, 2006, pp. 37-44.
Cacciari, Massimo, *L'Arcipelago,* Milan, Adephi, 1997.
Calhon, Craig, « The Democratic Integration of Europe » in *Europe without Borders. Remapping Territory, Citizenship and Identity in Transnational Age* (ed. M. Berezin, M. Schain), p. 272.
Calvi, Luca, " Minorities and the Net: Reflections on the Carpatho-Rusyan Case Study", in *The Role of Mass-Media and of the New Information and Communication Technologies in the Democratization Process of Central and Eastern Europe* (eds. Ioan Horga & Renaud de la Brosse), Bruxelles, 2002, pp. 283-292.
Cavallin, Jens, "European Policies and Regulations on Media Concentration", in *International Journal of Communications Law and Policy,* February 11, 1998, p. 23 (http://www.ijclp.org/1_1998/ijlp_webdoc_3_1_1998.htlm*top).
Cohen, A. P., *Symbolising Boundaries: Identity and Diversity in British Cultures,* Manchester University Press, 1986.
Comte, Henri, Levrat, Nicolas, *Aux coutures de l'Europe. Défis et enjeux juridiques de la coopération transfrontalière,* Paris, L'Harmattan, 2006, pp. 15-25.
Contogeorgis, Georges, "Identité nationale, identité "politeiene" et citoyenneté à l'époque de la "mondialisation", in *Europa em Mutação. Cidadania. Identidades. Diversidade Cultural* (ed. Maria Manuela Tavares Ribeiro), Coimbra, 2003, p. 160.
Cruz Rodriguez, José Maria, "The European Audiovisual Policy as Tool for Construction of the Common Identity: the Fall of Socio-cultural Myth", in *Media and the Good Governance Facing the Challenge of the EU Enlargement* (eds. Fabienne Maron, Ioan Horga, Renaud de la Brosse), Bruxelles, 2005, pp. 215-224.
Czimre, Klára, *Cross-Border Co-operation. Theory and Practice,* Debrecen, 2006.
De la Brosse, Renaud, "Espace médiatique européen et « communauté de destins » : complémentarités ou oppositions entre échelles continentales, nationales, régionales et locales ? », in *Ideias de Europa: Que fronteiras?* (ed. Maria Manuela Tavares Ribeiro), Coimbra, Quarteto, 2004, pp. 283-296.
Delanty, Gerard, "Borders in a Changing Europe: Dynamics of Openness and Closure", in *Eurolimes*, Vol. 1, 2006, pp. 48-49.
Donnan, H., Wilson, T.(eds), *Border Approaches: Anthropological Perspectives on Frontiers,* University Press of America, New York & London, 1994.
Donnan, H., Wilson T.M., *Borders: Frontiers of Identity, Nation and State,* New York, Berg, 1999.
Gellner, E., *Nations and Nationalism,* Oxford, Blackwell, 1994, p. 4.
Gill, Fiona, "Public and private: national identities in a Scottish Borders community" in *Nation and Nationalism (journal of Association for Study of Ethnicity and Nationalism)*, vol. 11/1, 2005, pp. 84-86.
Gimeno Ugalde, Esther, "Regions and ethnoregions in Europe. The particular case of Catalonia", in *Eurolimes,* vol. 2, Oradea, 2006, pp. 45-53.
Harrison, J., Woods, L.M., "Defining European Public service Broadcasting", in *European Journal of Communication,* 16 (4), 2001, pp. 477-504.
Horga, Ioan, "The National Media Impact on European Security", in *International and European Security versus the Explosion of Global Media* (ed. Maria Manuela Tavares Ribeiro, Renaud de la Brosse, Ioan Horga), Bruxelles, 2004, pp. 25-41.
Horga, Ioan, "Why Eurolimes", in *Eurolimes,* vol.1, Oradea, 2006, p. 4.

Horga, Ioan and Brie, Mircea, "From Helsinki to Nice, or seeing Europe through the eyes of the Romanian written press", in *The Role of Mass-Media and of the New Information and Communication Technologies in the Democratization Process of Central and Eastern Europe* (eds. Ioan Horga & Renaud de la Brosse), Bruxelles, 2002, pp. 145-158.

Horga, Ioan and Popoviciu, Adrian, "The National Media Impact on the European Security", in *International and European Security versus the Explosion of Global Media* (ed. Maria Manuela Tavares Ribeiro, Renaud de la Brosse, Ioan Horga), Bruxelles, 2004, pp. 25-40.

Ilieş, Alexandu, *Romania. Euroregiuni,* Oradea, Editura Universitatii din Oradea, Oradea, 2004.

Joireman, Sandra F., *Nationalism and Political Identity,* London, New York, Continuum, 2003, pp. 25-46.

Kaldor, Mary, "Nationalism and Globalization", in *Nation and Nationalism (Journal of Association for Study of Ethnicity and Nationalism),* vol. 10/2, 2004, pp. 170-175.

Kozma, Gábor, "The use of cross-border co-operation and border location in place marketing", in *Eurolimes,* vol. 2, Oradea, 2006, pp. 74-80.

Kutrzeba, Justyna "Jewish inhabitants of the Pokkutya and Carpathian region, as seen by their neighbors based on the folklore of Oskar Kolberg", in *Eurolimes,* vol. 2, Oradea, 2006, pp. 96-102.

Kymlicka, Will, Magda Opalski, *Can Liberal Pluralism be Exported? Western Political Theory and Ethnic Relations in Eastern Europe,* Oxford University Press, 2001.

Laurent, Yann, "Existe-t-il une mémoire commune européenne?", in *Le Monde,* 5 mars 2003.

Lavanex, S., "EU external governance in wider Europe", in *Journal of European Public Policy,* 2004, 11(4), p. 681.

Lundén, Thomas, *On the boundary. About Humans and the end of territory,* Stockholm, Södertörns Högskola, 2004.

Malovic, Stjepan, "News selecting: European Standards, local practice", in *The Contribution of Mass-Media to the Enlargement of European Union* (eds. Ariane Landuyt, Renaud de la Brosse, Ioan Horga), Bruxelles, 2003, pp. 69-77.

Maron, Fabienne, "Le rôle de l'État et la "bonne" gouvernance. Une perspective européenne" in *Media and the Good Governance Facing the Challenge of the EU Enlargement* (eds. Fabienne Maron, Ioan Horga, Renaud de la Brosse), Bruxelles, 2005, pp. 44-58.

Mathien, Michel, "Les médias face à l'évolution sécuritaire occidentale », in *Annuaire français de relations internationales,* vol. IV, 2003, p. 804.

Mol, A., J. Law, "Regions, Networks and Fluids: Anaemia and Social Topology", in *Social Studies of Sciences,* 24, 1994, pp. 641-671.

Morley, D., Robins, K., *Space of Identity: Global Media, Electronic Landscapes and Cultural Boundaries,* London-New York, Routledge, 1995.

O'Dowd, L., T.M.Wilson, *Borders, Nations and States: Frontiers of Sovereignty in the New Europe,* Aldershot, Avebury, 1996.

Paasi, A., *Territories, Boundaries and Coénsciousness: the Changing Geographies of the Finnish-Russian Border, Chichester,* John Wiley &Son, 1996.

Palmer, Allen W., "Transparency and Hidden Transcripts: The Global Media Dilemma of Emergent Nations", in *The Contribution of Mass-Media to the Enlargement of European Union* (eds. Ariane Landuyt, Renaud de la Brosse, Ioan Horga), Bruxelles, 2003, pp. 15-25.

Pasquinucci, Daniele, "L'Europe absente : *L'élargissement aux PECO et la Radiotélévision Italienne »*, in The Contribution of Mass-Media to the Enlargement of European Union (eds. Ariane Landuyt, Renaud de la Brosse, Ioan Horga), Bruxelles, 2003, pp. 86-95.

Peterson, John, "Policy Networks", in Antje Wiener, Thomas Diez, *European Integration Theory*, Oxford University Press, 2004, pp. 117-135

Piris, Jean-Claude, *The Constitution for Europe. A Legal Analysis*, Cambridge University Press, Cambridge, 2006, pp. 30-37, 145-178, 192-197.

Preston, P., Kerr, A., "Digital media, nation-state and local culture: the case of multimedia "content" production" in *Media, Culture & Society*, 23 (1), 2001, pp. 109-131.

Rehn, Olli, *Europe's Next Frontiers*, Baden-Baden, Nomos Verlagsgesellschaft, 2006, p.13.

Roy, Joaquin, "The role of media in the north-south intercultural dialogue", in *Dialogue between peoples and cultures: actors in the dialogue*, Bruxelles, European Communities, 2005, pp. 108-115.

Ruggie, John Gerard, "Territoriality and Beyond: Problematizing Modernity in International Relations", in *International Organization*, 47 (1), 1993, pp. 139-174.

Samaniego Boneu, Mercedes, "Las fronteras socio-culturales de la Unión Europea", in *Ideas de Europa: Que fronteiras* (eds. Maria Manuela Tavares Ribeiro), Coimbra, Quarteto, 2004, pp. 90.

Schlote, Jan Aart, *Globalization: a critical introduction*, New York, Saint Martin's Press, 2000.

Shields, R., *Places on the Margin : Alternative Geographies of Modernity*, London, Routledge, 1992, p. 5.

Silasi, Grigore, *Integrarea monetara europeana. Intre teorie si practica*, Timisoara, Editura Orizonturi Universitare, 1998.

Smith, Anthony D., *Nations and Nationalism in a Global Era*, Cambridge, Polity, 1995, p. 24.

Șoproni, Luminița, "Cross-border Identity in Building a Regional Brand: The Northern Transylvania Region", in *Eurolimes*, vol. 2, 2006, pp. 54-64.

Spohn, Willfried, Trandafyllidou, Anna, *Europeanisation, National Identities and Migration. Changes in Boundary Constructions between Western and Eastern Europe*, London, Routledge, 2002.

Suli-Zakar, Istvan, "Regions in the United Europe", in *Eurolimes*, vol.1, Oradea, 2006, pp. 16-17.

Timsit, Gerard, "Globalisation and Governance at the Start of the 21st Century. The Case of Continental Europe", in *The Turning World.Globalisation and Governance at the Start of the 21st Century* (ed. by Guido Bertucci and Michael Duggett), IOS Press, 2002, pp. 25-32.

Todorov, Tzvetar, "The Coexistence of Cultures", in *Oxford Literary Review*, 19(3), 1997, pp. 3-17.

Trenz, Hans-Jorg, "Media on European Gouvernance. Exploring the European Public Sphere in the national Quality Newspapers", in *European Journal of Communication*, vol.19, nr. 3, 2004, pp. 291-319.

Urry, John, *Global Complexity*, Cambridge, Polity Press, 2003, pp. 40-49.

Urry, John, "The global media and cosmopolitanism", in Department of Sociology, Lancaster, http://www.comp.lances.ac.uk/sociology/soc056ju.htlm)

Vilovic, Gordana, "Hate Speech vs standards of European Union", in *The Contribution of Mass-Media to the Enlargement of European Union* (eds. Ariane Landuyt, Renaud de la Brosse, Ioan Horga), Bruxelles, 2003, pp. 220-225.
Webb, W.P., *The Great Frontier,* Boston, Houghton Mifflin, 1952.
Wilson, T.M., Donnan, H., *Border Identities: Nation and State at International Frontiers,* Cambridge University Press, 1998.
Zimmer, Oliver, "Boundary mechanisms and symbolic resources: towards a process-oriented to national identity", in *Nation and Nationalism (Journal of Association for Study of Ethnicity and Nationalism)*, vol. 19/2, 2003, pp.173-194.

EUROPEAN GEOGRAPHY AND URBAN COMPETITIVENESS STRATEGIC MANAGEMENT OF EUROPEAN CITIES

Vito BOBEK
University of Applied Sciences FH Joanneum, Graz
University of Maribor

In a large number of countries, as well as in Brussels, there is growing interest in the economic contribution cities can make to the national welfare. Of course, urban Europe remains enormously diverse. There is not a single model of a European city and the challenges are not the same in every city. Important differences in their economic structure and functions, social composition, size and geographical location shape the challenges cities face. Equally, national differences in traditions and cultures, economic performance, institutional arrangements and government policy have an important impact upon cities. The problems of global cities like London or Paris or possibly Frankfurt are not those of medium-sized cities. Declining large industrial cities with exhausted manufacturing economies, less skilled work forces and substantial immigrant communities face different dilemmas from fast growing cities based upon high tech industries. Cities in the periphery face different economic, social and environmental challenges than those at the centre of Europe.

Nevertheless, despite the differences between them, cities are affected by common trends and face common challenges. In particular, the key challenge they face is to develop new models of decision-making, which will increase their economic competitiveness, but at the same time reduce social exclusion. Cities face this dilemma whether they are large or small, growing or declining economically, at the core or periphery of the European territory. And the challenge confronts decision-makers at all government levels – European, national, regional and local – and in all three sectors, government, private sector and civil society.

Despite the challenges presented by globalisation, economic restructuring and institutional change, European cities have substantial economic, social and cultural assets – and potential. Much remains to be done, but already much has been achieved which can be built upon. Many of the factors which attract investment and people to particular places (the quality of labour, education and training, the cultural, residential and physical environment, the planning and fiscal regimes, the communication and transportation infrastructure) remain under the influence – if not sole control – of cities. They can be affected by city policies, although increasingly in particular with other actors. And there are many examples of successful responses to the new challenges.

Many cities have achieved substantial physical regeneration, especially through the renovation of their city centres, which offer impressive commercial, residential, cultural and retail facilities. Many have concentrations of intellectual resources in universities and research institutions, which encourage high levels of innovation. Many play important roles as centres of communication, decision-making and exchange. Many have substantial cultural resources, which are increasingly the source of economic growth and job creation. Cities also have enormous integrative potential with the capacity to encourage community participation and civic identity. And despite the growth of exclusion, many cities remain ethnically and social diverse and offer vibrant cultural opportunities which attract visitors and residents. Within many cities there are flourishing neighbourhoods and communities with extensive levels of social capital which are the source of community empowerment.

The Concept of Urban Competitiveness

There is debate about the meaning of urban competitiveness. We follow Michael Storper (Huggins, 2002) and define it as the ability of an economy to attract and maintain firms with stable or rising market shares in an activity, while maintaining stable or increasing standards of living for those who participate in it. The competitiveness of cities is not just about the income of firms but also how that income goes to residents. And competitiveness is different from competition. Competition can be a zero-sum game, in which if one city wins another loses. By contrast cities can all increase their competitiveness at the same time, so that all cities and the national economy can simultaneously grow and benefit.

Actually, there are ten potential characteristics of a competitive city (European Commission 2000 and 2001) :
- strategic transport and IT connections to markets and good internal connectivity ;
- a city centre of European distinctiveness ;
- nationally and internationally recognised facilities for events ;
- a reputation for advanced research, development and innovation ;
- a reputation for effective governance and efficient services ;
- sophisticated cultural infrastructure and services ;
- a wide range of high quality residential choices ;
- a reputation for environmental excellence and responsibility ;
- an inclusive and diverse society ;

- a highly skilled workforce.

We added some others which our previous research and literature review (Barclays 2002, Healey and Baker 2002, Mercer 2002, Porter 2003) suggested would be equally important :
- Vision, leadership and strategic decision-making capacity.
- Innovation in firms and organisational behaviour in cities.
- Fiscal incentives available to cities.
- The impact of national governments policies, including their strategic support for
- national urban development and the powers and resources given to cities.

Addressing globalization locally

Contemporary society is characterised by what might be described as "extraordinary global change" (Learning City Network, 1998). Globalisation – the "economic and cultural linking of diverse societies across large distances" (UNCHS 2001) – is occurring now with greater speed, scale, scope and level of complexity than ever previously. A worldwide labour market, the growth of the so-called knowledge economy and information society, and the pervasion of information and communication technologies throughout all aspects of life mean that change is not only extent but ongoing.

Linkages that are taking place at national and international levels are having significant legal, technological, cultural, social, political and economic effects locally within cities and regions. Individuals, organizations and institutions – indeed, entire communities – need to develop resilience and adaptability if they are to be free and able to function economically, politically and socially on a global stage. Thus "…as the constraints of geographical distance are becoming less important, the specific features of particular locales are becoming *more* important…" and cities are constantly challenged to maintain skills, knowledge and systems that are relevant and competitive. The global phenomenon of the Learning City has evolved in response to this challenge. "A Learning City is any city, town or village which strives to learn how to renew itself in a time of extraordinary global change. Using lifelong learning as an organising principle and social goal, Learning Cities promote collaboration of the civic, private, voluntary and education sectors in the process of achieving agreed upon objectives related to the twin goals of sustainable economic development and social inclusiveness…" (*Learning City Network*, 1998).

The Six Capitals

City governments are highly complex organisations. They need to respond to the demands of many different groups and manage the allocation of resources between different, and often competing, claims.

To make sure that cities reach their intended destination they need to be aware of their starting position. This requires them to ask some important strategic questions, identify their strengths and work towards eliminating areas of weakness.

Once cities have identified where they are, they need to decide where they want to be in the future. And to do this, they need to understand the significant trends that will influence the direction in which the future unfolds.

These mega-trends cut across the experience of all cities. The trends towards individualism, for example, or the effect that information and communications technology has had on speeding up the demand for information and dialogue, all need to be taken into account when establishing a strategic plan for the future. In addition to these trends, city leaders also identified a number of significant challenges that have to be taken into account when creating a strategic plan for the future.

There are six different types of capital (PWC 2005) that need to be managed strategically :

- Intellectual and social capital – people and knowledge ;

In the knowledge economy, it is the people in a city – their skills, capabilities and knowledge – that can make a critical difference to a city's ability to compete successfully for investment. The degree of social capital in a city is linked closely to low levels of crime, to educational achievement and to physical and mental health.

- Democratic capital – participation and consultation ;

City governments – like other political entities – are faced with the challenge of declining participation in the democratic process. To renew the interest and activity of their citizens, cities have to develop ways to make themselves more accountable, increase the transparency of their decision making and engage citizens directly in the creation of policies and decisions. Cities need to develop new partnerships with the different stakeholders they serve. New forms of partnership that go beyond simply listening to the views of others but take action together are a vital part of this. Citizens become more than a voter or customer – they are engaged as coproducers in the policies that will shape the city's future.

- Cultural capital – values, behaviours and public expressions ;

A city comprises a complex array of attributes that provide it with its unique identity Cities that have succeeded in attracting visitors, residents and businesses do so by creating a city brand that encapsulates the qualities that the city offers and generates powerful and memorable positive associations. In building a brand, a city has to be aware of how it is seen by the outside world. What are the cultural qualities it is seen to have? What is the lifestyle associated with the city? Strategies designed to develop cultural capital need to understand how they are seen now and, from that understanding, develop the steps they need to take to move their city forward to the experience that they wish to offer. Various different strategic directions are available. Global attractions can put a city on the map (such as the Guggenheim Gallery in Bilbao) and a sporting or cultural event can act as a magnet (e.g. the Barcelona Olympics that propelled the city on to the world stage) to draw the world's attention. But a city cannot rely only on single attractions or events ; it has to use these as a starting point for the beginning of a much longer journey.

- Environmental capital – natural resources ;
    The quality of life that a city offers is a fundamental aspect of its ability to prosper. Offering citizens a clean, green, safe and attractive environment is high on the list of priorities for city leaders. Balancing economic development with environmental impact is a significant challenge. Pollution, in all its forms, is a major problem for many cities and so city governments have to develop policies that incorporate economic and environmental considerations.
    Developing policies for sustainable development necessitates a joined-up approach to decision making. This means that environmental considerations are an integral part of policy development across the spectrum of city government. Planning, transport, finance and economic policies all need to reflect the environmental goals that a city sets for itself.

- Technical capital – man-made capital and infrastructure ;
    The enormous complexity of cities today means that the demands on their infrastructure are relentlessly challenging. Not only are the 'basic' needs of transport, housing, water and energy under strain, but new demands for effective communication make the supply of, for example, broadband and electronic networks an increasingly important element of infrastructure provision. To cope with these challenges, many cities are adopting an integrated approach to their urban planning. Rather than planning for the separate provision of transport and housing, for example, a more holistic view is being adopted that seeks to measure the combined impacts of different types of development. This integrated approach also means that cities are looking to establish partnerships and new forms of collaboration that allow them to deliver infrastructure requirements in new ways. Public-private partnerships to deliver infrastructure are now a common feature of many cities, and allow city governments to share the risks of provision with partners from the private sector.
    The pressure on cities to operate more efficiently and at the same time improve their services to citizens is increasingly responded to by the adoption of technological solutions. Improving processes and workflows within the city administration itself is a key focus for many cities. Using new technology to improve communications and the flow of data within an organisation is made possible through the application of e-Government solutions that are connecting departments and cutting across the traditional

boundaries to allow more effective collaboration, resulting in better service for citizens.

- Financial capital-money and assets

Cities face a number of common financial challenges. Budgets are under intense pressure from a host of competing demands. At the same time, citizens demand better services but are reluctant to pay more for them. The familiar dilemma of having to do more with less is one that all cities are facing. In order to respond to this challenge, cities have to do a number of things. They have to establish accounting policies and analyses that allow them to understand their financial position, and introduce financial disciplines and performance management methodologies based on these findings. Cities need to adopt an entrepreneurial approach to the way that they finance and provide services. They need to understand the true costs of the services and products that they supply in order to evaluate whether alternative provision (such as shared services) may be more efficient. Some cities may be more effective in certain areas than others. They should seek opportunities to 'trade' with other cities – selling those services that they perform most efficiently and buying in those where it makes financial sense to do so. New forms of partnership are also critical. Many city authorities are discovering the advantages of working with the private sector to fund the provision of services and infrastructure in innovative ways.Managing these identified capitals effectively means taking a holistic approach, since each of the capitals depends on the others. The necessity of taking a holistic approach is one of the themes to emerge particularly strongly from the knowledge-based economy. For a city leader it is necessaryto stand back from meeting the day to day demands and look to the future to see how their policies and strategies can adapt to the dynamic social, economic and political environments unfolding in cities. This process is like navigation – but navigation into the future. To make sure that cities reach their intended destination they need to be aware of their starting position. This requires them to ask some important strategic questions, identify their strengths and work towards eliminating areas of weakness.

Once cities have identified where they are, they need to decide where they want to be in the future. And to do this, they need to understand the significant trends that will influence the direction in which the future unfolds. These mega-trends cut across the experience of all cities. The trends towards individualism, for example, or the effect that information and communications technology has had on speeding up the demand for information

Strategically Managed Cities

Today, many cities have formulated strategies for transforming themselves into a 'knowledge' or 'creative' city. These concepts are driven by rapid economic and societal change. In these modern cities citizens' knowledge, creativity and innovation are identified as the driving force of wealth creation. Knowledge cities value the quality and density of educational and research excellence and of redeveloping old industrial areas into centres for knowledge workers.

Creative cities make an effort to provide the stimulation, diversity and richness of experiences for their citizens. Richard Florida, Professor of regional economic development in Toronto (Florida 2005), recognises the rise of the creative class of scientists, engineers, architects, educators, writers, artists, and entertainers. The creative class is characterised by creativity, individuality, diversity, and merit. Creative people have specific demands of a city. They want action and experience, a dynamic place which offers them the opportunity to be creative, the possibility of expressing themselves and the chance to develop as individuals (Florida, 2002). Either called knowledge workers or the creative class, these are the people that the modern city tries to attract : those that will contribute most to the city's development.

An intelligent city is a work in progress that tries to connect the past, present-day and future. The concept embraces many aspects of sustainable cities from history, the current knowledge and creative society, and an estimation of what lies ahead. Each city should learn from its past and historical heritage. But lessons are available from other cities as well.

City governments are complex organisations that have to meet the needs of a great many different, and sometimes competing, stakeholders. To achieve their goals, they have to develop and adapt new organisational models and incorporate new information and communications technologies to help them manage change effectively. To become high-performing organisations, city governments must develop – and in some cases transform – their capabilities in line with the dynamic global environment in which they operate. Just how successful city governments are in meeting these challenges is largely dependent on how competent they are in managing internally three capitals in particular :
- People ;
- Property ; and
- Processes.

People

Without the services of motivated, skilled and well-managed people, city governments will flounder regardless of the quality of their vision and ambitions. Good practice in people management falls into three key areas :
- Investment : people require careful management and significant investment in training and development. Cities need to ensure that employees have the right skills to manage new programmes and new ways of delivering services. Without these, people employed by the city become a "wasting asset", with dire consequences for city services.

- Efficiency : Human resource (HR) processes need to be efficient, both in terms of costs and responsiveness. Line managers need to take direct responsibility for people management, with central HR providing a strategic and advisory role. Cities have to be responsive to change, and this means that they must have swift and efficient recruitment processes and they also need to have the right redeployment / redundancy processes.
- Customisation : It is necessary to have HR policies and processes in place for different groups of staff.There may be a case for managing groups of workers as being in any of the 'People as a Commodity', 'People as an asset', and 'Caring Employer' quadrants. However, inappropriate approaches to people management can lead to people drifting to the 'Low interest' quadrant – the one quadrant that can never be effective and sustainable.

Property

Land and buildings are arguably the most visible and identifiable aspect of front-line services and a major influence on how city governments are perceived. They provide the facilities for conducting business and are essential for supporting the technology, business processes and cultural change required to raise a city government's performance. They are also inextricably linked with cityregeneration. Poor property asset management means :
- Significant wasted resources – annual investment and expenditure on property is a significant cost for city governments where land prices are relatively high ;
- Non-compliance with buildings and workplace statutory and regulatory codes such as health and safety ;
- Disruption to service delivery if the physical infrastructure fails or does not support business processes ; and
- Staff dissatisfaction leading to problems with staff retention and recruitment.

Good property asset management and planning in city government cuts across departmental, administrative and geographic boundaries. It includes :
- Strong governance for corporate property asset management, including the active involvement of senior officers and elected members ;
-A corporate asset strategy that responds to the property implications of the corporate vision and sets out a co-ordinated medium to long term investment, divestment and management plan ;
- Regular challenge of property needs and options for meeting future requirements together with a transparent framework for prioritising projects ;
- Strong business processes including supply chain management, customer relationship management, financial management, performance management, data management, programme management and risk management ; and
- Sourcing the right expertise and capacity to deal with both the strategic and day-to-day management.

Processes

City governments need efficient and effective processes in place to secure an appropriate return on their investment in people and property. There are a number of particular areas where city governments should aim to have in place "best-in-class" processes to get the most out of their assets and to drive and support a culture of continuous improvement :
- Programme and project management (PPM) ;
- Performance management ;
- Procurement ;
- Risk management ; and
- Reputation and brand management.

Change is real and the demands of the future are pressing on us all. We need leaders with the vision and the dreams that will empower and inspire people.

Rapidly changing modern societies are creating a need for strategic development that offers constant innovation and a renewal of processes and peoples' attitudes. It is important that a city's leaders are able to see things in a new way. Strategic social analysis and intelligence involves learning from the past but, most importantly, understanding the likely direction of the future. Social intelligence is an area of vital importance related to what we call city intelligence.

An intelligent community has to be able to see what happens through time, that is analyse, reach conclusions and define its present reality. They need to develop their strengths and eliminate their weaknesses. That is how we create visions, ideas, and a strategy ; and consequently how we create and prepare for the future. It is essential that a municipality has the power to implement all this. Some city governments stay in the analytical phase and never move on to formulating and implementing their visions and dreams.

Governments leading a city towards an uncertain future are like the navigators of a ship. The crew and passengers comprise their citizens, employees and customers. In this way, navigation is very similar to the leadership of a large organisation or a city.

Bibliography

Barclays Bank, *Barclays Private Client Report*, London, Barclays Bank, 2002.
Barclays Bank for One North East,Welsh Development Agency. *Competing with World–World Best Practice in Economic Development,* London, Barclays Bank, 2001.
Edvinsson, Leif and Ahmed Bounfour, *Intellectual Capital for Communities, Nations, Regions and Cities,* Oxford, Elsevier, 2005.

European Commission, *The Urban Audit – Volume I Overview and comparative section,* Brussels, The European Communities, 2000.
European Commission, *The Urban Audit – Volume II – Summary results for each city,* Brussels, The European Communities, 2000.
European Commission, *The Urban Audit – Volume III – The Manual,* Brussels, The European Communities, 2000.
Florida, Richard, *Cities and the Creative Class,* Oxford, Routledge, 2005.
Huggins, Robert, *State of Urban Britain,* London, Robert Huggins Associates, 2002.
Institute for Urban Planning and Development of the Ile de-France Region (IAURIF), *The Metropolises of North-West Europe in Figures,* Paris, IAURIF, 2002.
Learning City Network, *Learning Communities, a guide to assessing practice and progress,* London, Department for Education and Employment, 1998.
Parkinson, Michael, Mary Hutchins, James Simmie, Greg Clark, Hans Verdonk, *Competitive European Cities, Where do the Core Cities Stand?* London, Office of the Deputy Prime Minister, 2004.
Porter, Michael E, and C.H.M. Ketels, *UK Competitiveness, Moving to the Next Stage,* ESRC/DTI Economic Paper n° 3, 2003.
Robert Huggins Associates for SEEDA, *Index of Regional Knowledge Economies: Benchmarking South East England,* London, SEEDA, 2001.
Robert Huggins Associates, *The State of Urban Britain,* London, RHA, 2002.
United Nations Centre for Human Settlements, *Cities in a Globalizing World: Global report on human settlements 2001,* London, Earthscan, 2001.
World Economic Forum, *Global Competitiveness Report,* Geneva, WEF, 2001.
Yarnit, Martin, *Town Cities and Regions in the Learning Age: A survey of learning Communities,* London, Department for Education and Employment United Kingdom, 2000.

RÉSUMÉS

Paul Alliès
L'Union européenne a-t-elle un territoire ?

Dans la définition classique de l'État, l'État est d'abord un territoire délimité par des frontières qui constituent l'espace de validité de son droit et de protection de sa population. L'Union européenne étant une association d'États fondée sur des traités, la question de son Territoire pourrait ne pas se poser : son Territoire est, par défaut, celui de ces États-là. Pourtant le niveau d'intégration atteint par cette union est tel que le débat sur la nature de ce nouvel espace public reste entièrement ouvert. La ratification du Traité de Lisbonne a pour conséquence, entre autres, la création d'un service diplomatique spécifique, ce qui devrait nous ramener à la question classique des usages et fonctions de cet espace : quel rapport aura-t-il avec la souveraineté, attribut classique de la maîtrise d'un Territoire ? Et que sera la frontière, équipement qui va historiquement avec la définition géopolitique de celui-ci ?

Carlos E. Pacheco Amaral
Frontières, périphérie, ultrapériphérie et voisins de l'Europe

Cet article analyse d'abord un phénomène mouvant, la nature des frontières et le rôle qu'elles sont appelées à jouer dans la constitution d'une communauté politique et dans le réseau des rapports internationaux que chacune développe avec les autres. Notre attention est attirée par le caractère novateur de la frontière moderne, surtout lorsqu'elle est envisagée en tant qu'alternative au modèle antérieur antique et médiéval, et en tant qu'instrument de base du paradigme d'une planète entièrement composée d'États souverains. Puis un deuxième temps est consacré à la discussion des frontières de l'Europe, ainsi que du caractère radicalement novateur qu'elles doivent revêtir. Par la suite il s'agit que l'Union échappe au destin de devenir un super-État qui serait capable d'assurer un espace de sécurité à l'intérieur, pourtant au prix de laisser s'installer l'instabilité, l'insécurité et la guerre à l'extérieur. Pour cet exercice d'exploration conceptuelle de ce nouveau type de frontières requis par l'Union – conçue en tant que véritable unité politique, quoique d'une nature novatrice –, le dernier temps de notre analyse examine deux phénomènes particulièrement intéressants : la Politique européenne de voisinage (PEV) et les définitions de périphérie et d'ultrapériphérie de l'Europe : instruments d'interface, d'interpénétration et de dialogue, ces deux nouveaux phénomènes nous permettent d'entrevoir les nouveaux types de frontières demandées par l'Union européenne ; des frontières capables de permettre à l'Europe de faire éclater le paradigme moderne d'altérité et d'en introduire en échange un autre, capable d'annoncer une nouvelle conception du politique et des relations internationales, non seulement au niveau européen, comme David Mitrany l'avait déjà signalé, mais aussi au plan mondial.

Andrea Becherucci
**Rendre compte d'une Europe aux confins encore incertains :
la correspondance entre Emanuele Gazzo et Renato Giordano (1956-1959)**

L'article entend, à travers la correspondance échangée entre Emanuele Gazzo et Renato Giordano lever le voile sur les premiers temps de la construction européenne en se fondant sur le jugement de deux intellectuels engagés, différents par la formation et le profil professionnel, ainsi que sur la mise en œuvre difficile des mécanismes communautaires et les équilibres politiques et nationaux non codifiés qui étaient à la base de son fonctionnement.

Vito Bobek
Géographie européenne et compétitivité urbaine : gestion stratégique des villes européennes

Les administrations municipales sont des organisations complexes. Elles doivent répondre aux demandes de groupes nombreux et très divers et répartir les ressources entre des sollicitations souvent concurrentes. Pour que les villes réalisent cet objectif, elles doivent être conscientes de cette situation de départ. Cela suppose donc de poser quelques questions stratégiques importantes, d'identifier les forces et d'œuvrer à éliminer les zones de faiblesse. Lorsque les villes identifient bien cette situation initiale, elles doivent ensuite décider de leurs objectifs futurs. Pour ce faire, elles ont besoin de comprendre les grandes tendances qui vont influencer l'avenir. Gérer les six capitaux identifiées signifie effectivement une approche holistique car chacune des capitales dépend des autres. La nécessité d'adopter une approche holistique est l'un des thèmes qui émerge de manière particulièrement saillante d'une économie fondée sur la connaissance.

Georges Contogeorgis
Dimitris N. Chryssochoou
La science politique grecque sur l'Europe : panorama d'une discipline

Cet essai est un reflet partiel de l'état actuel des études sur l'intégration européenne en Grèce. Il n'est pas nécessairement représentatif des nombreux travaux des politologues destinés à saisir la réalité du « système politique » émergent en Europe. Cet article esquisse néanmoins les grandes lignes des études grecques sur « l'ordre de l'Union Européenne » une évolution, qui a réussi à combiner des niveaux élevés d'autonomie segmentaire, mêlant identités nationales, traditions et modes de vie, avec un nouveau sens de l'unité. Cet article se concentre moins sur le microcosme de l'analyse des politiques spécifiques que sur les projections théoriques visant à concevoir la totalité de ce qui a été réalisé – à savoir, la situation générale de l'intégration à la fin de la première décennie du XXIe siècle. Il montre que l'érudition grecque sur l'Europe est une spécialité en plein essor qui, à en juger par la quantité de travaux produits au cours de la dernière décennie, a peu de raison d'être jaloux des autres spécialités universitaires mieux établies.

Georges Contogeorgis
De la nature de l'espace politique européen : l'Europe politique et ses États

L'espace politique de l'Union européenne est envisagé sous l'angle de la nature de son système politique, de sa sémiologie identitaire, de sa finalité, de sa géographie et de sa relation avec les sociétés des citoyens. La conclusion de cet article est que l'U.E. forme un espace politique qui est érigé en système politique sans État. De ce fait, elle n'a pas de territoire propre géré par son propre système, lequel d'ailleurs est constitué par les États membres. Le système politique européen est essentiellement orienté vers une finalité qui, bien que présupposant l'acquis identitaire européen, se limite finalement à ce qui est l'intérêt du marché. Une approche de marché, en outre, conçue en termes de complément de l'espace économique dit occidental et, au-delà, de la soumission de l'U.E. au leadership du monde anglo-saxon. En dernière analyse, le système européen est de type *sympolitéien,* mais, du point de vue de sa propre nature est profondément pré-représentatif.

Laura Grazi
Espace géographique, espace de démocratie : le parcours des villes dans l'histoire de la construction européenne et le changement imprimé par la Commission Delors

Cette contribution analyse les origines historiques de la participation des villes au processus de la construction européenne et examine les relations, toujours plus étroites, entre les villes et les institutions de la Communauté/Union européenne. La genèse d'un « agenda urbain » dans l'Union met en lumière l'approfondissement des compétences communautaires et reconnaît le rôle des villes en tant que piliers de la cohésion territoriale en Europe. En même temps, la question urbaine a été enrichie par l'ouverture d'un dialogue régulier entre les institutions de l'Union et les villes en tant qu'acteurs politiques. La consultation des élus et des représentants locaux montre l'affirmation d'une procédure politique inédite fondée sur le dialogue avec le niveau local, particulièrement stimulé par la Commission Delors pendant les années 1980 et 1990, afin de donner une nouvelle légitimation démocratique au processus de prise de décisions de l'Union européenne.

Ioan Horga
Médias, identité et le sens des frontières européennes

Si les frontières en tant que limite territoriale perdent un peu de signification lorsque le processus d'intégration s'intensifie, la perception mentale de la frontière en tant que différence ou acceptation de la multiplication des sens de la frontière doit être assumée par nous comme appartenant à notre existence.
La transformation de la perception de la frontière de limite territoriale en frontière différente est un processus appartenant aux fondements de la zone publique européenne où les médias doivent jouer un rôle extrêmement important pour maintenir l'équilibre entre le clos et l'ouvert, entre la mémoire et l'identité. La zone publique européenne ne sera pas le résultat de l'interaction des acteurs publics européens. Par contre, elle sera le résultat indirect de l'action des phénomènes médiatiques locaux, régionaux et nationaux, par le biais de la gouvernance européenne et les médias alternatifs qui pourraient assurer le changement de la perception sur la frontière de limite en différence.

Ariane Landuyt
**Les études d'histoire de la construction européenne :
une historiographie en cours de définition**

Parmi les spécialistes des Études européennes, il n'y a aucun doute que la communauté des historiens se pose encore aujourd'hui comme le miroir d'une discipline aux multiples et différentes approches, dont l'identité est en cours de définition. La réflexion qui doit tenir compte des débuts et du développement de la discipline au cours du temps met en effet en évidence, à différents niveaux, une complexité qui ne fait que refléter les aspects et les caractères, souvent inédits, du processus même de la construction européenne. À la lumière des études et des événements récents, nous pouvons affirmer que les modalités de développement de ce parcours ne sont ni linéaires, ni progressives et, surtout, qu'elles ne reproduisent aucunement sur une grande échelle les modalités propres aux processus historiques d'unification nationale. Il s'agit d'un parcours encore fluide, pouvant aborder des directions imprévues et assumer des configurations inédites, sous l'impulsion de différents facteurs politiques, économiques et culturels qui, s'entrecroisant, en font une histoire en voie de construction, « à final ouvert ».

Giuliana Laschi
L'histoire de l'intégration européenne et ses modalités d'adaptation en Italie : du Traité de Rome aux sciences politiques à Bologne

Cet article analyse pourquoi et comment les historiens sont entrés en interaction afin d'expliquer et d'enseigner l'histoire de l'intégration européenne, dans la tentative de comprendre si une telle branche peut exister à part entière, aussi bien quant à l'enseignement qu'à la recherche qui l'alimente. L'histoire de l'intégration européenne prit forme dans le sens où la Communauté économique européenne fut créée en 1957 et cette date est donc universellement reconnue par les historiens ; ceux-ci discutent, toutefois, encore de la division en périodes, car celle-ci dépend des raisons que l'on estime fondamentales quant à la naissance du processus d'intégration. Il est intéressant et plus complexe d'essayer de comprendre dans quelle mesure et comment l'histoire a changé en tant que discipline et s'est adaptée pour intégrer et interpréter cette nouvelle réalité. Différentes branches de l'histoire contemporaine sont entrées en interaction et ont tenté d'expliquer le processus d'intégration européenne ; et, peu à peu, une discipline a vu le jour, avec ses caractéristiques propres, mais qui est encore aujourd'hui également enseignée par des historiens d'autres domaines.

Giuliana Laschi
La construction d'un espace européen. Association, adhésion et politique de voisinage : des relations extérieures à la politique intérieure

Un regard sur la carte d'Europe souligne la caractéristique la plus évidente et la plus complexe de l'espace européen : la définition géographique de la construction de l'espace politique européen est éminemment variable et ne répond pas à un projet préétabli. De la petite Europe à 6 à l'Europe à 27, l'espace a été progressivement défini au cours des décennies et il est encore en train d'être défini. L'espace européen n'a cessé de changer et, lorsque l'aire géographique a changé, la relation au sein de la Communauté et de l'espace européen ont de même profondément changé. La dimension extérieure européenne a été lentement absorbée pour devenir elle-même intérieure, espace commun. Cela n'est le résultat ni de guerres de conquête, ni d'une politique coloniale ou d'une politique de pouvoir, mais bien le choix autonome des États membres, ceux qui ont accueilli les nouveaux membres, comme celui des États qui ont décidé d'adhérer à la Communauté.

Denis Rolland
Le Conseil de l'Europe : un territoire politique et une histoire en construction

Le Conseil de l'Europe, « fruit tardif de l'aspiration des Européens à l'identification mutuelle » est, dans sa forme première, le résultat de deux compromis liés entre eux : pour schématiser à l'excès, entre partisans de l'Europe supranationale et simples avocats de la coopération ; entre Français et Britanniques aussi. De là, la signature, à Londres et par dix ministres des Affaires étrangères, du « Traité portant statut du Conseil de l'Europe » le 5 mai 1949. Le responsable travailliste du *Foreign Office* britannique, Lord Ernest Bevin déclare alors : « Nous assistons pour la première fois sur notre Vieux Continent à la naissance d'une institution démocratique commune ». Mais la géométrie du projet politique imaginé par ses promoteurs initiaux a singulièrement été restreinte. On le comprend, le Conseil constitue une membrane sensible entre les réalités de la périphérie de l'Europe et l'Union européenne ; et c'est déjà un aspect important des fonctions du Conseil. Mais, s'il y a de l'intelligence dans cette création de fluidité, ce n'est néanmoins qu'un volet de l'activité d'une organisation animée par une vision de croissance et dont beaucoup des animateurs s'inscrivent contre des perspectives court-termistes.

Denis Rolland
Imaginaire de l'espace culturel et ambiguïtés de la politique extérieure : l'Union européenne et l'Amérique latine, de la filiation au malentendu

La relation de l'Europe à l'Amérique latine est piégée par l'instrumentalisation de l'héritage ibérique et, plus largement, latin. La grande ambiguïté de l'héritage culturel et social lié issu de l'ère coloniale conduit l'Europe à percevoir sa relation à l'Amérique latine à travers des miroirs déformants – à une supposée connaissance et, finalement, à une certaine paresse intellectuelle dommageable aux relations bilatérales. La relation UE-Amérique latine ne repose pas, en outre, des deux côtés, sur une communauté d'intérêts bien partagés.
Au-delà, on notera que si l'intégration européenne a pu servir de modèle à beaucoup de processus d'intégration, en Amérique du Sud notamment, à partir du milieu des années 1990, l'Europe a donné l'impression, dans sa relation à l'Amérique latine, de plus suivre les (ou de réagir aux) initiatives états-uniennes.

Federica di Sarcina
L'espace social européen : la politique d'égalité des chances : la Charte des droits sociaux fondamentaux des travailleurs, un nouveau départ ?

Le but de cet essai est de mettre en lumière la contribution de la *Charte des droits sociaux fondamentaux des travailleurs* dans le développement de la politique d'égalité des chances. Dans une première partie, cet article analyse le parcours qui a conduit à l'approbation de ce document à l'occasion du Sommet de Strasbourg (1989) de la part des chefs d'État ou de gouvernement de 11 pays membres. Dans une deuxième partie, l'essai se concentre sur les initiatives qui, sur la base de la Charte, ont été entreprises dans le domaine de l'égalité de genre : le Troisième programme d'action (1991-1995), la directive sur la mise en œuvre de mesures visant à promouvoir l'amélioration de la sécurité et de la santé des travailleuses enceintes, accouchées ou allaitantes au travail, la Recommandation concernant la garde des enfants et la Résolution concernant la protection de la dignité de la femme et de l'homme au travail.

Laura Scichilone
Vers un nouvel espace politique en Europe : la protection de l'environnement dans les années 1970

Cet article reconstruit la naissance de la politique de l'environnement de la Communauté européenne en mettant en lumière comment elle a déterminé, à partir des années soixante-dix, un "nouvel espace politique" dans l'arène communautaire. Cet espace est analysé sous différents angles : géographique, politique, et aussi "idéal". Dans le contexte de la crise écologique contemporaine, la Communauté européenne apparaît donc comme un modèle original qui a des limites mais aussi de grandes potentialités.

Maria Manuela Tavares Ribeiro
L'ouverture de l'espace de l'Europe pour les intellectuels portugais au début du XXe siècle : l'Europe en crise et l'idéalisation du futur

Les grands conflits européens ont un rôle majeur et fondamental dans le surgissement de nouvelles attitudes au sein de *l'intelligentsia* européenne. La Première Guerre mondiale fait apparaître des réflexions nouvelles et des attitudes différentes au sein des élites intellectuelles. Elle fait ainsi surgir et stimule la discussion à propos des valeurs européennes et place au cœur du débat l'équilibre du continent : les moyens pour garantir la paix, le rôle et la place des nations dans un scénario d'échanges nécessaires et de collaboration indispensable. Gaston Riou, dans son livre de 1929 *S'unir ou mourir*, évoque l'Union européenne comme une « impérieuse nécessité ». Le conflit mène certains intellectuels, surtout les plus sensibles à la crise de la civilisation, à réfléchir de manière profonde à l'identité européenne.

ABSTRACTS

Paul Alliès
Has European Union one Territory ?

According to the standard definition of the State, at first the State is a Territory which is demarcated by borders that make up the Space of Validity of its law and of the protection of its Population. The EU, being a States Association which is founded on Treaties, the Question about its Territory would not be asked: its Territory is, for lack of any better definition, that of those States. Nevertheless the integration level reached by this Unionis such that the debate about the nature of this new public area remains widely open. The Lisbon Treaty ratification has for consequence, among other things,the setting up of one specific diplomatic department, which ought to lead up to the usual question about uses and functions of this area: which link will it have with the Sovereignty, classical attribute of the control of a Territory ? And what will the Border be, since this frontier line historically accompanies the geopolitical definition of the latter.

Carlos E. PachecoAmaral)
Frontiers, Periphery, Ultraperiphery and Neighbours of the Europe

In a first moment, this article explores the changing nature of frontiers, and the equally changing roles they are called upon to fulfil, both in the containment of a political community and in the network of relationships each develops with the rest. Attention is paid to the innovative character of the modern frontier, particularly when perceived as an alternative to its ancient and medieval predecessor, and as a nuclear instrument of the paradigm of a world made up of sovereign States. With that work as a background, a second moment is dedicated to the discussion of the frontiers of Europe, and the radically innovative nature they must assume in order for the Union to escape the fate of becoming a super-State and herald a space of security, within its midst, but at the cost of inviting instability, insecurity and war beyond its confines. For that exercise of conceptual exploration of the new type of frontiers required by the Union, understood as a true political unit, albeit of an innovative nature, a final moment discusses two particularly interesting phenomena: the European Neighbourhood Policy and the Periphery and Ultraperiphery of Europe. Instruments of interface, interpenetration and dialogue, they furnish interesting glimpses of the new kind of frontiers required by the European Union. Frontiers that can allow Europe to shatter the alterity paradigm of modernity, and herald a new paradigm of international relations, not merely within itself, as David Mitrany had already warned, but worldwide.

Andrea Becherucci
Report of an Europe whose borders have yet to be decided. The correspondance between Emanuele Gazzo and Renato Giordano (1956-1959)

The scope of this article is to cast a look at the beginnings of European integration by gleaning information from the letters sent between Emanuele Gazzo and Renato Giordano ; two intellectuals from different backgrounds and professions. It will look at the setting up of the Community processes and the unarticulated power balances which form the basis of its functioning.

Vito Bobek
European Geography and Urban Competitiveness : Strategic Management of European Cities

City governments are highly complex organisations. They need to respond to the demands of many different groups and manage the allocation of resources between different, and often competing, claims. To make sure that cities reach their intended destination they need to be aware of their starting position. This requires them to ask some important strategic questions, identify their strengths and work towards eliminating areas of weakness. Once cities have identified where they are, they need to decide where they want to be in the future. And to do this, they need to understand the significant trends that will influence the direction in which the future unfolds. Managing the six identified capitals effectively means taking a holistic approach, since each of the capitals depends on the others. The necessity of taking a holistic approach is one of the themes to emerge particularly strongly from the knowledge-based economy.

Georges Contogeorgis
Dimitris N. Chryssochoou
Greek Political Science on Europe: a Scholarly Outline
This essay is only a partial reflection of the current state of European integration studies in Greece. It is thus neither extensive, nor perhaps representative of the many different scholarly efforts by Greek political scientists to capture the reality of the 'polity' that is currently emerging in Europe. Accordingly, this article sketches a general outline of Greek academic interest in the nature of the evolutionary 'EU order', which has managed to combine high levels of segmental autonomy which are non-threatening to national identities, traditions and ways of life, with a sense of unity for the whole. The idea of the essay is to focus less on the microcosm of policy specific analyses and more on some theoretical projections that aim to capture the totality of what has been achieved so far – i.e., the general picture of integration at the turn of the first decade of the 21st century. Eclectic and, by extension, limited as it may be in its scope, the essay also makes the point that Greek scholarship on Europe is a fast-growing intellectual industry which, judging by the amount of work produced over the last decade, has little to be jealous of other, more established academic communities – no need to invent here, as some easily do, yet another instance of Greek 'exceptionalism'.

Georges Contogeorgis
Political Europe and its member states. On the nature of the European political space

The political space of the European Union is approached through the prism of the nature of its political system, its semantic identity, its geography and its relationship with the society of citizens. The conclusion of the article is that the E.U. constitutes a political space that is constructed in a political system without a state. Therefore, it does not have its own territory to be administrated by its system, which (system) in any case is made up of the member states. The European political system is essentially oriented towards a goal which, while it presupposes the European acquired identity, is ultimately focused on the interests of the market. On a approach to the market which also becomes perceivable as the complement of the so-called western economic space and, more over, of the submission of the E.U. to the leadership of the Anglo-Saxon world. In the final analysis, the European political system is of a *sympoliteian* type, while as to its nature, it remains profoundly pre-representative.

Laura Grazi
Espace géographique, espace de démocratie : le parcours des villes dans l'histoire de la construction européenne et le changement imprimé par la Commission Delors

The purpose of the paper is to trace the historical origins of contemporary involvement of European cities in the process of European integration and to analyse their relationship with the EEC/EU institutions. The birth of a kind of "urban agenda" shows how the European institutions have widened their fields of action and have progressively raised the cities to pillars of European cohesion.

In the meantime, the urban issue has been enriched by the opening of a regular dialogue between the EU institutions and the cities. Contacts with the cities demonstrates the emerging of a new political method to encourage dialogue with local authorities – particularly emphasized by the Delors Commission between the Eighties and the Nineties – as a means of reinforcing the EU decision-making process democratically.

Ioan Horga
Media, Identity and the Meaning of the European Frontiers

If the borders as a territorial limit lose a little of their significance along with the deepening of the integration process, the mental perception of border as a difference or acceptance of multiplying the meanings of border must be assumed by us as a part or our existence. Transforming the perception of the border from territorial limit into a different border is a process which is part of the foundations of the European Public Area, in which the Media must play a very important role by maintaining the balance between close and open and the balance between memory and identity. The European Public Area will not be the direct result of the interaction of European public actors; it will be an indirect result by the action of the local, regional and national media phenomenon mediated by European governance and alternative media, which could ensure the transformation of the perception of the border from limit into difference.

Ariane Landuyt
European Integration History's Studies: a Historiography to be Defined

Among European Studies experts, there is no doubt that the community of historians stillarises as the mirror of discipline with multiples and different approaches, whose identity is being defined. This analyse must consider the beginning sand the development of the discipline and is indeed identified, at different levels, with a complexity reflecting aspects and characters of the unprecedented process of the European construction. In light of recent studies and events, we can say that the terms of this development are neither linearn or progressive and, more importantly, they do not reproduce on a large scale any arrangements applying to the historical processes of national unification. It is a pathstill fluid, which can address unforeseen directions and assume unusual configurations, under the leadership of different political, economic and cultural factors, intersecting, creating aa story under construction.

Giuliana Laschi
The European integration history and their adaptation's modalities in Italy : from the Roma's Treatyto political sciences in Bologna

This article investigates why and how historians have interacted with each other with the goal to explain and teach thehistory of European integration, attempting to understand if such abranch can exist in itself both in terms of teaching and researching. History of European integration has taken shape beginning with the creation of the European Economic Community in 1957 and that date is world wide acknowledged by historians: however, they still debate over periodization as this basically depends on the very reasons one assume to be fundamental in extent history has changed in terms of discipline and how it has evolved and adjusted itself in order to integrate and interpret this new reality. Various branches of contemporary history have interacted and have tried to account for the process of European integration and, little by little, a new discipline with its own features has raised although being still taught by historians from other branches.

Giuliana Laschi
The construction of an European space: Association, Membership and Neighborhood policy. From external relations to domestic policy

A look at a map can, better than anything else, high light the most obvious, yet the most complex feature of the European space: the geographical definition of the construction of the European political space has never researched a final order. From the little Europe of Six to the Europe of 27, space has been defined along the decades and it's still on the move. The historical perspective points out that the European space is continuously changing and that, when changing the geographic area, the relation between the Community and the European space changes dramatically. The European external dimension has been slowly absorbed to become itself internal, common space. And this has happened not through wars of conquest, nor by means of colonial or power politics, but through the autonomous choice of the member states involved, both those welcoming new members and those deciding to adhere.

Denis Rolland
The Council of Europe: a political territory and a history in process

The Council of Europe, "late fruit of the aspiration of Europeans mutual identification" is, in its original form, the result of two inter related compromises: schematically, between supporters of supranational Europe and simple cooperation advocates, between the French and British too. From there, the signing in London by ten Ministers of Foreign Affairs, of the "Treatyon the Statute of the Council of Europe" in May 5, 1949. The head of the British Foreign OfficeLabour, Ernest Bevin Lord then said: "We are seeing for the first time on our old continent the birth of a common democratic institution" but he was also suspected to try to distance the

Council of Europe from European centers of activity in order to eliminate it. Thus, the geometry of the political project conceived by its initial promoters has been singularly limited. Understandably, the Council is a sensitive membrane between the realities of the periphery of Europe and the European Union, and it is already an important aspect of the Council's functions. But if there is intelligence in this fluidity creation, it is never the less a small part of the activity of an organization driven by a vision of growth and by many animators working against short-termist prospects.

Denis Rolland
Imagined Cultural territory and ambiguousness between Europe and Latin America, from filiation to misunderstanding

The relation between Europe and Latin America ist rapped by the instrumentalization of the Iberian heritage and, more over, by the Latinity's rhetoric. The great ambiguity of the cultural and social heritage resulting from the colonial era leads Europe to perceiveits relation with Latin America through deforming looking glasses, with a supposed knowledge and, finally, with a form of intellectual idleness who damage bilateral relations. UE-Latin America's relations doesn't lie, on the two shores, on a well shared interests'community.
So we will see if the European integration served as a model for many integration's process, especially in South America, from the middle of the 1990', Europe gave the impression, in its relation with Latin America, more over to follow or to react US initiatives or to react to them.

Federica di Sarcina
The Community Charter of Fundamental Social Rights for Workers : a new point of departure for the EEC/EU Gender Equality Policy

The purpose of this essay is to trace the contribution of the *Community Charter of Fundamental Social Rights for Workers* in the development of gender equality policy. In the first part the essay analyses the main stages of European Economic Community towards the adoption of this document during the Strasbourg Summit (1989) by the Heads of State or Government of 11 Member States. In the second part, the attention is on the initiatives that, on the basis of the *Charter* have been taken by the European Institutions in the field of gender equality. It consists in the Third Action Programme on equal opportunities for women and men (1991-1995), the Directive on the introduction of measures to encourage improvements in the safety and health at work of pregnant workers and workers who have recently given birth or are breastfeeding, the Council Recommendation on child care and, in the end, the Council Resolution on the protection of the dignity of women and men at work.

Laura Scichilone
Towards a New Political Space in Europe : the Environmental Protection in the Seventies

The article reconstructs the creation of the EEC environmental policy in the Seventies. The new policy determined a « new political space » in Europe and European Community arena. This new political space is analysed in the geographical, political and "ideal" perspectives. In the context of the contemporary ecological crisis, the European Community represents an original model with limits and great opportunities too.

Maria Manuela Tavares Ribeiro
The opening of the European space forPortuguese intellectuals in the early twentieth century : the crisis in Europe and the idealization of the future

The major European conflict shave a major and fundamental role in the new attitudes emergence with in the European intelligentsia. The First World Warreveals new thinking and different attitudes among intellectual elites. It thusarises and stimulates discussion about European values and places at the heart of the debate the balance of the continent: the means to ensure peace, the role and place of nations in a scenario of necessary exchanges and indispensable collaboration. Gaston Riouin his book of 1929 *Uniteor die*, discusses the European Unionas an "absolute necessity." The conflic thas led some intellectuals, especially the most sensitive to the crisis of civilization, to think the European identity.

LES AUTEURS

Paul ALLIES
Professeur de droit à l'Université Montpellier 1 et homme politique français, il enseigne au département de science politique l'histoire politique de la France et la sociologie historique des partis. Paul Alliès a été le fondateur et le directeur du Département de science politique de l'Université de Montpellier I de 1999 à 2007 ainsi que d'un Master professionnel sur les « Métiers du journalisme », en collaboration avec le groupe des journaux du Midi, ouvert en 2005. Il représente l'Université de Montpellier dans le *Master of European Studies* délivré par dix universités européennes et dont le siège est à Sienne. En 1994, il a créé et est depuis directeur de la revue Pôle Sud, une des huit revues française de science politique classées de niveau international et bénéficiant du soutien du CNRS. Elle publie des travaux menés sur l'Europe du Sud. Outre *Le grand renoncement. La gauche et les institutions de la Ve République*, Paris, Textuel, 2007, il a lui-même publié, notamment sur les questions européennes, *Une Constitution contre la démocratie ? Portrait d'une Europe dépolitisée*, Castelnau-le-Lez, Climats, 2005 ; *Un état de la coopération décentralisée*, (en collaboration) in *L'action internationale des collectivités locales : engagement citoyen et mondialisation*. La Documentation française, Paris, 2003 ; « L'élargissement de l'Union et la construction d'une société civile européenne » in Ariane Landuyt e Daniele Pasquinucci, *Gli allargamenti della CEE/UE (1961-2004)*, Il Mulino, Bologna, 2005, t. II ; « Une fausse Constitution pour un vrai Commonwealth » in *Regards sur l'actualité*, La Documentation française, n°307, janvier 2005 ; « Pouvoir et territoire : les nouvelles frontières d'un fédéralisme européen » in M.M. Tavares Ribeiro (éd.) *Ideias de Europa : Que fronteiras ?*, Coimbra, Quarteto Editora, 2004.
En 2008, il est devenu, aux côtés d'Arnaud Montebourg, secrétaire national adjoint du Parti Socialiste au sein du secrétariat national à la rénovation du parti. Depuis 2009, il est Président de la Convention pour la 6e République.

Carlos E. PACHECO AMARAL
PhD and Aggregation in Philosophy, Professor of Political Philosophy and European Studies at the University of the Azores, in Portugal, member of the General Council of the University and Director of the University's Centre for the Study of International Relations and Strategy, he also integrates the CEIS 20, the Interdisciplinary Centre for Studies of the XXth Century, of the University of Coimbra. Member of the Scientific Commission of the Master on European Studies on The Process of European Construction, he holds the new Jean Monnet Chair granted to the University of the Azores on Regionalism and Political Organization.

Andrea BECHERUCCI
Archiviste auprès des Archives historiques de l'Union européenne (Institut universitaire européen), il est l'auteur de nombreux articles et contributions portant notamment sur les partis et les mouvements laïques en Italie, l'histoire du Parti d'Action, les rapports entre politique et culture, le fédéralisme européen, la politique sociale européenne.

Vito BOBEK
Professor at University of Applied Sciences FH Joanneum Graz, Austria and at University of Maribor, Slovenias, he is Jean Monnet Module in "European Business and Law" and member of "Team Europe – Slovenia". Since 2001 he is member of the "Academic Expert Group" of the European Commission (DG Education), Socrates/Erasmus project evaluation. Among his publications in the European Studies field : New and old EU member states through the prism of economic culture. V: Ethical implications of post-communist transition economics and politics in Europe, (con ZVER, Milan, ŽIVKO, Tjaša) in Ekonómia, 144, Bratislava: IURA Edition, 2005 ; Competitive advantages of region and city developments in Hungary and Slovenia. V: KOREZ-VIDE, Romana (ur.). Slovenia and Hungary as partners in the processes of national and European socioeconomic development (con P. Grah), Maribor : Faculty of Economics and Business, 2007, pp. 133-142 ; Problems of economic integration in the EU : lecture at Hessen International Summer University (ISU) 2007 at the University of Marburg from July 26th until August 7th, 2007, topic "European perspectives – identity and development in Germany and Europe in the 21st century". Marburg, 2007.

Dimitris N. CHRYSSOCHOOU
Associate Professor of European Integration at Panteion University, Athens, he has been Associate Professor of International Organization at the University of Crete, Reader in European Integration at the University of Exeter, Scientific Director of the Defence Analysis Institute in Athens, and has held visiting posts at the Universities of Athens, Panteion, LSE, Cambridge and Columbia, the Hellenic Centre for European Studies, and the Centre for European Constitutional Law in Athens.

Georges CONTOGEORGIS
Il a été recteur, ministre, membre fondateur du *European Political Science Network* (EPSNET), membre du Conseil supérieur (et du Conseil de recherche) de l'Institut universitaire européen de Florence, titulaire de la chaire Francqui de l'ULB, Directeur de recherches au CNRS, etc. Il est membre de l'Académie Internationale de la Culture du Portugal. Auteur de : *La théorie des révolutions chez Aristote*, Paris, 1978. *Histoire de la Grèce*, Paris, 1992. « Le citoyen dans la cité », Bertrand Badie, Pascal Perrinaud (dir.), Presses de Sciences Po., Paris, 2000. *Le cosmosystème hellénique*, t.1. *La période statocentrique de la cité*, Athènes, 2006. *Nation et modernité*, Athènes, 2006. *"Hellénicité et intellectuels (en collaboration avec Mikis Theodorakis)*, Ianos, Athènes, 2007. *La démocratie comme liberté. Démocratie et représentation*, Athènes, 2007. *La 'Démocratie Hellénique' de Rigas Velestinlis*, Athènes, 2008. *Systèmes économiques et liberté*, Athènes, 2010.

Federica DI SARCINA
Docteur de recherche en « Istituzioni, idee e movimenti politici nell'Europa contemporanea », Federica Di Sarcina est actuellement chercheur contractuel et tuteur du Master en Études Européennes auprès de l'Université de Sienne et collabore avec le CRIE Centre d'excellence Jean Monnet. Ses recherches se concentrent sur le développement de la politique d'égalité des chances de la CEE/UE et sur les questions concernant les discriminations et la pauvreté en Europe.

Laura GRAZI
Docteur en histoire de la construction européenne, est chargée de cours en Histoire de l'intégration européenne auprès de la faculté de science politique de l'Université de Sienne et a obtenu un module Jean Monnet sur « Les villes et l'UE » dans le cadre des activités du Centre interdépartemental de recherche sur l'intégration européenne (CRIE). Ses recherches se concentrent sur les politiques urbaines et régionales de la CEE/UE et sur le Groupe socialiste au Parlement européen. Parmi ses travaux : *L'Europa e le città. La questione urbana nel processo di integrazione europea (1957-1999)*, Bologna, Il Mulino, 2006 ; Federica Di Sarcina, Laura Grazi, Laura Scichilone (dir.), *Europa in progress. Idee, istituzioni e politiche nel processo di integrazione europea*, Roma, Angeli, 2006 ; Laura Grazi, *Le reti di città nella costruzione dell'Europa unita. Dalla Iula a Eurocities : una lunga storia di cooperazione*, in Miguel Angel Martin Lopez, Carlos Nahuel Oddone (dir.), *La ciudades y los poderes locales en las relaciones internacionales contemporaneas*, Granada, Unión Iberoamericana de Municipalistas, 2009.

Ioan HORGA
Holds the Jean Monnet" Chair in Euroregional Studies and is Head of Institute for Euroregional Studies Oradea-Debrecen, Jean Monet European Center of Excellence. He is member of the Scientific Committee of the European Master Building of Europe" at the University of Siena (Italy) and of the Master in "Spécialistes en intégration et politique européenne des voisinages" at the University of Reims (France). He is currently concerned with issues regarding borders, cross-borders cooperation, regional development, media and religion contribution to the shaping of European awareness. He is the Chiefeditor of Eurolimes. He is also member of the Advisory Committee of the Neighbourhood Collection, edited by Bruylant Publishing House. Works: *The European Parliament, Intercultural Dialogue and European Neighborhood Policy* (Ioan Horga, Grigore Silasi, Istvan Suli-Zakar, Stanislav Sagan), Oradea University Press, 2009, 276 p. ; *Cross-border Partnership with Special Regard to the Hungarian – Romanian - Ukrainian Tripartite Border* (Ioan Horga, Istvan Suli-Zakar), Debrecen- Oradea, 2010

Ariane LANDUYT
Professeur à l'Université de Sienne, chaire Jean Monnet, elle est responsable du Master of European de Studies à l'origine de ce livre. Elle est auteur et coordonnatrice de nombreux ouvrages de référence sur l'histoire de l'intégration européenne.

Giuliana LASCHI
PhD Professeur, Chaire Jean Monnet d'Histoire de l'Intégration européenne à la Faculté de Science Politique de l'Université de Bologne, siège de Forli. Elle enseigne également l'Histoire des Relations internationales. Ses principaux intérêts de recherche comprennent l'histoire de l'intégration européenne, en particulier l'histoire politique de la PAC et les relations extérieures de la CEE / UE. Elle vient de publier avec Mario Telò, *L'Europa nel sistema internazionale,* Bologna, Il Mulino, 2009.

Denis ROLLAND
Professeur à l'Université de Strasbourg, créateur et directeur jusqu'en 2011 du laboratoire FARE, il est membre senior de l'Institut universitaire de France,

Directeur d'études à l'Institut d'études politiques de Paris, Centre d'histoire. Il a été Directeur scientifique adjoint au CNRS (INSHS). Il est actuellement Recteur de l'Académie de Guyane.

Il travaille sur l'histoire contemporaine de l'Amérique latine et ses relations internationales et sur les évolutions des identités à la périphérie de l'Europe. Parmi ses publications depuis 2008, *Le Brésil des gouvernements militaires et l'exil, Témoignages et documents*, Paris, L'Harmattan/ BDIC, Paris- Nanterre, 2008 (avec Idelette Muzart). *L'exil brésilien en France, Mémoire, histoire et imaginaire* (avec Idelette Muzart Fonseca dos Santos), Paris, L'Harmattan, 2008. *Mai 68 hors de France* (avec Justine Faure), Paris-IEP-Strasbourg-L'Harmattan, 2008. *As modernidades alternativas, s. XIXe XXe, Brasil-Europa* (avec Daniel Aarão Reis), Rio, Zahar, 2008. *Modernités alternatives, XIXe-XXe s, L'historien face à l'expression de la modernité* (avec Daniel Aarão Reis), Paris, L'Harmattan, 2009. *Intellectuais eModernidades alternativas 2*, Rio, Fundação Getúlio Vargas, 2010. *Relations internationales du Brésil, Les chemins de la puissance/Brazil's International Relations, Paths to Power*, vol. 1, Représentations globales, Paris, IUF-L'Harmattan, 2010. *Relations internationales du Brésil, Les chemins de la puissance/Brazil's International Relations, Paths to Power*, vol. 2, Aspects régionaux et thématiques, Paris, IUF-L'Harmattan, 2010. Espaces de voisinage en relations internationales, (coord. Avec J-C Romer), *Matériaux pour l'histoire de notre temps*, BDIC, n°97-98, 2011. *L'Amérique latine et les Intellectuels français,* XIXe-XXe S., Rennes, PUR, 2011. *Construire l'Europe, la démocratie et la société civile de la Russie aux Balkans,* (avec les étudiants du Master of European Studies), Conseil de l'Europe-L'Harmattan, 2011. *Intellectuels et modernités alternatives* (avec Daniel Aarão Reis), Paris, L'Harmattan, 2012. *Spoliations d'archives et de bibliothèques et restitutions, (collaboration avec Vincent Laniol et Alexandre Sumpf)*, PUR, 2012. *L'Amérique latine, des indépendances à nos jours, discours et constitutions* (avec Jean-René Garcia et Patrice Vermeren), Paris, 2012. *Le Brésil et son histoire : historiographie du Brésil contemporain* (avec Marie-Josée Ferreira dos Santos et Simele Rodrigues),* Paris, L'Harmattan, 2012. *Pour une gouvernance démocratique européenne, Le Conseil de l'Europe, des Écoles d'études politiques au Forum mondial de la Démocratie (1992-2012),* PUR, 2012.

Laura SCICHILONE
PhD degree in "Institutions, ideas and political movements in contemporary Europe" from the University of Pavia (Italy), she is Master in European Studies "The Process of Building Europe". Presently she is researcher in History of European Integration at the *Centro Interdipartimentale di Ricerca sull'Integrazione Europea*, at the University of Siena (Italy). She is also member of *Associazione Universitaria di Studi Europei* (AUSE – ECSA). In particular she studies the history of the European Community/Union environmental policy. Among her latest publications: *L'Europa e la sfida ecologica. Storia della politica ambientale europea (1969-1998)*, Bologna, Il Mulino, 2008 ; "European Ecological Borders", *in Eurolimes. Journal of the Institute for Euroregional Studies* – Jean Monnet European Centre of Excellence", volume 8, Autumn 2009, pp. 66-71.

Maria Manuela TAVARES RIBEIRO
Professeur de la Faculté de Lettres de L'Université de Coimbra et vice-coordinatrice du Centre d'Études Interdisciplinaires du XXe siècle de l'Université de Coimbra [*Centro de Estudos Interdisciplinares do século XX* (CEIS 20)].

TABLE DES DOCUMENTS

Une représentation inattendue de l'« espace européen » : google.fr ou
une représentation très liée à l'enseignement et à la recherche 13

Carte des pays membres du Conseil de l'Europe 64

La croissance du Conseil de l'Europe 1949-2009 70

Chronologie comparée des élargissements 76

Les relations CEE-ÉTATS-UNIS, Rapport Hallstein après son voyage
aux États-Unis, 9 mai 1962 112

European Neighbourhood Policy, Strategy Paper, (Brussels, 12.5.2004,
COM(2004) 373 final - Introduction,) 121

Discours du Président Delors à l'occasion de la réunion du Conseil consultatif
des Collectivités régionales et locales, Bruxelles, le 20 décembre 1988, ... 145

Rapport du groupe ad hoc « environnement » (stockholm) au comité
des représentants permanents, Bruxelles 26 mai 1972 159

Lettre d'Emanuele Gazzo à R. Giordano, 23 octobre 1956, Archives historiques
de l'Union européenne, Florence, fonds E. Gazzo, dossier 3. 197

Lettre de R. Giordano à E. Gazzo, 19 décembre 1956, Archives historiques
de l'Union européenne, Florence, fonds Emanuele Gazzo, dossier 3 198

Lettre du Comte Lodovico Riccardi à E. Giacchero, 27 novembre 1952,
Archives historiques de l'Union européenne,
Florence, fonds Emanuele Gazzo, dossier 17 199

Lettre d'A. Spinelli à A. Boccia, 10 juillet 1948,
Archives historiques de l'Union européenne,
Florence, fonds Mouvement fédéraliste européen, dossier 150 200

La nouvelle politique de voisinage de l'Union européenne, ou l'Amérique latine
au plus éloigné de l'Europe, Capture de site de l'UE, 10-2011 226

Un exemple des représentations traditionnelles entre Europe et
Amérique latine, « Union européenne-Amérique latine », Jean-Michel Dasque ... 227

TABLE DES MATIÈRES

Sommaire 7

Introduction 9
    Ariane Landuyt (Université de Sienne)

PREMIÈRE PARTIE
L'ESPACE DES ÉTUDES EUROPÉENNES
SPACE OF EUROPEAN STUDIES 15

**Les études d'histoire de la construction européenne :
une historiographie en cours de définition** 17
    Ariane Landuyt (Université de Sienne)

Greek Political Science on Europe: a Scholarly Outline 27
    George Contogeorgis (Université Panteion d'Athènes)
    Dimitris N. Chryssochoou (Université Panteion d'Athènes)
    Some theory projections 28
    Rethinking political Europe 30
    Lisbon's scholarly effect 32
    Capturing the trend 35

**L'histoire de l'intégration européenne et ses modalités d'adaptation en Italie :
du Traité de Rome aux sciences politiques à Bologne** 41
    Giuliana Laschi (Université de Bologne)
    L'émergence d'une discipline 41
    La naissance d'une nouvelle discipline historique? 44
    Comparaison des écoles historiographiques 48
    La Commission européenne et l'Action Jean Monnet pour la diffusion de
    l'enseignement des études européennes 55
    L'histoire de l'intégration à la Faculté de Sciences Politiques Roberto Ruffilli . 59

Le Conseil de l'Europe : un territoire et une histoire en construction 1949-2011 ... 65
    Denis Rolland (Université de Strasbourg-IUF)
    Le Conseil de l'Europe :
    l'histoire discrète d'une « *Black power* » politique ? 65
    Le Conseil : confusion, questions, carence 71

Deuxième partie
L'ESPACE EUROPÉEN : POLITIQUE ET TERRITOIRE
EUROPEAN SPACE : POLICY AND TERRITORY 77

l'Europe politique et ses États : de la nature de l'espace politique européen : 79
Georges Contogeorgis (Université Panteion d'Athènes)
- Questions de gnoséologie 79
- Les conditions identitaires de l'Europe politique.. 82
- Questions de cohésion de l'espace européen 84
- De la gestion de l'espace politique européen 86

L'ouverture de l'espace de l'Europe pour les intellectuels portugais au début du XXe siècle : l'Europe en crise et l'idéalisation du futur 91
Maria Manuela Tavares Ribeiro (Université de Coimbra)
- L'Europe comme entité morale : le regard des intellectuels portugais sur l'espace européen 91
- La voix des femmes.. 95

La construction d'un espace européen. Association, adhésion et politique de voisinage : des relations extérieures à la politique intérieure 99
Giuliana Laschi (Université de Bologne)
- Un espace pour l'Europe... 99
- Élargissement et Association 101
- La Politique européenne de voisinage 105

L'Union européenne a-t-elle un territoire ? 125
Paul Alliès (Université de Montpellier)
- L'Union européenne et le dépassement du territoire national........................... 125
  - *La souveraineté*.. 126
  - *Le territoire*.. 127
  - *L'improbable citoyenneté européenne*.. 128
- L'Union européenne et l'invention d'une nouvelle frontière........................... 129
  - *La notion de frontière* 129
  - *L'invention d'une nouvelle frontière* 131

Espace géographique, espace de démocratie : le parcours des villes dans l'histoire de la construction européenne et le changement imprimé par la Commission Delors.... 133
Laura Grazi (Université de Sienne)
- Les villes, une présence timide dans les premières étapes de la construction européenne.. 135
- Les ouvertures des années quatre-vingt et le dynamisme de l'"ère Delors" 138

TROISIÈME PARTIE
LES ÉVOLUTION DE L'ESPACE EUROPÉEN
EUROPEAN SPACE'S EVOLUTIONS 149

**Towards a New Political Space in Europe : the Environmental Protection
in the Seventies** 151
    Laura Scichilone (Université de Sienne)

    The Building of a New Political Space 152
    The Transnational Perspective : Problems and Opportunities 155
    The European Environmental Policy as « Consensus Opportunity » 157

**L'espace social européen ou la politique d'égalité des chances :
la Charte des droits sociaux fondamentaux des travailleurs, un nouveau départ ?** .. 173
    Federica di Sarcina (Université de Sienne)

    Aux origines de la Charte communautaire
    des droits sociaux fondamentaux des travailleurs 174
    Des politiques « *family-friendly* » au cœur du dispositif 177
    La dignité au travail 180

**Rendre compte d'une Europe aux confins encore incertains :
la correspondance entre Emanuele Gazzo et Renato Giordano (1956-1959)** 183
    *Andrea Becherucci (Archives historiques de l'UE-
    InstitutUniversitaire Européen, Florence)*

    Emanuele Gazzo 183
    Renato Giordano 185
    La correspondance 188

Frontiers, Periphery, Ultraperiphery and Neighbours of the Europe 201
    Carlos E. PachecoAmaral (Université des Açores)

    Frontiers 201
    What frontiers for Europe? 208
    Frontiers, Neighbourhood and Periphery 211

**Imaginaire de l'espace culturel et ambiguïtés de la politique extérieure :
l'Union européenne et l'Amérique latine, de la filiation au malentendu** 215
    Denis Rolland (Université de Strasbourg et IUF)

    Quatre ambiguïtés culturelles et politiques fondamentales 215
        De l'ambiguïté historique et culturelle à l'ambiguïté politique 216
        De l'ambiguïté géographique à l'ambiguïté institutionnelle 218
    Des ambiguïtés chronologiques manifestes :
    l'UE sur les traces des initiatives des États-Unis après 1994 ? 219
        Les apparences 219
        Une clé pour le décryptage : les concordances chronologiques 221
        *Des obstacles plus structurels que l'on ne pense généralement
        ou les relations UE-Amérique latine à l'épreuve* 222

Media, Identity and Territory: the Meaning of the European Frontiers................229
    Ioan Horga (Université d'Oradea)

    The balance between *close* and *open* in transforming the border into frontier.........233
    The balance between memory and identity in transforming the border into frontier ..238
    The role of media in transforming the sense of borders..241
        Media faced with the frontier between manipulation and communication 241
        Is Media the last bastion of the national identity? 242
        The role of media in transforming the perception of the border
        from limit into frontier as a difference..246

European Geography and Urban Competitiveness :
Strategic Management of European Cities **255**
    Vito Bobek (Université de Maribor)

    The Concept of Urban Competitiveness 256
    Addressing globalization locally...257
    The Six Capitals..257
    Strategically Managed Cities 260
        People 261
        Property 262
        Processes 263

Résumés 265
Abstracts...271
Les auteurs / Authors...277

Table des documents 281

Table des matières détaillée..283

L'Europe aux éditions L'Harmattan

Dernières parutions

EUROPE (L') MÉDIÉVALE EN 50 DATES – Les couronnes, la tiare et le turban
Bloeme Jacques
Cinquante «tranches d'histoire» nous font parcourir le continent de l'Atlantique à l'Oural et de la Scandinavie à la Méditerranée, pour revivre quelques-uns des grands événements qui ont infléchi le cours de l'histoire de l'Europe entre 476 et 1492 : naissance et déclin des empires et des royaumes, montée en puissance de la chrétienté et ses difficultés, succès et insuccès de l'Islam conquérant, grandes querelles politiques, Croisades, la Grande Peste, la guerre de Cent ans...
(47.00 euros, 476 p.) ISBN : 978-2-296-96284-2, ISBN EBOOK : 978-2-296-50467-7

INSTITUTIONNALISATION (L') DU PARLEMENT EUROPÉEN
Cultures et Conflits 85, 86
Collectif
La création des assemblées parlementaires supranationales a profondément transformé les relations interétatiques et consacré l'importance du «mandat» européen. Ce dossier s'inscrit dans une perspective sociohistorique pour comprendre la sélection sociale qui s'opère à l'entrée des parlements supranationaux, les modes de constitution de capitaux politiques transnationaux, les interdépendances entre espaces institutionnels internationaux et les encastrements entre logiques nationales et supranationales.
(24.00 euros, 228 p.) ISBN : 978-2-296-99408-9, ISBN EBOOK : 978-2-296-50124-9

POLITIQUE (LA) EUROPÉENNE DE SÉCURITÉ ET DE DÉFENSE
Quel bilan après 10 ans ? Quelles nouvelles orientations ?
Türke Andras Istvan
La construction européenne a garanti, pendant 60 ans, la paix et la stabilité sur le continent. Mais l'Europe n'est pas une forteresse et elle ne saurait se satisfaire d'un monde où subsistent tant de déséquilibres. Dans quelle mesure l'UE peut-elle devenir un acteur international ? Comment transformer sa puissance économique en une puissance politique dans le système international du XXIe siècle ? Comment concevons-nous la coopération entre les institutions de l'UE et celles de l'OTAN ?
(Coll. Questions contemporaines, 31.00 euros, 300 p.)
ISBN : 9782-296-96580-5, ISBN EBOOK : 9782-296-50057-0

CHANSON (LA) POPULAIRE EN GRANDE-BRETAGNE PENDANT LA GRANDE GUERRE 1914-1918 – The show must go on !
Mullen John
Comment faisait-on pour chanter et vendre des chansons en Angleterre pendant la Grande Guerre ? Que chantait-on pour oublier la peur de la guerre ? Quels étaient les modes de diffusion et de mise en scène du divertissement ? A travers l'analyse de centaines de chansons, cet ouvrage offre un aperçu fascinant de la vie des Anglais ordinaires de l'époque.
(Coll. L'Aire anglophone, 29.00 euros, 290 p.)
ISBN : 978-2-296-99666-3, ISBN EBOOK : 978-2-296-50122-5

ÉLECTIONS (LES) DE 2010 EN GRANDE-BRETAGNE : CONTEXTE ET ENJEUX
Sous la direction de Michael Hearn
Succédant à plus de 10 ans de travaillisme, le parti conservateur a remporté les élections de 2010, avec cependant une majorité insuffisante pour former un gouvernement uniquement conservateur. S'en est donc suivi une alliance avec les Libéraux-démocrates. Dans l'urgence d'une réorganisation de l'économie et de la société, les deux partis ont réussi à surmonter

certaines différences, ceci étant sans doute facilité par les personnalités de David Cameron et de Nick Clegg.
(Coll. Langue et parole, 13.00 euros, 90 p.)
ISBN : 978-2-336-00137-1, ISBN EBOOK : 978-2-296-50493-6

SCENA DEL CRIMINE
Stokman Walter
Mieux derrière les barreaux que mort. Les adolescents enfermés sur l'île-prison de Nisida, située devant la côte de Naples, le répètent comme une plaisanterie ironique pour donner une prospective à leur existence désespérée. *Scena del Crimine* est un recit cadré en sept «scènes» qui commence et se termine sur cette île-prison. Entre les deux, on voit cinq vues de la ville qui ont été déterminées par la pègre... Une plongée dans un monde souterrain qui est aussi insaisissable que réel.
(20.00 euros)   *ISBN : 978-2-296-56744-3*

VIVRE ET TRAVAILLER AVEC LES RUSSES – Petites idées pour approcher un grand peuple
De Loeper Catherine
Ce livre cherche les ressorts de la culture russe et ses manifestations dans les interactions entre Français et Russes, en particulier dans le travail. Il aborde les façons de dire et de faire en Russie, dans la religion orthodoxe, la famille et les réseaux sociaux, les manières de table, l'espace et le temps, la notion de destin ou encore la représentation du pouvoir et le rapport à la terre. Un chapitre est aussi consacré au travail de l'auteur avec la Russie et avec les Russes.
(33.00 euros, 324 p.)   *ISBN : 978-2-296-99469-0, ISBN EBOOK : 978-2-296-50286-4*

MAGISTRATS (LES) ET L'ADMINISTRATION DE LA JUSTICE
Le Portugal et son empire colonial (XVIIe-XVIIIe siècle)
Camarinhas Nuno
Ce livre reconstruit le groupe des juges lettrés au service du roi au Portugal et dans ses territoires d'outre-mer. Ces juristes, assistant le roi de leur compétence technique et scientifique, constituent un groupe bureaucratique puissant. Sont ici croisées histoire politique et institutionnelle, histoire sociale et analyse des réseaux, pour retracer les origines sociales et géographiques de ces magistrats, leur recrutement et les parcours professionnels ouverts par le service de la couronne.
(Coll. Mondes Lusophones, 33.00 euros, 320 p.)
ISBN : 978-2-296-99602-1, ISBN EBOOK : 978-2-296-50173-7

FÊTE (LA) DES GARÇONS – A festa dos rapazes
Primetens Pierre
Depuis plusieurs années, Aveleda - petit village reculé du nord-est du Portugal - se meurt. Pourtant, à l'heure du solstice d'hiver, les jeunes garçons célibataires qui vivent et travaillent dans la ville voisine de Bragança, mais aussi à Porto, Lisbonne, et à l'étranger, rentrent. Ils viennent célébrer le village et ses ancêtres, en perpétuant un rite d'initiation à l'âge d'homme : A Festa dos Rapazes.
(20.00 euros, 0 p.)   *ISBN : 978-2-296-56746-7*

SYMBOLES FRANCO-ALLEMANDS (1963-2013) – Construction d'un champ transnational
Rittau Andréas
Les relations franco-allemandes, comme tout échange, se construisent sur des représentations positives, négatives, inventives ou stéréotypées. Leur histoire a été marquée par deux stades concomitants de fascination et de rejet, suivis d'une acceptation fraternelle (1963) ayant donné naissance à de nombreux symboles. Cette étude développe la notion en mouvement du symbole franco-allemand puis analyse des exemples.
(Coll. Allemagne d'hier et d'aujourd'hui, 12.00 euros, 96 p.)   *ISBN : 978-2-296-99598-7*

DER STÜRMER, INSTRUMENT DE L'IDÉOLOGIE NAZIE
Une analyse des caricatures d'intoxication
Keysers Ralph - Préface de Yamina Benguigui
Cet ouvrage nous fait découvrir l'hebdomadaire le plus nauséabond de l'époque nazie : *Der Stürmer*. Édité de 1923 à 1945 par Julius Streicher, qui fut condamné à mort par le tribunal de

Nuremberg, le but exclusif de ce journal d'importante diffusion était de démontrer que « Les Juifs « étaient à l'origine de tous les malheurs de l'Allemagne. Pour ce faire, l'abjection ne connaissait aucune limite.
(Coll. Allemagne d'hier et d'aujourd'hui, 37.50 euros, 376 p.)   ISBN : *978-2-296-96258-3*

GUÉRILLA ET CONTRE-GUÉRILLA EN CATALOGNE (1808-1813)
Gallice Thierry - Préface de Jacques-Olivier Boudon
Lors de l'épopée napoléonienne, la campagne d'Espagne se singularise par le développement d'une guérilla extrême aux multiples facettes qui joue un rôle essentiel dans le conflit. Ce livre revient sur les particularismes locaux qui inscrivent la révolte catalane parmi les plus violentes et montre les tentatives de l'armée française de mettre en place une politique de contre-guérilla visant à rattraper les erreurs des premiers mois de 1808.
(Coll. Recherches et documents Espagne, 28.00 euros, 276 p.)   ISBN : *978-2-296-96268-2*

RELIGION, NATION, CITOYENNETÉ EN GRÈCE
L'Église orthodoxe et le conflit des cartes d'identité
Dépret Isabelle
En 2000, le gouvernement grec a aboli la mention confessionnelle sur les cartes d'identité, précipitant une confrontation théâtralisée entre l'Église orthodoxe et les socialistes. Comment éclairer la force mobilisatrice de l'Église orthodoxe, ses soutiens parmi la population, les politiques, les médias ? Cette affaire est représentative des tensions et des évolutions en cours (image de la nation et de la citoyenneté, liens entre majorité et minorités, posture de l'État face au religieux).
(Coll. Etudes grecques, 34.00 euros, 322 p.)   ISBN : *978-2-296-99259-7*

UN GÉOGRAPHE FRANÇAIS ET LA ROUMANIE : EMMANUEL DE MARTONNE (1873-1955)
Bowd Gavin
C'est avant la Grande Guerre, sur la frontière entre la Hongrie et la Roumanie, qu'Emmanuel de Martonne commence son immense oeuvre de géographe. Épris de son paysage et de son peuple, il se met au service de la cause de la «Grande Roumanie» : en tant que «traceur de frontières» à la Conférence de Versailles, puis comme «missionnaire» de la France, notamment dans la Transylvanie «libérée» et défenseur des nouvelles frontières contre le révisionnisme hongrois et la Geopolitik allemande.
(23.00 euros, 222 p.)   ISBN : *978-2-296-96421-1*

NAGORNO-KARABAKH CONFLICT (THE) : TOWARDS A JUST PEACE OR INEVITABLE WAR
Zeynalov Fazil - Preface by Emmanuel Caulier
The purpose of this book is to analyse the conflict in Nagorno-Karabakh from a historical, geopolitical and legal perspective. The inter-state nature of the conflict means this could destabilise the entire region. Azerbaijan and Armenia have come out in favour of a peaceful solution, but the negociations have stalled and the threat of war continues to hang over the region. Thus, it is down to the leaders on both sides finally to agree on a peaceful outcome that would allow their countries to live in harmony.
(Coll. Diplomatie et stratégie, 41.00 euros, 434 p.)   ISBN : *978-2-296-99593-2*

ÉMERGENCE DES VALEURS COMMUNES AUX EUROPÉENS À TRAVERS L'HISTOIRE
Rezsohazy Rudolf
La construction européenne est accompagnée d'un débat permanent sur notre identité et sur les racines de notre culture. Pour approfondir le débat, l'auteur a mené une enquête historique. Il a procédé en ordre chronologique, à partir de l'Antiquité jusqu'à nos jours, pour découvrir les valeurs qui se répandent et s'enracinent. Quarante-sept valeurs sont présentées dans le contexte de l'époque qui les a vues naître (La Grèce, Rome, le christianisme, le Moyen Âge, la Renaissance, la Réforme, le siècle des Lumières, les XIXe et XXe siècles).
(Coll. Pour Comprendre, 23.00 euros, 222 p.)   ISBN : *978-2-296-96552-2*

PARLEMENT (LE) DE L'EUROPE AU-DESSUS DU VIDE
L'identité politique des eurodéputés – Etude anthropologique
Petit François-Xavier - Préface de Marc Abélès
Qu'est-ce qu'être européen ? Cette plongée anthropologique au sein du Parlement européen entraîne le lecteur sur les pas des députés de l'Europe, glissant de leurs discours à leurs pratiques. Comment articuler différentes cultures politiques ? Comment fait-on de la politique dans un lieu global où les problèmes sont posés différemment ? Une réflexion sur le caractère contextuel, bricolé, hybride de l'identification européenne, où les repères de l'État-nation s'effacent au profit du vide, avec aussi ses opportunités.
(Coll. Logiques sociales, 25.00 euros, 248 p.)   *ISBN : 978-2-296-97032-8*

CONSTRUCTION (LA EUROPÉENNE – Histoires et avenir d'une Europe des peuples
Malosse Henri, Limousin Laure
Malgré ses cinquante ans passés, l'Union Européenne paraît encore incapable de faire émerger une véritable identité européenne autour d'un projet que partageraient ses 520 millions de citoyens. L'U.E. doit défendre ses valeurs, si elle ne veut pas se voir imposer d'autres conceptions de société. L'espoir de l'Europe réside aujourd'hui dans le coeur des citoyens à la recherche de véritables perspectives d'avenir. Il importe d'ouvrir de nouvelles pistes pour redonner à la société civile la parole dans cette arène européenne.
(Coll. Questions contemporaines, 26.50 euros, 218 p.)   *ISBN : 978-2-296-96107-4*

AXEL MUNTHE, MÉDECIN VAGABOND DE L'EUROPE
Fabre André - Préambule de Xavier Riaud ; préface de Jean-Jacques Luthi
Axel Munthe, séducteur tourmenté qui a connu les affres de la Première et de la Seconde Guerre mondiale, a été un précurseur de la médecine humanitaire. Il gravite dans les plus hautes sphères de la noblesse mais, altruiste à l'extrême, il quitte tout pour aider des victimes de catastrophes ou d'épidémies. Munthe, c'est aussi une oeuvre littéraire qui lui a conféré une notoriété immense. Dans ce récit l'auteur nous emmène dans un périple en Europe sur les pas de ce médecin, écrivain et amoureux des femmes.
(Coll. Médecine à travers les siècles, 18.00 euros, 180 p.)   *ISBN : 978-2-296-57034-4*

HITLER ET LE PUTSCH DE LA BRASSERIE – Munich 8-9 novembre 1923
Chauvet Didier
Le 8 novembre 1923, Hitler déclenche à Munich un putsch qui, bien que s'étant soldé par un fiasco, a énormément compté dans l'histoire du mouvement nazi. Ce livre revient sur les tentatives de sédition qui ponctuent les cinq premières années de la République de Weimar, restitue le scénario du coup de force de la brasserie, puis traite du procès des putschistes. Cet événement entraîne une révision de la stratégie politique du Führer.
(Coll. Allemagne d'hier et d'aujourd'hui, 24.00 euros, 244 p.)   *ISBN : 978-2-296-96100-5*

ANNA SEGHERS ET LA FRANCE
Canteloube Marie-Laure - Préface d'Anne Saint Sauveur-Henn
Anna Seghers (1900-1983), militante antinazie, née dans une famille juive progressiste de Rhénanie et célèbre écrivaine, nous est présentée ici sous des aspects peu connus. Cet ouvrage constitue aussi une contribution à une meilleure connaissance de la France entre 1933 et les premières années de la guerre, à travers le regard d'une des plus talentueuses romancières de langue allemande.
(Coll. Allemagne d'hier et d'aujourd'hui, 40.50 euros, 426 p.)   *ISBN : 978-2-296-99178-1*

70 ANS DE SILENCE (VOLUME 2) – Espagne, mémoire et transmission
Navarro Emile
À sa mort, Franco a déjà organisé sa succession. La transition, orchestrée par le nouveau roi Juan Carlos avec les responsables des partis politiques, impose un «pacte de l'oubli». 30 ans après, Zapatero fait voter la réouverture des fosses communes de républicains, les tensions renaissent. Au travers des témoignages des descendants de la guerre d'Espagne, Emile Navarro cherche l'histoire de sa propre famille. 70 ans n'ont pas suffi pour évacuer le traumatisme. Aujourd'hui, les petits-enfants veulent connaître cette page d'histoire occultée.
(20.00 euros)   *ISBN : 978-2-296-56783-2*

L'HARMATTAN, ITALIA
Via Degli Artisti 15; 10124 Torino

L'HARMATTAN HONGRIE
Könyvesbolt ; Kossuth L. u. 14-16
1053 Budapest

ESPACE L'HARMATTAN KINSHASA
Faculté des Sciences sociales,
politiques et administratives
BP243, KIN XI
Université de Kinshasa

L'HARMATTAN CONGO
67, av. E. P. Lumumba
Bât. – Congo Pharmacie (Bib. Nat.)
BP2874 Brazzaville
harmattan.congo@yahoo.fr

L'HARMATTAN GUINÉE
Almamya Rue KA 028, en face du restaurant Le Cèdre
OKB agency BP 3470 Conakry
(00224) 60 20 85 08
harmattanguinee@yahoo.fr

L'HARMATTAN CAMEROUN
BP 11486
Face à la SNI, immeuble Don Bosco
Yaoundé
(00237) 99 76 61 66
harmattancam@yahoo.fr

L'HARMATTAN CÔTE D'IVOIRE
Résidence Karl / cité des arts
Abidjan-Cocody 03 BP 1588 Abidjan 03
(00225) 05 77 87 31
etien_nda@yahoo.fr

L'HARMATTAN MAURITANIE
Espace El Kettab du livre francophone
N° 472 avenue du Palais des Congrès
BP 316 Nouakchott
(00222) 63 25 980

L'HARMATTAN SÉNÉGAL
« Villa Rose », rue de Diourbel X G, Point E
BP 45034 Dakar FANN
(00221) 33 825 98 58 / 77 242 25 08
senharmattan@gmail.com

L'HARMATTAN TOGO
1771, Bd du 13 janvier
BP 414 Lomé
Tél : 00 228 2201792
gerry@taama.net

640044 - Février 2016
Achevé d'imprimer par